清 馨 民 国 风

清馨民国风

风土小谭

梁启超 胡适等著

王丽华编

首都经济贸易大学出版社

Capital University of Economics and Business Press

图书在版编目(CIP)数据

风土小谭/梁启超,胡适等著;王丽华编.—北京:首都经济贸易大学出版社,2016.9

(清馨民国风)

ISBN 978－7－5638－2525－7

Ⅰ.①风… Ⅱ.①梁… ②胡… ③王… Ⅲ.①散文集—中国—现代 Ⅳ.①I266

中国版本图书馆 CIP 数据核字(2016)第 163606 号

风土小谭
梁启超 胡适 等著 王丽华 编
Fengtu Xiaotan

责任编辑 季云和
封面设计 张弥迪
出版发行 首都经济贸易大学出版社
地　　址 北京市朝阳区红庙（邮编 100026）
电　　话 (010)65976483 65065761 65071505(传真)
网　　址 http://www.sjmcb.com
E－mail publish@cueb.edu.cn
经　　销 全国新华书店
照　　排 首都经济贸易大学出版社激光照排服务部
印　　刷 北京市泰锐印刷有限责任公司
开　　本 880 毫米×1230 毫米 1/32
字　　数 224 千字
印　　张 8.75
版　　次 2016 年 9 月第 1 版 2016 年 9 月第 1 次印刷
书　　号 ISBN 978－7－5638－2525－7/I・47
定　　价 26.00 元

前 言

　　这本书中的几十篇文字,都曾刊载于民国时期的出版物。其中一些篇目,近二三十年中曾经从繁体字变为简体字,或多或少为今人所知;但更多的篇目,似乎一直以繁体字竖排的形式,掩隐在岁月的尘埃中,直到我们发现或找到它们,再把它们转换为简体字,以现在这套"清馨民国风"丛书为载体,呈献给当今的读者。

　　收入这套"清馨民国风"丛书的数百篇民国时期的文字,堪称历史影像,也可以说是情景回放。它们栩栩如生、有血有肉,是近200位民国学人的集中亮相,也是他们经历、思考与感悟的原味展示——围绕读书与修养、成长与见闻、做人与做事、生活与情趣,娓娓道来。透过这些文字,我们既可以领略众多民国学人迥然不同的个性风采,更可以感知那个时代教育、思想与文化生态的原貌。

　　策划、编选这样一套以民国原始素材为主体内容的丛书,耗费了我们大量的时间、精力和心血。而今本套丛书即将分批陆续付梓,我们欣喜地发现,她已经有型、有范儿、有味道了。

需要特别说明的是,根据著作权法的规定,本书收选的作品,有一部分仍处于版权保护期。由于原作品出版年代久远,且难以查找作者及其亲属的相关信息和联系方式,我们未能事先一一征得权利人同意。敬请这些作者亲属见书后及时与我社联系,以便我社寄奉稿酬、寄赠样书。

目 录

纪果庵（1909—1965），原名纪庸，字国宣，号果庵，曾用笔名纪果庵、纪果轩等。河北蓟县人。1928 年毕业于河北通县省立师范学校，随后考入北京师范大学国文系，1933 年毕业后，在察哈尔宣化师范学校任国文教师和教务主任。20 世纪 40 年代南下任职于南京中央大学。曾任江苏师范学院（今苏州大学）中国史教研室主任。著有《两都集》等。

风土小谭

纪果庵

我自己是风土书籍爱好者；也许从这里面可以多知道一点故事与常识的关系，遇见这种书总是收下来。譬如广东，绝未去过，而且也没有去的企图，但屈翁山先生的《广东新语》却亦买了。固然因屈公是有名的清代文字狱中人物，即文字毫无成狱可能的《新语》也成了禁书，颇想一阅，而实际上却也未尝不想知道一点南徼的物事。可惜像《桂海虞衡志》之类，有许多东西看不懂，不免意兴索然。所以，像在床铺上练习游泳一般，总是"卧游"毕竟不行，而行路之难，岂有过于今日者？何况又是如此疏懒的我。于是就专爱看看自己住得比较久远地方的书籍，而乡土的气味也是一般人共有的爱好。那么说来说去，我还是在憧憬着住了二十年且生于其附近的北平了！绕了半天弯子，结果仍是拿出这个老古董，实在很对不起。

　　幸好北平是全国人的爱好，记载也格外多，若是有志搜罗，却亦可以开办一研究院。寒斋所有，还不是《天咫偶闻》《藤荫杂记》《春明梦馀录》《郎潜纪闻》之类的起码书籍，除去登科佳话，即是里巷变迁，前人故迹，对于青年人诚然是不适合胃口的，也只有稍经哀乐的人，枕边花下，借之沉回于旧梦之中而已。但是旧也未尝不可宝，张宗子的书名为《梦忆》，在序文中已经很沉痛地说明其缘故了，中学国文选本多有此篇，青年朋友不妨翻翻。若说得更具体的，像周密《武林旧事》序文，颇可作吾人棒喝：

　　　　乾道淳熙间，三朝授受，两宫奉亲，古昔所无，一时声名文物之盛，号小元祐……予曩于故家遗老，得其梗概，及客修门，闲闻退珰老监谈先朝旧事，谛听如小儿观优，终日不少倦。既而曳裾贵邸，耳目益广，朝歌晨嬉，酣玩岁月，意谓人生正复若此，初不省承平乐事为难遇也。及时移物换，忧患飘零，追想昔游殆如梦寐，而感慨系之矣。岁时团乐，酒酣耳热，时为小儿女戏道一二，未必不反以为夸言欺我也……

　　文章做得虽不如陶庵之清隽，但我倒喜其话之老实。我自己也是常常把"事变前"三个字挂在口边的，纵非开元宫女，小孩子不信面粉曾卖三元钱一包，则正如周君同感。在忧患之中生长的更老是忧患，恐即不能省其为忧为患，因为我们曾过了几天承平的日子，才知道忧患与不忧患区别所在。我很崇拜厨川白村的缺陷美说，盖面粉三元一包时，正未以为极廉而大喜欲狂也。大家都感觉吃饭最没有问题，虽则时常把饭碗问题挂在嘴边；那"饭碗"两字，实包涵着读书、娱乐，诸在今日目为奢侈的事。像现在这样，人们真是在为吃饭而斗争了。吃饭就是吃饭，平民食堂白饭一斤卖到一元五角还有人饥肠辘辘，北平的饿殍载途，也有好些在小饭馆里吃完了饭瞪蹬眼睛："饭倒是吃了，钱，没有！随便你！"的朋友。想来想去，真是哭笑不得，又何怪知堂翁在《中国的思想问题》中开门见山地说中国只有生活问题，没有思想问题呢？我在今年春天为某刊写一小文，名曰《谈吃饭》，其中引用北平俗曲《厨子叹》一段，很可以作为古今吃饭问题的写照，而所谓风土的历史，亦即包孕其中矣。当此杂志并不处处普遍之日，不妨再抄一回：

……五味调和酸甜苦辣，百人偏好凉香木麻，正用的东西猪羊菜蔬，配搭的样数鱼蟹鸡鸭。应时的美馔烧燎蒸煮，对景的佳肴煎炒烹炸。手艺手勺分南北，生涯昼夜任劳乏。开单子一两就够了必开二两，约伙伴两个人的活计要约萨（谐三），懂局儿（内行）的人家厨师傅替省，四桌可把六桌拉，饱饱满满真装样，挑挑拣拣再打发。生气时不拘好歹都折杂烩（余肴弃置一起也），只因为东人怠慢他混充达。槟榔烟酒本家儿的外敬，零星的肉块暗地里偷拿，大肠头掖在腰间送妻儿他就酒，小肚儿带回家去请孩子的妈妈，藏海味忙时他预备包席面，换燕窝碰巧货卖与东家，不少的吃喝要酒醉饭饱，大百的青钱往腰柜里砸。先年时米麦丰收歌大有，地皮儿松动世界繁华，整担的鸡鸭挨挨挤挤，满车的水果压压权权，粗粮杂豆堆堆垛垛，南鲜北果绿绿花花，娶媳嫁妇会亲友，窝子儿行（意即成组织之职业小团体）奔忙不顾乏。先年时，羊肉准斤六十六个，肥猪一口二两七八，大碗冰盘干装高摆，肘子稀烂整鸡整鸭，罗碟五寸三层两落，活鱼肥厚鲜蟹鲜虾，买的也得（便也）买做的也得做，亲朋也欢喜，脸面也光华。这如今年年旱潦飞蝗起，物价儿说来把人笑杀：斗粟千钱斤面半百，羊长行市猪价扎拉（奇昂也），一个大钱（一文钱）买干葱一段秦椒一二个，八九十文买生姜一两韭一掐。办事的将将就就腾挪着办，事完慢慢地再嚼牙（愁叹），嫁娶的筵席都是汤水菜，家家钱紧不敢多花，红汤儿的是东蘑，白汤儿的片笋，肉名儿的丸子，团粉（豆腐也）末的疙瘩，挡口的荤腥炖吊子（猪内脏也），油炸的焦脆是粉格渣（如南方之绿豆饼而大）……任凭东家的鱼肉少，绑着鬼有精致的块儿也要藏，他歇工零碎熬青菜，强似香油炒豆芽。地皮儿紧谁家无故邀亲友？盼两天嫁娶筵席剩点子嘎（钱也），买些煤炭油盐熬岁月，等一个丰富年成再起家，近来生意萧条岂但厨子，哪一行兴腾热闹会把钱抓。

这所说真是平民之至，而斗米千钱、斤面半百又不可与今日为比例了。震钧《天咫偶闻》云：

> 东华顺治初，有某御史建言风俗之侈云：一席之费至于一金，一戏之费至于六金。又《无欺录》云：我生之初，亲朋至，酒一壶，为钱一，腐一篮，为钱一，鸡凫卵一篮，为钱二，便可款留。今非台馔佳肴，不敢留客，非二三百钱不能办具，耗费益多而物价益贵，财力益困而情谊日衰。此二说也，在当时已极口呼奢，岂知在今则视为羲皇以上？今日一筵之费至十金，一戏之费至百金，而寻常客至，仓猝作主人，亦非一金上下不办，人奢物贵，两兼之矣！

又《骨董琐记》（郑之诚）引《平圃遗稿》云：

> 康熙壬寅，予奉使出都，相知聚会止清席，用单柬，及癸卯还朝，无席不梨园鼓吹，皆全柬矣。梨园封赏，初只青蚨一二百，今则千文以为常，大老至有纹银一两者，一席之费，率二十金，以六品官月俸计之，月米一石，银五两，两长班工食四两，马夫一两，石米之值不足饷马房金，最简陋月需数金。诸费咸取称贷，席费之外，又有生日节礼、庆贺及会祖父母知交出都公份。如一月贷五十金，最廉五分起息，越一年即成八十金矣……一岁而记，每岁应积债二千金矣，习以为常，若不赴席，不宴客，即不列入人数，昔人谓都门晏客为酒肉卵，予谓今日赴席为债，良不诬耳。

此所谓千文，即一吊，亦即折合后世当铜元十枚也。后之视今，犹今之视昔，目下以官吏为职业者，虽有两个至三个之二四六八加成，其苦难又何减乎同光之际乎？反之，我们却复羡慕李慈铭的生活为较今日有若干的闲适与恬淡也。

张次溪君日前见赠所辑"中国史迹风土"丛书，装订用纸均极雅洁，在今日是不可多见的出版品，而内容又是我最愿意看的东西，如闲园鞠农蔡省吾的《北京礼俗小志》，实是继《一岁货声》之后又有一有趣的东西。张君在民国廿六年印"京津风土丛书"，知堂老人序云：

> 世变既亟，此类无益之书，恐已为识者所屏弃，以时务言，似亦正当，唯不佞犹未能恝然，非欲以遣有涯之生，实由心喜之故，此外亦无可辩解，但生计困难，欲读无书，正无奈何耳。

也是十分诚恳老实的话。对于我们这些近乎唯美的言志派颇感知己，唯我们心有此意说不十分好而已。然关于北京的礼俗，则我于走了许多地方之后，慢慢亦生出一点喜悦，尤其是当"世变既亟"之后，满街上都是两个人抬着的"狗碰头"棺材，后面跟着一个垂头丧气的妇人或男子，我们的感触不是对死去者的悲怆，而是整个"生事"的令人不愉快。杜诗所云"满目悲生事"，此庶几其一端乎？如蔡君的《礼俗志》婚礼条迎宾客云：

佳期，棚搭齐，家伙座上齐……水到齐，茶烛馒首煤炭烧酒办齐，大办客多，头天落作（落读曰烙），小办宾少，半夜暴作，灯火齐明，刀勺乱响，客劝主歇，相约看棚，清淡凑耍，牌九摇摊，博也；剪烛花，巡院落，瞧表喝汤，厨房渐静，远钟已动，烹酽茗（浓茶），曩透凉，老鸹叫，主人起，揉困眼，打哈欠，洗漱脱穿，收拾屋，打扫院，日发红，开门看，好俊天，俗有言，刮风不良，下雨不长（指结婚时遇风雨，则新娘如此），可怕也。……日高一丈，客没来，狗暗进来三条，溜墙根，钻桌底，一轰（逐也）龇牙，再会掐架（互斗），乱挤乱撞，凳响人哗，好容易拿棍敲地，不敢打，怕碰桌具。才赶出去，喜歌儿又嚷上了：一进门，喜重重，彩子挂在当中，天上牛郎会织女，人间玉女配金童，等等；滔滔不断，不念了是要钱，当十钱，给五枚，不走，再五枚，仍不走，大喜事，多破费，越花越有，一套贫口，添足才走……他不念时，门前小孩学念：一进门，喜重重，先当铜盆后卖烛，请来亲友吃炕席，完事急得直哼哼！嘻嘻嘻就跑了，热闹极了……宾客渐至，官客（男客）主棚候，堂客（女客）女仆出迎，预请知客（招待员），以分主劳，见面行礼道喜，接拜匣，交份金，看礼单，悬喜幛，掏封儿，带拜钱，等等不一；说遮羞，道破费（前为宾之客气语，后为主人之客气语），您来不晚（主），我因车迟（客）……让座献茶，装袋闻烟，内有女仆伺候，外有茶司周旋，各座寒暄，七言

八语，主人东张西顾，想事愁钱，曾无片刻闲也。少时开
筵，筷盅碟纸，随就端整，四碟压桌，几碗肥鲜，知客让
座，茶房挽言，亲不僭友，族不宾先，你谦我逊，叙齿应
然，斟酒谢席，布菜下餐，一席撤去，一席接连，离席漱
口，散座盘桓，所谓一台戏将唱起，少时便锣鼓喧天矣。

这真是一种半通不通的古怪文体，而在北京住得稍微久些
的人，一定可以领会其中的幽默。似乎那些做主人的未尝不焦
灼，但我们看了仍是可喜悦的，不是走投无路的"干着急"也。
现在读了这样东西，实在有如三代以上，而事实上则历史绝不
如是之久。生活紧缩的加速度使日子悠长起来，仿佛苦难的岁
月已很久了，此乃人生最不幸的遭遇，亦是最难排遣的心绪。
我们不但时时想起小饭馆在酒缸喝酒的事，即如嫁娶与丧事的
仪注，再重温亦成了安慰。如是则喜爱记风土旧俗的书，又似
另有道理了，而此道理却不免于小资阶级的颓堕气，故必不为
有志之士所首肯耳。在北京看丧仪是很平常的事，一个人死了
以后，无论多寒俭，也要完成什么送三诵经伴宿仪式；而发引
时的行列则顶简单的也有一队儿童敲鼓随行，抬棺者好像不容
易少于十六人，若是"六十四杠""全副执事"，会排列二三里
去，那倒不必提了。总之，在从前我们觉得很是浪费的，现在
则觉得无此浪费遂格外显示人生之落寞与贫困则是实情。我不
知未到过北京的朋友心头如何，我国人实深有此思而不可戢止
者也。

《清稗类钞》有一条云：

> 买物而缓偿其值曰赊，赊早点，京师贫家往往有之，
> 卖者辄晨至，付物，而以粉笔记银数于其家之墙，以备遗
> 忘，他日可向索也。丁修甫有诗咏之云：环样油条盘样饼，
> 日送清晨不嫌冷，无钱偿尔聊暂赊，粉画墙阴自记省。

此亦颇有趣的记载。盖今日唉"油炸桧"正非易事，且惩于小
饭店不给钱之失，恐怕赊的办法也中止了。那么，此事居然亦
为古风矣。回想起来，北京有古风的事真是不少，从前住户，
无论买什么东西，立付现款的很少，大约都是立一扣折子，按
三节结算，在消费者方面，到节日似有一番重压，而平日则大
减免米盐琐碎的心情。书贾们更是如此，平常借阅多少书都可
以，到节日择好的留下几种已足应付，这可爱不在我们的省钱
省事，乃是在人情的淳朴耳。

若《一岁货声》等书，只是在半通不通求趣味，好像愈是
这种人越能够与市井接近，故所为《礼俗志》也是极平民而写
实的。李家瑞君《北平风俗类征序》云：

> 记述民情风俗的书，士大夫作的，往往不如土著平民
> 作的详细确切，例如《京师竹枝词》《都门纪略》《京都风
> 俗志》《朝市丛载》《芜市积弊》《一岁货声》等，无一不
> 是略通文理的人作的，但他们所记的风俗，往往比名人学

士们详实。

李君所云，深有见地。而他的书里边选了许多俗曲——即
"八角鼓"的曲子，更给住过北京的人增加无尽的趣味。在士大
夫著作中，我觉得只有《帝京景物略》不为浪得虚名，因为刘
君实在是用过一番调查与写生的功夫的，即如《记碧霞元君诞》
一则，读了以后，似乎我们又奔走于妙峰山的路上了：

　　岁四月十八日，弘仁桥元君诞辰，都士女进香。先期，
香首鸣金号众，众率之如师，如长令，如诸父兄。月一日
至十八日，尘风汗气，四十里一道相属也。舆者，骑者，
步者，步以拜者，张旗幢鸣鼓金者。舆者，贵家豪右家；
骑者，游侠儿，小家妇女；步者，窭人子酬愿祈愿也。拜
者顶元君像，负楮锭，步一拜，三日至。……五步，十步
止，二十步拜者，一日至。群从游闲，鼓唱吹弹之乐之，
旗幢鼓金者，绣旗丹旐各百十，青黄皂绣各百十骑，鼓吹
步伐鸣金者称是，人首金字小牌，肩令字小旗，异木制小
宫殿，曰元君驾，他金银色服用具称是。……别有面粉墨，
僧尼容，乞丐相，遍妓相，憨无赖状，间少年所为，喧哄
嬉游也。桥边列肆，搏面角之，曰麻胡饧，和炒米圆之，
曰欢喜团，秸编盔冠幞头，曰草帽，纸泥面具，曰鬼脸鬼
鼻，串染鬃鬣，曰鬼须；香客归途，衣有一寸尘，头有草
帽，面有鬼脸，有鼻有须，袖有麻胡，有欢喜团；入郭门，

轩轩自喜，道拥观者啧啧喜，翁妪妻子女，旋旋喜绕之；然或醉则喧，争道则殴，迷则失男女，翌日，烦有司审听焉。

此文只有《西湖七月半》《满井游记》之类可以比拟，而彼又偏于主观，此则大有近日报纸的特写风度，又无其俗厌笔调者。所以有好多人总好说今人不如古人，或亦不无道理欤？李家瑞君为其作序最后一段云：

> 我有一个希望，希望这书永远不要成为《梦华录》《梦粱录》等供愚人凭吊的书。

这话可以说有昔日戏言身后事之哀了。我写此拉杂抄掠的小文，又多是不甚通达的文字，除如知堂先生所云的爱好以外，或与李君有近似的悲哀，然此又近乎载道的说法，未免于落言筌了。

三十二年七月八日①晨起

（《两都集》）

---

① 本书所选文章，篇末如采用中文数字纪年（均为民国原书所载），系指中国历法年月日，如本处即指民国三十二年（公历 1943 年）七月八日；如为阿拉伯数字，则指公历年月日。特此说明，以后不再为此加注。——编者注。

老　向（1898—1968），本名王焕斗，字向辰，号老
向。京味文学代表作家之一，《论语》派三大台柱子之一，
有"幽默作家"的头衔，与老舍、老谈合称"三老"。早
年在北京师范学校就读，1923 年考入北京大学中文系。抗
战期间，在老舍的支持下，创办全国性通俗文艺半月刊
《抗到底》。其代表作品有长篇小说《庶务日记》，中篇小
说《秃油锤》，短篇小说《村儿辍学记》《换一换年头吧》
《其实》等，散文《村声》《扫帚》《月亮故乡好》等，说
唱作品《抗日三字经》。

村　声

老　向

　　没有声响，不足以表现寂静；没有寂静，也不足以显示声
响。这种情理，在居住乡下的人们很容易悟出来。

　　从太阳没了说起吧。爱吵爱叫的孩子们，都像小麻雀似的
各自回家去了。所有的街巷，一齐入了睡眠状态。完全黑夜自
不待言，就是有月光的日子，那路旁的树影儿也不会把孩子们
喊出来再玩玩不是？偶尔，纯乎是偶尔，有个小贩在晚餐以后
会来吆喝一声"老豆腐开锅！"那声调又高又颤，好像一只带伤
的秋雁，飞到东西，飞到南北，终于又飞回来；因为四围都让
寂静给塞满了，没有它的去路。

　　"雄鸡司晨"，仿佛是鸡祖宗留下的老例。然而定县的雄鸡，
很有一些"祖宗不足法"的创造精神，它爱几时叫了就几时叫。
它的鸣声很草率，大概它并不指望着震动天下！也不管那些

"打夜作"的人们听了发生什么感想。它仿佛是对于这黑夜的寂静有些胆怯了，所以要试着叫一叫。

俗谚说："夜猫进宅，无事不来。"夜猫，俗名叫作秃枭。许多人家都把秃枭当作凶鸟，很厌恶它在深夜间大呼小叫的。本来夜里静得就有点死气，它的啸声仿佛使死气颤动起来，自然不免有些鬼气森森，无怪乎人们听了觉得有点毛骨悚然。我个人并不怎样讨厌它。绕在我的住室前后的枯树上，时常有一两只枭鸟夜鸣，在这无边寂静的秋夜，它的一声高啸，到底把寂静画了一个轮廓。

在这并不"夜不闭户"的年头儿，夜间有比枭鸟更足以使人提心吊胆的声音，那便是群狗狂吠。自然，狗有时也会"咬空儿"，所谓为了要叫而叫的；但是据说大部分是"有所见而叫"，人们怎么能不惊心？在有许多村狗向着一个目标叫成了一片的时候，留心门户的人们，会爬到房上去，相应地有一两声表示他有戒备的假咳嗽。

夜间的声音，不知道从哪一个时刻起便宣告结束。黎明，首先冲进村街的是一面"蓬蓬蓬"的破皮鼓。敲鼓，在北平是卖零碎木炭的唤头，在此间却成了卖豆腐的了。无论多么困倦的人，听了这破鼓晨声，若还赖在炕上，那便是村中加料的懒人，便会失掉许多街坊的同情。像我们这些按照钟点作息的人们，有时感到这面破鼓惊扰睡梦，心里很不高兴。可是继而一想，这只能怪自己起得太晚，怪不着别人。而且这面破鼓，不论冬夏，也不论风雨，比鸡叫还靠得住，天天准是黎明即到，默默之中有着报时钟的作用。

晨鼓之外，这一个整天儿还有一种经常的声音，就是卖烧饼麻糖的那面小铜锣。乡下人们，要不是去瞧病人或是哄孩子，谁能那么不知物力艰难，随便拿起个烧饼来吃吃？好，这样儿，一时出售不完，那卖烧饼的可有活儿干了。他好像一个吃着双工钱的更夫，由早到晚，由东铛铛到西，由南铛铛到北。最初我们觉得他简直是发疯，以为敲一两下，大家都听得见就得了，何必那么不怕麻烦连续着敲？后来明白这道理了：说他生怕锣声一住，这个村庄便真个静得死过去，也许靠不住；说他自己忍不住这寂静，八成没有错儿。

在寻常的日子，村子里再没有别的声音了。遇上城里大集的日子，有个把卖鸭梨的小贩，剩下了货底儿，在归途上路过这个村庄，也许顺便摆在街上吆喝两声。这时，许多人们不论买与不买，总要跑出街门来看看，但是十集八集，这类小贩也未必来一回。

村妇骂街，也不失为冲破沉寂的声音，可惜是也不常有。

另外，在白天，碰巧了有"钱买杂皮"或是"猫皮狗皮换鞭梢"的小贩到了，村里的狗们一定会总动员去欢迎他，远远地向他狂吠致敬，也还有相当的热闹。

晚饭以后，我们时常翻阅"皇历"，挑检"诸事皆宜"的好日子，猜想会有谁家"娶儿嫁女"，会有一班吹鼓手来大闹一阵。及至到了那一天，并无此事，心里仿佛失掉些什么似的。

有时觉得下雨也好，下雨可以听到檐前的滴水渐沥；刮风也好，刮风可以听到屋后的白杨萧萧。恰巧在这"春秋多佳日"的季节，又少风无雨。

深山古寺里的和尚，不肯蒲团静坐，养性修身，偏要去听听鸟叫，听听泉鸣；早晚还要轻叩木鱼，低诵经文；有了这一切还嫌不够，不时地还要笙管箫笛铙钹钟鼓的大吹大擂。以前我不懂这是什么出家人的道理，现在，我明白了。街上一个小孩子随便大嚷一声，不是都能把我叫出门去吗？

二十三年十一月一日于谷中

（《黄土泥》）

唐弢（1913—1992），原名唐端毅，字越臣，常用笔名风子、晦庵。浙江镇海人。1926 年到上海华童公学学习，1929 年肄业后考入上海邮局工作。1933 年开始在《申报·自由谈》发表散文和杂文。参与 1938 年版《鲁迅全集》的编校工作，并开始辑录鲁迅佚文。1943 年到一家私人银行当秘书，后又回邮局工作，并与柯灵合作创办《周报》，后又主编《文汇报》副刊《笔会》。1947 年任震旦大学、上海戏剧学院教授。共出版杂文集、散文集、评论集、论文集 20 多种。

乡村掇拾

唐弢

一、声

这几年在外面住久了，偶然回来，对于故乡的一切，很多隔膜，心里老是缺憾似的，觉得总不像藏在记忆里的那样亲切了。有时想想，却又觉得时序依旧，景物也还是依旧，什么都不曾改样。

像换了梁的燕子似的，惘惘地，惘惘地。

蛟川依旧在流，岁月一样地在流过去，同学少年却都被生存的条件带到都市里去了。这里只留下一些老的少的女的，有财产的土豪劣绅和没钱出门的穷光蛋。有了这些人物，这里的空气永远只有沉闷。一方面是剥削和享乐，另一方面就是所谓"嚼着苦汁营生"。

使尽平生的气力来运用极度的压抑，和使尽平生的气力来承受极度的压抑，便形成这个无声的乡村。

乡村真是"无声"的。有，除非是旧历年头的爆竹声，然而过了这个时期，也就不再听见了。现在，怕只有老年人对于世态人心的微弱的感喟吧！然而这成个什么声音呢？

孩子们一年年大起来，一批批往都市跑，乡村对于他们永远只能留在脑袋里憧憬了。剩下的大都是些十岁以下的，但十岁以下的孩子还是要大起来，还是要往都市跑。

再过多少时候，乡村怕会变作没有壮丁的区域吧！就是妇女，也有不少到热闹城市里去做工或帮佣的，但这里总算还留下了她们的大多数。

老年人的感喟对于这乡村从来不曾发生过进步的效力，妇女们是连感喟都没有。她们只知道怎样设法使这一天温饱，等到不能温饱的时候，就说是生成了这条苦命。

田里的工作在我们那儿的妇女是不做的，至多只会种些菜蔬。所以除了男人们从都市里能够寄些钱回来的外，妇女营生的方法，就只做成衣匠、卖菜蔬，或者养几只鸡卖蛋。白天不够，夜里再找些户内工作，虽在三更以后，连狗声都寂的当儿，也还常常可以听见"沙沙"地纺纱的声音。

这该是代替她们嘴儿的仅有的声音吧！

二、沧　桑

我们这个村子的名称是很多的。在从前，写在笔头上的是

"古塘村"，但乡下人只知道叫"畈里塘"或"畈田塘"。自从××风气传到乡村以后，大概是不能不改革吧，又叫什么"×××三姓联合村"了，但乡下人却还是叫"畈里塘"或"畈田塘"。

从名称上看来，这儿从前是有一条江的，从北到南直穿过这个村子，所以现在西面还叫"西岸边"，东面也叫"东岸边"。我家屋后被称为"后山门头"的一带，该是有座山吧，现在却只能看到一些东歪西斜的屋子。靠西一带被称为"安园"的，全是荒芜的坟墓，到如今是连白骨都暴露了。

当我还是孩子的时候，对这几个地方就想下一些研求的功夫，但年龄毕竟还太稚，识字的绅士既不肯帮我忙，不识字的前辈也要笑我无聊。这愿望就一直挂到现在。此番回乡原为料理一些家事和纪念一个难于忘却的伤痛。到家以后，因为微感不适，心绪又不好，只得让这个愿望依旧挂下去。

我存心研求的动机是很偶然的，那时候怕还只十二三岁吧。十二三岁的孩子总爱玩耍，除了在家里看看《水浒传》和《三国演义》外，我就常常往田野里奔跑。田野里一年四季不断地有给孩子们玩的东西，特别是安园，那地方有荠菜，有马兰头，有覆盆子。在春天，可以从那儿掘些蚯蚓来钓鱼，秋天有蟋蟀可捉，我往那儿去的时候特别多。

安园里原先是有一块节孝牌坊的，牌坊上那块横石标早已不知去向了，只矗立着二根石柱。牧童大都在这儿系牛绳，也常常爬上石柱去。那种把戏我玩不来，我只能在石柱旁边捉蟋蟀、找油葫芦，做些发掘工作。那天却掘着了一块坚硬的东西，我发现那是一口石磨，约摸有米筛那么大，七八寸厚，我不曾掘下去，因为在乡野找到那些石磨是很通常的事。

不久以后，由于这口石磨，我听到了一段传说。据说在几十年前，当那座节孝牌坊还不十分坏的时候，每逢阴雨的天气，常可看见一个穿白衣的女人立在节孝牌坊下，弄得全村都骚然了。后来不知谁出主意，把这口磨去放在那个白衣女人立着的地方，才得安定，因为磨是压邪的。

当我知道那可以采覆盆子、捉蟋蟀的所在正是鬼魅巢穴的时候，不免有些毛发悚然，但也并不十分相信。以后每逢阴雨的天气，常常跑上楼去开着后窗遥望，但始终没有看见过立在牌坊下穿着白衣的女人。

随后几年，"无鬼论"的信念渐渐坚定起来，我料想那是一种附会，并且疑心被称为穿白衣的女人就是节孝牌坊的主人，也就是安园的主人。这主人生前或死后，看来有不少动人听闻的事件，才会生出这种无稽的传说来。

为着想证实这个料想，我才决意要研求一下。不单是安园，我们全村子都是一个谜。但有什么办法呢？我自己身上也正压着口石磨。安园里的石磨一年年向泥土里沉下去，身上的石磨也一年年向我压下来，我应该尽先解决的是哪一口石磨呢？

三、 乡村的教育

一般地说，每个人总有些独特的脾气，或许也就是所谓个性吧。平生有绝不为的事，有不可不为的事，有为否两可的事，有与其为彼不如为此的事。属于后者，我有一种很显著的脾气，那就是：宁愿听老太婆念弥陀经，不愿与村学究谈天下事。

天下事本来就很难谈，如果与村学究谈起来，则更有"说不得也"之苦。我每次回乡，除了看看农夫的操作，以及和父老谈谈乡村情形外，与此辈是绝少往来的。

但学究们的"嘉言懿行"却绝不因我的不相往来而至于"湮没无闻"。

在我们这个村子上，称得起是学究的，压根儿只有半个，那就是本村学校从外县请来的教书先生。我所以说是半个，不仅因为他不是村上人，而且因为他没有学究的才气，而有学究的论调；没有学究的高逸，而有学究的傲慢；逢宴会必据上座，一见校董，鞠躬仵立如仆役，腐酸之态可掬。教起书来是音义模糊，连几个小学生都应付不了。

但他却依旧能够教下去。

这所学校里一共有七十几个学生，教员是二个。其他一个名虽是校长，但所管的却是村政而不是校务。他要忙着做校董的书记、村长的策士，以及绅士座上的清客；把七十几个年轻的学生，像托孤一样地托给我们的学究了。

绅士们设办这个学校的动机，绝不是要提倡教育，不过是替本村撑面子。说得透彻一些，也就是替自己撑面子。这倒并不是小村几位绅士的创举，全国君子为着要撑面子而办教育事业的，不知凡几。这种好名的行为，本来不足深责，但迷信着二位宝贝，把儿童教育玩忽到如此地步，实在是罪无可赦的。

我在附近乡村打听了几处，觉得他们对于儿童教育的随便态度，实在使人吃惊。私塾的制度已经过去，而主持私塾的毒物却依旧能够在新制的学校里摇摆，这真是乡村当前一个亟应注意的问题，什么国家大事倒可暂时不提的。

四、即　景

天气逐日暖和起来，院子里的柳叶也一丝丝挂上了。早晨的太阳照在纸糊窗上，显得热烘烘的。

因为每天要到外面去散步，我于六时左右就起身。这在乡村并不算得怎样早，最早的应该是瓦檐缝里的麻雀，天刚破晓就可以听见它们的叫声。禽类对于光明的需求极迫切，又因为栖止、飞行的所在很高，所以对于光明的感觉也最快；此外要算是兽类，而以人类为最迟。这缘故，是因为有一种人知道利用这黑暗，另一种人却又屈服于黑暗，黑暗对于人类既成习惯，光明的感觉也就一天一天迟钝了。

但在人类里面，其实也并不一样。穷人对于光明的感觉比富人来得快，乡村又比都市来得快。这里既是乡村，又多穷人，所以等鸟兽一叫，接着就有人在这破晓的光明里活动了。

我每天散步的地点，是沿着村子北面的大路。那地方可以看见红霞拥着太阳从东方出来，农家的炊烟缭绕着村后的榆钱树。乡村三月的空气随处都溢着芬香，田里是成畦的草紫；嫩绿的叶儿承住露，油菜花也黄了。

在种着各色草花的园地里，三五成群的年轻村姑在那儿蹲着采花，她们准备带到镇上去卖，这上面每年也可以出产不少钱。种了谷，种了麦，种了一粒粒农夫的汗血，带到城市里，价钱是出乎意外地贱，也从来不曾有人称赞过。如果把花带往镇上，太太小姐们就这个说美丽，那个说新鲜，说不定在兴头上，还会多赏给几个钱儿。

这种情形乡下人看得很明白，所以种花的也终于一年年多起来，替乡村添了不少美丽的景色。这景色，也就显示了一种悲惨的命运。

村北大路是没有尽头的，我知道怎样带住我的脚步，站着看农人在田里工作。他们忙着把泥土翻松，忙着把野草除去。他们的工作是紧张的，我真不相信自己有可以安闲地站着的理由。

太太、小姐、老爷、少爷们知道怎样享受那些花、谷、麦以及一切非乡下人所能想得出的新花样和洋家伙，奢侈、荒淫、闲适、享乐包住了他们整个的生命。

然而，人是没有安闲地站着的理由的。

五、 模仿都市

如果现在还是三百年前，大概不会有理发这一种行业吧？但现在毕竟是现在，男人的发辫固然不再存留，连女人也非剪去不可了。于是有了理发这一门行业，说得体面一些，为苍生着想，是有功可居的。

近几年，乡村女人剪头发的也一天天多起来，但从来没有人能讲出剪发的利弊来的。据反对的说，剪了发像吊死鬼，像无常鬼，像半雌雄，但后来却又沉默下去了。这大概是感于吊死鬼和无常鬼太多了，会影响到人命上去吧。便是太多了半雌雄，也好像不成体统的，所以连这也不再说。至于赞成的呢，那理由可更简单，据说是因为从上海回来的女人都剪去的。

这里的乡村学上海，无疑地是一种共同的趋向，尤其那些爱时髦的年轻男女。但所学的东西却都很滑稽，即就服装一门而论，男人们学得的是流氓装，女人们学得的是野鸡装。真纯的天性使他们相信这种服装并不会影响到自己的人格。如果有谁告诉他们这是流氓、野鸡的标识，他们决不相信。

流氓、野鸡的服装能够通行于乡间，是有它必然的环境的。把才从泥堆里钻出来的身体去套上簇新的西装，这绝不是乡下人所敢希冀。至于上海时髦小姐的服装，动辄以几百几十金计，乡村女子想积这几个钱，也许得积蓄一世，也许没世还不足此数。何况时髦小姐随时更换新花样，不换花样也就不时髦。但爱美毕竟是人同此心，学上海也已毫无疑义，于是流氓、野鸡的服装就当选了。

更有使志士们丧气的地方，便是那些服装的原料都是洋货。但这也还有它必然的环境。近年来都市的抵制×货，那些没有见效的地方不必说，至于有效的呢，也只效在"只许经过，不许驻足"的八个字上，于是×货就经过了"不许驻足"的抵制商埠而涌向乡村。价格贱，花样新，又没有"这是×货"的呼声，于是一切都太平地过去。

有谁会骂乡下人是"冷血动物"的吗？我想是有的，而且必定是在"只许经过"的抵制商埠里。

二十三年四月二十二日

（《推背集》）

茅　盾（1896—1981），原名沈德鸿，笔名茅盾等，字雁冰。浙江嘉兴桐乡人。新文化运动的先驱，中国现代著名作家、文学评论家、文化活动家以及社会活动家。1913年考入北京大学预科第一类。预科毕业后，入商务印书馆编译所工作。代表作品有《子夜》《霜叶红似二月花》《春蚕》《白杨礼赞》等。

乡村杂景

茅　盾

人到了乡下，便像压紧的弹簧骤然放松了似的。

从矮小的窗洞望出去，天是好像大了许多，松喷喷的白云在深蓝色的天幕上轻轻飘着；大地伸展着无边的"夏绿"，好像更加平坦；远处有一簇树，矮矮地蹲在绿野中，却并不显得孤独；小河反射着太阳光，靠着那些树旁边弯弯地去了；有一座小石桥，桥下泊着一条"赤膊船"。

在乡下，人就觉得"大自然"像老朋友似的嘻开着笑嘴老在你门外徘徊——不，老实是"排闼直入"，蹲在你案头了。

住在都市的时候到公园里去走走，你也可以看见蓝天、白云、绿树，你也会暂时觉得这天、这云、这树比起三层楼窗洞里所见的天的一角、云的一抹、树的尖顶确是更近于"自然"；那时候，你也会暂时感到"大自然"张开了两臂在拥抱你了。

但不知怎的，总也时时会感得这都市公园内所见的"大自然"不过是"大自然"的一部分，而且好像是"人工的"——比方说，就像《红楼梦》大观园里的"稻香村"的田园风光是"人工的"一般。

生长在农村，但在都市里长大，并且在都市里饱尝了"人间味"，我自信我染着若干都市人的气质。我每每感到都市人的气质的一个弱点，总想摆脱，却怎的也摆脱不下。然而到了乡村住下，静思默念，我又觉得自己的血液里原来还保留着乡村的"泥土气息"。

可以说有点爱乡村吧？

不错，有一点。并不是把乡村当作不动不变的"世外桃源"所以我爱，也不是因为都市"丑恶"。都市美和机械美我都赞美的。我爱的，是乡村的浓郁的"泥土气息"。不像都市那样歇斯底烈，神经衰弱；乡村是沉着的，执拗的，起步虽慢可是坚定的——而这，我称之为"泥土气息"。

让我们再回到农村的风景吧：

这里，绿油油的田野中间又有发亮的铁轨，从东方天边来，笔直地向西去，远得很，远得很，就好像是巨灵神在绿野里划的一条墨线。每天早晚两次，机关车拖着一长列的车厢，像爬虫似的在这里走过。说像爬虫，可一点也不过分冤枉了这家伙。你在大都市车站的月台上，听得"嗜——"的一声歇斯底烈的口笛，立刻满月台的人像鬼迷了似的乱推乱撞；而于是，在隆隆的震响中，"这家伙"喘着大气冲来了，那时你觉得它是快得很，又莽撞得很。可不是？然而在辽阔的田野中，凭着短窗远远地看去，它就像爬虫，怪妩媚地爬着，爬着，直到天边看不见，混失在绿野中。

晚间，这家伙按着钟点经过时，在夏夜的薄光下，就像是一条身上有磷光的黑虫，爬得更慢了，你会代替它心焦。

还有那天空的"铁鸟"，一天也有一次飞过。像一个尖嘴姑娘似的，还没见她的身影儿就听得她那吵闹的骚音；飞得不很高，翅膀和尾巴看去都很分明。它来的时候总在上午，乡下人的平屋顶刚刚袅起了白色的炊烟。戴着大箬笠，穿了铁甲似的"蒲包衣"（乡下人夏天落田，都穿这特别的蒲包衣，犹之雨天穿蓑衣或棕衣）；在田里工作的乡下人偶然也翘头望一会儿，一点表情都没有。他们当然不会领受那"铁鸟"的好处，而且他们现在也还没吃过这"铁鸟"的亏。他们对于它淡漠得很，正像他们对于那"爬虫"。

他们憎恨的，倒是那小河里的实在可怜相的小火轮。这应该说是一"伙"了，因为有烧煤的小火轮，也有柴油轮——乡下人叫作"洋油轮船"。每天经过这小河，相隔二三小时就听得那小石桥边有吱吱的汽管叫声。这小火轮的一家门，放在大都市的码头上，谁也看它们不起。可是在乡下，它们就是恶霸。它们轧轧地经过那条小河的时候总要卷起两道浪头，"泼辣辣"地冲打那两岸的泥土。这所谓"浪头"，自然幺小可怜，不过半尺许高而已，可是它们一天几次冲打那泥岸，已经够使岸那边的稻田感受威胁。大水的年头儿，河水快与岸平，小火轮一过，河水就会灌进田里。就在这一点，乡下人和小火轮及其堂兄弟柴油轮成了对头。

小石桥迤西的河道更加窄些，轮船到石桥口就要叫一声，仿佛官府喝道似的；而且你站在那石桥上，就会看见小轮屁股后那两道白浪泛到齐岸半寸。要是那小轮是烧煤的，那它沿路还要撒下许多黑屎，把河床一点一点填高淤塞；逢到大水大旱年成，就要了这一带的乡下人的命。乡下人憎恨小火轮不是盲目的没有理由的。

沿着铁轨来的"爬虫"怎样像蚊子的尖针似的嘴巴吮吸了农村的血，乡下人是理解不到的；天空的"铁鸟"目前和乡村是无害亦无利；剩下来，只有小火轮一家门直接害了乡下人，就好比横行乡里的土豪劣绅。他们也知道对付那水里的"土劣"的方法是开浚河道，但开河要抽捐，纳捐是老百姓的本分，河的开不开却是官府的事。

刚才我不是说小石桥西首的河身特别窄吗？在内地，往往隔开一个山头或是一条河就另是一个世界。这里的河身那么窄，情形也就不同了。那边出产着"土强盗"。这也是非常可怜相的"土强盗"，没有枪，只有锄头和菜刀，可是他们却有一个"军师"。这"军师"又不是活人，而是一尊小小的泥菩萨。

这些"土强盗"不过十来人一帮。他们每逢要"开市"，大家就围住了这位泥菩萨"军师"磕头膜拜，嘴里念着他们的"经"，有时还敲"法器"，跟和尚的"法器"一样。末了，"土强盗"伙里的一位——他是那泥菩萨"军师"的"代言人"——就宣言"今晚上到东南方有利",于是大家就到东南方。"代言人"负了那泥菩萨到一家乡下人的门前,说"是了",他的同伴们就动手。这份被光顾的人家照例是什么值钱的东西也不会有的,"土强盗"自然也知道;他们的目的是绑票。住在都市里的人一听说"绑票",就会想到那是一辆汽车,车里跳下四五人,都有手枪,疾风似的攫住了目的物就闪电似的走了。可是我们这里所讲的乡下"土"绑票却完全不同。他们从容得很,他们还有"仪式"。他们一进了泥菩萨"军师"所指定的人家,那位负着泥菩萨的"代言人"就站在门角里,脸对着墙,立刻把菩萨解下来供在墙角,一面念佛,一面拜,不敢有半分钟的停顿。直到同伴们已经绑得了人,然后他再把泥菩萨负在背上,仍然一路念佛跟着回去。

第二天,假使被绑的人家筹得了两块钱,就可以把肉票赎回。

据说这一宗派的"土"绑匪发源于温台,可是现在似乎到处全有了。而他们也有他们的"哲学"。他们说,偷一条牛还不如绑一个人便当。牛使牛性的时候,怎的鞭打也不肯走,人却不会那么顽强抵抗。

真是多么可怜相,然而妩媚的绑匪啊!

(《茅盾代表作选》)

何其芳（1912—1977），原名何永芳。著名诗人、散文家、小说家、文学评论家和"红学"理论家。1929 年到上海入中国公学预科学习。1931 年至 1935 年在北京大学哲学系学习。大学毕业后，先后在天津南开中学和山东莱阳乡村师范学校任教。1937 年出版散文集《画梦录》，获得《大公报》文艺金奖。1938 年到延安鲁迅艺术学院任教。曾任中国科学院文学研究所（现中国社会科学院文学所）所长。其作品主要有散文集《画梦录》（成名作），诗集《预言》《夜歌和白天的歌》，文艺论文集《生活是多么广阔》等。

乡　下

何其芳

一

现在我安适地坐在家里了。我坐在庭前的藤椅上，对着天井里一片青青的兰叶，想起了我对于这个古宅的最初的记忆。那时我不过四五岁吧，也是坐在这庭前，两个短手膀放在小木圈椅的两臂上，只是浮动在眼前的是菊花的黄色。这古宅已有了百岁以上的年龄了，在静静地倾向颓圮，但如这乡下的许多风习法则一样：已开始动摇了，还要坚强地站立很多年。大概是我的祖父的祖父从一个亲戚家把这座宅买来的吧，在当时这也要算比较奢侈的建筑物了，地上嵌着砖的图案，有十个以上的天井。然而现在只觉有一种阴冷、落寞、衰微的空气而已。

那些臃肿的木楼梯可以通到那有蛛网的废楼，我幼时是不敢独自去攀登的，因为传说在夜里有人听见过妇女的弓鞋在那楼梯上踏出孤寂的声响。

现在我感到这座宅实在建筑得很古拙，占据着很大的面积，却没有多少舒服爽朗的房间。我最不满意的是那些小得可怜的窗子。当我坐在一间充满了阴影的屋子里，看不见阳光和天空，我便主张把那窗子开大一点了。但我的弟弟告诉我，祖父说那个方向今年是不能动工的，因为不吉祥。我的祖父是博学多能的，在乡间他以精于堪舆和医治眼疾著名。他总诊断我这遗传性的近视为瞳仁放大，给我开着药方，我曾喝过多少次苦的药汁啊。

但这倒是一个好譬喻：修改一个窗子也有着困难。

这阴暗低湿的古宅是适宜于疾病的生长的。我这次回来正逢着疟疾的流行。关于疟疾的来源，乡间有两种说法，普通是由于饮食，尤其是吃多了鲜水果，而特别厉害的则由于邪鬼。我那刚读满初中二年级的弟弟便为这流行病苦了许久，听说曾吃了一些古怪的药方，请了一次巫婆，并且还向人借来一双据说可以压邪的殉过葬的玉镯在手腕上戴了几天，但都无灵验，结果还是几粒金鸡腊霜①一类的疟疾丸治好了。我很想嘲笑地问他学的生理卫生放到哪儿去了，不过我又想，他虽然知道疟疾的成因但并不是医生，而且一个人在病中是愿意以任何方法达到痊愈的。

————————
① 今译金鸡纳霜，奎宁（Quinine）的俗称。——编者注。

至于预防也是很难的。每到黄昏，盛大的蚊子合唱队便在这古宅里游行起来了。我还记得当孩子时候我是多么喜欢用小手掌去打死那栖止在壁上的蚊子啊，而晚上在帐子里，用那两面是玻璃一面是圆门的灯去捕获并烧死它们更使我感到快乐。谁知道在这些要吸我们的血而又哼着难听的歌曲的虫子中，更混杂着它们的更恶劣的族类，那翅上绘着褐色斑纹而且常常骄傲地翘起后脚的，图谋在我们的血液里投下一些疟疾细菌呢。

二

随着疾病流行在乡间的是中医。这不仅由于人们对中医的信仰，而且是一种事实上的必有的现象。当科学的医药设施还不能普及到乡村时，患病的人除了乞灵于古老的医术而外，是别无办法的。就是在县城里，也难于找出一个真正受过专门训练的医生，而那些冒牌的医院同样误人。

乡下的人们自然是顽固守旧的，但从时间上看，也可以说他们对于新的东西的侵入是慢慢地让步。十几年以前，私塾在乡间还十分流行，因为他们相信县城里的学校不过是乱世的教育制度，那已经倒下的还要重新站起来。他们关闭男孩子在家中读经书，正如继续替女孩子缠足一样，为的恐怕昔日的一切忽然恢复，大胆的放了足的人要受讥刺和苦痛。那时竟有好事者从川省银币的背面上的图案推出一个谶言来了，他是多么细心地数过那些围绕着一个篆文"汉"字的小圆圈啊，说民国只有十八年的寿命。在那些到县城里去进了学校的乡下孩子中，有一二个染上了城市里的不良嗜好，便夸大地在乡间传说起来了，若是赌钱便说一夜之间输去了家里财产的一半，作为阻止孩子们进学校的借口。然而现在，民国十八年已过去了很久了，那时相信着谈论着那谶言的人们早已忘记它了，那时反对着学校教育的人们也让孩子们进学校了。乡村小学已代替了私塾。女孩子们也进学校了，虽说老人们还是怀疑着女孩子进学校做什么呢，但并不坚决地反对了，因为大家都这样。他们所预期的永远不来，而难于理解的风习和事实却继续地在乡间展开，他们不能不对这个时代、这个世界感到十分迷惑了。但我们能笑他们吗，从来没有人仔细地、系统地向他们讲解过这些事情，他们的知识限于过去的经验。

在这里我们可以见到每个问题的复杂性了。即使小学教育已普及到乡村，小孩子们都进了学校，他们在家里想饭后吃水果还是要被阻止的，想在阴暗的屋子里修改一个窗子还是要遇到困难。

而且，即使乡村的成人们也都有一点科学常识了，他们或他们的孩子害病的时候仍是只有相信着中医，喝着那些发霉的草木根叶的苦汁的，假若那时还是仅在几个大都市里有着几个外国人主持的医院。

三

这乡下的人们便生活在迷信和谣言中。

迷信在人类社会里恐怕很难绝迹吧。我们许多行动，许多遵守的风习法则，何尝都有着最后的合理的解释呢？但我们毫不怀疑地生活着，服从着，甚至发现了一个反抗者，大家都向他投掷石头。

至于谣言，在都市里是生长得更多而且传播得更快的，不过我们总只觉得乡下的谣言可笑而已。

一天在晚餐的桌上，祖父提到听说县城里在制造着很多的斗和秤，接着愤怒地而又神秘地吐出一句：

"谁知道要发生些什么事情。"

父亲是照例的叹一口气作为答应。我抬起眼睛望一下坐在对面的弟弟，觉得我不能不替那些无辜的斗秤解释几句了。

"大概是政府要统一全国的衡量制度吧，我们这里用的斗秤和规定的很不相同。"

但祖父的神气并不以我这解答为然，我只有停止了；一面吃着饭，一面思索着他对这件事感到愤怒和神秘的缘故。所谓法币政策，在这乡间是为一般人所不满意的。他们只简单地看见事实：白亮的银币没有了，只剩下一些难看的纸币。现在遗产税、所得税这些名词又在他们心中作祟了。也许祖父猜想那些新制的斗秤与征税有关系吧，也许他以为政府怕人民不诚实地报出每年所收稻谷的多寡，要用斗来量了再征税吧，但秤又有什么关系呢？

一个简单的消息经过几个人的转述便会变成十分古怪的，同时又有人故意地制造着谣言。在县城里我已隐约地听到一种不安的揣测了，到了乡间则更公开地成为人们的政治闲谈，主要意思是说省内旧日的军人要联合起来排斥外来的势力。

一天我又听到一个还算比较有智识的农人的谈论了，他相信不久外省的军队便会排斥出去，并说某一个失意的军人已回省来了。我只能以事实的真相来打断他的高兴，我说：

"那是不能成功的。"

"全省的军队合起来总打得过，向来外省的军队在川省是驻扎不久的。"

"现在和从前不同，他们既然进来了，便不会出去的。"

我除了用这极简单的话说明而外，还能向他说什么呢？我能告诉他我们所居住的省份现在已很荣幸地成了"民族复兴的根据地"吗？我能清楚地向他解释这种狭隘的省界观念是应该以国家观念来代替，而对于外省的军队不应该歧视吗？民族，国家，这些名词在乡下的人们听来，是没有什么了不得的意义的。他们无法想象四川有多少个万县大，中国又有多少个四川大，更无法了解它们间的关系，所以外省人和外国人在他们心中都不过是从远处来的人而已。

我不能不思索他们歧视外来势力的根本原因了，也许由于许多新设施吧。官府办理任何新设施时，向来是不要求人民的了解的，即是说不向人民解释便强制执行的，所以甚至于有利人民的设施也被他们仇视、误解，比如测量土地便以为要没收遗产了，调查户口便以为要抽壮丁去当兵了。

又比如最近实行的保甲训练，也为农民所不欢迎。听说起初每早晨都要去操练，后来因影响到田间工作，又改为七天一次了，但去一次便是大半天。当他们劳苦终年还不能得着温饱时，如何能对军事知识发生兴趣呢？那些"立正""稍息"的训练并不能使他们的田里多产出一升稻米，徒然占去了他们的工作时间。

<h2 style="text-align:center">四</h2>

农民的生活是很苦的。

在这乡下，与北方的情形不同，自耕农是很少很少的。以农业为生的人多半是佃农。当他愿意耕种某田主的土地时，便写一纸契约为凭，并拿出若干现钱做"押头"，于是便带着他一家人到附属于那份土地的茅舍中去居住了。假若那份土地大，便自己雇长工；假若仅几亩田，便只靠全家人操作，夙兴夜寐，春耕夏耘，到了秋收时候，按照契约上规定的数目缴纳稻谷于田主，以其剩余为全家的衣食。据说古昔的风俗是田主与佃农平分地之所出，但现在即是在丰年，至多可以剩余三分之一而已。逢着荒年，则请田主到田亩间去巡视，按照灾情的轻重减少租谷。

大一点的佃农生活或许尚觉宽裕。那些耕种着几亩地的，感谢土地能产生出许多种粮食，往往在米饭里夹杂着菜蔬、番薯、豆类，才得一饱。

在这群山起伏之间，高高下下都是水田，以稻米为主要产物。较平坦地方的田亩是较肥沃的，山坡上的则又硗瘠又最怕干旱，六七月间连着几天不下雨，便使它的耕种者蹙眉叹气。

辛勤的农人们便在这较肥沃的或较硗瘠的土地里像蚂蚁一样工作着，生活着，并繁殖着子孙。一个农人的孩子将永远是农人，除了他改换他的职业，而幸运又帮助他。

至于田主呢，重大的工作便是收着租谷，完纳粮税而已。"该撒①的物当归给该撒"，田主们又以纳税的剩余生活着。他们一生的目的仅在积多一点钱，添置一些田地，作为遗产传给子孙。

大的田主在这县里是很少很少的。中等人家若多有几个孩子，分居之后便沦落成农民一样贫穷了，而这些在悠闲舒服的环境中长起来的人又多半不能如农民一样辛勤，最后便只有出售那几亩祖业了。

农民和田主阶级的人从体格上便分辨得出。田主们不是肺病患者似的瘦弱，便白胖得如禁闭了几年的囚人；而那些壮年的农人却是多么强健啊，站在田野间就仿佛是一些出自名手的雕像。但那些弓一样张着的有力的胳臂将为土地的吝啬而松弛，而萎缩；那些黄铜的肩背将为过重的岁月与不幸的负载而变成伛偻；最后那些诚实的坚忍的头将枕着永远的休息、宁静、黑暗而睡在坟墓里。

五

一天下午，烈火似的夏日的太阳已向西斜坠，我和弟弟妹

---

① 今译恺撒。——编者注。

妹们从这座宅里动身走向那一里外的"我们的城堡"，那曾关闭过我们的童年的高踞在山上的寨子。道路上铺着的是炎热，没有一丝微风。我们走到一个古寺侧的石桥上，从那竹林的荫影和那静止的绿水也得不着一点凉意。在平坦的地方的田亩里，由于淤泥的深厚或由塘堰里的积水的助长，那些高高的稻茎还是带着丰满的谷粒站立着，等待黄金色的成熟。但山坡上的田亩里的稻茎却已垂倒了头儿，那些未长成的谷粒已变成了白色的空谷。有些禾穗甚至枯焦得像被火烧过一样。

已经有很久没有下雨了，今年这山之国里又遇着了旱灾。当农业上还是继续用着古老的稼穑方法时，天然的灾害是无法避免的。在这乡下，人们却同时以两种迷信的举动期望着雨的降落：一方面市集上禁止屠宰，想以不杀生去感动或者讨好上天；一方面举行着驱逐旱魃的游行示威。人们都相信有一种满身长着白毛，栖息在山林间，能阻止着雨的降落的旱魃。读过书的人说书上有，农人们则传说有人在树枝上看见过，总之无人怀疑它的存在。于是大家携着打鸟的土枪，结队成群地穿过那些茂盛的山林，吆喝着，鸣着枪，去驱逐那幻想里的东西，便算尽了人力了。

然而还是不下雨。塘堰都放干了，溪里露着发渴的白石。

当我们快走到寨子的脚下时，看见田亩里已有几个农夫农妇在割着早熟的稻禾了。穗上的谷粒已白了一多半，他们仍得默默地弯着腰，流着汗，用手与镰刀去收获那些他们用辛苦培养起来结果却是欺骗的稻禾。我们和他们交换了几句简单的话。

当我默默地爬着那座小山的时候，清晰地想起了《创世记》上耶和华临着驱逐亚当出乐园的时候给他的诅咒：

> 你必终身劳苦才能从地里得吃的。地必给你长出荆棘和蒺藜来，你也要吃田间的菜蔬。你必汗流满面才得糊口，直到你归了土，因为你本是从土而出的。你本是尘土，仍要归于尘土。

这几句话是如何简单有力地描写出人的一生啊。然而我们应该把这诅咒掷回去，掷向那该死的人工捏造的耶和华，掷向一切教我们含辛茹苦，忍受终身，至死不发出怨言的宗教。如果人类想在地上有一座乐园，必定得用自己的手来建造。如果人类曾经失去了一座乐园，必定是用自己的手捣毁的。

然而我在我自己的思想里迟疑：如果有一座建筑在死尸上的乐园，我是不是愿意进去？带血的手所建筑起来的是不是乐园？而不带血的手又能否建筑成任何一个东西？

黄昏来了，我觉得地球上没有一点声音。

二十六年十一月二十五日

费孝通（1910—2005），著名社会学家、人类学家、民族学家、社会活动家，中国社会学和人类学奠基人之一。1933 年获燕京大学社会学学士学位，同年考取清华大学社会学及人类学系研究生，1935 年通过毕业考试。1936 年赴英留学，1938 年获伦敦大学研究院哲学博士学位。回国后任教于云南大学社会学系。1945 年起历任西南联大教授，清华大学教授、副教务长。其博士论文《江村经济》（又译《中国农民的生活》）在国内外流传甚广。

乡土本色

费孝通

　　从基层上看去，中国社会是乡土性的。我说中国社会的基层是乡土性的，那是因为我考虑到从这基层上会长出一层比较上和乡土基层不完全相同的社会，而且在近百年来更在东西接触边缘上产生了一种很特殊的社会。这些社会的特性我们暂时不提，将来再说。我们不妨先集中注意那些被称为土头土脑的乡下人，他们才是中国社会的基层。

　　我们说乡下人土气，虽则似乎带着几分藐视的意味，但这个"土"字却用得很好。"土"字的基本意义是指泥土。乡下人离不了泥土，因为在乡下住，种地是最普通的谋生办法。在我们这片远东大陆上，可能在很古的时候，住过些还不知道种地的原始人，那些人的生活怎样，对于我们至多只有一些好奇的兴趣罢了。以现在的情形来说，这片大陆上最大多数的人是拖泥带水下田讨生活的了。我们不妨缩小一些范围来看，三条大河的流域已经全是农业区，而且，据说凡是从这个农业老家里迁移到四围边地上去的子弟，也老是很忠实地守着这直接向土里去讨生活的传统。最近我遇着一位到内蒙旅行回来的美国朋友，他很奇怪地问我："你们中原去的人，到了这最适宜于放牧的草原上，依旧锄地播种，一家家划着小小的一方地，种植起来，真像是向土里一钻，看不到其他利用这片地的方法了。"我记得我的老师史禄国先生也告诉过我，远在西伯利亚，中国人住下了，不管天气如何，还是要下些种子，试试看能不能种地。这样说来，我们的民族确是和泥土分不开的了。从土里长出过光荣的历史，自然也会受到土的束缚，现在很有些飞不上天的样子。

靠种地谋生的才明白泥土的可贵。城里人可以用土气来藐视乡下人，但是乡下，"土"是他们的命根。在数量上占着最高地位的神，无疑的是"土地"。"土地"这位最近于人性的神，老夫老妻白首偕老的一对，管着乡间一切的闲事。他们象征着可贵的泥土。我初次出国时，我的奶妈偷偷地把一包用红纸裹着的东西塞在我箱子底下。后来，她又避了人和我说，假如水土不服，老是想家时，可以把红纸包裹的东西煮一点汤吃。这是一包灶上的泥土。我在《一曲难忘》的电影里看到了东欧农业国家的波兰也有着类似的风俗，使我更领略了"土"在我们这种文化里所占和所应当占的地位了。

农业和游牧或工业不同，它是直接取资于土地的。游牧的人可以逐水草而居，飘忽无定；做工业的人可以择地而居，迁移无碍；而种地的却搬不动地，长在土里的庄稼行动不得，侍候庄稼的老农也因之像是半身插入了土里，土气是因为不流动而发生的。

直接靠农业来谋生的人是黏着在土地上的。我遇见过一位在张北一带研究语言的朋友。我问他说在这一带的语言中有没有受蒙古话的影响。他摇了摇头，不但语言上看不出什么影响，其他方面也很少。他接着说："村子里几百年来老是这几个姓，我从墓碑上去重构每家的家谱，清清楚楚的，一直到现在还是那些人。乡村里的人口似乎是附着在土上的，一代一代地下去，不太有变动。"这结论自然应当加以条件的，但是大体上说，这是乡土社会的特性之一。我们很可以相信，以农为生的人，世代定居是常态，迁移是变态。大旱大水，连年兵乱，可以使一部分农民抛井离乡；但是像抗战这样大事件所引起的基层人口的流动，我相信还是微乎其微的。

当然，我并不是说中国乡村人口是固定的。这是不可能的，因为人口在增加，一块地上只要几代的繁殖，人口就到了饱和点；过剩的人口自然得宣泄出外，负起锄头去另辟新地。可是老根是不常动的。这些宣泄出外的人，像是从老树上被风吹出去的种子，找到土地的生存了，又形成一个小小的家族殖民地；找不到土地的也就在各式各样的运命下被淘汰了，或是"发迹了"。我在广西靠近瑶山的区域里还看见过这类从老树上吹出来的种子，拼命在垦地。在云南，我看见过这类种子所长成的小村落，还不过是两三代的事。我在那里也看见过找不着地的那些"孤魂"，以及死了给狗吃的路毙尸体。

不流动是在人和空间的关系上说的；在人和人在空间的排列关系上说，就是孤立和隔膜。孤立和隔膜并不是以个人为单位的，而是以相同在一处住的集团为单位的。本来，从农业本身看，许多人群居在--处是无需的。耕种活动里分工的程度很浅，至多在男女间有一些分工，好像女的插秧、男的锄地等。这种合作与其说是为了增加效率，不如说是因为在某一时间男的忙不过来，家里人出来帮帮忙罢了。耕种活动中既不向分专业方面充分发展，农业本身也就没有聚集许多人住在一起的需要了。我们看见乡下有大小不同的聚居社区，也可以想到那是出于农业本身以外的原因了。

乡下最小的社区可以只有一户人家。夫妇和孩子聚居于一处，有着两性和抚育上的需要。无论在什么性质的社会里，除了军队、学校这些特殊的团体外，家庭总是最基本的抚育社群。在中国乡下，这种只有一户人家的小社区是不常见的。在四川的山区种梯田的地方，可能有这类情形，大多的农民是聚村而居。这一点对于我们乡土社会的性质很有影响。美国的乡下大多是一户人家自成一个单位，很少屋檐相接的邻舍。这是他们早年拓殖时代人少地多的结果，同时也保持了他们个别负责、独来独往的精神。我们中国很少类似的情形。

中国农民聚村而居的原因大致说来有下列几点：（1）每家所耕的面积小，所谓小农经营，所以聚在一起住，住宅和农场不会距离得过分远。（2）需要水利的地方，他们有合作的需要，在一起住，合作起来比较方便。（3）为了安全，人多了容易保卫。（4）土地平等继承的原则下，兄弟分别继承祖上的遗业，使人口在一地方一代一代地积起来，成为相当大的村落。

无论出于什么原因，中国乡土社区的单位是村落，从三家村起可以到几千户的大村。我在上文所说的孤立、隔膜是以村和村之间的关系而说的。孤立和隔膜并不是绝对的，但是人口的流动率小，社区间的往来也必然疏远。我想我们很可以说，乡土社会的生活是富于地方性的。地方性是指他们活动范围有地域上的限制，在区域间接触少，生活隔离，各自保持着孤立的社会圈子。

乡土社会在地方性的限制下成了生于斯死于斯的社会，常态的生活是终老是乡。假如在一个村子里的人都是这样的话，在人和人的关系上也就发生了一种特色，每个孩子都是在人家眼中看着长大的，在孩子眼里，周围的人也是从小就看惯的。这是一个"熟悉"的社会，没有陌生人的社会。

在社会学里，我们常分出两种性质不同的社会：一种并没有具体目的，只是因为在一起生长而发生的社会；一种是为了要完成一件任务而结合的社会。用 Tönnies 的字说：前者是Gemeinschaft，后者是 Gesellschaft；用 Durkheim 的字说：前者是"有机的团结"，后者是"机械的团结"。用我们自己的字说，前者是礼俗社会，后者是法理社会。我以后还要详细分析这两种社会的不同。在这里我想说明的是，生活上被土地所围住的乡民，他们平素所接触的是生而与俱的人物，正像我们的父母兄弟一般，并不是由于我们选择得来的关系，而是无须选择，甚至先我而在的一个生活环境。

熟悉是从时间里、多方面、经常的接触中所发生的亲密的感觉。这感觉是无数次的小摩擦里陶炼出来的结果。这过程是《论语》第一句里的"习"字。"学"是和陌生事物的最初接触，"习"是陶炼，"不亦悦乎"是描写熟悉之后的亲密感觉。在一个熟悉的社会中，我们会得到从心所欲而不论规矩的自由。这和法律所保障的自由不同。规矩不是法律，规矩是习出来的礼俗。从俗即是从心，换一句话说，社会和个人在这里通了家。

"我们大家是熟人，打个招呼就是了，还用得着多说吗？"这类的话已经成了我们现代社会的阻碍。现代社会是个陌生人组成的社会，各人不知道各人的底细，所以得讲个明白，还要怕口说无凭，画个押，签个字。这样才发生法律。在乡土社会中，法律是无从发生的。"这不是见外了吗？"乡土社会里从熟悉得到信任。这信任并非没有根据的，其实最可靠也没有了，因为这是规矩。西洋的商人到现在还时常说中国人的信用是天生的。类于神话的故事真多：说是某人接到了大批瓷器，还是他祖父在中国时订的货，一文不要的交了来，还说着许多不能及早寄出的抱歉话。乡土社会的信用并不是对契约的重视，而是发生于对一种行为的规矩熟悉到不加思索时的可靠性。

这自是"土气"的一种特色。因为只有直接有赖于泥土的生活才会像植物一般的在一个地方生下根，这些生了根在一个小地方的人，才能在悠长的时间中，从容地去摸熟每个人的生活，像母亲对于她的儿女一般。陌生人对于婴孩的话是无法懂的，但是在做母亲的听来都清清楚楚，还能听出没有用字音来表达的意思来。

不但对人，他们对物也是"熟悉"的。一个老农看见蚂蚁在搬家了，会忙着去田里开沟，他熟悉蚂蚁搬家的意义。从熟悉里得来的认识是个别的，并不是抽象的普遍原则。在熟悉的环境里生长的人，不需要这种原则，他只要在接触范围之中知道从手段到目的间的个别关联。在乡土社会中生长的人似乎不太追求这笼罩万有的真理。我读《论语》时，看到孔子在不同人面前说着不同的话来解释"孝"的意义时，我感觉到这乡土社会的特性了。孝是什么？孔子并没有抽象地加以说明，而是列举具体的行为，因人而异地答复了他的学生，最后甚至归结到"心安"两字。做子女的得在日常接触中去摸熟父母的性格，然后去承他们的欢，做到自己的心安。这说明了乡土社会中人和人相处的基本办法。

这种办法在一个陌生人面前是无法应用的。在我们社会的激速变迁中，从乡土社会进入现代社会的过程中，我们在乡土社会中所养成的生活方式处处发生了流弊。陌生人所组成的现代社会是无法用乡土社会的习俗来应付的，于是，"土气"成了骂人的词汇，"乡"也不再是衣锦荣归的去处了。

（《乡土中国》）

吴秋山（1907—1984），原名吴晋澜，字秋山，笔名吴昊、吴天庐、白冰、茅青、鲁哲，室名白云轩。现代著名诗人、作家、书法家。著有散文集《茶墅小品》、新诗集《秋山草》及诗词集《松风集》。

水村的午后

吴秋山

重阳节的那天，我吃完了午餐之后，已经是一点多钟了。自个儿静坐在西厅里的藤椅子上，啜着热茶，迎面闲看壁上新近挂着的一幅山水画。这幅画是前几天若藻兄刚从东山寄来的，听说是马竹坪先生生平最得意的作品，距今已有四五十年的光景了，所以看去是很残旧，边缘有几处见着斑驳的雨痕和蠹鱼的蛀孔。然而这却无妨，真的画意并没有损伤，因为是旧了，倒觉得稀罕可贵。画幅中的一亭、一舍、一岸、一湾、一桥、一舫、一草、一木……只是寥寥数笔，但都很生动，确能搁住东方山水的自然佳趣。这使我惊奇，仿佛是一片真实的风景呈现在眼帘一样，野游的兴致，不禁为之勃发起来。

这天是古人登高避灾的日子，似乎应该是"满城风雨"的。但其实并不尔尔，却是许久未见着的晴朗的天气，澄清的蔚蓝的天空，没有半丝云影，太阳照映着的景物，无论哪一角，看去都觉得比往日更加明丽可爱。微风吹来，在温和中还带着些秋天特有的凉意。这样"秋高气爽"的日子，是很适宜于郊游的。这时，我想应该去登临那久别的南山吧。固然并不在乎仿效古人登高避灾的遗风，而是在那里可以悠然地俯瞰西谿一带的江村烟景，和静听南山寺里的傍晚疏钟的。然而，因为前几天已和半樵兄约定，今天要到隔溪的西浒村去看菊花哪，于是登山的事也只好作罢。横竖西浒村的风景也是很美丽的，何况好几年没有去了，现在有这机会得去重游，也是一件可喜的事。我这样想着，走到庭前，看了一会阶下的花草和帘钩的秋阳之后，便穿上外套，踏出门了。

沿着曲折的街衢走着，在路上碰着几位旧友，打了招呼之后，不觉已到了北溪之滨，一片清秀的谿山也逐渐展开在眼前了。途中经过C君的别墅，顺便进去看看。在临溪的小窗底下，C君正孤寂地倚着枕箪在榻上看书。屋里是十分的沉静，只听见窗外潺潺的流水声，和堤边许多浣衣的姑娘们的清脆的语调，以及断断续续的几声砧杵而已。这使我登时想起了李九龄的一首绝诗来：

> 乱云堆里结茅庐，已共红尘迹渐疏。
> 莫问野人生计事，窗前流水枕前书。

这首诗，借来形容这儿的情境，颇为适当。虽然这间半茅

半瓦的屋子只是建筑在豀滨，而不是在乱山堆里，但对面隔着
溪便是环山，情境也"庶几近乎"吧？C 君确是个疏远红尘的
人，他对于人世间的所谓富贵荣华，只同天边的浮云一样的，
不过等闲视之而已。家境虽颇清寒，可是菜羹蔬饭也可敷衍得
去。他每天除了看书之外，便时常到田圃里去浇苗种菜，此外
还很喜欢喂养家畜，这是他唯一的事业。虽然在势利熏心的人
的眼里，也许不算什么一回事吧，但他却很怡然自乐。那种高
洁自持的性格和安闲不迫的生涯，在我们这些踪迹浮沉的
Castaway（至少我自己）看来，却是值得憬慕的。

当我走近窗畔的时候，C 君转过头来，很喜欢的眼角浮露
着微笑的皱痕，说：

"这儿太冷静了，自个儿没有什么事，所以只好借书消闲。
你来得很好，请坐……"

我坐在窗下的竹椅上，也微笑着道：

"今天因为半樵兄约到西浒村去看菊花，经过这边，所以顺
便来望望你。"

"是的，听说今年他莳了很多的菊花，并且有许多是罕见的
佳种……我这边也栽了一些，可惜没有去注意它，所以不很
好看。"

他说时，连忙起来，拖着拖鞋，走近茶灶那边，用鸡毛扇
扑着灶中的残烬，添上了炭，把水锅放在灶上。锅里的水原是
开过了的，所以一再着火，锅盖儿便滴滴作响。C 君泡好了茶，
我们一面喝着，一面又谈些关于研究旧诗的话。我以为陶潜、

王维和孟浩然诸人的诗很有一种自然闲逸的风格，为我所爱读，C君也很以为然。他说，此外，如陆放翁的诗也还好。我点头表示同感之后，便立起来，靠着窗棂，眺望外边的风景，正如我刚才在家里看过的山水画似的那样秀丽。心里感到非常的恺悌，于是又不禁暗羡C君的闲居清福了。

因为是在僻静的溪边，所以时常有水鸟飞过墙来，闲适似的栖息在墙下的芦草丛间，人从那边走过时，也从容不去。C君说："古人侣鱼虾而友麋鹿，我却侣芦叶而友水禽。"说时笑起来了，我也笑起来了。

和C君寒暄后，便告辞了。

在蔓草萧萧的溪堤那边，搭上渡舟，舟子把竹篙撑着，船也就移动了。谿中有几处浮着沙垄，间还围着筏簾与罾网，船须曲折地顺着水湾划去。流水被船头所冲，发出潺湲的声韵，煞是好听。沿岸是一带茨屋枳篱，荻丛林薮；小鸟啾啾地在丛间欣唱，有的却飞了出来，在水面高低自如地掠翔，有的攒入水中，衔着小鱼，便飞去了。这水村的秋色，是多么的清丽呀！

少顷，船到彼岸了。这是一条高而蜿蜒的长堤，堤上铺着松软的细砂，两旁长着离披的野草。这时路上很少行人，只见两三个担着菜篮的村人而已。太阳渐渐西斜了，映在野路上的人影也慢慢拉长起来。我吹着口笛走着，一片辽旷的田野也渐接近。田野中错落地栽着桑麻竹蔗之属，蔗草丛间竖立许多荷笠的"稻草人"，有的持着破残的布旗，随风飘荡，在那里惊动啄食植物的鸟雀。秋收已告毕了，一堆堆的稻草积叠在田间，

如像茆亭一样。逼着干草的潭边，有几个村女倚着木架，赤着
脚在踏水车，泉水滔滔地泻入田里。秋风吹动她们的衣裙，"哗
啦哗啦"地向后飘拂。她们的脸庞被太阳晒得红红的蔷薇花似
的，那么美丽，天真烂漫地嬉笑着，做着她们的工作。在较远
的斜坡那边，有骑着牛的牧童唱着山歌，夹杂着呜呜的犬吠和
咩咩的羊声，低微地、和缓地随风吹来。我在陌上拾起了一枝
剥了皮的麻秆，当作 Stick，悄悄地向前走去，好容易就到了西
浒村的城下了。渡过溪桥，走进城门，再跑数十步，便到半樵
兄的家了。

颇宽敞的一所田庄，门楣上横挂着一列帐帷似的枯干的烟
叶。庄里放置些鱼竿、犁锄、机杼和几件简洁的椅桌。半樵兄
的龙钟的老母坐在阶前的纺纱车边，接着断了的纱。庄里寂寥
极了，除了邻家传来的几声午鸡，和天井上茅棚的萧瑟的风声
之外，再也没有别的声息。她老人家带着昏花的眼镜注视我，
和蔼地眯笑着道：

"唔唔……樵儿在书斋里等你呢，请过去。"

我也笑着点了点头，便从右边的小门走去了。半樵兄正在
萧寂的庭除检曝旧书，欣喜地握着我的手，说：

"我们正在念你呢……"他一面说话，一面拿纸烟递给我。

"哦，是的，我原想早一点来，因为在 C 君那边坐了一会
儿，并且天气太好啦，沿路慢慢地看看风景，所以来得迟些。"
我这样答时，便开始擦着火柴吸烟了。

书斋里还有一位陌生的人，后来经过半樵兄介绍了，才知

道是他的好友 S 君，于是彼此也就寒暄起来。S 君很客气地说道：

"我常常听得半樵兄说起你，本来想邀他一道去拜望的，后来听见他说你今天要到这儿来，所以特来等候你。"

"当不起……"

"你这次回来，大概不就再到外边去吗？"

"大约再过一个多礼拜，就要再往上海去的，因为那边有许多事情，所以在这儿不能够再多耽搁。"

"那么，你年年都在外头漂泊，想也很劳顿了。"

"不，常常跑惯了，也不见得怎样……"

这时僮仆们端来了几碗兰根水，我们都接过来啜着。斋中恢复了原来的寂静。

这水村的书屋，四面都围绕着扶疏的草树，午后的阳光斜照着，荫影布满了窗户，随着微风飘移，姗姗可爱。斋中字画琴书、茶铛尊罍，都很具备。虽然布置不是摩登式的，没有 Sofa，也没有 Radio……但这古朴的书斋，却另有它的幽雅可爱之处。

离开书斋，和他们一道上花圃里去。这是半樵兄的私圃，连畦都莳着菊花，四周编围着竹篱和木棚。间有几株榕树，一座草庐，在那里点缀着。鸟儿便在檐前或树上时飞时歇，很自由似的，没有半点儿惊人的神情。篱外是一湾绿水，稍远便是田塍、草墩、树林、村舍和一片如画的秋山的淡痕，掩映在晴雾的斜晖影里，风景是何等的 Loveliness！这时使我不禁自然而然地吟起了陶渊明的诗来：

> 结庐在人境，而无车马喧。
> 问君何能尔，心远地自偏。
> 采菊东篱下，悠然见南山。
> 山气日夕佳，飞鸟相与还。
> 此中有真意，欲辨已忘言。

圃里的菊，魏紫姚黄，各挺秀丽。但因为秋也深了，有的已是奄奄瘦损。然而，它怎会病酒？它又怎会悲秋？我们想起它当剖萼初放时，那少女似的盈盈的芳姿，是多么可爱。可是到了而今，已跟着驹光而凋谢了，残叶落英，狼藉满地，令人不禁引起惋惜的心情。但念"菊残独有傲霜枝"呢，于是又为它那清高的风格，深怀了万分的憬慕。

我们在那儿徜徉了好一会，不觉已近黄昏了。半樵兄殷勤地留吃晚饭，于是一同又转回书斋去。在食桌上，僮仆们早已排好了肴馔，鸡、鱼、蔬菜、芋饭、菊窝和前村新酿的酒，丰盛地罗列着。我们欢然地饮着、吃着。酒酣饭饱之后，我因为回家还有好些路程，不久便告辞了。

暮霭里，半樵兄和 S 君送我过了城外的桥，方才分手。习习的凉风，带来了阵阵野花的香味，吹着酩酊的脸和宽阔的衣。虫声如雨地在草野间啾唧着。这古朴的水村的一切，已渐渐被淡雾所笼罩而渺茫了。在归途中，我回味这半日的游程，恍然如在世外桃源似的，心里感着无央的乐趣。一个人踽踽地走着，不觉已是淡月疏星之夜了。

（《茶墅小品》）

郑振铎（1898—1958），中国现代著名作家、文学史家。1917 年考取北京铁路管理学校高等科官费生。1920 年与沈雁冰、叶圣陶等发起成立文学研究会。1921 年到商务印书馆编译所工作。1923 年起主编《小说月报》。1931 年任燕京大学中文系教授。1935 年任暨南大学文学院院长兼中文系主任。1945 年创办并主编《民主》周刊。著有《插图本中国文学史》《文学大纲》《中国俗文学史》等。

山　市

——山中杂记之九

郑振铎

一

未至滴翠轩时，听说那个地方占着山的中腰，是上下山必由之路，重要的商店都开设在那里。第二天清晨到楼下观望时，却很清静，不像市场的样子。楼下只有三间铺子，商务书馆是最大，此外还有一家出卖棉织衣服店，一家五金店。东边是下山之路，一面是山壁，一面是竹林，底下是铁路饭店。"这里下去要到三桥埠才有市集呢。"茶房告诉我说。西边上去，竹荫密密地遮盖在路上，景物很不坏！——后来我曾时时到这条路上散步——但也不见有商店的影子。茶房说，由此上去，有好几家铺子，最大的元泰也在那里。我和心南先生沿了这条路走去，不到三四百余步，果然见几家竹器店、水果店，再过去是上海银行、元泰食物店及三五家牛肉庄、花边店、竹器店，如此而已。那就是所谓的山市。但心南先生说，后山还有一个大市场，老妈子天天都到那里去买菜。

滴翠轩的楼廊，果是最可赞许的地方，又阔又敞，眼界又远，是全座"轩"最好的所在。

一家竹器店正在编做竹的躺椅。"应该有一张躺椅放在廊前躺躺才好。"我这样想着，便对这店的老板说："这张躺椅卖不卖?"

"这是外国人定做的，您要，再替您做一张好了，三天就有。"

"照这样子，"我把身体躺在这将成的椅上试了一试，说："还要长了二三寸。价钱要多少?"

"替外国人做，自然要贵些，这一张是四块钱，但您如果要，可以照本给您做，只要三块八角，不能再少。"

我望望心南先生，要他还价，因为这间铺子他曾买过几样东西，算是老主顾了。

"三块钱，我看可以做了，"心南先生说。

"不能，先生，实在不够本。"

"那么，三块四角钱吧，不做随便你。"我一边走，一边说。

"好了，好了，替您做一张就是。"

"三天以后，一定要有，尺寸不能短少，一定要比这张长三寸。"

"一定，一定，我们这里不会错的，说一句是一句。请先付定洋。"

我付了定洋，走了。

第二天去看，他们还没有动手做。

"怎么不做，来得及吗？大后天一定要的，因为等要用。"

"有的，一定有的，请您放心。"

第三天早晨，到山上去，走过门前，顺便去看看，他们才在扎竹架子。

"明天椅子有没有？一定要送去的。"

"这两天生意太忙，对不起，后天给您送去吧。今天动手做，无论如何，明天不会好的。"

再过一天，见他们还没有把椅子送来，又跑去看。大体是已经做好了。老板说："下午一定有，随即给您送来。"

躺在椅上试了一试，似乎不对，比前次的一张还要短。

"怎么更短了？"

"没有，先生，已经特别放长了。"

前次定做的那张椅子还挂在墙角，没有取走。

"把那张拿下来比比看。"我说。

一比，果然反短了二寸，不由人不生气！山里做买卖的人总以为比都市里会老实些，不料这种推测却完全错误！

"我不要了，说话怎么不作准？说好放长三寸的，怎么反短了二寸！"

"先生，没有短，是放长的。因为样子不同，前面靠脚处把您的编得短些，所以您觉得它短了。"

"明明是短！"我用了尺去量后说。

争执了半天，结果是量好了尺寸，叫他们再做一只，两天后一定有。

这一次才没有偷减了尺寸。

二

每次到山脊上散步时，总觉得山后田间的景色很不坏。有一天绝早，天色还没有发亮，便起了床，自己预备洗脸水。到了一切都收拾好时，天色刚刚有些淡灰色。于是独自一人地便动身了，到了山脊，再往下走时，太阳已如大血盘似的出现于东方山后。有一个小市场，几家茶馆饭铺，几家米店，兼售青菜及鸡，还有一家肉店。集旁是一个小队保安队的驻所，情况很寂寥，并不热闹。心南先生所说的市集，难道就是这里吗？我有些怀疑。

由这市集再往下走，沿途风物很秀美。满山都是竹林，间有流泉淙淙地作响。有一座小桥架于溪上，几个村姑在溪潭旁洗捶衣服。在在都可入画。只是路途渐渐地峻峭了，毁坏了，有时且寻不出途径，一路都是乱石。走了半个钟头，还没有到山脚，头上汗珠津津地渗出。太阳光在这边却还没有，因为是山阴。沿路一个人也没有遇到，良久，才见下面有一个穿蓝布衣的人向上走。到了临近，见他手执一个酱油瓶，知道是到市集去的。

"这里到山脚下还有多少路?"

他以怀疑的眼光望着我,答道:"远呢,远呢,远有三五里路呢。你到那边有什么事?"

"不过游玩游玩而已。"

"山路不好走呢。一路上都是石子,且又高峻。"

我不理他,继续地走下去。不到半里路,却到了一个村落,且路途并不坏,较上面的一段平坦多了。不知这个人为什么要说谎。一条溪水安舒地在平地上流着,红冠的白鹅安舒地在水面上游着。一群孩子立在水中拍水为戏,嘻嘻哈哈地大笑大叫。母亲们正在水边洗菜蔬。屋上的烟囱中,升出一缕缕的炊烟。

一只村犬见了生人,汪汪地大叫起来,四面的犬应声而吠,这安静的晨村立刻充满了紧张的恐怖气象。孩子们和母亲们都停了游戏,停了工作,诧异地望着我。几只犬追逐在后面吠叫,亏得我有一根司的克①护身!山行真不能不带司的克,一面可以为行山之助,一面又可以防身,走到草莽丛杂时,可以拨打开蛇虫之类,同时还可以吓吓犬!

沿了溪边走下去,一路都是水田,用竹枝搭了一座瓜架,就架在水面上;满架都是黄色的花,也已有几个早结的绿皮的瓜。那样有趣而可爱的瓜架,我从不曾见过。再下面是一个深潭,绿色的水,莹静地停储在那里。我静静地立着,可以照见自己的面貌。高山如翠绿屏风似的围绕于三面,静悄悄的,一

---

① 即棍子、手杖,"stick"的音译。——编者注。

点人声鸟声都没有。能在那里静立一二个钟头，那真是一种清福。但偶一抬头，却见太阳光已经照在山腰了。

一看表，已经七点，不能不回去了。再经过那个村落时，犬和人却都已进屋去，不再看见。到了市集，却忘了上山脊的路，去问保安队，他们却说不知。保安队会不知驻在地的路径，那真有些奇闻！我不再问他们，自己试了几次，终于到达了山脊，由那里到家，便是熟路了。

回家后，问问心南先生，他们说的大市集原来果是那里。山市竟是如此的寂寥的，那是我初想不到的；山中人原来却并不比都市中人朴讷无欺诈，那也是我初想不到的。

十五，十一，二十八夜追记

丰子恺（1898—1975），著名漫画家、散文家、文艺理论家和翻译家。1919 年毕业于浙江省立第一师范学校。1921 年获亲友资助赴日留学，10 个月后因经济困难回国。先后在上海、浙江、重庆等地任教，并曾任上海开明书店编辑、《中学生》杂志编辑。1924 年在文艺刊物《我们的七月》上第一次发表漫画《人散后，一钩新月天如水》。1942 年在重庆自建"沙坪小屋"，专事绘画和写作。

记乡村小学所见

丰子恺

最近我因某种机会，在一位当乡村小学校长的朋友家里住了数天，目见耳闻该校种种状况，无不感动。就把所见闻的记录出来，以供关心教育事业的参考。

这学校的校舍是会馆里面的三间祠堂屋，房租可以不出。其进出须得通过会馆的停柩所。数十具大大小小、新新旧旧的棺材分列两行，中间留一条路。好像两排卫队，天天站在那里迎送五六十个小学生和三个先生的来去。学校的收入，除官家津贴每学期七八十元之外，还有五六十个学生的学费。虽然有一半以上的人不缴学费，但也有四分之一以上的人缴费，每人都缴大洋一元。故这学校每学期的收入一共也有百元左右；若以十年而论，其收入就有二千元之谱。

我的朋友家里有些薄田可以糊口，原不靠教书吃饭。他自己做校长，又兼教师，另外请一位本地老先生做专任教师。此人驼背，每天早晨拿着长烟管和铜茶壶鞠躬如也地到校，中午又鞠躬如也地回家吃饭。吃过了再到校，直到四点多钟再回家。全校取复式教授，共分二班。校长专任一班，驼背先生专任一班。两人都每天自早到晚，尽瘁地教授，而驼背先生尤可谓鞠躬尽瘁。还有一位教唱歌、体操的小先生，是一个十五岁的青年，新从本地高小毕业出来，就荣任该校的插班教师，每星期来三个半天。我数月前来此，还看见他挟了报纸做的书包进高小读书，这回就看见他站在该校的黑板前教书了，后生可畏！

　　小先生虽然也是该校的教师之一人，但在薪水支配上只算是小半个。校长同他约定，每学期致送薪敬大洋十元，其余的由驼背先生和校长二人四六分派。这支配很公平：校长有创办之功，又有对外之劳，理应得六成；驼背先生每天鞠躬尽瘁，理应与校长共存同荣；小先生究竟每星期只来三个半天，虽限定十元，但县税及学费减少时对他没有影响，可说是"坐得"的。其余二人虽不坐得，但只要县税与学费不减少，以十年而论，校长先生所得有千元之谱，驼背先生所得也有六百元左右。因为该校除了每天限定的几个粉笔头之外，全无别的杂用，其消耗节俭之至，差不多全部收入是薪水。

　　但这节俭是近来励行的。听说在几年前，该校也有各项杂用开支。例如草纸，向来是由学校供给的，但因孩子们"食多屎多"，不断地登坑，或者并无大便，故意约伴登坑，浪费草纸,每月学校开支的草纸费也要一元左右。现在改令学生自备草纸来校登坑,则不但每月一元左右的草纸费可以从俭,每月两三元坑粪的外快收入仍旧可以不减。又如饮料,先前由学校买茶叶泡茶,后来为注重卫生而提倡节俭,改用白开水。但在米珠薪桂的年头,白开水也要柴烧,每日也须浪费几个铜板的柴钱,所以现在索性把饮料一项取消了。据校长先生说,这不仅为节俭,也是注重卫生。因为那班学生课余无赖,只管捧着茶杯饮水,饮料过多而无益,也有害于卫生。全校都是走读生,大可让他们在家里饮了茶来校,不但学校可以节省工本,学生饮茶有定时定量,也是好处。故以上两项节省,都是省得有益的。

不能省的只有粉笔、几册纸簿和改写字卷子用的洋蓝和洋红。粉笔一星期限定用几支,且在办公桌旁贴一张纸条,上写:"粉笔用后请带回。"这又不但为节省粉笔,同时防止学生在门窗板壁上漫涂,也可收得清洁和卫生之益。至于纸簿,全校每学期所费不过几角钱。这几角钱的生意规定归某纸店,算账时规定赠送洋红、洋蓝各一包;每包可以泡水一大瓶,尽够一学期中批改书法和算术之用。

除此以外,全无别项杂用开支。校工当然不需要,偶有扫除工作,驼背先生和年长的学生都能兼任。驼背先生的旱烟袋里缺乏了粮草,或者铜壶里缺乏了开水的时候,规定由两个学生奔走当差——一个是老烟店里的儿子,一个是小茶店里的儿子。三个铜板老烟,常比普通六个铜板一包的更大。泡开水出了一个铜板之后，可泡了十几回之后再出，即使不出也不妨，因为驼背先生原是这小茶店的老主顾，每天规定去吃两次茶的。

说起了驼背先生的吃茶，我非把他的私人生活描一轮廓不可。前面说过，我的朋友家里略有薄田可以糊口，并不专靠做校长吃饭。但做校长也是"乐得"的，因为在家里也要吃饭，做校长的收入可算是外快，况且名利双收。小先生家里开豆腐店，生意还过得去。他的父亲和祖父都是本作的工人，向来一字不识。到了小先生这一代，家里忽而书香起来。就这一点，已使小先生的父亲和祖父十分光荣而满足。莫说校长每学期送他十元，就是叫他每月倒贴几元，豆腐老板也是高兴的。故校长和小先生都不靠学校吃饭。

靠学校吃饭的是驼背先生。他先前是秀才，曾经在家里坐私塾。校长先生兴办这学校时，他率领部下归并于学校。他是这学校的柱石功臣，所以校长先生不当他普通教师看待，而视同股东，同他订下四六分派的条件，永与共存同荣。驼背先生家里有一妻一子二女，房子是自己的，不须出租钱。其余一家五口的衣食，全在学校经费开支所余的四成上开花。这四成在过去每年有百元左右，现在只得七八十元。在都会里大进大出的人听了这话要替他的生活担心。其实他的生活比你们舒服得多：除了一家五个吃饱穿暖以外，驼背先生还可吸老烟，而且每天规定到小茶店吃两次茶。十余年来他家里还颇有些儿积蓄，常有乡下人以三分息向他想法五块十块地借洋。这是怎么道理呢？无他，他有非常精明而巧妙的节俭方法，以至于此。

我没有参观过他的家庭生活的状况，但看见两天提了洋瓷饭篮送午饭到校的他的女儿，身上布衣光鲜，脸孔吃得团团的，便可想见他的家庭生活的全部。我没有聆教过他的治家格言，但从他的表现于外的生活习惯上，可以想象他的俭德的精明与巧妙。就吸烟而说，他一向叫他的学生、烟店的小老板去买，已经比别人便宜一半，而吸的时候又异常节省。一管老烟，在他可做两管吃。其法，吸了几口之后，让它在烟斗中熄灭，并不敲出；第二课下课时，方才敲它出来，把它翻一个身，再装进烟斗中。人们从表面看去，只见又是黄黄的一管老烟，并不知道底下的半管是灰烬了。于是他把烟斗塞进火钵里，又是吞云吐雾地吸一管烟。这回吸完了须得敲出，而敲出来的才是真正的烟灰了。我们吸香烟，有时吸了半支烟瘾已过，还是无益地吸完它，可谓浪费。俭德者就会摘去火头，把下半支留着再吸一顿，但这是吸香烟中所常见的节俭法。吸老烟也可用这方法，我在驼背先生处是第一次看到，这真可谓俭德的模范了。我曾经鉴赏过他的"宝筒"，那根竹紫得发黑，那咬咀上牙印凿凿，那烟斗的口上已经敲得磨平一半，仿佛几何画中斜切一部分的圆柱，古色古香，令人爱不忍释。可想见这是十年以上的古董了。我在鉴赏中为之神往，不知这烟管曾经消费了若干老烟，曾经敲过若干次数，以至于形成今日的状态。

次就吃茶而说，驼背先生虽曰每天早晚上茶馆两次，其实所费的只有一碗茶的价钱——铜元六枚。他早上与太阳一同起身，起身就到小茶店里，洗面，吃茶。吃到早饭模样，他把茶碗盖翻向天，回家吃早饭去。茶堂倌自会将他的茶碗拿去搁在碗架上特定的地方，等他晚间来时再拿出来冲给他吃。这办法叫作"摆一摆"，就是一碗茶做两次吃，仿佛一稿两投的办法。驼背先生教了一天书，晚饭后风雨无阻地再来这小茶店，继续享用摆一摆的那碗茶。据他说，摆过后的茶比原泡更好。谚云："烟头茶尾"，这正是茶尾；而且浸过一天，茶汁统统浸出，其味更浓。黄昏这一碗茶，他吃得非常从容，大约从六点到九点，要坐三个钟头，那碗茶要冲了十多次。直到冲得与开水无甚分别了的时候，他把最后冲的一碗倒进随身带来的铜茶壶中，随身带回家去。明天早晨先冲了一壶，倒进另一把瓷器茶壶中；然后再冲一壶，随身带进学校去。

每天茶钱六个铜板，读者为他打算起来，或将代他可惜，不是每月茶钱要一千八百文，每年要两万多文吗？然而这是便宜的。一则，他家里可以省去洗面的毛巾，除家人合用一个经年不破的"高丽布手巾"以外，驼背先生自己简直不消耗毛巾，每天由茶店供给。二则，他家里可以通年不买茶叶。就这笔"收入"已经抵得过茶钱。况且又可省油灯，晚上驼背先生上茶店了，家里的人都早睡，用不着点火。而驼背先生偶然看书、写作，都可借光于茶店。非但借光，连笔墨都不须自备，只管借用账桌上的。再况且有的时候，也有曾经托他写过信，或者要向他借五块钱的人，慷慨解囊，替他会钞。这时候驼背先生也很客气，定要自己摸出钱包来付钞。但他的钱包防裹很紧：藏在衬里衫的袋里，袋口上又用"别针"锁住；包的是一层报纸和一层布，布外面又用绳子扎好。等到他伸手进去除了"别针"，摸出钱包，打开绳子，摊开布包，而露出中间的报纸时，茶堂倌早已把别人替他代付的铜板投进竹管里了。

这不过是我所知道的驼背先生的俭德的一斑。其余的俭德，可惜我不知道，无法赞颂。但看了以上的数点，也可想见其生活的全般了。

语云："名师出高徒。"在这样的俭德学校里受这样的俭德先生的教诲的学生，自然多能身体力行这种俭德。我听朋友的儿子的报告，觉得内中小茶店里的儿子最为模范的俭德家。那小孩今年十一岁，列入三年级。他以一身兼任三职：学校的学生，家里的工人，和店里的学徒。每逢他母亲有事或有病了，他就请假，在家里帮父亲烧饭，抱小弟弟或者抱了小弟弟来读书。又每逢市上热闹的时节，他也请假，在店里帮父亲管茶炉，卷煤头纸。学费他是不缴的，请假不算损失。据朋友家的儿子说，他在校读书，学用品所费最省，一学期用不到二只角子。他的所有教科书都不是新的，都是以廉价向上级同学转购来的。上级的同学自然也是俭德者，读过的旧书保存着不会生出钱来，不如卖了。然而货物是旧了的，其价也须打个一折几扣，每本最多只卖三四个铜板。有的人更会打算，连上学期的札记簿也出卖。茶店小老板便是专收旧书的人。在放假时以极廉价收买数套，除自己用了一套以外，将别的转卖给同级友，从中博取蝇头之利，以所得的利来买纸——这不得不出重价去买新的。既出了重价，用时自然特别节省。他的纸要做四次的用度：第一次是用铅笔写，第二次用淡蓝水的钢笔写，第三次用毛笔写，最后拿回店里去包铜板。这种经济的办法自从被他发明以后，已经风行全校。驼背先生虽有时因字迹模糊摇两摇头，但也不加禁止，因为这是与他自己的教育主张相符的。茶店小老板的节俭，实比先生更为进步，有"出蓝"之誉。他自从一年级时代买了一锭"文章一石"之后，至今没有买过墨。需墨的时候，向前后左右的邻席同学"借"用。借的回数太多时，不妨走远些，向适当的别人借用。这样，便似"罗汉斋观音"，他可在数年内尽不买墨。据朋友的儿子说，这是驼背先生不赞许的，而且有几个同学近来也悟到了这"借"字的性状，渐渐对他表示拒绝。这固然不甚合理，但也无非是俭德极度进步后的一种变相，情犹可原也。

但有人看了原稿，说我这篇文章取材欠精，因为现今的中国，尚有比这更俭约的学校和家庭存在着。我承认他的话是对的。上述的原不过是我最近见闻的记录罢了。

廿四年三月十四日作于石门湾，曾载《论语》

（《缘缘堂再笔》）

钟梅音（1922—1984），笔名音、爱珈、绿诗。散文家。早年肄业于广西大学法律系。1946年开始文学创作。曾任《大华晚报》副刊主编及电视节目主持人。其创作以散文和儿童诗为主，代表作品有散文集《我只追求一个圆》《冷泉心影》《春天是你们的》《风楼随笔》《这就是春天》《旅人的故事》《母亲的怀念》《海滨随笔》《十月小阳春》《到巴黎去》《梦与希望》《塞上行》《小楼听雨集》，小说《迟开的茉莉花》等。

乡居闲情

钟梅音

门前一片草坪，人们日间为了火伞高张，晚上嫌它冷冷清清，除了路过，从来不愿也不屑在那儿留连。唯其如此，这才成了真正是"属于我"的一块地方，它在任何时候，静静地等候着我的光临。

站在这草坪上，当晨曦在云端若隐若显之际，可以看见远处银灰色的海面上，泛着渔人的归帆。早风穿过树梢，簌簌地像昨宵枕畔的絮语，几声清脆的鸟叫，荡漾在含着泥土香味的空气之中，只有火车的汽笛，偶然划破这无边的寂静。

骄阳如炙的下午，我常喜欢倚在树荫下，凝望着碧蓝如黛的海水，静听近处人家养的小火鸡在"软语呢喃"。实在的，我深信无论谁听了小火鸡的声音，一定不会怪我多事——把燕子的歌喉，让小火鸡掠美，那有如小儿女向母亲撒娇的情调，是这么微细、婉转；轻轻地开始第一个音，慢慢地拖长着第二个音，短促地结束了第三个音，而且有着高低抑扬，似乎在向它们的妈妈诉说什么。

新雨之后，苍翠如濯的山岗，云气弥漫，仿佛罩着轻纱的少妇，显得那么忧郁、沉默；潮声澎湃犹如万马奔腾，遥望波涛汹涌，好像是无数条白龙起伏追逐于海面群峰之间。

我更爱在天边残留着一抹桃色的晚霞，暮霭已经笼罩大地的时候，等着鸭宝宝的归来。差不多像时钟一般准确——当上学的和办公的都陆续回到家里之后，你可以看见小溪的那一头，远远地有一个白点出现了，这就是我们唯一的"披着白斗篷的队长"，领着它的队伍正在向归途行进。渐渐地越游越近，一批穿着背上印满黑斑的浅褐制服的小兵，跟着它们的"队长"，开始登陆，然后一个个吃力地拨动着两片利于水却又不利于土的脚掌，摇晃着颟顸臃肿的身子，傻头傻脑急急忙忙穿过阡陌。有时一不小心滑落到田里，立刻勇敢地又爬了起来继续往前赶，唯恐会落伍似的；好容易绕道迂回跑上了草坪，看见有人站在门边，一个个便又鬼鬼祟祟偏过头去，商量不定，直到你离开了所站的地方，走得远远的，它们这才认为威胁已经解除，可以安全通过，然后一窝蜂地涌进了大门。

柔和似絮、轻匀如绢的浮云，簇拥着盈盈皓月从海面冉冉上升，清辉把周围映成一轮彩色的光晕，由深而浅，若有还无，不像晚霞那么浓艳，因而更显得素雅；没有夕照那么灿烂，只给你一点淡淡的喜悦，和一点淡淡的哀愁。

海水中央，波光潋滟，跟着月亮的越升越高，渐渐地转暗，终至于悄悄地整个隐入夜空，只仗着几处闪烁的渔火，依稀能够辨别它的存在。

你可曾看见过月亮从乌云里露出半个脸儿的情景？我仿佛在黄昏的花园里看见过——一朵掩藏在叶底的娇媚的白玫瑰，然而不及月的皎洁；又仿佛在古画里看见过——一个用团扇遮面的含羞的少女，可是不及月的潇洒；那么超然地、悠然地在银河里凌波微步。

海风吹拂着，溪流鸣咽着，飞萤点点，轻烟缥缈，远山近树，都在幽幽的虫声里朦胧地睡去，等待着另一个黎明的到来。

即使在天空黑沉沉地压了下来，仿佛画家泼翻了墨汁在宣纸上，骤雨夹着震撼宇宙的雷声以俱来的日子，从令人心悸的闪电里，隔窗可以窥见海水像死去了，一切都在造化的盛怒之下屏住气息。然而我知道，这些都要过去的，代替而至的将是一片更美丽而清新的画图。

人们都太忙了，从忙着吃奶、长牙，到忙着学走路、学说话、学念书……以至于忙着魂牵梦萦地恋爱，气急败坏地赚钱，因此忘了他们的周遭还有这么一个可爱的世界。而我，却从一般人以为枯燥贫乏的乡居生活里，认识了它们。

1949 年 7 月 17 日

孙福熙（1898—1962），字春苔，现代散文家、美术家，孙伏园之弟。1912 年考入浙江省立第五师范学校。1920 年到法国勤工俭学，入法国国立里昂美术专科学校学习。1925 年归国后任北新书局编辑，先后出版散文集《归航》、小说集《春城》等。1928 年任国立西湖艺术学院教授。1938 年回家乡中学任教，不久到昆明任友仁难童学校校长。1946 年从昆明回到上海，以卖画为生。1948 年任浙江大学文学院教授。

乡人寿长

孙福熙

　　因为收获的忙碌，R 君雇来一个工人——与其说他是被雇的，还不如说他是被请的，盖 R 君并不出工资，只给他一切饮食罢了。雇了工人而不给工资，实在可使我们同情于劳工者而气愤。看他的粗笨的举止，原不免令人失笑；然而倘若因此而不给工资，不更是欺人太过吗？况且他的工作都是尽心尽力地做的，而且他的心是良好的，他的力是强健的。我颇看得出，他的男女主人都暗暗地窃笑他，嫌憎他；然而在事实上，却也不算亏待他了。他与男女主人及我同处饮食，物品完全相同。我是从城市中来的，从外国来的，他们视为上宾的，我是付他们膳宿费的，他们视为顾主的。以男女主人款待我及款待自己的饮食待他，不算轻视他了，故可说他是被请来的。

　　每日早晨七时有咖啡、牛乳及面包，九时有面包汤及酪饼；

午间肉类二件，蔬菜一件或二件；晚间蔬菜汤加酪饼，又有鸡子一个。而且，常有特别添菜或糕果之类，绝不缺他的一份。早晨起身不必过早，晚间睡觉不必过迟，有新鲜的空气，有自然的乐园，城市中的苦工在物质与精神两方面，都远不如他的快乐了。城市中自然也有很多自以为快乐的人，但苦工从来没有快乐的机会。他们日夜在困苦中愁没有吃的，愁没有穿的，还愁得疾病，然而总免不了饥寒疾病，而他们又被冤枉认为城市中道德堕落的罪孽。

乡人勤苦如牛，我也承认这个比喻；然而我可以说，乡人勤苦时如牛，但仍旧是人，因为是自主的，快乐的；城市中人勤苦者如牛，但永远是牛，因为另有一种快乐的永远是人者主有而且支配他们，如乡人之于其牛。乡人年幼时没有修养，年老时没有休息，确为其大缺点，但城里苦工何曾不如此呢？

有一回，一位邻居的老太太在闲谈中说起：

"乡人寿长，因为乡人多做工之故。城市中人哪里像乡人的多做工呢？"

乡人多做工，确为其长寿的一个原因，然而城市中的苦工——或者为表明他们的性质起见，径称他们为城市中的牛——却因为过于做工而为其短寿的一个原因。

乡下的老太太不知道城里苦工的艰苦，然而城里苦工知道乡下人的快乐的吧。

（《山野掇拾》）

老　向（1898—1968），本名王焕斗，字向辰，号老向。京味文学代表作家之一，《论语》派三大台柱子之一，有“幽默作家”的头衔，与老舍、老谈合称“三老”。早年在北京师范学校就读，1923 年考入北京大学中文系。抗战期间，在老舍的支持下，创办全国性通俗文艺半月刊《抗到底》。其代表作品有长篇小说《庶务日记》，中篇小说《秃油锤》，短篇小说《村儿辍学记》《换一换年头吧》《其实》等，散文《村声》《扫帚》《月亮故乡好》等，说唱作品《抗日三字经》。

乡下人的春天

老　向

北方的乡下，不能说没有春天，而乡下人却不能说有春天。

诚然，寒冰解开了，积雪也化完了，嫩杨绿柳，青草池塘，春天的确是来了，但是那与乡下人的关系是什么？那只是鞭策他们说：“天暖了，快去下种！”警告他们说：“天长了，又得忍饿！”太阳再温暖些，也不会解除乡下人的肚饥；下种现是一种辛苦，离着收获还远得很！

春风阵阵，从四邻吹来的并无花香，只有粪味。乡下人到了下种施肥，就得变成鼻盲。他们不知道粪里会藏着多量的传染病菌，仅知道遵守古代留传的格言：“种地不使粪，一年瞎胡混。”而去用手捧它，用脚踏它，把那顶恶臭的东西当作生命的一部分。

都市中的春天，红杏白梨，次第繁闹，总会惹起许多闲雅士女去流连徘徊，抒发柔情万种。在乡下，偶尔也有一树桃花，衬在古墓苍柏间而且格外显得妩媚动人；可惜那些正在代替牛马拉犁的乡农精疲力竭，竟是熟视而无睹。仿佛只要有城市里的士女能够提榼偕伴，在花下低吟慢唱，恣意笑谑一回，也就不算辜负春光了；要是乡下人也去游春看花，那还成什么世界！

鸟儿，那春天的使者，也算知机；美丽而能鸣的，晓得那些汗流浃背的乡下人里缺少知音，都飞到别处去了。遍田野布满了保护种子的草人，有的摇鞭，有的执扇，虽然意思是专在对付那些不得人缘儿的老鸦，可是"打着骡子马也惊"，那些散布春之福音的小鸟儿自然也就不敢在乡下停留。好在乡农整日里急煎煎的，并没有一点闲情，枝头没有好鸟，也无所谓感到寂寞。有了母鸡产卵后的咯咯乱叫一阵也就够了，何必一定要莺啼燕语！

画家们待到春睡已足，到郊外去踏青闲行，远远望见农夫戴笠，叱牛耕田，立刻灵感交集，觉得那真可以入画；于是设座铺纸，调色勾线，不大的工夫便成了一幅《春耕》杰作。然而他们准看不见牛毛里含着的热汗，更画不出农夫们那一颗忍耐着的心。

秋收的时候，田野间还有歌声倡和；在春耕时，大家只剩下一副愁眉苦脸儿。那平均三秒钟迈一步的瘦驴饿马，就足够人焦心的了，再加以水旱虫灾的顾虑，官逼匪劫的戒心，最现实的问题是，去年收获的粮食，已经消耗了十之八九，囤底眼看就要望见天。北方虽然也曾盛行过秧歌，不过现在大家一副朝不保夕的心情之下，没有谁能够强迫他们唱歌！然而他们那种"但事耕耘，不计收获"的伟大精神，终于战胜了一切；很少有人贪春睡而躲懒，因灰心而怠工。

乡下的妇女，一到春天仿佛就关不住了。她们逃出闺门，到田间去挖野菜，拾豆芽儿，或者成群结队去刮取官家禁止的硝盐土。村里静悄悄的，只有满街的太阳白糟蹋着。连那照例每晨来卖豆腐的小贩，都被春隔绝了，不再来打他的破皮鼓。本来吗，大家到了艰难的春天，有点儿榆钱儿和上白薯面儿吃，也就算敷衍得过去了，不年不节的谁家敢吃豆腐？

孩子们爬到榆树上去落榆钱儿，成了春天的最大点缀。他们都是应该穿着漂亮的春服，由先生率领着去游山的年龄，可是缘干攀枝，竟是野人一般的灵巧。有时他们贪图树上构成鸟窠的一把枯枝，不惜牺牲老鸦的满门家眷，若得老鸦围绕他们的头乱扑乱叫。为了仁慈，为了在树枝上摇曳的危险，都足以证明他们需要相当的教育，然而他们竟自虚度春光！

蝴蝶在北方来得很迟，过了清明还不多见它们的踪影，蜜蜂儿是早就出来了。当乡下人一开始工作，蜜蜂就忙忙碌碌地飞，在旷野里，它寻不到一棵菜花，疲弱地跌在地上；但是休息一刻，又挣扎着飞去。这正与乡下人不知什么是疲劳的劲儿相同，他们都是以工作为生命的。

在这乍寒乍暖的春天，在这风多雨少的季候，无论哪个村庄里，总有不少的瘟疫流行。自然，这不能说是春之苛待，而只能怪乡下人自己愚蠢，不知道讲求卫生。假使每个乡下人都有他自己的一只饭碗,死亡率无疑地就会减低。然而谈何容易!

"春风"是多么和善的一个词儿,然而北方的春风未免太激烈了些。它从远远的蒙古,挟有大量的黄沙,越山过岭,忽然逢到一片平原,立刻施展狂威。看吧,摇天撼地,昼夜不停。那青青苗麦,埋在沙土里只露着一个尖儿。农民的希望,随着这历次的春风而减低,以至于绝灭。

"可爱的春天!"这是何等含有诗意的句子,可是一到了北方的乡下,也不知怎么变得那么枯燥而可愁!

二十四年四月四日于定县谷中

(《黄土泥》)

巴　金（1904—2005），原名李尧棠，字芾甘。新文化运动以来最有影响力的作家之一，被称为中国的卢梭。1927 年至 1929 年赴法国留学。1927 年完成第一部中篇小说《灭亡》，1929 年在《小说月报》发表后引起强烈反响。主要作品有《死去的太阳》《新生》《砂丁》《索桥的故事》《萌芽》；还有著名的"激流三部曲"《家》《春》《秋》和"爱情的三部曲"《雾》《雨》《电》，其中，《家》是其代表作，也是我国现代文学史上最卓越的作品之一。

农民的集会

巴　金

我被三四个朋友陪伴着，花费了五天的时间，游历了不少的南国的市镇和乡村。

在一个六七千居民的乡村里，我度过了一个夜晚。这乡村的名称和上海的一家大糖食店相同。

南国的夜是很柔和的。我和朋友 Y 在另一个乡村里吃过晚饭后，就向着这乡村出发，时候是傍晚。我们在暮色包围中走过石板铺砌的小径，渡过两条小河（渡河的代价是一次一个铜圆）。第二次渡河时，我立在船头，看岸边模糊的景色，看船夫缓慢地拉着一条铁丝把小船从一个河岸拉到另一个河岸。许多事情都在我的脑里消灭了。我完全忘却了上海那个大都市的景象，那一切都像一个噩梦似的给一阵暴风吹散了。

我们上了岸，经过了一些茅屋，就到了一个小学校。朋友

X 和他的夫人在那里等候我们。这朋友得着农民的拥护和土豪劣绅争斗了好几个月，才做了这乡的乡长。但一年一度的选举现在又到了，那班失败了的土豪劣绅便假借了金钱和官厅的力量，企图来夺回他们的已失的权力。然而过去受惯了他们的压迫的农民决不肯让他们再出来把持乡政，于是新的斗争又开始了，到现在还没有结束。这情形我前几天就听见说过，这时候朋友 X 又给我详细地解说了一番。

乡村里的小学校大半都是办在祠堂里面，地方并不大。朋友 X 的小学校也是的。我们坐在天井谈话。那里边还有好几个人，但我看不清楚他们的面貌。天井里那张桌子上面放了一盏煤油灯，从那里射出来黯淡的光亮。

这地方是很热闹的。进出的人很多，大半都是本地农民的装束。朋友 X 告诉我，今晚在这乡村里有一个小的农民的集会，参加的人数不多，只是一些代表。他要我去做一个旁听者，我自然是非常愿意的。

于是我们出发了。我和同来的那朋友，朋友 X 和他的同乡兄弟，我们四个鱼贯地走过几条石板的小道，走过一些矮小的房屋。这路于我是陌生的。半圆月已经升在天空里了，淡淡的银光染着道路。一些晒干的葵扇躺在地上，一些农家男女坐在小屋前面挥扇歇凉，有时候发出几声低微的笑语。周围是静寂的，道路是曲折的。这陌生的道路在这平静的环境中，在淡淡的月光下带了浓厚的梦幻的色彩。我不说话，只跟着朋友们走。我每走一步，就像踏进一个梦境，但有时候 X 的兄弟的热烈的谈话把我惊醒了。

他在叙述他们和土豪劣绅斗争的情形。他曾经被土豪劣绅运动官府来逮捕了，却又被农民（尤其是妇女）救护了出来。他们后来又请了几个官厅里的小职员到乡里来威吓农民，也给农民识破了他们的欺骗赶走了。从他的叙述（X后来也告诉了我许多事情）里面，我知道那些简单的农民怎样在长久不息的斗争中渐次认清楚了他们自己的力量。我平常爱说没有一次的斗争（即使表面上得了失败的结局）是白费的，这话被朋友X弟兄的经验证实了。他们的话语中最使我感动的一段，就是他们的母亲从前常常抱怨他们，为他们的行动感到苦痛，现在却自愿地站在他们的一边和土豪劣绅斗争了。

一路上我们遇见了好些农民，他们带笑地招呼我们。不久我们就到了集会的场所。这是一所大的祠堂，前面是一片大的广场，旁边有些草堆，有些树，有些人家。已经有些人拿了木凳坐在广场上面了。

我们没有进祠堂去，朋友X说里面热，不及外面凉爽，就在广场上开会吧。他的同乡兄弟赞成了。有些人来和他们说话，大家都主张在广场上开会，于是就忙着从里面搬出凳子来。许多长凳和方凳都摆在广场上面了，我占据了一个方凳。朋友X和Y坐了一根长凳，但X的兄弟却不得不时时站起来，走去和农民们谈话。

我坐在方凳上，头仰望着天空，半圆月在我的头上航行，把银白的光辉撒布在这个广场上，草堆、树木、房屋都蒙上了一层月光纱。这应该是一个何等平静的境地。

但是说话的声音渐渐大起来了，农民接连地来。一盏干电灯也被带来了，人们忙着把它挂在祠堂的门槛下。

一切都预备好了。一张桌子充作了讲台，朋友 X 站上去宣布开会。他开始报告他们这一区县参议选举的经过和土豪劣绅怎样花钱买票而获选的情形。我注意地听他说话，他的话我只听懂一半。女学生装束的他的夫人就站在桌子旁边。这时候广场上已经摆满了长凳，坐满了农民的听众。后来的人找不到座位，就站在旁边。还有好些农妇，她们不肯让大家看见，就躲在旁边房屋的前面，在那里她们可以听见一切，而别人不会注意到她们。

X 在台上说话的时候，灯光照耀着他的脸，他的颀长的身子显得很有力量，听众都注意地望着他，每个农民的受苦的面上都带了诚挚和信赖的表情。下面没有一个人说话，会场上异常静寂，所以 X 的声音虽然不高，却也能被我的耳朵完全捉到。

X 说完了，听众热烈地拍起掌来。Y 在我旁边感动地对我说："这里的农民对 X 几个人很信仰，因为他们过去所受的压迫实在太苦了！"

接着 X 的兄弟就上台去说话。他的话很长，里面夹杂了更多的土话，我简直没法听懂。但是台下的农民听众却显露了更大的兴趣，他们时常因他的话而发笑了。

X 的兄弟的演说得着农民的更大的欢迎。他在众人欢呼中下台以后，另一个青年又上台演说，他的话我也完全不懂，因为他讲着本地农民的话语，农民所了解而喜欢的。

于是讨论来了，他们现在临到了组织农会这个问题。X又站上讲台说话，许多人在下面发表意见。他们显出非常关心的样子。在长久压迫下面开始觉悟起来的农民，对于他们自身的事情决不会表示冷淡的。许多口在说话，许多简单的意见表示出来，但是我听不清楚他们的话。我只简略地知道他们举出了农会的负责人，而且规定了两毫钱的会费。许多重要的话语都被我的耳朵遗漏了。

这时候X夫人走下了石阶，过来在我旁边的一个方凳上坐下，带笑地问我道："你听得懂吗?"我只是微笑。接着从旁边房屋前面的农妇的听众中走来两个穿香云纱的中年妇人，她们笑着和X夫人说了几句话。于是X也走过来，他指着她们对我说："这是我们勇敢的战士，她们常常很勇敢地和土豪劣绅斗争。她们也给我们帮了不少的忙。"

我惊讶地去看那两个表面上很谦逊的妇人。她们羞涩地笑了。

会议完毕后，X夫人给我们领路，伴着Y和我到X的小学校去。在那里有人煮好了一大锅粥等候我们。真正是一大锅粥，后来来了许多人把它喝光。那时候已经是深夜了。

(《旅途随笔》)

吴秋山（1907—1984），原名吴晋澜，字秋山，笔名吴昊、吴天庐、白冰、茅青、鲁晢，室名白云轩。现代著名诗人、作家、书法家。著有散文集《茶墅小品》、新诗集《秋山草》及诗词集《松风集》。

社　戏

吴秋山

　　生长在繁华的都市里的人，脑海里该是没有社戏的印象的。当然他们是不会知道社戏究竟是怎么样的一回事，因为他们所看见的戏，不是在富丽堂皇的戏院里看电影，便是在花团锦簇的舞台下看歌舞剧，或者在热闹的游戏场中看看白话剧和京戏。至于失去了时代性的简陋的社戏，是不会在这里所能看到的了。

　　社戏是乡村僻壤里的戏，它在乡村里所占的游艺的地位，恐怕要比电影与京戏等在都市里来得重要些，是农民们绝无仅有的一种娱乐品。演时并没有戏院，只在宽旷的村野中，简单地用杉椽、柴凳、木板和布帆之类，扎个台子，便算是剧场了。若干箱的戏服与戏具，若干个的戏子与乐师，搬上了台，稍事布置及打扮之后，便可开演了。这是中国的旧戏，所演的大抵是古代的警世劝人的故事。但这种社戏，不是和都市里的戏一样的天天夜夜都可看到，必须适逢村镇中有什么祖公神明的生日，许多善男信女才起来提倡，向村中各甲社挨户捐题些丁口钱，凑集起来，然后去请班子来演。目的是在答谢神庥，但实际上他们不过借此名目大家来玩乐一回，可以消除他们终年无间的辛苦与劳瘁，使单调的生活上得着些快慰和生趣。因为他们除了社戏之外，是再也没有什么别的娱乐的了。但演社戏又不是一件轻易的事，所有每逢将要开演的前几天，那儿的妇女们便都争先恐后地忙着搬高凳到祠堂之前，去占个好的位置。接着家家又在宰猪烹羊，杀鸡设酒，准备去奉祀神明；又忙着邀请远近的亲戚朋友，什么姑姨舅妗、婶婆甥婿等等，几代不相往来、几年不相见面的人，这时都亲热起来了。

当社戏开演的那天，毗镇邻村的客人，无论男女老幼，都纷至沓来，各人怀着了一片喜乐的心情，穿上了他们或她们自认为最得意的服装。男的不妨将一年半载劳力所得的钱去换制得来的那套青花绸服着上，有辫子的，还要把它向头上缠匝起来，嘴角衔着一大粒的杆烟圆。明明不是病眼，也要戴上一副黑玻璃的眼镜，以表示了不得的时髦。女的呢，更把头发梳得亮晶晶的，几乎苍蝇一歇脚，马上就要滑跌下来。髻上围插着五光十色的钗簪。脸上的粉，擦得如像发霉似的，简直分不清本来面目。上身的衣衫，红的，绿的，宽阔得像袈裟，垂长得像 Over Coat。滚条的料子，重重叠叠，不减原来的衣料。花鞋是免不了的，手钏更是不可无的。各人都露出夸耀和喜悦的微笑，鸠集在剧场那边，熙熙攘攘，如像开了时装展览会一般。

这在都市里的人看来，当然不禁莞尔，但在他们确是很难得的盛会啊！

傍午，社戏开始演唱了。人山人海的观众，男的站在台前，摩肩接踵地拥挤着，一个个的人头有如波涛一般在滚动；女的则坐在后面的高椅子上，大家都聚精会神地注视着台上的戏。有时候演到奸臣害人的一幕，许多良善的女人就咬牙切齿地同声咒骂那个扮演奸臣的伶人，恨不得"雷公"立刻就来打死他；另一面又为那个饰被陷害的人的戏子惋惜着，眼泪也常常不自觉地流了下来，把颊上的粉，如白雪初融似的盆成了几条水沟。孩子们当然不懂听戏，只是哭闹着要买玩具和糖果。老年人因为气力的衰弱，不能在台前与人拥挤，只好站在空隙的地方远望，安闲地吸着杆烟，和同伴评论今昔伶人的短长。年轻的人，则除了看戏之外，有时还转过头去，看着后面的女人。但这要机警，不然，如果呆呆地看着时，就要吃人家的拳头了。在那封建色彩还保守得很浓厚的乡村里，以为看看女人是一种不规矩不正经的举动，这是要被人家所痛恨的。

黄昏戏停之后，各人忙着邀同亲友回去吃丰盛的晚餐，把那些祭神的东西都搬了出来，大家畅快地饱食一顿，然后准备去看夜戏。日里的戏，因为人声过于吵闹，听不清歌曲，并且所演的，多半是些平凡的武戏，没有什么看头。最好看的，还是夜戏，那些精彩的节目和好的角色，都留在夜里演唱。而夜间又比较寂静，可以尽量体味戏中的真趣。所以他们吃饱了晚饭之后，便格外高兴地趁着月色，仍旧走向剧场来。这时台上燃着几盏大光灯，四围闪烁着无数的小食摊的灯火。好戏一出一出地在台上演着，各人都兴奋地看着听着。这时什么收获、输租、纳税等等事情，都一概置之脑后了。他们只觉愉快的情绪充满了整个心坎。到了更深夜间，或竟至东方既白的时候，戏散了，人倦了，才各自回去。在家里仿佛耳边还听着锣鼓管弦的声音在喧闹，于是他们躺在床上，快乐舒适地进入了美的梦乡了。

　　社戏在从前确是农民们唯一的娱乐品。但是近几年来，农村经过了天灾人祸的重重洗剥之余，已经倾家破产了。农人们虽然比以前更加劳苦，可是，自家的生活尚且自顾不暇，哪里还有余裕去找寻娱乐呢？所以社戏在现在是更不容易看到，设使有时候为了酬神的关系，不得不缩紧肚皮，勉强凑集些钱去请来演，但是观众的命运已和悲剧中的主角一般，只有蹙额愁眉，再也没有往时那片喜乐的心情了。

　　　　　　　　　　　　　　　　　　　（《茶墅小品》）

陈子展（1898—1990），文学史家、杂文家。早年自长沙县立师范学校毕业，曾任小学教师。后在东南大学教育系进修，结业后回湖南从事教育工作。1927 年"马日事变"后遭通缉，避居上海。1932 年主编《读书生活》，1933 年起任复旦大学等校教授。1922 年开始发表作品，30 年代曾发表大量杂文、诗歌和文艺评论，后长期从事《诗经》《楚辞》研究。著有《唐宋文学史》《诗经直解》《楚辞直解》等。

谈花鼓戏

陈子展

一、发　端

　　咒诅诸毒药，所欲害身者，
　　念彼观音力，还着于本人。

　　这是不是出在《观音经》，我已经记不大清楚。我并不妄想诅咒人，人家诅咒来了，我也想还他一点诅咒。可是我只能用我个人的小力量试一试，不会虔诵《观音经》，妄想借着观音菩萨的大力报复那些诅咒我的人。

　　为了大众语问题的提出，我也混在"南方学者"（暂且杜撰一个"南方学者"的名词，因为先有"北方学者"存在也。记得《社会月报》载有《北方学者对于大众语问题的意见》一

文）的后面受到所谓"北方学者"的一点诅咒了，附骥尾而名
益彰，挨优骂而名益显，真是不胜荣幸之至！

作为"北方学者"的原是我们湖南人的黎锦熙先生，诅咒
大众语总算够了。自然，诅咒大众语由你诅咒，学术乃天下之
公器，那和我不相干。何况自从大众语运动起来，多少要损失
一点所谓国语学者在学术界的权威。黎先生那种单枪匹马、奋
勇争先的抵抗精神，我倒蛮佩服。无奈你抵抗不得，只好诅咒
了，诅咒尽管你诅咒，应时而起的大众语运动不会被你诅咒而
死的。好了，黎先生也不得不承认有大众语工具了，不得不承
认有大众语文学了，既说到三千年大众语文学的小史，又说到
现在大众语文学的调查和评判（他的这些议论对不对，当然会
有人批判，并不因为他既承认了大众语及其文学存在，就放松
了他不合理的部分）。可是黎先生在面子上还不肯服输，对于
"讨论并提倡大众语文学的人"一律加以轻蔑，好像要这样，才
于自居学者的精神上得到些舒服。这种精神上的自卫作用，我
虽不是心理学专家，也稍微懂得一点的。你看他，从他的《大
众语真诠》一文起，一直说到《现在大众语文学的调查和评判》
一文止，无处不流露他那种轻蔑他人的语气。他似乎不知道这
于学者的态度不是十分相宜的，不无令人惋惜之处。暂且先拿
他的《现在大众语文学的调查和评判》一文（见《人间世》第
十四期）来说吧。打头一句是：

中国现在的大众语文学，可算丰富极了，其数量之多，

种类之繁，大约是此刻讨论并提倡大众语文学的人未必想
得到的。

你看他抹煞一切，何等气焰！好，只有你黎先生想得到，
就请你说吧。但是不幸得很，黎先生在这篇文章里并没有说出
他人意想不到的东西，他虽然搬出《歌谣周刊》、《中国俗曲总
目稿》三巨册、《定县秧歌选》二巨册三四种东西，但这都是由
"学术机关"不知道总共费了若干本钱，才得到的一额额成绩，
原来不过如此，黎先生"未必想得到!"再如黎先生拿作他这篇
文章主要资料的是《北平俗曲略》序目，可是《北平俗曲略》
似乎也曾由中央研究院历史语言研究院所费过一点本钱，而且
这部书并不是孤本秘籍，黎先生何以见得人家"未必想得到"？
至于他搬出"私人之搜采和编录"如顾氏《吴歌甲集》、镇氏
《重编粤风》两书，还是容易看得到的东西，也不好挖苦人家
"未必想得到"。把寻常的东西看作宝贝，把依靠公家的财力才
做到的一点点学术成绩看作某一个人或者是某一派了不起的功
夫，信口夸张，自鸣得意，在我这样"额外愚蠢"的人，真是
"未必想得到"了！

不过，黎先生也有他的独得之秘，就是花鼓戏。他在这篇
文章里有一段夹注说：

　　关于俗曲，我还可报告一回经验。北方的嘣嘣戏我欠
　研究；我们家乡湘潭南境十都、咬柴一带的花鼓戏，那真

可算是 Massrecitation（大众表演）了，搭草台在山谷间，农夫土工们自由扮演，其乐曲之引人入胜，大非阳春白雪所能及。约当三十年前，我和舍弟锦晖均在髫龄，常秘召小生罗十二瞎来家吃茶，尽传其歌词乐谱……他们绝对只能口授，由我们笔之于书，谱之于管弦。不久，我出门，不研究了，而吾家锦晖后来却以编排歌舞为业。我们现在还能够判别的，他那流行最广的几种儿童歌剧，如《葡萄仙子》便包含着《呆子吃醋》和《卷珠帘》，《月明之夜》便包含着《铜钱歌》和《老十杯酒》，《三蝴蝶》便包含着《出台子》和《采茶歌》，《麻雀与小孩》是他的最早作品，就包含着一支最村俗的《打铁歌》，而外间欣赏的人却有以为是从德国歌曲里出来的。

失敬得很！我们读了黎老先生这段文章，才知道他原是花鼓戏的学者，三十年前就做过专门的研究。可是又不幸得很！黎先生在这篇三千字长的文章里，不惜把三分之二的篇幅给别人的《北平俗曲略》序目占去，说到自己独得之秘的花鼓戏，却不肯放在正文，只给它一两百字的夹注。到底是想先卖关子然后将把戏拿出来呢，还是不肯把独得之秘轻易示人呢？这又叫人家"未必想得到"了！

我不曾得过花鼓名师的"口授"，自己"笔之于书，谱之于管弦""尽传其歌词乐谱"，做过"研究"的功夫，我只是一个花鼓戏本子的偶然搜集者，也曾经在"髫龄"的时候偶然欢喜看看花鼓戏。现在因为黎先生说到花鼓戏，就把我从前所作关于花鼓戏的废稿整理出一点，随便谈谈，但是我不敢妄说我谈到的花鼓"……丰富极了，其数量之多，种类之繁，大约是此刻……的人未必想得到的"。我只想由我的随便胡说，叫人家忍不住搬出他的专门研究、不朽之作。我一下笔就有这个念头。

二、 说到花鼓戏

何谓花鼓戏，花鼓戏的起源怎样？

对于这两个问题，去年我曾几次用"何如"的笔名，古文的调子，在《申报·自由谈》发表过一点意见，这里不重说了。听说今年《申报月刊》（或许还是《东方杂志》）载有一篇关于花鼓戏的考证文章很详赡，容许我掉一句文，算我"抛砖引玉"了。

这里只摘出我在六七年前所作关于花鼓戏一篇长到三万字的论文一部分。

花鼓戏是流行于各地农村而由农民自己创造、自己享乐的一种戏曲。这种戏曲的最大部分自然是属于所谓花鼓淫戏，而演唱这种戏曲的叫作花鼓班子。因此，其他不属于所谓淫戏的一部分也就通通被称为花鼓了。这种戏曲既不能供奉宫廷衙署讨赏赐，又不能巡行各地城市讨欢喜，就是在农村出演，不是通过有钱有势的人，也要给自命正人君子的送官惩办。这种戏曲真可以说是一种野生的艺术了。

花鼓戏究竟是怎样起源的呢？

因为从来没有学者注意到这个问题，绝少关于这个问题的文献，我们就很不容易找出它发展的历史，对于它做充分的研究。我们只看到欧阳予倩有过一个这样的意见。他说：

> 从前宋朝就有所谓迓腔戏。曲牌中也有所谓村里迓鼓，花鼓戏大约就是迓腔戏之遗也未可知。我听见迓腔这个名字就不免联想到迓鼓上去，但没有事实和记载的证明，不敢断定。可惜我实在没有余暇去做这番考察的功夫，只好俟诸异日。
>
> (《汉口的戏剧》)

欧阳先生说是宋朝就有所谓迓腔戏，关于这个我却不知道。或者他一时记错了，原来是讶鼓戏吧。据《续墨客挥犀》卷七说：

> 王子醇初平熙河，边陲宁静。讲武之暇，因教军士为讶鼓戏，数年间，遂盛行于世。其举动舞装之状，与优人之词，皆子醇初制也。或云子醇初与西人对阵，兵未交，子醇命军士百余人，装为讶鼓戏队，绕出军前，虏见皆愕眙①，进兵奋击，大破之。

又《朱子语录》卷一百三十九说：

---

① 愕眙：惊视貌。——编者注。

> 如舞讶鼓，其间男子妇人，僧道杂色，无所不有，但都是假的。

我们可以想见宋朝讶鼓戏的起来和它的流行了。究竟现在的花鼓戏是不是由讶鼓戏蜕化而来？单凭这点证据，似乎还不好十分确定。我还以为宋朝的打夜胡，也极像现在的花鼓，像那游行乡村乃至城市唱演讨钱的地花鼓。《东京梦华录》卷十说：

> 十二月，即有贫者三教人为一火，装妇人神鬼，敲锣击鼓，巡门乞钱，俗呼为打夜胡。

又《云麓漫钞》里也有"岁将除，乡人相率为傩，俚语谓之打野胡"的记载。这不很像地花鼓吗？

总之，纵令我们不能明明白白考出花鼓戏是起源于宋朝，可是我们已经知道宋朝是各种戏剧逐渐发展快到成熟的时代。因为从殷、周时代就有歌舞的巫，戏谑的优；秦、汉时代又有了角抵百戏，或角力竞技，或化装假面，或敷衍故事。魏时百戏，有男优扮饰女人的。晋朝石勒使俳优戏扮参军，耻笑贪赃的馆陶令周延，成为后来的参军戏。北齐有戴假面的《兰陵王入阵曲》，又有丈夫着妇人衣的《踏摇娘》。这个时候西域龟兹、天竺等四夷之乐输入了，西域胡人的《拨头戏》也输入了。北齐、北周都曾盛行过百戏，隋炀帝的百戏规模更大了，百戏已经登峰造极了（参看拙作《汉唐间之百戏》，曾载《涛声周刊》）。到了唐朝，除了代面、拨头、踏摇娘、参军戏等因袭前代外，更有了脱离歌舞、注重语言动作的滑稽杂戏。中国戏剧的发展到了这个时期，关于构成戏剧的各种基本要素大致完成了。到了宋朝，戏曲杂艺更加发达起来，这是我们从宋人笔记如《东京梦华录》《都城纪胜》《武林旧事》等书里可以看得到的。那时的戏曲有大曲、队舞、官本杂剧、滑稽杂戏、小说演史、傀儡、影戏等种。因为凭借前代已有的基础，各种戏曲都已发展快到成熟的时期了。现今中国固有的戏曲或类似戏剧的东西，要是笼统地说，都和宋朝的那些戏曲杂艺有直系或旁系的亲属关系，自然没有什么不可；可是年代久远，变化复杂，一定通通要明明白白找出它们的这种关系，如修家谱，世系井然，那就不免困难了。因此，我们要说现今的花鼓戏出于宋朝的讶鼓戏或是打夜胡，虽然是顶难证明的假设，究竟不失为一种假设。

记不清楚在一部什么笔记里看得"花鼓"一条，说是清初时候，江北遭水，凤阳人民逃难，借打花鼓漂流四方，可惜此刻无从查考原书了。我曾在好几年前的《申报·自由谈》剪下这么一条：

> 凤城北门外三里许，田野间有硕大无朋之大铁镬五。相传昔遭兵燹，荒歉连年，皖北饥馑，明帝眷念民困，乃饬吏于此施粥赈灾，铁镬即前时用以煮粥者。据云每一镬

粥足供五百人果腹，可见其容积之巨矣。

凤阳曾遭严重的灾荒，好像历史上确有其事。不过这里说在明朝，和前面说是清初，时代更要提前了。又据《缀白裘》上《花鼓》一出里说：

> [凤阳歌] 说凤阳，话凤阳，凤阳原是好地方。自从出了朱皇帝，十年倒有九年荒（打锣鼓介）。大户人家卖田地，小户人家卖儿郎。惟有我家没有得卖，肩背锣鼓走街坊（打锣鼓介）。

凤阳遭荒，似乎确在明朝了，假如"自从出了朱皇帝，十年倒有九年荒"的话，不是作曲者不敢直指当今皇帝的托古说谎。何况在《明史》里，明明载着武宗时候，江皖以北一带迭遭灾荒呢。这么说来，我们说是花鼓戏在四百年前就有了，那是不会错的。《花鼓》又说：

> [仙花调] 身背着花鼓（净持锣跳上），（旦）手提着锣，夫妻恩爱并不离他。（合）咱也会唱歌，穿州过府，两脚走如梭。逢人开口笑，婉转接讴歌。（贴）风流子弟瞧着我，戏要场中哪怕人多，这是为钱财没奈何！（净）咚咚搭鼓上长街，引动风流子弟来。（贴）看得他人心欢喜，银钱铜子滚出来！

花鼓戏最初发生的地域是不是凤阳，我以为纵然不能十分确定，但是要说凤阳也是花鼓戏的一个有名的产地，这是无疑的了。在《糊涂关》一剧里，卖唱的婊子要表白她们是由凤阳来的。在《王三卖肉》一剧里的花鼓大姐也说："家住凤阳府，学得唱歌文。"这剧的作者是湖南人，剧本的曲白带有很多的湘潭土话，可见花鼓戏在湖南虽是一种有名的玩意儿，作曲的人寻根溯源，却不能不说是凤阳。

三、 花鼓戏的特色

花鼓戏和别种戏曲不同的地方在哪里？花鼓戏的特色是什么？我把我所搜集的三百多种花鼓戏本翻看以后得到的一点意见写在这里：

第一，花鼓戏是来自田间的，是带有极浓厚的土气息、泥滋味的。它既不到宫廷里去供奉，又不希望到城市里出风头，剧中人物固然是土头土脑的姿态，蛮有土气的；语言文字呢，又是土话土白；唱法呢，也是土腔土调。只因农民真是所谓"地之子"，他们是彻头彻尾忠于地的。他们真像照着上帝的吩咐："汝由泥土而生，死后仍归泥土。"总之，他们不避免也许避免不掉泥土的气味，所以土气息、泥滋味透过了他们的血管，直表现在他们的戏曲上。

第二，花鼓戏反映农民最低廉的生活，是农民不自觉的最真实的自己表现。在这里表现出他们的意识感情，表现出他们潜伏的力和美，和道德的观念。他们不会做关心民瘼、勤求民隐的官样文章，不会做赞美园林风景、歌颂农家快乐的田园文学，不会演述历史上的圣君贤相、忠臣孝子。他们只是情不自禁地为自己做戏，为自己享乐；只是并不自觉地为自己写照，为自己呐喊。

第三，花鼓戏大半是由山歌复杂化、组织化、音乐化而成的，仍然保存不少山歌原来的形式。每句的音数虽然也有长短不同，三言、四言、五言、七言、字数不定的都有，可是七言的最多，大都和山歌一样，唱起来有些调子也和山歌差不多，虽说它已经是由山歌变化而来的新声了，和伴奏的乐器——锣鼓二胡相配合。关于这个，欧阳予倩氏说得好。他说：

> 花鼓戏起源于一种牧歌，但是与其说牧歌不如说山歌。牧歌是牧者唱的歌，山歌不限于牧。我们那边的山歌只有秧歌和采茶歌两种，牧歌从来没有听过。采茶种秧都是在春夏之交，那个时候男男女女大家唱着恋歌，互相吸引以求安慰。唱来唱去，唱成一种新调，加以戏剧的组织便变成了花鼓。

花鼓戏是由山歌加以戏剧的组织而成的，那是无疑的了，至少在湖南流行的花鼓戏是这样的。山歌有牧歌、秧歌、采茶歌等种，欧阳先生说我们那边没有牧歌，难道没有听见过看牛的牧童对唱的歌？牧童对唱，每每看谁先唱尽所有，便算谁输。对唱的歌，有的是随人胡唱，有的是叙谈歌，有的是问答歌，有的叫作盘歌或称迷歌，但不尽为猜谜，许多是彼此盘问民间传说故事或古典的。从这种对唱的歌变为花鼓戏，在花鼓戏本里还有显然的痕迹可找的，如《李三娘过江》是问答歌，《白牡丹对乐》是谜歌，再如《小放牛》盘问古典传说，《小尼姑下山》除了《五更调》之外，《盘问菩萨》是盘歌，《山伯访友》《山伯送友》互谈情话，是叙谈歌。

第四，花鼓戏被认为是淫戏，只因它的剧材大半属于民间男女相悦的风流事件。不过这种风流不是肉麻的才子佳人所谓风流，只是平凡的农夫农妇找"皮绊""轧姘头"而已。从来一班圣人之德以为一说到男女间床笫之事，中冓之言，就是非礼，就是不道德。但在民间，虽然也是隶属于这个礼仪之邦的领土，一说到男女相悦之事，就觉得没有什么稀奇。只是因生在这个礼教的社会，弄得男女间的关系不圆满，就不能不别求反礼教的解决方法。这种方法在老百姓用之，并不觉得其不道德，不过不自觉地扔开圣贤的道德——礼教，代以"百姓的道德"而已。这里再引欧阳予倩氏的一段话：

> 花鼓戏的剧材大半是描写乡下人原始的恋爱和野合一类的事情。有许多就是演一种村女爱城中人，譬如"十打——""十条手巾"之类都是说在城里做工的伙夫一类人，他们往往夸其见闻之广，或是提起些都会的珍品来打动村女的心。演的时候异常偏于肉感的，粗俗在所不免，真挚痛快也深有可取。譬如"郎脱布衫姐垫背，姐攀竹叶

郎遮阴"，这是何等浓艳的情景！又如"郎坐东来妹坐西，二人好像是夫妻。唉……只要是相好的！"意谓只要相好，不定要做夫妻。诸如此类恋歌，不无可采。

第五，花鼓戏里的宗教思想或鬼神观念，与其说是佛教的，不如说是道教的。他们的所谓神不是纯灵性的、超人间的，而是具有人性的，富于人间味的，这可以叫作"百姓的神"。例如常常变化下凡的太白金星，贪酒好色的吕纯阳，九度妻子的韩湘子，戏蟾耍金钱的刘海，都是这种神的代表。

第六，花鼓戏有许多是口口传授，也有些是由演者凭着朴素的天才，乘着偶然的高兴，随意胡诌而成的，并没有写定的剧本。有了写定的剧本，又都找不出它的真正创作者为谁，有的或者出自无名的不文的民间作家。我疑心这种戏曲的大部分并非个人的创作，而是经过许多时候许多人辗转拼凑成功的。这些作者不贪求文名，不卖弄风雅，不故意咬文嚼字，不存心卫道宗经，既没有腐儒的酸气，也没有文人的滥调，作品里所有的是他们的真面目，他们的真精神。虽然使用当地的方言谚语，常用别字简体，那是他们应该有的权利。虽然常有不通畅、不圆熟的字句，但我们可以从这里直接听取大众的心声，欣赏简单朴素的大众文学。虽然版本印刷不免粗劣，但定价不过铜元几枚，甚至制钱几文。说到版本，这真要使所谓版本学者笑脱肠子。因为这些戏曲用木板刻的极少，铅印的我还没有看见，有许多只是豆腐干板、粘土板。我所藏的花鼓戏本，十之八九是湖南湘潭、衡阳、长沙三县地方出版的，其中也有几种是湖北、江西出版，还有好些无从查考它的出处。

四、 花鼓戏的演出

花鼓戏是怎样演出的？

我们已经知道花鼓戏是被认为淫戏而禁止演唱的了。它的演出的先决问题当然是如何逃避这种压迫。它的逃避方法有好几种：

（1）是利用时间的，就是要逢年过节，尤其是新年，大家有暇娱乐的时候才来演这种戏。因为在这一时期，照例平日犯禁的如赌博、龙灯、花鼓都可以说是"金吾不禁"了。至于平时，也有利用晚间秘密演戏的。

（2）是利用地点的，就是躲在偏僻地方，或是利用两不管、三不管的交界地方，瞒着乡绅——官府的耳目，来演一回戏。

（3）是利用金钱的，就是买通有钱有势的人，在他们庇护之下演戏。但是遇着正绅要出来维持风化，不是罚钱、罚酒席就是送官惩办，结果总是戏子吃亏。如果得到绅士的许可而公开演戏，那么，照例要特为他们跳几回加官，高呼"某某老爷加官"的。实则所谓维持风化的绅士老爷，没有几个不喜欢看这种戏；就是自己装正经不看，家里男女大小是无法禁止去看的。有些青年男女真是看得流连忘返，欢喜发狂。记得我幼时看过这种戏，听说那次某家姑娘看戏因为坐湿了凳子不敢起身，传为笑柄。又有一个道学先生背着梭镖找到戏场要杀掉他自己的儿女，结果他把梭镖做了手杖，扶着身子，饱看花鼓而回。欧阳予倩先生说有女子看戏看疯了的，煮饭的时候口里唱着，拿油倒在饭锅里；有的拔下自己的簪环掷到台上去赠给旦角，可以想见花鼓戏的魔力了。

出演这种戏曲的所谓花鼓班子，都是临时组合的，没有把演戏看作一种职业，因此没有正式制作的行头和道具。男的行头大半不消借用，女的就全然要借用了，好在一般妇女都是争先恐后的愿借。他们的化装术也极简单扼要，只要有了粉墨，敷上几笔，就可登场。旦角要搽胭脂，乡下难找，就是几文钱一张的上圣纸（一种红纸）浸湿了也可代替。演者的姿势与动作，有时在某种意义上不免要说他粗鄙、过火，可是自然、真实、痛快、深刻，却也是他们常有的长处。他们唱的腔调，我已经说过和山歌差不多，不过山歌是徒歌，花鼓有伴奏的简单的乐器。腔调许多，有的我说不出名字，有名字的如《阳雀歌》的清锐，《十匹绸》的柔曼，都很好听；此外如《十条手巾》《十把洋伞》《十杯酒》《十送郎》之类，都别有一种韵味。再如一种叫作《扇子调》的，摇曳飘荡，更有一种魅惑人性的魔力。据说湖北的花鼓调，腔调和湖南的不同，音乐也不同。湖南的花鼓戏用锣鼓和一个二胡，有时还杂着唢呐、笛子；湖北的除一套锣鼓外，没有别的乐器。在湖北，唱的时候有如高腔似的，一个人唱到逢断的地方，场面上的人齐声和一个尾腔；在湘南，往往不用帮腔，但宁乡、湘阴的花鼓戏是有帮腔的。又湖北的花鼓戏腔调分四平、纽丝、悲腔、迓腔四种，每种又都有紧唱慢唱的不同。总之，湖南的花鼓戏虽然加了些大戏的排场，还没有脱尽山歌的形式，没有完成一个整然的结构；湖北的花鼓戏却已经有独立的资格了。

　　这里要说到花鼓戏的舞台装置方面。乡间演戏，在寺庙里演唱敬神的大戏，大半是有现成戏台的。即是临时建造的戏台，也还坚实、宽大，还有相当的装潢。这个固然因为要媚神邀福，实则也因寺庙大都积有土地财产，同时那些管庙的值年首祀、总管、绅董之类，每每借着酬神演戏，挨家挨户摊派钱文，所以他们对于这种戏台的装置，一方面要表示神权的威严，一方面要表示神权之下献纳者的敬畏心理。那演唱花鼓戏的舞台就不然了，因为这是民众自己创造、自己享乐的东西，既不要讨神明的保佑，也不要讨阔人的欢喜，所以不妨本色。他们是最低廉工资的取得者，演起戏来也只能用最低廉的舞台，这个正反映他们最低廉的生活。这种舞台固然离开宫殿、庙堂太远，也不会和公馆、别墅相配。这是建造在野外的，或在山坡之上，或在树林之中，每每利用隆起的山塬作台基，利用自然的树木作台柱。台顶大抵盖着晒谷用的竹簟，台面大抵铺以尚未刮光的木板，不用布景，也无幕布。夜间演戏，光用火把油蜡。总之，这种舞台的装置，材料极其单纯，构造极其简陋，不过在这种单纯简陋之中，虽然说不到美幻的理想，修饰的写实却自有其质朴、自然之美；而且这种利用自然的背景之舞台，是三面可以给观众看的，和观众的接触面很大，这也是它的一种优点。

　　有人说，戏剧是综合的艺术，这一说推论到花鼓戏，也是说得通的。因为花鼓戏正是由民间的文学、音乐、舞蹈、绘画、建筑等综合而成的一种艺术。不过这种艺术不曾供奉到象牙之塔里，还是生长在田野之间罢了。

五、煞　尾

　　花鼓戏虽然可以说是农民自己创造自己享乐的一种艺术，但这种艺术几乎全以娱乐为目的，还谈不到认识生活，创造生活。

胡　适（1891—1962），原名嗣穈，学名洪骍，字希
疆；后改名胡适，字适之，笔名天风、藏晖等。安徽绩溪
人。因提倡文学革命而成为新文化运动的领袖之一。历任
北京大学教授、北京大学文学院院长、中华民国驻美利坚
合众国特命全权大使、北京大学校长等职。胡适兴趣广泛，
著述丰富，在文学、哲学、史学、考据学、教育学、伦理
学、红学等诸多领域都有深入的研究，被誉为现代思想文
化界最稳健、最优秀、最高瞻远瞩的哲人智者。

我对于丧礼的改革

胡　适

去年北京通俗讲演所请我讲演"丧礼改良"，讲演日期定在
十一月二十七日。不料到了十一月二十四日，我接到家里的电
报，说我的母亲死了。我的讲演还没有开讲，就轮着我自己实
行"丧礼改良"了！

我们于二十五日赶回南。将动身的时候，有两个学生来见
我，他们说："我们今天过来，一则是送先生起身；二则呢，适
之先生向来提倡改良礼俗，现在不幸遭大丧，我们很盼望先生
能把旧礼大大地改革一番。"

我谢了他们的好意，就上车走了。

我出京之先，想到家乡印刷不便，故先把讣帖付印。讣帖
如下式：

> 先母冯太夫人于中华民国七年十一月二十三日病殁于安徽绩溪上川本宅。敬此讣闻。
>
> 胡适 觉谨告

这个讣帖革除了三种陋俗：一是"不孝□□等罪孽深重，不自殒灭，祸延显妣"一派的鬼话。这种鬼话含有儿子有罪连带父母的报应观念，在今日已不能成立；况且现在的人心里本不信这种野蛮的功罪见解，不过因为习惯如此，不能不用，那就是无意识的行为。二是"孤哀子□□等泣血稽颡"的套语。我们在民国礼制之下，已不"稽颡"，更不"泣血"，又何必自欺欺人呢？三是"孤哀子"后面排着那一大群的"降服子""齐衰期服孙""期""大功""小功"等等亲族，和"抆泪稽首""拭泪顿首"等等有"谱"的虚文。这一大群人为什么要在讣闻上占一个位置呢？因为这是古代宗法社会遗传下来的风俗如此。现在我们既然不承认大家族的恶风俗，自然用不着列入这许多名字了。还有那从"泣血稽颡"到"拭泪顿首"一大串的阶级，又是因为什么呢？这是儒家"亲亲之杀"的流毒。因为亲疏有等级，故在纸上写一个"哭"字也要依着分等级的"谱"。我们绝对不承认哭丧是有"谱"的，故把这些有谱的虚文一概删去了。

我在京时，家里电报问"应否先殓"，我复电说"先殓"。我们到家时，已殓了七日了，衣衾棺材都已办好，不能有什么更动。我们徽州的风俗，人家有丧事，家族亲眷都要送锡箔、白纸、香烛；讲究的人家还要送"盘缎"、纸衣帽、纸箱担等件。锡箔和白纸是家家送的，太多了，烧也烧不完，往往等丧事完了，由丧家打折扣卖给店家。这种糜费，真是无道理。我到家之后，先发一个通告给各处有往来交谊的人家。通告上说：

> 本宅丧事拟于旧日陋俗略有所改良。倘蒙赐吊，只领香一炷或挽联之类。此外如锡箔、素纸、冥器、盘缎等物，概不敢领，请勿见赐。伏乞鉴原。

这个通告随着讣帖送去，果然发生效力，竟没有一家送那些东西来的。

和尚、道士，自然是不用的了。他们怨我，自不必说。还有几个投机的人，预算我家亲眷很多，定做冥器、盘缎的一定不少，故他们在我们村上新开一个纸扎铺，专做我家的生意。不料我把这东西都废除了，这个新纸扎铺只好关门。

我到家之后，从各位长辈亲戚处访问事实——因为我去国日久，事实很模糊了——做了一篇《先母行述》。我们既不"寝苦"，又不"枕块"，自然不用"苦块昏迷，语无伦次"等等诳语了。"棘人"两字，本来不通（《诗·桧风·素冠》一篇本不是指三年之丧的，乃是怀人的诗，故有"聊与子同归""聊与子如一"的话，素冠素衣也不过是与《曹风》"麻衣如雪"同类的话，未必专指丧服；"棘人"两字，棘训急，训瘠，也不过是

"劳人"的意思;这一首很好的相思诗,被几个腐儒解作一篇丧礼论,真是可恨!),故也不用了。我做这篇《行述》,抱定一个说老实话的宗旨,故不免得罪了许多人;但是得罪了许多人,便是我说老实话的证据。文人做死人的传记,既怕得罪死人,又怕得罪活人,故不能不说谎,说谎便是大不敬。

讣闻出去之后,便是受吊。吊时平常的规矩是:外面击鼓,里面启灵帏,主人男妇举哀,吊客去了,哀便止了。这是作伪的丑态。古人"哀至则哭",哭岂是为吊客哭的吗?因为人家要用哭来假装"孝",故有大户人家吊客多了,不能不出钱雇人来代哭。我是一个穷书生,哪有钱来雇人代我们哭?所以我受吊的时候,灵帏是开着的,主人在帏里答谢吊客,外面有子侄辈招待客人;哀至即哭,哭不必做出种种假声音,不能哭时,便不哭了,决不为吊客做出举哀的假样子。

再说祭礼。我们徽州是朱子、江慎修、戴东原、胡培翚的故乡,代代有礼学专家,故祭礼最讲究。我做小孩的时候,也不知看了多少次的大祭小祭。祭礼很繁,每一个祭,总得要两三个钟头;祠堂里春分冬至的大祭,要四五点钟。我少时听见秀才先生们说,他们半夜祭春分冬至,跪着读祖宗谱,一个人一本,读"某某府君,某某孺人",烛光又不明,天气又冷,石板的地又冰又硬,足足要跪两点钟!他们为了祭包和胙肉,不能不来鬼混念一遍。这还算是宗法社会上一种很有意味的仪节。最怪的,是人家死了人,一定要请一班秀才先生来做"礼生",

代主人做祭。祭完了，每个礼生可得几尺白布，一条白腰带，还可吃一桌"九碗"或"八大八小"。大户人家，停灵日子长，天天总要热闹，故天天须有一个祭。或是自己家祭，或是亲戚家"送祭"。家祭是今天长子祭，明天少子祭，后天长孙祭……送祭是那些有钱的亲眷，远道不能来，故送钱来托主人代办祭菜，代请礼生。总而言之，哪里是祭？不过是做热闹，装面子，摆架子！——哪里是祭！

我起初想把祭礼一概废了，全改为"奠"。我的外婆七十多岁了，她眼见一个儿子两个女儿死在她生前，心里实在悲怆，所以她听见我要把祭全废了，便叫人来说："什么事都可依你，两三个祭是不可少的。"我仔细一想，只好依她，但是祭礼是不能不改的。我改的祭礼有两种：

（1）本族公祭仪节（族人亲自做礼生）：序立。就位。参灵，三鞠躬。三献。读祭文（祭文中列来祭的人名，故不可少）。辞灵。礼成。

（2）亲戚公祭。我不要亲戚"送祭"。我把要来祭的亲戚邀在一块，公推主祭者一人，赞礼二人，余人陪祭，一概不请外人作礼生。同时一奠，不用"三献礼"。向来可分七八天的祭，改了新礼，十五分钟就完了。仪节如下：序立。主祭者就位。陪祭者分列就位。参灵，三鞠躬。读祭文。辞灵。礼成。谢奠。

我以为我这第二种祭礼，很可以供一般人的采用。祭礼的根据在于深信死人的"灵"还能受享。我们既不信死者能受享，便应该把古代供献死者饮食的祭礼，改为生人对死者表示敬意的祭礼。死者有知无知，另是一个问题。但生人对死者表示敬意，是在情理之中的行为，正不必问死者能不能领会我们的敬意。有人说："古礼供献酒食，也是表示敬意，也不必问死者能不能饮食。"这却有个区别。古人深信死者之灵真能享用饮食，故先有"降神"，后有"三献"，后有"侑食"，还有"望燎"，还有"举哀"，都是见神见鬼的做作，便带着古宗教的迷信，不单是表示生人的敬意了。

再论出殡。出殡的时候，"铭旌"先行，表示谁家的丧事；次是灵柩，次是主人随柩行，次是送殡者。送殡者之外，没有别样排场执事。主人不必举哀，哀至则哭，哭不必出声。主人穿麻衣，不戴帽，不执哭丧杖，不用草索束腰，但用白布腰带。为什么要穿麻衣呢？我本来想用民国服制，用乙种礼服，袖上蒙黑纱。后来因为来送殡的男人女人都穿白衣，主人不能独穿黑，只好用麻衣，束白腰带。为什么不戴帽呢？因为既不用那种俗礼的高粱孝子冠，一时寻不出相当的帽子，故不如用表示敬意的脱帽法。为什么不用杖呢？因为古人居父母的丧要自己哀毁，要做到"扶而后能起，杖而后能行"的半死样子，故不能不用杖。我们既不能做到那种半死样子，又何必拿那根杖来装门面呢？

我们是聚族而居的，人死了，该送神主入祠。俗礼先有"题主"或"点主"之法，把"神主牌"先请人写好，留着"主"字上的一点，再去请一位阔人来，求他用朱笔蘸了鸡冠血，把"主"字上一点点上。这就是"点主"。点主是丧事里一件最重要的事，因为他是一件最可装面子摆架子的事。你们回想当年袁世凯死后，他的儿子孙子们请徐世昌点主的故事，就可晓得这事的重要了。

那时家里人来问我要请谁点主。我说，用不着点主了。为什么呢？因为古礼但有"请善书者书主"（《朱子家礼》与《温公书仪》同）。这是恐怕自己不会写好字，故请一位写好字的写牌，是郑重其事的意思。后来的人，要借死人来摆架子，故请顶阔的人来题主。但是阔人未必会写字，也许请的是一位督军，连字都不认得。所以主人家先把牌子上的字写好，单留"主"字上的一点，请"大宾"的大笔一点。如此办法，就是不识字的大帅，也会题主了！我不配借我母亲来替我摆架子，不如行古礼吧。所以我请我的老友近仁把牌位连那"主"字上的一点一齐写好，出殡之后把神主送进宗祠，就完了事。

未出殡之前，有人来说，他有一穴好地，葬下去可以包我做到总长。我说，我也看过一些堪舆书，但不曾见哪部书上有"总长"二字，还是请他留上那块好地自己用吧。我自己出去，寻了一块坟地，就是在先父铁花先生的坟的附近。乡下的人以为我这个"外国翰林"看的风水，一定是极好的地，所以我的母亲葬下之后，不到十天，就有人抬了一口棺材，摆在我母亲坟下的田里。人来对我说，前面的棺材挡住了后面的"气"。我说，气是四方八面都可进来的，没有东西可挡得住，由他挡去吧。

以上记丧事完了。

再论我的丧服。我在北京接到凶电的时候，哪有仔细思想的心情？故糊糊涂涂地依着习惯做去，把缎子的皮袍脱了，换上布棉袍、布帽，帽上还换了白结子，又买了一双白鞋。时表上的链子是金的——镀金的——故留在北京。眼镜脚也是金的，但是来不及换了，我又不能离开眼镜，只好戴了走。里面的棉袄是绸的，但是来不及改做布的，只好穿了走，好在穿在里面，人看不见！我的马褂袖上还加了一条黑纱。这都是我临走的一天，糊糊涂涂的时候，依着习惯做的事。到了路上，我自己回想，很觉惭愧。何以惭愧呢？因为我这时候用的丧服制度，乃是一种没有道理的大杂凑。白帽结、布袍、布帽、白鞋，是中国从前的旧礼，袖上蒙黑纱是民国元年定的新制。既蒙了黑纱，何必又穿白呢？我为什么不穿皮袍呢？为什么不敢穿绸缎呢？为什么不敢戴金色的东西呢？绸缎的衣服上蒙上黑纱，不仍旧是民国的丧服吗？金的不用了，难道用了银的就更"孝"了吗？

我问了几个"为什么"，自己竟不能回答。我心里自然想着孔子"食夫稻，衣夫锦，于汝安乎"的话，但是我又问：我为什么要听孔子的话？为什么我们现在"食稻"（吃饭）心已安了？为什么"衣锦"便不安呢？仔细想来，我还是脱不了旧风俗的无形的势力——我还是怕人说话！

但是那时我在路上，赶路要紧，也没有心思去想这些"细事小节"。到家之后，更忙了，便也不曾想到服制上去。丧事里的丧服，上文已说过了。丧事完了之后，我仍旧是布袍、布帽、白帽结、白棉鞋，袖上蒙了一块黑纱。穿惯了，我更不觉得这种不中不西半新半旧的丧服有什么可怪的了。习惯的势力真可怕！

今年四月底，我到上海欢迎杜威先生，过了几天，便是五月七日的上海国民大会。那一天的天气非常地热，诸位大概总还有人记得。我到公共体育场去时，身上穿着布的夹袍，布的夹裤还是绒布里子的，上面套着线缎的马褂。我要听听上海一班演说家，故挤到台前，身上已是汗流遍体。我脱下马褂，听完演说，跟着大队去游街，从西门一直走到大东门，走得我一身衣服从里衣湿透到夹袍子。我回到一家同乡店家，邀了一位同乡带我去买衣服更换，因为我从北京来，不预备久住，故不曾带得单衣服。习惯的势力还在，我自然到石路上小衣店里去寻布衫子、羽纱马褂、布套裤之类。我们寻来寻去，寻不出合用的衣裤，因为我一身湿汗，急于要换衣服，但是布衣服不曾下水是不能穿的。我们走完一条石路，仍旧是空手。我忽然问我自己道："我为什么一定要买布的衣服？因为我有服在身，穿了绸衣，人家要说话。我为什么怕人家说我的闲话？"我问到这里，自己不能回答。我打定主意，去买绸衣服，买了一件原当的府绸长衫，一件实地纱马褂，一双纱套裤，再借了一身衬衣裤，方才把衣服换了。初换的时候，我心里还想在袖上蒙上一条黑纱。后来我又想：我为什么一定要蒙黑纱呢？因为我丧期没有完。我又想：我为什么一定要守这三年的服制呢？我既不是孔教徒，又向来不赞成儒家的丧制，为什么不敢实行短丧呢？

我问到这里，又不能回答了，所以决定主意，实行短丧，袖上就不蒙黑纱了。

我从五月七日起，已不穿丧服了。前后共穿了五个月零十几天的丧服。人家问我行的是什么礼？我说是古礼。人家又问，哪一代的古礼？我说是《易传》说的太古时代"丧期无数"的古礼。我以为"丧期无数"最为有理。人情各不相同，父母的善恶各不相同，儿子的哀情和敬意也不相同。《檀弓》上说：

> 子夏既除丧而见，予之琴，和之不和，弹之而不成声，作而曰："哀未忘也，先王制礼而弗敢过也。"子张既除丧而见，予之琴，和之而和，弹之而成声，作而曰："先王制礼，不敢不至焉。"

这可见人对父母的哀情各不相同，子张、宰我嫌三年之丧太长了，子夏、闵子骞又嫌三年太短了。最好的办法是"丧期无数"，长的可以几年，短的可以三月，或三日，或竟无服。不但时期无定，还应该打破古代一定等差的丧服制度。我以为服制不必限于自己的亲属：亲属值得纪念的，不妨为他纪念成服；朋友可以纪念的，也不妨为他穿服；不值得纪念的，无论在几服之内，尽可不必为他穿服。

我的母亲是我生平最敬爱的一个人，我对她的纪念，自然不止五六个月，何以我一定要实行短丧的制度呢？我的理由不止一端：

第一，我觉得三年的丧服在今日没有保存的理由。顾亭林说："三代圣王教化之事，其仅存于今日者，惟服制而已。"（《日知录》卷十五）这话说得真正可怜！现在居丧的人，可以饮酒食肉，可以干政筹边，可以嫖赌纳妾，可以做种种"不孝"的事，却偏要苦苦保存这三年穿素的"服制"！不能实行三年之"丧"，却偏要保存三年的"丧服"！这真是孟子说的"放饭流歠而问无齿决，是之谓不知务"了！

第二，真正的纪念父母，方法很多，何必单单保存这三年服制？现行的服制，乃是古丧礼的皮毛，乃是今人装门面自欺欺人的形式。我因为不愿意用这种自欺欺人的服制来做纪念我母亲的方法，所以我决意实行短丧。我因为不承认"穿孝"就算"孝"，不承认"孝"是拿来穿在身上的，所以我决意实行短丧。

第三，现在的人居父母之丧，自称为"守制"，写自己的名字要加上一个小"制"字，请问这种制是谁人定的制？是古人遗传下来的制呢？还是现在国家法律规定的制呢？民国法律并不曾规定丧期。若说是古代遗制，则从斩衰三年到小功、缌，都是"制"，何以三年之丧单称为"制"呢？况且古代的遗制到了今日，应该经过一番评判的研究，看那种遗制是否可以存在，不应该因为它是古制就糊糊涂涂地服从它。我因为尊重良心的自由，不愿意盲从无意识的古制，故决意实行短丧。

第四，现在的服制实际上有许多行不通的地方。若说素色是丧服，现在的风尚喜欢素色衣裳，素色久已不成为丧服的记号了。若说布衣是丧服，绸缎不是丧服，那么，除了丝织的材料之外，许多外国的有光的织料是否算是布衣？有光的洋货织料可以穿得，何以本国的丝织物独不可穿？蚕丝织的绸缎既不能穿，何以羊毛织的呢货又可以穿得？还有羊皮既可以穿得，何以狐皮便穿不得？银器既可以戴得，金器和镀金器何以又戴不得？——诸如此类，可以证明现在的服制全凭社会的习惯随意乱定，没有理由可说，没有标准可寻，颠倒杂乱，一无是处。经济上的困难且丢开不说，就说这心理上的麻烦不安，也很够受了。我也曾想采用一种近人情，有道理，有一贯标准的丧服，竟寻不出来，空弄得精神上受无数困难惭愧。因此，我索性主张把服丧的期限缩短，在这短丧期内，无论穿何种织料的衣服——无论布的、绸缎的、呢的、绒的、纱的——只要蒙上黑纱，依民国的新礼制，便算是丧服了。

以上记我实行短丧的原委和理由。

我把我自己经过的丧礼改革，详细记了下来，并不是说我所改的都是不错的，也并不敢劝国内的人都依着我这样做。我的意思，不过是想表示我个人从一次生平最痛苦的经验里面得来的一些见解，一些感想；不过想指点出现在丧礼的种种应改革的地方和将来改革的大概趋势。我现在且把我对于丧礼的一点普通见解总括写出来，做一个结论。

结 论

　　人类社会的进化，大概分两条路子：一边是由简单的变为复杂的，如文字的增添之类；一边是由繁复的变为简易的，如礼仪的变简之类。近来的人，听得一个"由简而繁，由浑而画"的公式，以为进化的秘诀全在于此了。却不知由简而繁固然是进化的一种，由繁而简也是进化的一条大路。即如文字固是逐渐增多，但文法却逐渐变简。拿英文和希腊、拉丁文比较，便是文法变简的进化。汉文也有逐渐变简的痕迹。古代的代名词，"吾""我"有别，"尔""汝"有别，"彼""之"有别。现代变为"我""你""他"，"我们""你们""他们"，使主次、宾次变为一律，使多数、单数的变化也归一律。这不是一大进化？古代的字如马两岁叫作"驹"，三岁叫作"䮂"，八岁叫作"駅"；又马高六尺为"骄"，七尺为"騋"。这都是很不规则的变化，现在都变简易了。

　　我举这几个例，来证明由繁而简也是进化。再举礼仪的变迁，更可以证明这个道理。我们试请一位孔教会的信徒，叫他把一部《仪礼》来实行，他做得到吗？何以做不到呢？因为古人生活简单，那些一半祭司一半贵族的士大夫，很可以玩那"一献之礼宾主百拜"的把戏儿。后来生活复杂了，谁也没有工夫来干这揖让周旋的无谓繁文。因此，自古以来，礼仪一天简单一天，虽有极顽固的复古家，势不能恢复那"礼仪三百，威仪三千"的盛世规模。故社会生活变复杂了，是一进化。同时礼仪变简单了，也是一进化。由我们现在的生活，要想回到茹毛饮血、穴居野处的生活，固是不可能；但是由我们现在简单礼节，要想回到那揖让周旋宾主百拜的礼节，也是不可能。

懂得这个道理，方才可以谈礼俗改良，方才可以谈丧礼改良。

简单说来，我对于丧礼问题的意见是：

（1）现在的丧礼比古礼简单多了，这是自然的趋势，不能说是退化。将来社会的生活更复杂，丧礼应该变得更简单。

（2）现在丧礼的坏处，并不在不行古礼，乃在不曾把古代遗留下来的许多虚伪仪式删除干净。例如不行"寝苫枕块"的礼，并不是坏处；但自称"苫块昏迷"，便是虚伪的坏处。又如古礼，儿子居丧，用种种自己刻苦的仪式，"水浆不入于口者三日，杖而后能起"，所以必须用杖。现在的人不行这种野蛮的风俗，本是一大进步，并不是一种坏处；但做"孝子"的仍旧拿着哭丧棒，这便是作伪了。

（3）现在的丧礼还有一种大坏处，就是一方面虽然废去古代的繁重礼节，一方面又添上了许多迷信的、虚伪的野蛮风俗。例如地狱天堂、轮回果报等等迷信，在丧礼上便发生了和尚念经超度亡人，棺材头点"随身灯"，做法事"破地狱""破血盆湖"等等迷信的风俗。

（4）现在我们讲改良丧礼，当从两方面下手。一方面应该把古丧礼遗下的种种虚伪仪式删除干净，一方面应该把后世加入的种种野蛮迷信的仪式删除干净。这两方面破坏工夫做到了，方才可以有一种近于人情，适合于现代生活状况的丧礼。

（5）我们若要实行这两层破坏的工夫，应该用什么做去取的标准呢？我仔细想来，没有绝对的标准，只有一个活动的标准，就是"为什么"三个字。我们每做一件事，每行一种礼，总得问自己：我为什么要做这件事？为什么要行那种礼？（例如我上面所举"点主"一件事。）能够每事要寻一个"为什么"，自然不肯行那些说不出为什么要行的种种陋俗了。凡事不问为什么要这样做，便是无意识的习惯行为。那是下等动物的行为，是可耻的行为！

（《胡适文存》）

胡　适（1891—1962），原名嗣穈，学名洪骍，字希疆；后改名胡适，字适之，笔名天风、藏晖等。安徽绩溪人。因提倡文学革命而成为新文化运动的领袖之一。历任北京大学教授、北京大学文学院院长、中华民国驻美利坚合众国特命全权大使、北京大学校长等职。胡适兴趣广泛，著述丰富，在文学、哲学、史学、考据学、教育学、伦理学、红学等诸多领域都有深入的研究，被誉为现代思想文化界最稳健、最优秀、最高瞻远瞩的哲人智者。

从拜神到无神

胡　适

一

纷纷歌舞赛蛇虫，
酒醴牲牢告洁丰。
果有神灵来护佑，
天寒何故不临工？

这是我父亲在郑州办河工时（光绪十四年，1888 年）作的十首《郑工合龙纪事诗》的一首。他自己有注道："霜雪既降，凡俗所谓'大王''将军'代身临工者皆绝迹不复见矣。""大王""将军"都是祀典里的河神；河工区域内的水蛇虾蟆，往往被认为大王或将军的化身，往往享受最隆重的祠祭礼拜。河工是何等大事，而国家的治河官吏不能不向水蛇虾蟆磕头乞怜，真是一个民族的最大耻辱。我父亲这首诗不但公然指斥这种迷信，并且用了一个很浅近的证据，证明这种迷信的荒诞可笑。这一点最可表现我父亲的思想的倾向。

我父亲不曾受过近世自然科学的洗礼，但他很受了程颐朱熹一系的理学的影响。理学家因袭了古代的自然主义的宇宙观，用"气"和"理"两个基本观念来解释宇宙，敢说"天即理也"，"鬼神者，二气（阴阳）之良能也"。这种思想，虽有不彻底的地方，很可以破除不少的迷信。况且程朱一系极力提倡"格物穷理"，教人"即物而穷其理"，这就是近世科学的态度。我父亲作的《原学》，开端便说：

> 天地氤氲，万物化生。

这是采纳了理学家的自然主义的宇宙观。他作的《学为人诗》的结论是：

> 为人之道，非有他术：
> 穷理致知，反躬践实，
> 黾勉于学，守道勿失。

这是接受了程朱一系格物穷理的治学态度。

这些话都是我四五岁时就念熟了的。先生怎样讲解，我记不得了；我当时大概完全不懂得这些话的意义。我父亲死得太早，我离开他时，还只是三岁小孩，所以我完全不曾受着他的思想的直接影响。他留给我的，大概有两方面：一方面是遗传，因为我是"我父亲的儿子"；一方面是他留下了一点程朱理学的遗风。我小时跟着四叔念朱子的《小学》，就是理学的遗风；四叔家和我家的大门上都贴着"僧道无缘"的条子，也就是理学家庭的一个招牌。

我记得我家新屋大门上的"僧道无缘"条子，从大红色褪到粉红，又渐渐变成了淡白色，后来竟完全剥落了。我家中的女眷都是深信神佛的。我父亲死后，四叔又上任做学官去了，家中的女眷就自由拜神佛了。女眷的宗教领袖是星五伯娘，她到了晚年，吃了长斋，拜佛念经，四叔和三哥（是她过继的孙子）都不能劝阻她，后来又添上了二哥的丈母，也是吃长斋念佛的，她常来我家中住。这两位老太婆做了好朋友，常劝诱家中的几房女眷信佛。家中人有病痛，往往请她们念经许愿还愿。

二哥的丈母颇认得字，带来了《玉历钞传》《妙庄王经》一类的善书，常给我们讲说目连救母游地府、妙庄王的公主（观音）出家修行等等故事。我把她带来的书都看了，又在戏台上看了《观音娘娘出家》全本连台戏，所以脑子里装满了地狱的惨酷景象。

后来三哥得了肺痨病，生了几个孩子都不曾养大。星五伯娘常为三哥拜神佛、许愿，甚至于召集和尚在家中放焰口超度冤魂。三哥自己不肯参加行礼，伯娘常叫我去代替三哥跪拜行礼。我自己幼年身体也很虚弱，多病痛，所以我母亲也常请伯娘带我去烧香拜佛。依家乡的风俗，我母亲也曾把我许在观音菩萨座下做弟子，还给我取了一个佛名，上一字是个"观"字，下一字我忘了。我母亲爱我心切，时时教我拜佛拜神总须诚心敬礼。每年她同我上外婆家去，十里路上所过庙宇路亭，凡有神佛之处，她总教我拜揖。有一年我害肚痛，眼睛里又起翳，她代我许愿：病好之后亲自到古塘山观音菩萨座前烧香还愿。后来我病好了，她亲自跟伯娘带了我去朝拜古塘山。山路很难走，她的脚是终年疼的，但她为了儿子，步行朝山，上山时走几步便须坐下歇息，却总不说一声苦痛。我这时候自然也是很诚心地跟着她们礼拜。

我母亲盼望我读书成名，所以常常叮嘱我每天要拜孔夫子。禹臣先生学堂壁上挂着一幅朱印石刻的吴道子画的孔子像，我们每晚放学时总得对他拜一个揖。我到大姊家去拜年，看见了外甥章砚香（比我大几岁）供着一个孔夫子神龛，是用大纸匣子做的，用红纸剪的神位，用火柴盒子做的祭桌，桌子上贴着金纸剪的香炉烛台和供献，神龛外边贴着许多红纸金纸的圣庙匾额对联，写着"德配天地，道冠古今"一类的句子。我看了这神龛，心里好生羡慕，回到家里，也造了一座小圣庙。我在家中寻到了一只燕窝匣子，做了圣庙大庭；又把匣子中间挖空一方块，用一只午时茶小匣子糊上去，做了圣庙的内堂，堂上也设了祭桌、神位、香炉、烛台等等。我在两厢又添设了颜渊、子路一班圣门弟子的神位，也都有小祭桌。我借得了一部《联语类编》，抄出了许多圣庙联匾句子，都用金银锡箔做成匾对，请近仁叔写了贴上。这一座孔庙很费了我不少的心思。我母亲见我这样敬礼孔夫子，她十分高兴，给我一张小桌子专供这神龛，并且给我一个铜香炉；每逢初一和十五，她总教我焚香敬礼。

这座小圣庙，因为我母亲的加意保存，到我二十七岁从外国回家时，还不曾毁坏，但我的宗教虔诚却早已摧毁破坏了。我在十一二岁时便已变成了一个无神论者。

二

有一天，我正在温习朱子的《小学》，念到了一段司马温公的家训，其中有论地狱的话，说：

> 形既朽灭，神亦飘散，虽有剉烧舂磨，亦无所施。……

我重读了这几句话，忽然高兴得直跳起来。《目连救母》《玉历钞传》等书里的地狱惨状，都呈现在我眼前，但我觉得都不怕了。放焰口的和尚陈设在祭坛上的十殿阎王的画像，和十八层地狱的种种牛头马面用钢叉把罪人叉上刀山，叉下油锅，抛下奈何桥去喂饿狗毒蛇——这种种惨状也都呈现在我眼前，但我现在觉得都不怕了。我再三念这句话："形既朽灭，神亦飘散，虽有刲烧舂磨，亦无所施。"我心里很高兴，真像地藏王菩萨把锡杖一指，打开地狱门了。

这件事我记不清在哪一年了，大概在十一岁时。这时候，我已能够自己看古文书了。禹臣先生教我看《纲鉴易知录》，后来又教我改看《御批通鉴辑览》。《易知录》有句读，故我不觉吃力。《御批通鉴辑览》须我自己用朱笔点读，故读得很迟缓。有一次二哥从上海回来，见我看《御批通鉴辑览》，他不赞成；他对禹臣先生说，不如看《资治通鉴》。于是我就点读《资治通鉴》了。这是我研究中国史的第一步。我不久便很喜欢这一类的历史书，并且感觉朝代帝王年号的难记，就想编一部《历代帝王年号歌诀》！近仁叔很鼓励我做此事，我真动手编这部七字句的历史歌诀了。此稿已遗失了，我已不记得这件野心工作编到了哪一朝代，但这也可算是我的整理国故的破土工作。可是谁也想不到司马光的《资治通鉴》竟会大大地影响我的宗教信仰，竟会使我变成一个无神论者。

有一天，我读到《资治通鉴》第一百三十六卷，中有一段范缜（齐梁时代人，死时约在西历 510 年）反对佛教的故事，说：

　　缜著《神灭论》，以为"形者神之质，神者形之用也。神之于形，犹利之于刀。未闻刀没而利存，岂容形亡而神在哉？"此论出，朝野喧哗，难之，终不能屈。

我先已读司马光论地狱的话了，所以我读了这一段议论，觉得非常明白，非常有理。司马光的话教我不信地狱，范缜的话使我更进一步，就走上了无鬼神的路。范缜用了一个譬喻，说形和神的关系就像刀子和刀口的锋利一样；没有刀子，便没有刀子的"快"了；那么，没有形体，还能有神魂吗？这个譬喻是很浅显的，恰恰合一个初开知识的小孩子的程度，所以我越想越觉得范缜说得有道理。司马光引了这三十五个字的《神灭论》，居然把我脑子里的无数鬼神都赶跑了。从此以后，我不知不觉地成了一个无鬼无神的人。

我那时并不知道范缜的《神灭论》全文载在《梁书》（卷四八）里，也不知道当时许多人驳他的文章保存在《弘明集》里。我只读了这三十五个字，就换了一个人。大概司马光也受了范缜的影响，所以有"形既朽灭，神亦飘散"的议论；大概他感谢范缜，故他编《通鉴》时，硬把《神灭论》摘了最精采的一段，插入他的不朽的历史里。他绝想不到，八百年后这三十五个字竟感悟了一个十一二岁的小孩子，竟影响了他一生的思想。

《通鉴》又记述范缜和竟陵王萧子良讨论"因果"的事，这一段在我的思想上也发生了很大的影响。原文如下：

> 子良笃好释氏，招致名僧，讲论佛法。道俗之盛，江左未有。或亲为众僧赋食行水，世颇以为失宰相体。
>
> 范缜盛称无佛。子良曰："君不信因果，何得有富贵贫

贱?"缜曰:"人生如树花同发,随风而散,或拂帘幌,坠
茵席之上;或关篱墙,落粪溷之中。坠茵席者,殿下是也。
落粪溷者,下官是也。贵贱虽复殊途,因果竟在何处?"子
良无以难。

这一段议论也只是一个譬喻,但我当时读了只觉得他说得明白
有理,就熟读了记在心里。我当时实在还不能了解范缜的议论
的哲学意义。他主张一种"偶然论",用来破坏佛教的果报轮回
说。我小时听惯了佛家果报轮回的教训,最怕来世变猪变狗,
忽然看见了范缜不信因果的譬喻,我心里非常高兴,胆子就大
得多了。他和司马光的神灭论教我不怕地狱;他的无因果论教
我不怕轮回。我喜欢他们的话,因为他们教我不怕。我信服他
们的话,因为他们教我不怕。

三

我的思想经过了这回解放之后,就不能虔诚拜神拜佛了。
但我在我母亲面前,还不敢公然说出不信鬼神的议论。她叫我
上分祠里去拜祖宗,或去烧香还愿,我总不敢不去,满心里的
不愿意,我终不敢让她知道。

我十三岁的正月里,我到大姊家去拜年,住了几天,到十
五日早晨,才和外甥砚香同回我家去看灯。他家的一个长工挑
着新年糕饼等物事,跟着我们走。

半路上到了中屯外婆家,我们进去歇脚,吃了点心,又继

续前进。中屯村口有个三门亭，供着几个神像。我们走进亭子，我指着神像对砚香说，"这里没有人看见，我们来把这几个烂泥菩萨拆下来抛到毛厕里去，好吗?"

这样突然主张毁坏神像，把我的外甥吓住了。他虽然听我说过无鬼无神的话，却不曾想到我会在这路亭里提议实行捣毁神像。他的长工忙劝阻我道："糜舅，菩萨是不能得罪的。"我听了这话，更不高兴，偏要拾石子去掷神像。恰好村子里有人下来了，砚香和那长工就把我劝走了。

我们到了我家中，我母亲煮面给我们吃，我刚吃了几筷子，听见门外锣鼓响，便放下面，跑出去看舞狮子了。这一天来看灯的客多，家中人都忙着照料客人，谁也不来管我吃了多少面，我陪着客人出去玩，也就忘了肚子饿了。

晚上陪客人吃饭，我也喝了一两杯烧酒。酒到了饿肚子里，有点作怪。晚饭后，我跑出大门外，被风一吹，我有点醉了，便喊道："月亮，月亮，下来看灯!"别人家的孩子也跟着喊，"月亮，月亮，下来看灯!"

门外的喊声被屋里人听见了，我母亲叫人来唤我回去。我怕她责怪，就跑出去了。来人追上去，我跑得更快。有人对我母亲说，我今晚上喝了烧酒，怕是醉了。我母亲自己出来唤我，这时候我已被人追回来了。但跑多了，我真有点醉了，就和他们抵抗，不肯回家。母亲抱住我，我仍喊着要月亮下来看灯。许多人围拢来看，我仗着人多，嘴里仍旧乱喊。母亲把我拖进房里，一群人拥进房来看。

这时候，那位跟我们来的章家长工走到我母亲身边，低低地说："外婆（他跟着我的外甥称呼），糜舅今夜怕不是吃醉了吧？今天我们从中屯出来，路过三门亭，糜舅要把那几个菩萨拖下来丢到毛厕里去。他今夜嘴里乱说话，怕是得罪了神道，神道怪下来了。"

这几句话，他低低地说，我靠在母亲怀里，全听见了。我心里正怕喝醉了酒，母亲要责罚我；现在我听了长工的话，忽然想出了一条妙计。我想："我胡闹，母亲要打我；菩萨胡闹，她不会责怪菩萨。"于是我就闹得更凶，说了许多疯话，好像真有鬼神附在我身上一样！

我母亲着急了，叫砚香来问，砚香也说我日里的确得罪了神道。母亲就叫别人来抱住我，她自己去洗手焚香，向空中祷告三门亭的神道，说我年小无知，触犯了神道，但求神道宽洪大量，不计较小孩子的罪过，宽恕了我，我们将来一定亲到三门亭去烧香还愿。

这时候，邻舍都来看我，挤满了一屋子的人，有些妇女提着"火箭"（徽州人冬天用瓦炉装炭火，外面用篾丝作篮子，可以随身携带，名为火箭），房间里闷热得很。我热得脸都红了，真有点像醉人。

忽然门外有人来报信，说："龙灯来了，龙灯来了！"男男女女都往外跑，都想赶到十字街口去等候看灯。一会儿，一屋子的人都散完了，只剩下我和母亲两个人。房里的闷热也消除了，我也疲倦了，就不知不觉地睡着了。

母亲许的愿好像是灵应了。第二天，她教训了我一场，说我不应该瞎说，更不应该在神道面前瞎说。但她不曾责罚我，我心里高兴，万想不到我的责罚却在一个月之后。

过了一个月，母亲同我上中屯外婆家去。她拿出钱来，在外婆家办了猪头供献，备了香烛纸钱，她请我母舅领我到三门亭里去谢神还愿。我母舅是个虔诚的人，他恭恭敬敬地摆好供献，点起香烛，陪着我跪拜谢神。我忍住笑，恭恭敬敬地行了礼——心里只怪我自己当日扯谎时，不曾想到这样比挨打还更难为情的责罚！

直到我二十七岁回家时，我才敢对母亲说那一年元宵节，附在我身上胡闹的不是三门亭的神道，只是我自己。母亲也笑了。

十九，十二，廿五　在北京

（《四十自述》）

周作人（1885—1967），原名櫆寿，字星杓，现代著名散文家、文学理论家、评论家、诗人、翻译家、思想家，中国民俗学开拓人，新文化运动代表人物之一。1901年入南京江南水师学堂。1906年东渡日本留学，1911年回国。1917年任北京大学文科教授，后兼日文系主任。1919年与陈独秀等任《新青年》编委。1920年秋任《新潮》月刊编辑部主任。1924年与鲁迅等创办《语丝》周刊。周作人一生著译颇丰，均已辑集出版。

乡村与道教思想

周作人

一

改良乡村的最大阻力，便在乡人们自身的旧思想，这旧思想的主力是道教思想。

所谓道教，不是指老子的道家者流，乃是指有张天师做教王，有道士们做祭司的，太上老君派的拜物教。平常讲中国宗教的人，总说有儒释道三教，其实儒教的纲常早已崩坏，佛教也只剩了轮回因果几件和道教同化了的信仰还流行民间，支配国民思想的已经完全是道教的势力了。我们不满意于"儒教"，说它贻害中国，这话虽非全无理由，但照事实看来，中国人的确都是道教徒了。几个"业儒"的士类还是子曰诗云地乱说，他的守护神实在已非孔孟，却是梓潼帝君、伏魔大帝这些东西了。在没有士类来支撑门面的乡村，这个情形自然更为显著。《新陇》杂志里说，在陕西、甘肃住的人民总不忘了皇帝，"你碰见他们，他们不是问道紫微星什么时候下凡，就是问道徐世昌坐江山坐得好不好。"我想他们的保皇思想并不是从"率土之滨莫非王臣"或"三月无君则吊"这些经训上得来的，他们的根据便只在"真命天子"这句话。这是玄穹高上帝派来的，是紫微星、弥勒佛下凡的，所以才如此尊重！中国乡村的人佩服皇帝，是的确的，但说他全由儒教影响，是不的确的。他们的教主不是讲春秋大义的孔夫子，却是那预言天下从此太平的陈抟老祖。

我常看见宋学家的家庭里，生员的儿子打举人的父亲，打了之后，两个人还各以儒业自命，所以我说儒教的纲常本已崩坏了。在乡村里，自然更不消说。乡间有一种俗剧，名叫《目连戏》，其中有一节曰《张蛮打爹》，张蛮的爹说："从前我打爹的时候，爹逃就完了，现在他打我，我逃他还追哩。"这很可以表示民间道德的颓废了。可是一面"慎终追远"却颇考究，对于嗣续问题尤为注意，不但有一点产业的如此，便是"从手到口"的穷朋友，也是一样用心。《新生活》二十八期的《一个可怜的老头子》里，老人做了苦工养活他的不孝的儿子，他的理由是"倘若逐了他出去，将来我死的时候哪个烧钱纸给我呢？"孔子原是说"祭如在"，但后来儒业的人已多回到道教的精灵崇拜上去，怕若敖氏鬼的受饿了。乡村的嗣续问题，完全是死后生活的问题，与族姓血统这些大道理别无关系了。

此外还有许多道教思想的恶影响，因为相信鬼神、魔术、奇迹等事造成的各种恶果，如教案、假皇帝、烧洋学堂、反抗防疫以及统计调查、打拳械斗、炼丹种蛊、符咒治病种种，都很明显，可以不必多说了。但有一件事，从前无论哪个愚民政策的皇帝都不能做到，却给道教思想制造成功的，便是相信"命"与"气运"。他们既然相信五星联珠是太平之兆，又相信紫微星已经下凡，那时同他们讲民主政治，讲政府为人民之公仆，他们哪里能够理解？又如相信资本家都是财神转世，自己的穷苦因为命里缺金，这又怎敢对于他们有不平呢？项羽亡秦，并不因为他有重瞳异相的缘故，实在只为他说："彼可取而代也！"把自己和秦始皇一样看待，皇帝的威严就消灭了。中国现在到处是大乱之源，却不怕它发作，便因为有这"命"的迷信。人相信命，便自然安分，不会犯上作乱，却也不会进取。"上等社会"的人可以高枕无忧，但是想全部地或部分地改造社会的人的努力，却也多是徒劳，不会有什么成绩了。

以上是我对于乡人的思想的一点意见，至于解决的方法，却还没有想出。就原始的拜物教的变迁看来，有两条路：其一，发达上去，进为一神的宗教；其二，被科学思想压倒，渐归消灭。所以有人根据了第一条路，想用基督教来消灭它，这原是很好的方法，但相差太远，不易融化，不过改头换面，将多神分配作教门圣徒，事实上还是旧日的信仰。第二条路更是彻底了，可是灌输科学思想的方法很有应该研究的地方，须得专门的人出来帮忙，这一篇里不能说了。

1920 年 7 月 18 日，在北京

二

上文是六年前所写，那一天正是长辛店大战，枪炮声震天，我还记得很清楚。至于这是谁和谁打，可是忘记了，因为京畿战争是那么多，那么改变得快。什么都变得快，《新生活》也早已停刊了，所没有改变的就只是国民的道教思想。我以前曾指出礼教的根本由于性的恐怖之迷信，即出于萨满教，那么现今军阀、学者所共同提倡的实在也就是道教思想。我拿出旧稿来看，仿佛觉得是今天做的，所以忍不住要重登它一回，不过我的意思略有变更，觉得上文末尾所说的两种办法都是不可能的。我要改正的是，"彻底"是绝没有的事，传教式的科学运动是没有用的，最好的方法还只是普及教育，诉诸国民的理性。所可惜者，现今教育之发展理性的力量似乎不很可信，而国民的理性也很少发展的希望。我不禁想起英国弗来则（Frazer）① 教授著《普须该的工作》（*Psyche's Task*）② 里的《社会人类学的范围》文中的话来，要抄录他几句。社会人类学亦称文化人类学，是专研究礼教与传说这一类的学问，据他说研究有两方面：其一是野蛮人的风俗思想，其二是文明国的民俗。他说明现代文

---

① 今译弗雷泽。——编者注。

② 今译《普赛克的任务》。——编者注。

明国的民俗大都即是古代蛮风之遗留，也即是现今野蛮风俗的变相，因为大多数的文明衣冠的人物在心里还依旧是个野蛮。他说：

> 我现在所想说明的是，为什么在有可以得到知识的机会之人民中间，会有那各种政治的、宗教的、道德的迷信还遗留着。这理由是如此：那些高等思想，常是发生于上层，还未能从最高级一直浸润到最下级的心里。这种浸润大抵是缓慢的，到得新思想达到底层的时候（倘若果真能够达到），那也已变成古旧，在上层又另换了别的了。假如我们能够把两个同国同时代但是智力相反的人的头揭开来，看一看他们的思想，那恐怕是截不相同，好像是两个种族的人。有一句话说得好，人类是梯队式地前进，这就是说，他们的行列不是横排的，但是一个个地散行进行，大家跟着首领都有若干不同的距离。这不但是民族中间如此，便是同国同时代的个人中间也是这样的。正如一个民族时常追过同时的别民族，在同一国家内一个人也不断地越过他的同僚，结果是凡能脱去迷信的拘束者成为民族中的最先进的人，一般走不快的则还是让迷信压在他的背上，缚住他的脚。我们现在丢开譬喻，直说起来，迷信之所以遗留者，因为这些虽然已使国内的明白人感到憎恶，但与别一部分的人的思想感情还正相谐合，他们虽被上等的同胞训练过，有了文明的外表，在心里还仍旧是一个野蛮。所以，

例如那些对于大逆及魔术的野蛮刑罚，凶恶的奴制，在这个国里，直到近代还容许着。这些遗风可以分作两类，即是公的或私的。换言之，即看这是规定在法律内，或是私下施行，无论是否法律所默许。我刚才所举的例是属于前项的。没有多久，巫在英国还是当众活焚，叛逆者当众剖腹，蓄奴当作合法制度还留存得长久一点。这种公的迷信的真性质不容易被人发现，正是因为它是公的，所以直到被进步的潮流所扫去为止，总有许多人拥护这些迷信，以为是保安上必要的制度，为神与人的法律所赞许的。

普通所谓民俗学，却大抵是以私的迷信为限。在文明国度最有教育的人，平常几乎不知道有多少这样野蛮的遗风余留在他的门口。到了上世纪这才有人发现，特别因了德国格林兄弟的努力。自此以后就欧洲农民阶级进行统系地研究，遂发现惊人的事实，各文明国的一部分——即使不是大多数——的人民，其智力仍在野蛮状态之中，即文化社会的表面已为迷信所毁坏。只有因了他的特殊研究而去调查这个事件的人，才会知道我们脚底下的地已被不可见之力洞穿得多么深了。我们似乎是站在火山之上，随时都会喷出烟和火来，把若干代的人辛苦造成的古文化的官阙亭院完全破灭。勒南（Renan）在看了巴斯多木的希腊废庙之后，再与意大利农民的丑秽蛮野相比，说道："我真替文明发抖，看见它是这样的有限，建立在这样薄弱的基础上，单依靠着这样少数的个人，即使是在这文明主宰的地方。"

倘若我们审查这些为我国民众所沉默而坚定地执守住的迷信，我们将大吃一惊，发现那生命最长久的正是那最古老最荒唐的迷信，至于虽是同样地谬误却较为近代、较为优良的，则更容易为民众所忘却。……

够了，抄下去怕要太长了。总之，照他这样说来，民众终是迷信的信徒，是不容易济度的。弗来则教授又说：

实际上，无论我们怎样地把它变装，人类的政治总时常而且随处在根本上是贵族的（案：我很想照语源译作"贤治的"）。任使如何运用政治的把戏，总不能避免这个自然律。表面上无论怎样，愚钝的多数结局是跟聪敏的少数人走，这是民族的得救，进步的秘密。高等的人智指挥低等的，正如人类的智慧使他能制伏动物。我并不是说社会的趋向是靠着那些名义上的总督、王、政治家、立法者，人类的真的主宰是发展知识的思想家。因为正如凭了他的高等的知识，并非高等的强力，人类主宰一切的动物一样，所以在人类中间，这也是那知识指导管辖社会的所有的力。……

这或者是唯一的安慰与希望吧。

民国十五年十月二日，时北京无战争

（《周作人文选》）

丰子恺（1898—1975），著名漫画家、散文家、文艺理论家和翻译家。1919 年毕业于浙江省立第一师范学校。1921 年获亲友资助赴日留学，10 个月后因经济困难回国。先后在上海、浙江、重庆等地任教，并曾任上海开明书店编辑、《中学生》杂志编辑。1924 年在文艺刊物《我们的七月》上第一次发表漫画《人散后，一钩新月天如水》。1942 年在重庆自建"沙坪小屋"，专事绘画和写作。

新年怀旧

丰子恺

　　我似觉有二十多年不逢着"新年"了。因为近二十多年来，我所逢着的新年，大都不像"新年"。每逢年底，我未尝不热心地盼待"新年"的来到；但到了新年，往往大失所望，觉得这不是我所盼待的"新年"。我所盼待的"新年"，似乎另外存在着，将来总有一天会来到的。再过半个月，新年又将来临，料想它又是不像"新年"的，也无心盼待了，且回想过去吧。

　　我所认为像"新年"的新年，只有二十多年前，我幼时所逢到的几个"新年"。近二十多年来，我每逢新年，全靠对它们的回忆，在心中勉强造出些"新年"似的情趣来，聊以自慰。回忆的力一年一年地薄弱起来。现在若不记录一些，恐怕将来的新年，连这点聊以自慰的空欢也没有了。

　　当阳历还被看作"洋历"，阴历独裁地支配着时间的时代，新年真是一个极盛大的欢乐时节！一切空气温暖而和平，一切人公然地嬉戏。没有一个人不穿新衣服，没有一个人不是新剃头。尤其是我，我正当童年时代，不知众苦，但有一切乐。我的新年的欢乐，始于新年的 eve。

大年夜的夜饭，我故意不吃饱，留些肚皮，用以享受夜间游乐中的小食，半夜里的暖锅，和后半夜的接灶圆子。吃过夜饭，店里的柜台上就点着一对红蜡烛，一只风灯。红蜡烛是岁灯，风灯是供给往来的收账人看账目用的。从黄昏起，直至黎明，街上携着灯笼收账的人络绎不绝。来我们店里收账的人，最初上门来，约在黄昏时，谈了些寒暄，把账簿展开来看一看，大约有多少，假如看见管账先生不拿出钱来，他们会很客气地说一声"等一会儿再算"，就告辞。第二次来，约在半夜时。这会拿过算盘来，确实地决算了一下，打了一个折扣，再在算盘上抹脱了零头，得到一个该付的实数。倘我们的管账先生因为自己的店账没有收齐，回报他们说，"再等一会儿付款"，收账的人也会很客气地满口答允，提了灯笼又去了。第三次来时，约在后半夜。有的收清账款，有的反而把旧欠放弃不收，说道"带点老亲"。于是大家说着"开年会"，很客气地相别。我们的收账员，也提了灯笼，向别家去演同样的把戏，直到后半夜或黎明方才收清。

这在我这样的孩子们看来，真是一年一度的难得的热闹。平日天一黑就关门，这一天通夜开放，灯火满街。我们但见一班灯笼进，一班灯笼出，店堂里充满着笑语和客气话，心中着

实希望着账款不要立刻付清，因此延长一点夜的闹热。在前半
夜，我常常跟了我们店里的收账员，向各店收账，每次不过是
看一看数目，难得收到钱。但遍访各店，在我是一种趣味。他
们有的在那里请年菩萨，有的在那里准备过新年，还有的已经
把年夜当作新年，在那里掷骰子，欢呼声充满了店堂的里面。
有的认识我是小老板，还要拿本店的本产货的食物送给我吃，
表示亲善。我吃饱了东西，回到家里，里面别是一番热闹：堂
前点着岁烛和保险灯，灶间里拥着大批人看放谷花。放的人一
手把糯米谷撒进镬子里去，一手拿着一把稻草不绝地在镬子底
上撩动。那些糯米谷得了热气，起初"拍，拍"地爆响，后来
米脱出了谷皮，渐渐膨胀起来，终于放得像朵朵梅花一样。这
些梅花在环观者的欢呼声中出了镬子，就被拿到厅上的桌子上
去挑选。保险灯光下的八仙桌，中央堆了一大堆谷花，四周围
着张口笑的男女老幼许多人。你一堆我一堆，大家竞把砻糠剔
去，拣出纯白的谷花来，放在一只竹篮里，预备新年里泡糖茶
请客人吃。

　　我也参加这人丛中，但我的任务不是拣而是吃。那白而肥
的谷花，又香又燥，比炒米更松，比蛋片更脆，又是一年中难
得尝到的异味。等到拣好了谷花，端出暖锅来吃半夜饭的时候，
我的肚子已经装饱，只为着吃后的"毛草纸揩嘴"的兴味，勉
强凑在桌上。所谓"毛草纸揩嘴"，是每年年夜例行的一种习
惯。吃过年夜饭，家里的母亲乘孩子们不备，拿出预先准备着
的老毛草纸向孩子们口上揩抹。其意思是把嘴当作屁眼，这一

年里即使有不吉利的话出口，也等于放屁，不会影响事实。但孩子们何尝懂得这番苦心？我们只是对于这种恶戏发生兴味，便模仿母亲，到茅厕间里去拿张草纸来，公然地向同辈甚至长辈的嘴上去乱擦。被擦者绝不愤怒，只是掩口而笑，或者笑着逃走。于是我们擎起草纸，向后面追赶。不期正在追赶的时候，自己的嘴却被第三者用草纸揩过了，于是满堂哄起热烈的笑声。

夜半过后，在时序上已经是新年了；但在习惯上，这五六个小时还算是旧年。我们于后半夜结伴出门，各种商店统统开着，街上行人不绝，收账的还是提着灯笼幢幢来往。但在一方面，烧头香的善男信女已经携着香烛向寺庙巡礼了。我们跟着收账的，跟着烧香的，向全镇乱跑，直到肚子跑饿，天将向晓，然后回到家里来吃了接灶圆子，怀了了明朝的大欢乐的希望而酣然就睡。

元旦日，大家起身迟，吃过谷花糖茶，白日的乐事，是带了去年底预先积存着的零用钱、压岁钱和客人们给的糕饼钱，约伴到街上去吃烧麦。我上街的本意不在吃烧麦，却在花纸儿和玩具上。记得，似乎每年有几张新鲜的花纸儿给我到手，拿回家来摊在八仙桌上，引得老幼幼人人笑口皆开。晏晏地吃过了隔年烧好的菜和饭，下午的兴事是敲年锣鼓。镇上备有锣鼓的人家不很多，但是各坊都有一二处。我家也有一副，是我的欢喜及时行乐的祖母所置备的。平日深藏在后楼，每逢新年，拿到店里来供人演奏。元旦的下午，大街小巷，鼓乐之声遥遥相应。现在回想，这种鼓乐最宜用为太平盛世的点缀。丝竹管弦之音固然幽雅，但其性质宜于少数人的清赏，非大众的。最富有大众性的乐器，莫如打乐。俗语云："锣鼓响，脚底伤。"因为这是最富有对大众的号召力的乐器。打乐之中，除大锣鼓外，还有小锣班鼓、檀板、大铙钹、小铙钹等，都是不能演奏旋律的乐器。因此奏法也很简单，只是同样的节奏的反复，不过在轻重缓急之中加以变化而已。像我，十来岁的孩子，略略受人指导，也能自由地参加新年的鼓乐演奏。一切音乐学习，无如这种打乐之容易速成者。这大概也是完成其大众性的一种条件罢。这种浩荡的音节，都是暗示昂奋的、华丽的、盛大的。在近处听这种音节时，听者的心会忙着和它共鸣，无暇顾到他事。好静的人所以讨厌打乐，也是为此。从远处听这种音节，似觉远方举行着热闹的盛会，不由你的心不向往。好群的人所以要脚底痒者，也正是为此。试想：我们一个数百户的小镇，同时响出好几处的浩荡的鼓乐来，云中的仙人听到了，也不得不羡慕我们这班盛世黎民的欢乐呢。

新年的晚上，我们又可从花炮享受种种的眼福。最好看的是放万花筒，这往往是大人们发起而孩子们热烈赞成的。大人们一到新年，似乎袋里有的都是闲钱，逸兴到时，斥两百文购大万花三个，拢在河岸一齐放将起来。河水返照着，映成六株开满银花的火树，这般光景真像美丽的梦境。东岸上放万花筒，西岸上的豪侠少年岂肯袖手旁观呢？势必响应，在对岸上也放起一套来。继续起来的就变花样，或者高高地放几十个流星到天空中，更引起远处的响应；或者放无数雪炮，隔河作战。闪光满目，欢呼之声盈耳，火药的香气弥漫在夜天的空气中。当这时候，全镇的男女老幼，大家一致兴奋地追求欢乐，似乎他们都是以游戏为职业的。独有爆作业的人，工作特别忙。一新年中，全镇上此项消费为数不小呢：送灶过年，接灶接财神，安灶……每次斋神，每家总要放四个斤炮，数百鞭炮；此外万花筒、流星、雪炮等观赏的消耗，更无限制。我的邻家是业爆作的，我幼时对于爆作店，比其余一切地方都亲近。自年关附近至新年完了，差不多每天都要访问爆作店一次。这原是孩子们的通好，不过我特别热心。我曾把鞭炮拆散来，改制成无数的小万花筒。其法将底下的泥挖出，将头上的引火线拔下来插入泥孔中，倒置在水槽边上燃放起来，宛如新年夜河岸上的光景。虽然简陋，但神游其中，不妨想象得比河岸上的光景更加壮丽。这种火的游戏，只限于新年内举行，平日是不被许可的。因此火药气与新年，在我的感觉上有不可分离的联关。到现在，偶尔闻到火药气时，我还能立刻联想到新年及儿时的欢乐呢。

二十多年来，我或为负笈，或为糊口，频频离开故乡。上述的种种新年的点缀，在这二十多年间无形无迹地渐渐消灭起来。等到最近数年前我重归故乡息足的时候，万事皆非昔比，新年已不像"新年"了。第一，经济衰落与农村破产凋敝了全镇的商业，使商店难于立足，不敢放账，年夜里早已没有携了灯笼幢幢往来收账的必要了。第二，阴历与阳历的并存，扰乱了新年的定标，模糊了新年的存在。阳历新年多数人没有娱乐的勇气，阴历新年又失去了娱乐的正当性，于是索性废止娱乐。

我们可说每年得逢两度新年，但也可说一度也没有逢，似乎新年也被废止了。第三，多数的人生活局促，衣食且不给，遑论新年与娱乐。故现在的除夜，大家早早关门睡觉，几与平日无异。现在的新年，难得再闻鼓乐之声。现在的爆作店，只卖几个迷信的实用上所不可缺的鞭炮，早已失去了娱乐品商店的性质。况且战乱频仍，这种迷信的实用有时也被禁，爆作店的存在亦已岌岌乎了。

我们的新年，因了阴阳历的并存而不明确，复因了民生的疾苦而无生气，实在是我们的生活趣味上的一大缺憾！我不希望开倒车回复二十多年前的儿时，但希望每年有个像"新年"的新年，以调剂一年来工作的辛苦，恢复一年来工作的疲劳。我想这像"新年"的新年一定存在着，将来总有一天会来到的。

廿四年十二月十三日作，曾载于《宇宙风》

（《缘缘堂再笔》）

臧克家（1905—2004），现代诗人。曾用名臧瑗望，笔名孙荃、何嘉。1923 年考入济南省立第一师范学校，开始习作新诗。1930 年入读国立山东大学中文系。1934 年毕业后，在山东省立临清中学任教。抗战爆发后，曾任第五战区抗敌青年军团宣传科教官、司令长官部秘书、文化工作委员会委员等职，并曾任上海《侨声报》文艺副刊、《文讯》月刊、《创造诗丛》主编。1925 年在《语丝》发表处女作《别十与天罡》；1933 年第一部诗集《烙印》出版，获闻一多、茅盾等好评；1942 年完成了他的第十一部诗集《泥土的歌》，这是他除了《烙印》之外，最重要也是他自己最满意的作品。

年前年后的忌讳

臧克家

过年，使我想起了一些忌讳的事来。

老曾祖母是个烧香念佛的活菩萨，在全家中她算最疼我的人了，她什么事都顺着我的心做，我爱听她的每一句话。可是也有个例外，新年临近的时候，便不和平常一样任着我了。

从"辞灶"说起。晚上，她老人家在"上天言好事，下界降吉祥"的灶君神位前（其实是一张粗白纸印上了几个小人）口中念着什么"灶王爷爷上天堂，多带五谷杂粮"，双手捧着香条上下地再拜，我立在一旁看着她可笑的样子，也看着小桌上摆着的糖瓜①。曾祖母用眼瞅着我，这眼光可和平日有点不那

---

① 辞灶是少不了这样东西的，你不，怎样说"灶王爷爷伸手——稳拿糖瓜"呢？——原注。

个，不知怎的叫人望见有点局促。随后老哥哥从外面用竹筛筛过一些草料来，这时她早已把纸马从灶王上割下来压在纸上了。点上火，我看着纸灼，"吃糖瓜"，小手往小桌上一伸，曾祖母的手把我的手打下来了，"肿嘴!"接着来了这么严厉的一句。我明白这是训斥，然而"不教而犯"的忌讳，我却有些太冤枉了。

离年还好几天，就看见曾祖母到处烧香烧纸。这儿一堆纸灰，那儿一堆香灰的。炕妈妈，门神，胡爷爷，碾神，磨神，猪栏门神，每位都有一份喜钱。钱不是白花，将来有用着他们的去处。譬如小孩子吓着了，就找炕妈妈到处去找游魂；门神可以挡阻一切邪魔神祟。这几天不许我胡说，不许我到处乱动，什么才不是胡说，自然我不大明白。贴春联的时候我拿一些小"福"字、小"有"字随在大人后边，曾祖母指挥着叫贴在碾上、磨上、门上和一切所有的器具上。把"有"字还得贴倒，她口中咕念着"倒有倒有呢"。

新年的晚上，曾祖母拿一张很脏的破草纸在我的嘴上擦一下，好似对谁求恕似的说："小孩子无知，权当是个屁!"说完了，接着你听那一阵嘱咐：夜里须得朝什么方向起身，因为财神或是喜神在那里；五更头不许说话，就是要说，得先想好，譬如"没有""穷""不好"等等，这一些字眼全得回避得清清楚楚。至于"多呀""发呀"的好名词当然是不厌其多了。五更里，看见盆里的饺子不多了，然而你要问，须得说："锅里的饺子还'很多'吧?"就是真没有了，回答也一定是明天早晨

"多得多呢"。明明已经用草纸擦过了嘴，然而不吉利的话仍然不准出口；明明不准多说话，然而有一些话还是多多益善。年夜我怕一切的大人，尤其是曾祖母，好似她们也怕我，怕惹我的哭。大年夜里淌眼泪那如何了得——虽有"百无禁忌"的红帖压在头上，也还是有点不放心的。

元旦不见笤帚，不扫地，大约"扫"不是个吉利的字。头初三谁也不敢做营生，只合吃喝玩钱和谈天。女人初一动针，要一年眼痛，你想谁不甘心服从忌讳玩几天痛快的呢？有些讲究的人年夜整宿不睡，怕睡着做个不好的梦，那么一年都倒运了。

正月初上不许孩子们动土。这意思后来才知道是怕动了"太岁"。"太岁"的威权很大，你惹着了他，能使你七窍流血，家破人亡。

总之，年前年后的一切忌讳使得我哭笑皆非。于今，把年不当年过，又没个老人随来天涯做禁言官，自然"百无禁忌"了。

(《幽默的叫卖声》)

丰子恺（1898—1975），著名漫画家、散文家、文艺理论家和翻译家。1919 年毕业于浙江省立第一师范学校。1921 年获亲友资助赴日留学，10 个月后因经济困难回国。先后在上海、浙江、重庆等地任教，并曾任上海开明书店编辑、《中学生》杂志编辑。1924 年在文艺刊物《我们的七月》上第一次发表漫画《人散后，一钩新月天如水》。1942 年在重庆自建"沙坪小屋"，专事绘画和写作。

九　日
丰子恺

唐人岑参诗云："强欲登高去，无人送酒来。遥怜故园菊，应傍战场开。"这是《九日思长安故园》的诗。我学生时代在《唐人万首绝句选》中读到这首诗，便很欢喜它，一直记忆着。这会旅途中到一处地方的小客栈里去投宿，抬头望见柜内老板娘娘的头顶的壁上挂着一个阴阳历对照的日历，其下面写着"九月初九"，便又忆起了这首九日诗。

从前的欢喜它，现在想起了可笑。我小时候欢喜喝酒，而学生时代不得公开地喝，到了秋深蟹正肥的时候，想起了故乡南湖大蟹正上市，菊花盛开，为之神往；身为制服所羁绊，不得还乡去享受。酒欲不满足，便不惜把故乡比作战场，而无病呻吟地寄同情于岑参这首诗。这与大欲不满足的人嗟叹"时间何等荒凉！我的心何等寂寞！"同一心理。无病呻吟常可为满足欲望之物的代用品。

现在重忆这首诗,仍觉得可爱,但滋味与前不同。现在我不喝酒了,即使要登高去,也无须叫人送酒来,上面两句与我无关。但读到下面两句,似觉有强烈的感动,因而想起了最近的过去经历:前年暮春,我搭了赴战地摄影的新闻记者汽车到江湾时,曾经看见坍圯了旧寓中的小棕榈树,还青青地活着。虽然我在沪战前早已离去江湾,这棕榈是我所手植的,这时候正傍着战场也欣欣向荣着。使我对那首诗强烈地感动的,便是这一点实地经历。

重阳将跟了废历而被废除了。登高将成为历史风俗中的事了,唐代的战场到现代已沧海桑田了。但唐代人的这首九日诗,还能给现代人以强烈的感动。当此菊花盛开的时候,对于无数的战地丧家者,当更给以切身的感动呢。

(《子恺随笔》)

陈 适（1908—1969），原名陈燮清、陈燮柽，曾用名适一、董昔。曾师事"一代词宗"夏承焘先生。1932年毕业于复旦大学中文系，先后在上海、温州等地从事中学语文教学。其于1936年所著《人间杂记》得到林语堂、赵景深和朱应鹏三位名家佳评，此书卷首有三位先生所作序。除《人间杂记》外，其代表作品还有《瓯海儿歌》《离骚研究》《中学生作文正误》《青年作文读本》等。

儿时的秋夜

陈 适

故乡虽已到深秋，但村中人家门口也还有坐着纳凉的人们。这炎暑渐渐转入凉秋时节，纳凉似乎比盛暑更易领受到清意。

沉静中，我的思想蓦然地跑到十四年前的儿时去，心中犹震荡着至今不能遗忘的淡淡的悲哀。

那时候正是黄昏的光景，我不知和谁，大约是母亲和同屋子里的人们吧，坐在门口纳凉。母亲和他们谈着话，我和一个比我大两岁的从姊嬉戏着。我们沿着竹篱下偷听那草丛中的蟋蟀声，像小猫捕鼠似的贴身在一株蒺藜的背后，同时那仿佛歌咏着什么在这一刹将要得到了胜利的愉快落在心中；草忽儿微微一动，才知道这小动物已很迅速地跳走了。

被黑暗光景充满了的门前，空中无数点点飞萤穿来穿去，它们的薄羽振动仿佛习习有声。

　　我蓦然地抬头望见那东南方遥远遥远的山上，烧着一条金龙闪闪似的火光，我们便很惊异地跑到母亲身边来。

　　"姆妈，那边为什么放火光?"

　　颤小的声音便把她们的话打断了。大家微微一惊，都掉掉头向东南角上望去。不知为什么，这一望后，她们便不再继续刚才很快意的谈话了，顿如消失了欢意似的沉寂下来。

　　"姆妈，为什么放火光?"我还是带着惊异地问，可是母亲没有回答，只说一句："清，不要响!"接着便把我抱住坐在膝上，我的头紧紧地贴在她的胸前，这时我心倒有些怕起来，细细听得母亲胸中也在一下下地颤跳着。

　　"七月半，真是人欠鬼的钱!""烧香纸真吓煞人啊! 四边看不见一些，只听得有萧索呼呼的响……""……你看香纸烧得这么长，该是那边寺宇里做道场呢……"

　　沉静了一会之后，在母亲怀中偷听她们这样轻悄地说着。

　　今天夜里，我又看见那东南方遥远遥远的山上，烧着一条金龙闪闪似的火光了。

　　我独立在门前徘徊，一样占领了我的黄昏的景色中蓦然想起十四年前抱着我的母亲。啊，母亲，别我去世已三年余了!从姊，也早已出阁，已经是生有孩子的少妇了。我不忍再追忆那儿时的印象，泪是怎样也止不住地渗渗地下来。

1932 年 7 月 15 日

(《人间杂记》)

丰子恺（1898—1975），著名漫画家、散文家、文艺理论家和翻译家。1919年毕业于浙江省立第一师范学校。1921年获亲友资助赴日留学，10个月后因经济困难回国。先后在上海、浙江、重庆等地任教，并曾任上海开明书店编辑、《中学生》杂志编辑。1924年在文艺刊物《我们的七月》上第一次发表漫画《人散后，一钩新月天如水》。1942年在重庆自建"沙坪小屋"，专事绘画和写作。

故 乡

丰子恺

在古人的诗词中，可以看见"归""乡""家""故乡""故园""作客""羁旅"等字屡屡出现，因此可以推想古人对于故乡是何等地亲爱、渴望，而对于离乡作客是何等地嫌恶的。其例不胜枚举。普通的如：

举头望明月，低头思故乡。（李白）

白日放歌须纵酒，青春作伴好还乡。（杜甫）

共看明月应垂泪，一夜乡心五处同。（白居易）

故园东望路漫漫，双袖龙钟泪不干。（岑参）

不知何处吹芦管，一夜征人尽望乡。（李益）

等是有家归未得，杜鹃休向耳边啼。（张泌）

想得故园今夜月，几人相忆在江楼。（杜荀鹤）

故园此去千余里，春梦犹能夜夜归。（顾况）

万里悲秋常作客。（杜甫）

忽闻歌古调，归思欲沾襟。（杜审言）

老至居人下，春归在客先。（刘长卿）

羁旅长堪醉，相留畏晓钟。（戴叔伦）

随便拿本《唐诗三百首》来翻翻，已经翻出了一打的实例了。以前我曾经说过，古人的诗词集子，几乎没有一页中没有"花"字、"月"字、"酒"字。现在又觉得"乡"字之多也不亚于上三者。由此推想，古人所大欲的大概就是"花""月""酒""乡"四事。一个人只要能一生挨坐在故乡的家里对花邀月饮酒，就得其所哉。

现代人就不同：即使也不乏欢喜对花邀月饮酒的人，但不一定要在故乡的家里。不但如此，他们在故乡的家里对花邀月饮酒反而不畅快，因为乡村大都破产了。他们必须离家到大都会里去，对人为的花，邀人造的月，饮舶来的洋酒，方才得其所哉。

所以花、月和酒大概可以长为人类所爱慕之物；而"乡"之一字恐不久将为人所忘却。即使不被忘却，其意义也得变更：失却了"故乡"的意义，而仅存"乡村破产"的"乡"字的意义。

这变迁，原是由于社会状态不同而来。在古昔的是农业时代，一家可以累代同居在故乡的本家里生活。但到了现今的工商业时代，人都离去了破产的乡村而到大都会里去找生活，就无暇纪念他们的故乡。他们的子孙生在这个大都会里，长大后又转到别个大都会里去找生活，就在别个大都会里住家。在他们就只有生活的地方，而无所谓故乡。"到处为家"，在古代是少数的游方僧、侠客之类的事，在现代却变成了都会里的职工的行为；故前面所举的那种诗句，现在已渐渐失却其鉴赏的价值了。现在都会里的人举头望见明月，低头所思的或恐是亭子间里的小家庭。而青春作伴，现代人看来最好是离乡到都会去。至于因怀乡而垂泪、沾襟、双袖不干，或是春梦夜夜归乡，更是现代的都会之客所梦想不到的事了。艺术与生活的关系，于此可见一斑。农业时代的生活不可复现，然而大家离乡背井，拥挤到都会里去，又岂是合理的生活？

廿四年三月十日于石门湾

贺扬灵（1901—1947）江西永新人。国民党早期的
重要人物。早年就读武昌师范大学，1926年底随北伐军进
驻南昌。1930年初赴日本入早稻田大学文学院读研究生，
1931年6月回国。曾任内政部编审、浙江省民政厅主任秘
书、绍兴县县长、浙西行署主任、国民党中央组织部第五
处处长等职。其所著《察绥蒙民经济的解剖》是商务印书
馆于1935年1月出版的一部调查实录性著作。

黄昏里的思乡

贺扬灵

　　南湖倦游归来，看看夕阳已经下山了。云幕中露出一些红
朱般的霞彩，把西角上粉血的短墙映成一片红色。墙头一丛丛
的狗尾草影，淡淡地、模糊地——幽寂参差，杂逶起来；暮鸦
一群地飞向疏林里去投宿，落后还脱下几个初出巢的乳鸦，乌
呀乌呀地叫着飞去。

　　在这种苍茫暮景之下，总是使我抱着无限的伤感，尤其是
在这个暑假当中：一来觉得自己徒然老大，学无长进，常有
"夕阳无限好，只是近黄昏"之感；二来觉得只身漂流在外，有
家难归，又有"日暮乡关何处是？……"之慨。

　　三个多月的暑假，匆匆地又快要过去。在这个暑假期中，
朝朝暮暮，我老是独自一个人出去游散，从不愿跟着朋友去闲
耍一遭。我并不是好为孤傲自赏，实在在这个学校里，能找得

几个和我有同样境地的人？身世的飘零，命运的偃蹇，孤独的悲哀……我内心深处的隐情，又谁能了解得几许？朋友日常见面，只勉强敷衍几句应酬话，也就走了。

唉！孤苦的人们，最好自己会识趣，别向欢乐人们的队里去鬼混，混到他们的队里，不但不能给你以快慰，并且因他们的欢乐，更助长你的愁苦呢！

我每逢到万分忧愁无聊的时候，老是一个人傍晚提着一壶酒，跑上蛇山上树林里去，找到一块人迹不着的地方坐下，把酒自斟自饮，饮了一杯……等到微有醉意，便想身躺在草地上，仰着头，弓着腿，凝睛地望着天空，口里老是这样地吟着——不须更把浇愁酒，行尽天涯惯断魂！

过了一忽，又坐起来饮酒，一杯，两杯，三杯……醉了，沉醉了，两眼惺忪地向着前望——蓊郁的远山远树，继续着平芜的尽处，渐渐迷蒙苍茫暮色里……山下几处人家的炊烟，袅袅地从屋脊囱里，一缕缕地冒出来。这时，又迁想及我家里的人，正团聚在中庭里一个圆桌上用晚餐——笑语浓浓的；回看我独自沦落在这里，弄得这样无聊、颓废，眼泪禁不住又迸流下来了。只好抱抱自己痛哭起来，哭过了，又把眼睛瞪开，向东西南北地去望，望着我的故乡，何处？我的父母，何处？但是望穿了我的眼睛，终是渺渺茫茫的，望看不到呢！

我今日这样堕落，远隔在数千里外的父母，他们哪里知道他们生下只有这块血肉，竟糟蹋到这步田地呢？唉！我……我……我实在对父母不住啊！父母一递两递……的来信，催我束装归去，不要流落在外头度暑。唉！父母！我何尝不想归家乡来看看你们呢？但是，我已在荆棘的人生战场中失败了，还有何面目见你们？唉，这真难为情呢，父母！原谅你这个不肖儿子的苦衷吧！我苦闷在这里，无论何月，何日，何时，总是在思念你们，未曾一刻忘怀。唉，父母，唉，我的父母！我绝不是一个流荡子。你们爱我之心，无微不至，我敢有一线背亲的心思吗？但我终不是一个弱者，终当要向人生战场中，再做一场决斗，誓不由这个顽皮的运神来支配我的生命啊！

我不归来，我几番要想拍一个小照寄你们看看，想你们看了，纵然不能亲眼得见你这个儿子的颜面，也聊胜于"人影俱无"呢。但一回顾——在这几个月，天天不知为的什么，只是颓丧呻吟，寻死觅活，在血泪海中偷生。唉，父母！这是何等悲惨的景象啊！窗前挂的明镜，常照着我自己的骸骨依然，而形神已迥非往日你们所见到的那一个我了——面庞枯槁，颧骨高耸，两唇已没有丝毫红润的颜色；蓬蓬的头发散乱在我的额际和耳边，二十三岁的青年，这下已老大得像三四十岁的人的形容了。这样，拍成一个小照，寄给你们，你们见了，又不知要滴几多冷泪呢！唉，我们做儿子的，不能安慰着父母，良心上已感受万分的难过；还使你们为我伤心，那做儿子的更受着良心的谴责了。

二十三岁的大好青春，已经像流水落花一般地过去。也曾看过多少红桃艳李，也曾经过多少风霜雨雪，日日迷恋在这个迷惘的酣梦里，谁复想到有今日的沦落?！唉，父母！唉，父

母！我的父母！我不该，真不该把二十三岁的黄金光阴消磨在
这个流水人情之中！究竟世间只充满了机巧、虚伪、冷酷，无
论寻遍了天涯地角，也找不着真正的美与爱与真。父母！我的
亲爱的父母，我现在真想投到你们的怀里，想永远投到你们的
怀里！

（《海鸥集》）

陈　适（1908—1969），原名陈燮清、陈燮柽，曾用名适一、董昔。曾师事"一代词宗"夏承焘先生。1932年毕业于复旦大学中文系，先后在上海、温州等地从事中学语文教学。其于1936年所著《人间杂记》得到林语堂、赵景深和朱应鹏三位名家佳评，此书卷首有三位先生所作序。除《人间杂记》外，其代表作品还有《瓯海儿歌》《离骚研究》《中学生作文正误》《青年作文读本》等。

家　书

陈　适

好久没有信回家，家中却寄一封信来。

在异乡接读家书原是如何欣慰的事啊！但我这两年来不知在什么时候心境上竟消失了这如许的欣慰。

带着颤抖的手指把信轻轻地展读着；蝇头似的小字挤满了两张八行红格的信笺，旁边还密密地加上一些圈；父亲生平那种辛勤审慎的性格都在这字迹上表现出来。

家中盼望我寄钱回去，这又是一封信了，从我离乡到上海来这两个月中。

读完信后，心中便被一阵凄然的愁绪占住了。这些愁绪，袭到心境上来，心是禁不住地颤跳着，飘摇到那茫无边际的大海中去。

然而，当心境沉寂下来的时候，往往会回想到两三年前的家书；正如一只失踪了的可爱的小鸟一样，它是从故乡带来许多欣喜的消息和悬念，而希冀着千里外游子的亲心。

那些情景现在已如梦境不能重回了，正是和现在凄然的愁绪，把我的生活划了两个境界。

现在仿佛是有一个人到成年后社会所给予他的责任沉重地压在身上！一面又被鞭策着在那生之路上挣扎着在苦斗。

这个沉重的黑影从我走出学校踏足社会，它便爬到我身上来，似无可避免地如罪犯者的枷锁套在身上一样。

为着这种重压着、鞭策着，常使我牺牲了自己的兴趣，渐渐走上机器式的路上过一幕石板似的生活，有时竟在内心起了绝大的苦战，留下永不磨灭的创痕。

因此自己常悔恨往年不曾谅解朋友在这样环境下叹息和苦笑，现在自己也算尝到这种酸辛的滋味了。

1933 年 11 月 20 日

(《人间杂记》)

费孝通（1910—2005），著名社会学家、人类学家、民族学家、社会活动家，中国社会学和人类学奠基人之一。1933年获燕京大学社会学学士学位，同年考取清华大学社会学及人类学系研究生，1935年通过毕业考试。1936年赴英留学，1938年获伦敦大学研究院哲学博士学位。回国后任教于云南大学社会学系。1945年起历任西南联大教授、清华大学教授、副教务长。其博士论文《江村经济》（又译《中国农民的生活》）在国内外流传甚广。

家　族

费孝通

　　我曾在以上两章中，从群己的关系上讨论到社会结构的格局。我也在那章里提出了若干概念，比如"差序格局"和"团体格局"。我知道这些生疏的名词会引起读者的麻烦，但是为了要表明一些在已有社会学辞典里所没有确当名词来指称的概念，我不能不写下这些新的标记。这些标记并没有使我完全满意，而且也有容易引起误会的地方。譬如有一位朋友看过我那一章的分析之后，曾摇头说，他不能同意我说中国乡土社会里没有团体。他举出了家庭、氏族、邻里、街坊、村落，这些不是团体是什么？显然我们用同一名词指着不同的实体。我为了要把结构不同的两类"社群"分别出来，所以把"团体"一词加以较狭的意义，只指由团体格局中所形成的社群，用以和差序格局中所形成的社群相区别；后者称之作"社会圈子"，把社群来代替普通所谓团体。社群是一切有组织的人群。在那位朋友所列举的各种社群中，大体上都属于我所谓社会圈子的性质。在这里我可以附带说明，我并不是说中国乡土社会中没有"团体"，一切社群都属于社会圈子性质，譬如钱会，即是赏，显然是属团体格局的。我在这个分析中只想从主要的格局说，在中国乡土社会中，差序格局和社会圈子的组织是比较的重要。同样的，在西洋现代社会中，差序格局是同样存在的，但比较上不重要罢了。这两种格局本是社会结构的基本形式，在概念上可以分得清，在事实上常常可以并存的，可以看得到的不过各有偏胜罢了。

在概念上把这两种格局和两种组织区别出来并不是多余的，因为这个区别确可帮助我们对于社会结构上获得许多更切实的了解，免除种种混淆。在这里我将接着根据这套概念去看中国乡土社会中的基本社群——"家"的性质。

我想在这里提出来讨论的是我们乡土社会中的基本社群，这社群普通被称为"大家庭"的。我在《江村经济》中把它称作"扩大了的家庭"（expanded family）。这些名词的主体是"家庭"，在家庭上加一个小或大的形容字来说明中国和西洋性质上相同的"家庭"形式上的分别。可是我现在看来却觉得这名词并不妥当，比较确当的应该称中国乡土社会基本社群作"小家族"。

我提出这新名词来的原因是在想从结构的原则上去说明中西社会里"家"的区别。我们普通所讲大家庭和小家庭的差别绝不是在大小上，不是在这社群所包括的人数上，而是在结构上。一个有十多个孩子的家并不构成"大家庭"的条件,一个只有公婆儿媳四个人的家却不能称之为"小家庭"。在数目上说,前者比后者为多,但在结构上说,后者比前者为复杂,两者所用的原则不同。

"家庭"这概念在人类学上有明确的界说:这是个亲子所构成的生育社群。亲子指它的结构,生育指它的功能。亲子是双系的,兼指父母双方;子女限于配偶所出生的孩子。这社群的结合是为了子女的生和育。在由个人来担负孩子生育任务的社会里,这种社群是不会少的。但是生育的功能,就每个个别的家庭说,是短期的,孩子们长成了,也就脱离他们的父母的抚育,去经营他们自己的生育儿女的事务,一代又一代。家庭这社群因之是暂时性的。从这方面说,家庭这社群和普通的社群不完全一样。学校、国家这些社群并不是暂时的,虽则事实上也不是永久的,但是都不是临时性的,因为它们所具的功能是长期性的。家庭既以生育为它的功能,在开始时就得准备结束。抚育孩子的目的就在结束抚育。关于这一层意思,我在《生育制度》一书中有详细的讨论。

但是在任何文化中,家庭这社群总是赋有生育之外其他的功能。夫妇之间的合作并不因儿女长成而结束。如果家庭不变质,限于亲子所构成的社群,在它形成伊始,以及儿女长成之后,有一段期间只是夫妇的结合。夫妇之间固然经营着经济的、感情的、两性的合作,但是所经营的事务受着很大的限制,凡是需要较多人合作的事务就得由其他社群来经营了。

　　在西洋，家庭是团体性的社群，这一点我在上面已经说明，有严格的团体界限。因为这缘故，这个社群能经营的事务也很少，主要的是生育儿女。可是在中国乡土社会中，家并没有严格的团体界限，这社群里的分子可以依需要，沿亲属差序向外扩大。构成这个我所谓社圈的分子并不限于亲子，但是在结构上扩大的路线却有限制。中国的家扩大的路线是单系的，就是只包括父系这一方面；除了少数例外，家并不能同时包括媳妇和女婿。在父系原则下，女婿和结了婚的女儿都是外家人。在父系方面却可以扩大得很远，五世同堂的家，可以包括五代之内所有父系方面的亲属。

　　这种根据单系亲属原则所组成的社群，在人类学中有个专门名称，叫氏族。我们的家在结构上是一个氏族。但是和普通我们所谓族也不完全相同，因为我们所谓族是由许多家所组成，是一个社群的社群。因之，我在这里提了这个"小家族"的名词。小家族和大家族在结构原则上是相同的，不相同是在数量、在大小上——这是我不愿用"大家族"，而用"小家族"的原因。一字的相差，却说明了这社群的结构性质。

　　家族在结构上包括家庭，最小的家族也可以等于家庭。因为亲属的结构的基础是亲子关系，父母子的三角。家族是从家庭基础上推出来的，但是包括在家族中的家庭只是社会圈子中的一轮，不能说它不存在，但也不能说它自成一个独立的单位，不是一个团体。

　　形态上的差异，也引起了性质上的变化。家族虽则包括生育的功能，但不限于生育的功能。依人类学上的说法，氏族是一个事业组织，再扩大就可以成为一个部落。氏族和部落赋有政治、经济、宗教等复杂的功能。我们的家也正是这样。我的假设是中国乡土社会既采取了差序格局，又利用亲属的伦常去组合社群，经营各种事业，才使这基本的家变成氏族性的了。一方面我们可以说，在中国乡土社会中，不论政治、经济、宗教等功能，都可以利用家族来担负；另一方面也可以说，为了要经营这许多事业，家的结构不能限于亲子的小组合，必须加以扩大。而且，凡是政治、经济、宗教等事务都需要长期绵续性的，这个基本社群绝不能像西洋的家庭一般是临时的。家必须是绵续的，不因个人的长成而分裂，不因个人的死亡而结束，于是家的性质变成了族。氏族本是长期的，和我们的家一般。我称我们这种社群作小家族，也表示了这种长期性在内，和家庭的临时性相对照。

中国的家是一个事业组织，家的大小是依着事业的大小而决定。如果事业小，夫妇两人的合作已够应付，这个家也可以小得等于家庭；如果事业大，超过了夫妇两人所能担负时，兄弟伯叔全可以集合在一个大家里。这说明了我们乡土社会中家的大小变异可以很甚。但不论大小上差别到什么程度，结构原则上却是一贯的、单系的差序格局。

以生育社群来担负其他很多的功能，使这社群中各分子的关系的内容也发生了变化。在西洋家庭团体中，夫妇是主轴，夫妇共同经营生育事务，子女在这团体中是配角，他们长成了就离开这团体。在他们，政治、经济、宗教等功能有其他团体来担负，不在家庭的分内。夫妇成为主轴，两性之间的感情是凝合的力量。两性感情的发展，使他们的家庭成了获取生活上安慰的中心。我在《美国人性格》一书中曾用"生活堡垒"一词去形容它。

在我们的乡土社会中，家的性质在这方面有着显著的差别。我们的家既是个绵续性的事业社群，它的主轴是在父子之间，在婆媳之间；是纵的，不是横的。夫妇成了配轴。配轴虽则和主轴一样并不是临时性的，但是这两轴却都被事业需要而排斥了普通的感情。我所谓普通的感情是和纪律相对照的。一切事业都不能脱离效率的考虑，求效率就得讲纪律，纪律排斥私情的宽容。在中国的家庭里有家法，在夫妇间得相敬，女子有着三从四德的标准，亲子间讲究负责和服从。这些都是事业社群里的特色。

不但在大户人家、书香门第，男女有着阃内阃外的隔离，就是在乡土里，夫妇之间感情的淡漠也是日常可见的现象。我在乡间调查时特别注意过这问题，后来我又因疏散下乡，和农家住在一所房子里很久，更使我认识了这事实。我所知道的乡下夫妇大多是"用不着多说话的""实在没有什么话可说的"。一早起各人忙着各人的事，没有工夫说闲话。出了门，各做各的。妇人家如果不下田，留在家里带孩子。工做完了，男子们也不常留在家里，男子汉如果守着老婆，没出息。有事在外，没事也在外，茶馆，烟铺，甚至街头巷口，是男子们找感情上安慰的消遣场所。在那些地方，大家有说有笑，热热闹闹的。回到家，夫妇间合作顺利，各人好好地按着应做的事各做各的。做得好，没事，也没话；合作得不对劲，闹一场，动手动脚，说不上亲热。这些观察使我觉得西洋的家和我们乡下的家，在感情生活上实在不能并论。乡下，有说有笑，有情有意的是在同性和同年龄的集团中，男的和男的在一起，女的和女的在一起，孩子们又在一起；除了工作和生育事务上，性别和年龄组间保持着很大的距离。这绝不是偶然的，在我看来，这是把生育之外的许多功能拉入了这社群中去之后所引起的结果。中国人在感情上，尤其是在两性间的矜持和保留，不肯像西洋人一般地在表面上流露，也是在这种社会圈局中养成的性格。

（《乡土中国》）

黄汉瑞（1907—1993），早年先后就读于南开中学、南开大学。1929 年就职于天津塘沽永利制碱公司。1934 年初考取（庚子赔款）公费留学出国，先赴英国伦敦政治经济学院学习，年底再赴美国衣阿华（即今艾奥瓦）州立大学，1936 年取得衣阿华州立大学工商管理硕士（MBA）学位。回国后继续服务于永利公司。曾在重庆大学任教。

乡　亲

黄汉瑞

一

这个天儿可真够受！到了半夜，这会儿快一点啦，还不退热；没有一丝儿凉意，住在蒸笼里似的。您觉着热了不是？此地的人可还说，池子里水全是凉的，哪儿就能说热？

躺在挂麻布帐子的凉床里，听那来潮一般的嗡嗡着尽是蚊声。闷热得心慌。起来吧，到地里凉快去。一出门几步就是田庄，高高低低一抹碧绿地长着粮食。要在北边，不是麦子就是高粱，这儿可尽是水稻。清早起，一阵阵清凉的晨风，吹得池水潋滟地起无数波纹。海一般广漠的深蓝的天幕上轻浮着几朵白云，霞光灿烂的朝阳临照着那许许多多生长在田坎边的紫的、黄的以及许多不知名的小花儿。很多提着篮子的妇女，这时要到池畔来浣洗的。中午的时候呢，在春天，正是农忙时分：采水，挖泥，锄草……现在粮食都长起来，全快入伏了。偶尔从龙眼林中漏出些蝉声而外，一切都沉寂着的。牧童领着水牛凫水来了，放鹅的姑娘也回家了，晚风中四野荡漾着歌声。啊，这美丽的黄昏！到了夜里，要是到地里去，小山坡上准有人到那儿乘凉的：一没有蚊子，二又不热；要是有月牙，那就不用提多美！要是没有月亮呢？阴森森的黑夜里，也许觉着有趣儿。您要是胆儿大，听那夜犬的狂吠，野猫叫唤得那样凄惨，幽幽哀泣的是失了母的孩子吧？听啊，醉鬼王三又拉开嗓子唱戏了。满地里尽是星星微光——也许是飞萤，也许是鬼火。风吹得稻子沙沙价响，绿黝黝的鬼火在眼前跑。您要是胆儿小，就许害怕。半山上的树影深荫里，仿佛有多少奇形可怕的怪人影。母猪的鼾声您当是鬼嚎。池边几株枯柳簌簌动摇，骇得你毛骨耸峙，起了一身的鸡皮皱，当是魔鬼向前扑来。回家就许生病，又得照顾卖洋药的掌柜。那算您自个儿倒霉！谁叫您去啦？压根儿我就没说。

下了这几天雨，地里水更多啦。脚底下可得留神，不小心会掉水里。还好今儿有月亮，要不结，就得带着美国的永备手电灯。没亮儿是绝不能走。到山坡上一看，还有五六人，平常可早没人啦。多会儿？一点多！谁还不睡？可是这几天雨，全在家闷得慌，雨后天儿一热，更想着往地里跑了。

"您还没息着吗？今儿黑下真热啊！"司令部的王先生向我打招呼。

"得！真够劲儿的。"我坐在一块石头上说："您刚下班吗？屋里真受不住，这儿可好多啦。"

"是。今儿夜班十至十二。"给了我一支烟，他说："您请抽烟。"

暂时的沉默。月光下还看得见香烟的袅袅。

二

王先生，是才认识不久的朋友。那一夜，半个多月以前了，我们同在地里乘凉。为了什么事情呢（我也记不起来），我俩就攀谈起来了。

"请教您府上哪儿？"这是王先生的问话。他的话是纯粹的北京音，非常的轻脆悦耳的北京音。到南方来要半年了的我，不禁又怀念起北京来：北海的荷花已开花了吧？我才想到这个，那"三一八"的惨相忽地又逗上心头！我那被害了的湖南朋友还在那儿向我惨笑。啊，不要想，不要想！人家还在等我的回话呢，于是我也用我的不地道的北京话回答：

"敝处四川。"

王先生大约不信，他迟疑了一会儿，说：

"您的京话不错啊，不像四川人……"

"那么，您说我是哪儿的？"

"京兆的吧，是武清还是大兴？"

"按说，得算宛平的。起小儿在北京生长，原籍可是……"

"得啦，咱们是乡亲哟！"他很高兴地打断了我的话："我是海甸①的，京西喽。"他非常快乐地问我哪时来的，做什么事，北京的现状。我都一一地告诉他。

他告诉我，他离家已有四年，他近来常思念家乡。"北京不是又在打仗吗？"从前他是在北京著名的 P 大读书，后来就投笔从戎，入了 H 军校。"为什么要去从军呢？"他说："处在这半殖民地的中国，有多少生活于帝国主义和它的走狗的两层高压之下的中国人——比亡了国还不如的中国，中国人是连亡国奴都不如的了。尤其是我们有热血腾沸着的青年，是不能再忍受，是不甘心奴颜求欢地生活于暴力侵凌之下，如像那些高等华人一样的。我们自己要努力，要有实力去努力。天助自助者，我们总有成功的一日。一般高等华人哟，不管旁人怎样侵犯你，永远用忍，一切都用'忍'字来对付的所谓高等华人哟，诚然是表示出你们的宽容让恕的有大国民风度了！这样子的损失自己威严利权的大国民们，岂不是都成了鲁迅先生的阿 Q 了吗？啊，你们这一大群的阿 Q 哟！"

现在的 H 军校是很有名望的了。"我们学校的有今日，都是我们学生，尤其是我们第一班生用热血换来的呢。怕牺牲，怕流血，在现在这时代是站不住脚的。大流血的时期快来了吧？我们中国实在需要大流血呢。没有破坏哪能有建设？旧的不去新的不来，是不是，您说？"他的话大致我觉得不错。他又告诉我，在这儿很少朋友，他是新从 C 城调来的。两个最莫逆的同

---

① "海甸"，今称"海淀"。——编者注。

志，在二次东江战时，死在棉湖了。能够抱牺牲的精神，为了主义而死，这是多么崇高的死法哟！

我说："没有同乡吗?""有一位张庄的，也是咱们京兆人。"他接着又说："他为人可不好。他是一个残废了的军官，在军阀手下鱼肉平民的军官。上星期去看他，说是上医院去了。"他后来又对我说："有工夫还是该去拜访这位乡亲。他做过很多伤天害理的事，在主义上他是我们的仇敌；但在他们失败了的时候，我们应当悼惜他，同情于他的不幸。可怜他是时代的落伍者，是化石。既然他现在已是销声匿迹地忏悔着罪孽余生的了，我们应当原谅他，饶恕他的。何况他还是咱们的乡亲呢?"我回答说："是。"

为了是乡亲的关系，我俩就十分地相熟了，虽然相识才不久。每次我去乘凉，他总是也在地里的。他是一位非常和悦的人，虽然他也是军人，绝不像我在天津看见的那些皮帽子兵，"妈啦巴子"的凶横可怕。他会唱戏（在北京生长的有几个不是戏迷?)，他说他曾上台。起小我就不大爱听戏——锣鼓敲得震天价响，又是跳又是打连带着还放松香火的铁公鸡、金钱豹等等，记得小时常闹着要听差抱到中和园去看。可是每逢咱这位王乡亲唱"昨夜晚，得一梦"或是"见貂蝉，不由我心如烈火！骂一声'狗淫妇'"的时候，我总得陪着一阵巴掌。他笑嘻嘻地说："你别尽打哈哈儿。"可是唱得越加起劲。我的所以拍巴掌，固然是为了助兴，也是他唱得那样大声，有时声音拉得很长很长的；这在我外行听来，是与现在盛名的什么马连良、谭富英等相差也有限，至少比听潮州戏的茫然不懂的要觉有趣得多了。
他会唱大鼓。"迟彭迟彭迟彭彭"，马上他就可以给你说出来一
段"华容道"来；还会用嘴吹出各种声音：猫叫，婴儿哭，火
车放气……他是这么一位有趣儿的乡亲。

三

"明儿个去瞧咱们的乡亲吧！"王先生忽地说出这么一句话。

"谁？您前些日子说的那位张庄的，是吗？"

"说不定明儿就死了呢。咳！真没有稿子！"王先生仿佛自
言自语地说。

"怎么？"问得很有力的，远远地起了回应："怎么！"

"话可长啦，只要您不腻，听我说。"

现在，我们这位乡亲的故事开始了：

张麻子，这是大家叫他的名字。他是张庄的人。起小就跑
江湖，跟着山东人到南边卖绸子。每年春天就看得见，大街上，
在厦门或是汕头，有那背着包袱，穿着练功夫的云龙鞋，粗布
裤褂，厚布袜子还扎上老宽的腿带。他真也不嫌热！辫子盘在
脑门顶，腰间挂着布褡裢，装得满满的都是镭（潮州人管铜子
儿叫镭）。吆唤着卖山东绸子的大个儿们，咱们的张乡亲就是跟
了他们到岭南来的。十七八岁，也就是当徒弟，侍候师傅，侍
候师叔，管煮饭，管烧水，手艺可倒学不了多少。山东师傅的
性气也不好，天天都短不了挨"奏"。结底是张麻子忍不住了，
十字街口那儿全是插旗招兵的，于是他就吃了粮。你别说他傻，

他也有主意：当徒弟，一辈子也就卖绸子。吃粮去得啦，豁出命去，打不死就得！……六块四大洋，谁还见天地啃生白薯？连窝头都没吃的，学徒?! ……有了枪，遇着机会就捞一手！……哪儿就那么巧，炮子儿望我脑袋飞? ……排长升连长，连长升……几年就是督军师长……曹锟是卖布的，我张二哥还是卖绸子? ……汽车……洋楼……搂着小娘儿们睡觉……说不尽，唉，说不尽！……

自从张麻子吃了粮，头一仗就挂了彩！左眼珠儿给打伤了。他躺在病院养伤的时候，他的爹打家里赶来了。他的爹听说他吃了粮（这不用说是山东师傅给捎去的信），要他回家。他的爹说："我的小二哥儿！你怎么偷着跑去吃粮？几千里地叫你侍候师傅来，为的学会一种手艺。你娘，你奶奶，她们全指望着你。学会了手艺，比什么不好？你这小王八羔子！别种不干，倒吃起粮来了！现在可好，眼珠儿也弄瞎了。你娘，你奶奶，她们全不放心，听说你要吃粮，天天哭！天天给你求菩萨。你奶奶，快满六十的老太太，走四十多里地到关爷庙许愿，只要你平安回家。你娘，她就有你这么一个孩子！晚上她睡不着，梦里都叫着小二哥儿。你姥姥也跟我说：'去吧，去把二哥儿叫回来吧。别再像老黑儿——你的二舅——似的，半死不死的成个废物。'她老人家又拿她私房给我三百吊子儿，怕我的盘川不够。"归根一句话，叫他回家去。"跟我种地都有吃的。"他的爹说家里不定要他供给，当兵是更不赞成的了。

按情理说来，小二哥总回家去了吧？奶奶那么念，娘也疼，自个儿的亲爹几千里跑来接。还有什么话说？养好了伤跟爹回家种地去！小二哥儿听完了他爹的话，痛哭了一顿，说是决心回家去了。从此不吃粮，不远离他的奶奶、爹娘，叫老人家们伤心难过。可是这年头真不是好年头！没有一件事是按情理的。譬如吧，做工的人没有饭吃，坐汽车的尽玩可有钱花；老实的人处处吃亏，做强盗的却被称为英雄。再譬如吧，戒烟局的人抽鸦片，讲公理的做损人的事……是啊，这年头真不是好年头。在预备要走的头一天，跑来了一位营里的弟兄。这位弟兄见面就给他道喜，说是上头升了他的连长。因为战时他很勇敢，官长很赏识他。这次的损失很大，位职的缺额也不少。为了特别地酬劳有功战士，所以就破例地把一个正目的张麻子补了连长的位职。前方的战事很紧，马上就要出发，所以这位新排长（从前的号兵）来给他报告：晚上的营部会议，还要他出席。

　　这又叫咱们乡亲为难起来了。几番踌躇之后，才决定了他最后的主张。第二天，他的爹就找不着他了。也别说小二哥全没有心——又是眼泪又是鼻涕的，跪着给他的爹悔罪；得了他的爹饶恕之后，他才站了起来。能说他全没有心眼儿吗？可是，由士兵一步升连长，再一步升团长，两步不就是师长了？三仗，只打三仗就是师长了。像中国眼前这样地爱打仗，用不了一年还不得打个三四仗？一年后就可当师长，那不就抖起来了吗！这么好的事由，这么好的机会，你能不动心？你能全不动心？"一不做，二不休！左眼珠儿既已经瞎了，索性豁出去！几仗之后我就阔啦，那时把老太太们接来享福，她们总能原谅我，那时她们总能原谅我的。"他因为事业心重，所以忍心地离弃了万里跋涉、亲来接他的爹爹，也忘记了倚闾望儿归来的奶奶、娘。

他的爹四处找不着他，哭着悔改了的小二哥儿半个多月也没有一点儿踪迹，可怜的老爹才疑心他的二哥儿果如别人所说的"又去吃粮了"。一个人来，仍是一个人回去。船到福州湾时，一个东西落到海里；在那狂风暴雨下的白浪滔滔里，一会儿就看不见了。船上的人呢，他们说是没有事故发生：唐餐楼的富翁们照常地打牌，喝酒。从官舱检查到统舱，也没有短少一个客。难道是水手们落下去了，嘿嘿，这是哪有的事？大买办以及很多搭客老爷们当然不满意他，一位多事的统舱客！就是火舱里的黑脸小徒弟也骂了好几句的死猪猡。已经要过象山湾了，一位水手忽然找不着他带的黄鱼①，那个说北方话的黄鱼没有下落了。"一路平安地到上海了"，全船的人，甚至于丢了黄鱼的水手都是这样地说；于是那说是有人落下去了的统舱客，只好红着脸说是他的眼花了。

枪林弹雨中他过了几年。他时时希望开火：胜也好，败也好，顺水不就捞一手？洋钱、钞票、手表、金戒子，哪样没有？还有娘儿们、大闺女，就是老太太都行。小二哥儿自个的脸子太漂亮，独眼儿，麻子，一脸的还尽是伤疤。"反正都一样！管她俊呢丑呢？过瘾就得。"这是小二哥的新发现。

---

① 黄鱼是船上水手们私带客人的名称。没有钱的人才当黄鱼的。比如要五元船钱，只给水手二三元就可当黄鱼。当黄鱼很苦，不许在舱面玩，怕给船上职员看见，总闷在水手屋里。有的连饭都没吃的。——原编者注。

小二哥诚然阔起来了——至少不用见天啃生白薯。然而他始终没想到"把老太太们接来享福"。走四十多里地到关爷庙许愿的奶奶，他没有想到；梦里叫"小二哥儿"的娘，他也没有想到。她们等小二哥儿不来，等小二哥儿的爹也不来。她们有什么办法呢？一切都只有忍受！第一次北方战事时，她们在地窖中饿了三日，出来看房屋毁去了大半。六十岁的奶奶说：世道越发地坏了。闹义和团时鬼子们进京，那时都没有这样恐怖过、可怕过。谁知道还有可怕的事情在后头呢。第二次京津路上又发生了战事时，小二哥的奶奶，守了四十多年苦节的奶奶，活生生地让兵给毁了。"反正都一样！管她俊呢丑呢？过瘾就是。"小二哥的话，不知怎的传授给这几位丘八了。快满五十了的娘，不愿给魔鬼似的东西过瘾，跳到井里保全了她的清白。

前年小二哥儿败退到了福建，遇着了在那儿吃粮的一位姑表弟，他才知道了他家里的事情。那时他升到团长，搜的财产已不少，于是他想着娶太太了。"我真太对不住爹娘了"，团长有时天良发现，这样地叹息着说："起小儿养大，也没得我的一点儿孝敬。早点娶个媳妇吧，早点生儿子！"虽说团长读书有限，可是也知道圣人说的什么"不孝有三，无后为大"！他家已是三代单传，他忙着要制造种子。绝了后，春秋年节的也没个人上坟，那就更对不住他的爹娘；何况当了团长屋里还没有服侍人，也叫人笑话。于是他四下张罗，果然不久就呜喇喇地抬着红轿子来了。也不知是喇叭吹得呜喇喇呢，还是团长的新太太的眼泪儿呜喇喇？

　　结婚后没有一月，团长就带了新太太又打回广东来了。没有一时、没有一刻不是悲伤的，团长的太太到广东来后是更加忧戚了。她，团长的新太太，在她和一个多情的、健康的农民新婚后三月，就被一些恶霸抬来，抬来做这强盗头的压寨夫人了。一手是枪，一手是八十元，叫可怜的农夫要哪样呢？敢要哪样呢？你说他，在层层高压下的一个中国农民，将何所取舍呢？看着自己的爱人落到豺狼虎穴，他有什么办法？一切都忍受，他和她都只有忍受！

　　又是一年多的光阴飞度过去了。这时团长已不是团长，在最繁盛的永平路上租了一所房子挂起××公司的招牌，当起大老板来了。中午的时候他才起床，大烟抽足了之后，扶着手杖到公司去了（他的右腿被打断了的）。他坐在楼上，看着那些呼幺喝六的主顾："这个戒子值几多？"一位满脑袋汗珠儿的客，操的省城的话在问伙计。用秤子量了一下，"三钱五。五十换的行市，五五得廿五，三五一五——十七元五。"说着数了钱给那个客人。"好"，客人说着又下了注，"十元的四孤丁。定还是四的老宝！这七元五放在三四杠子上。我看你行八郎①的输了他！"末尾三字还没说出来，宝官已经大声地唤"二啊！"伙计们也和着"二啊！"柜台上又一时地忙起来。他，坐在楼上的大老板，含着一支白金龙，微笑着看那客人，脑袋上的汗水流得更多了的客人，恼怒着从门帘走出去了。

_____

　　① 行八郎是广州话，意即通通、总共、完全等等。——原编者注。

团长太太，不，已是老板娘了，仍然是时常地哭丧着脸，失去了光彩的脸儿永远是苍苍的。这两年她只替老板生过一个孩子，而且是女孩子。老板骂她没有出息，骂孩子是赔钱货，骂她们母女都是给人过瘾的东西。孩子是一生很短地就过去；一只手，老板只用了一只手就弄死了她，新生下来的小女孩。老板娘只是哭，不住地痛哭，哭她的女儿，哭她自己的命运；她只是哭，为了许多许多的事情来哭。

今年春天她在无意中，遇见了朝夕思慕的恋人，那个可爱的农夫。他们见面了就哭，不知是欢喜，不知是悲伤？她把她这两年的经过都告诉了他：不幸！一切都是不幸！他呢？"一年忙到头，辛辛苦苦干来的，收成好呢，那都是田主的；收成不好呢，我们就要挨饿。早想不干了，到广东来，听说你还在这里。想了很久的希望都没有实现，没想到一件意外的事逼我出来了。因为我得罪了一个吃洋教的，他说他是英国人，在新加坡入了英国籍的英国人，倚靠着领事就恶诈起来。中国官敢得罪他吗？也就是会欺压我们罢了。说是要我出五千元的什么伤费，那洋奴的鼻子流了一点儿血。"

从此他们俩时常来往。后来老板知道了，就和农夫引起交涉。交涉的结果呢？就是我从前说的，老板受伤进了医院，设立来市惠的教会医院，借此也可以招引几个老太太信了上帝，如像她们从前迷信观音一样。讲道是没有一天没有，病人是很易动感情；于是他，素来崇拜义和团、仇视洋教的他，居然很滑稽地受了洗。费牧师给他取了个名——雅各。他跪在十字架前忏悔了之后，很快乐地自以为可进天堂了，将他以往的事原原本本地、如像对我一样地对费牧师说了。他的胸前从此多了一个十字架。

出了病院的他，真是绝对的温和，无论对于谁，处处都是谦态。他自以为从此可以做个好人。他没有知道，现在的社会上，不许人悔改自新，而许你堕落沉沦。不久，非常的事变又发生了，他被人杀伤，又躺在医院去了。他的妻和那农夫都不见了。凶手是谁，我想不用过分疑虑的。农夫杀死他，我以为没有什么可说。他俩不是仇人吗？乘了敌人在疲敝衰危的时候，而致之于死地，这却不是英雄的行为。才将医院的人来说，他希望再见我一面；然而我下班来已经太晚，只好明天去了。这样子死去真是不值呢，没有一个亲人，死在异乡是不是可怜？总得去看看他才行。

四

第二天我们去医院，据说他昨夜三点钟的时候死去了，也没有留什么话说。

这位乡亲我始终没见一面。

十六年七月初于汕头

蒋屏风，生卒年月不详。浙江绍兴人，曾在承天中学任教。著有《芳草集》《漂鸟》《蓟春罗》等。

芭蕉雨

蒋屏风

在旅舍里一起住了三天三夜，人觉得疲倦极了。白天，仅仅是那么一间楼梯下的小屋子，空气也不新鲜，终日只是暗昏昏的样儿；晚上，纵然可以到湖滨去踱一踱，回来以后，却又纳闷得不亦乐乎；而且躺下床去，头面上被蚊子乱舐乱咬，被子里面，臭虫和蚤虱之类的小动物又大肆活动。没办法，为了要经济些，这三夜我是在痛苦中挨过去的。但是我仿佛觉得有一份羞辱，自己是这么一个大的人了，为什么还敌不过这些没理性的小东西？

终于我和一个亲戚商论了一下，结果是叫我暂时到他那边去住一住，因为他那儿有一张床空着，而且设备又齐着。只是这张床并不是他自己的，若是那个原主人来要了，那我只得再行乔迁。

　　第四天的早上，晨曦正披着浓绮的上衣窥视人们的时候，我离了旅舍，负着一颗愉快的心到了亲戚那边。

　　也许几天来的扰动可以得到一些安静的归宿了。

　　当我迁进去之后，天忽然下起雨来，一串串珠子似的雨丝，不住地在我的窗前倾泻着。这一天，我就没有出去，除了躺了好半天使之补去三夜睡眠不足之外，剩余的工夫我就对雨痴望。我看雨珠轻轻打着远远近近的屋瓦，我看雨珠洒落在城隍山上的绿草，我又看它用着和缓的节拍滴在梧桐和芭蕉叶上。本来是温柔的芭蕉叶，被柔弱的雨丝一打，却显得愈加温柔了。

　　住在城隍山的对面，生平是第一次；至于静坐着听雨打芭蕉声，可记不清已经多少次了。因为幼小时候，我长住在外祖父的家里，他们家有一个很大的花园，里面有花也有竹，还有一长堤的芭蕉树。在夏天，太阳的光比火伞还厉害，我们几个表兄弟还是要到园里去玩。我们往往坐在最大的一株芭蕉树下面，这株树的叶子差不多有两尺多阔，五六尺长，一直拖下来，连一抹阳光的影线也没剩了。

　　我们在芭蕉的浓荫下度过不知儿多个夏天，我们也不知负着儿多的热诚，希望芭蕉快一点开了花，过不儿天就有芭蕉吃。但是对于这一个愿望始终没有做到。每年每年，我们这一群都到叶下坐着吃园里采来的黄瓜、桃子，还有硕大的西瓜，我们赤着脚，赤着上身，随便讲些老虎精一类的故事。我们常常杜撰一个老虎精或是狐狸精的故事，讲给大家听，并且讲得很出神，使人很动听。要是人家听不出你这故事是自己造出来的，那你就得了胜利，自己不妨挂上一个好口才的招牌。记得我曾经造了这类的故事去欺骗过许多人，我曾经觉得骗得过人就算好角色，好口才。但是，一直这许多年，我却不但骗过了人家，我也骗走了自己的童年呢！

因为自己从小就没了父亲，因而住在外祖父家的时间又特别多，尤其是夏天，差不多每年到的。也许是生性爱自然的缘故，一到了外祖父家，就爱牵着表兄们的手到花园里去。我爱乡村的恬静，我爱竹林的修长，我爱绿，但我格外爱园子里的一堤芭蕉树。

我对芭蕉，曾有过许多感想。我曾爱她的美丽，我也曾同情她绿得可怜。我看见那大片的绿叶子生长在树上，似乎手指有点发痒，一定要把她采下来；等采了下来，又觉得自己真太残忍，叶子也有她的生命，也有她的梦，为什么要把她采下来呢？但是既经采下来了，我们是有用处的：我们曾以芭蕉叶做扇子，一挥下去就有大好的风；我们也用来做雨伞，当下雨的时候，我们这一伙每个人都采一片芭蕉叶，遮在头顶上，缓步地走到黄瓜丛里去找黄瓜。我们还依芭蕉的叶脉撕作一条条像线似的，撕了许多，给罩在表姊姊的头上。表姊姊只比我大了一年，也爱玩，也爱芭蕉。这绿线条盖在一个穿淡红衫子的表姊姊的头上，委实非常好看，我们就唤她新娘子。但想不到一转眼就过了这许久年，她在十七岁的那年就出了嫁，嫁给一家有钱的人去做贤妻良母。记得那年我是十六岁，我还被舅父派做送舅爷去哩！但我更想不到她嫁后的第二年秋天，我在学校里，二表兄突然跑了来，他挂着眼泪告诉我表姊姊已经逝世的消息，我几乎吓得连魂也不能附体了。

以后因为在外面读书，再也没有闲暇到舅父家去。最近的六七年中，两个表哥哥都已经先后做起父亲来了，他们的肩子也一天天重了，我不晓得要是他们想起了往事，想起了芭蕉下的玩意，又不知有什么感想呢？

在都市里，芭蕉树是一件很难得看到的东西，如今因了这特殊的机缘，我毕竟又在芭蕉树旁了。我看见一串串的雨珠尽是往叶上打，我由芭蕉被雨打得垂下去而想到一个人的生涯，一个人肩子的负担。但是，我为什么不能再去采一片呢？我为什么不能再用了她做伞子到路上去走呢？我只有以一声短促的苦笑来回答自己。

一直到黄昏，雨还是接续不停地下着。吃过了晚饭以后，我同亲戚谈了一些雨夜的琐事，接着我便掀开了窗帘，从一盏幽暗的电灯光里望一望窗外的天，窗外的芭蕉，使我由于人生的疲倦想到疲倦的雨丝，联想到被雨点打着垂头丧气的疲倦的芭蕉叶，我不禁深深地吁了一声。

睡觉的时候，大约已有十一点多了。时间不早了，而且话又谈得很疲劳，照理应该早一点入睡去。但也许我的神经衰弱症又加重了些，我觉得有些失眠；睡到这边，睡到那边，总是睡不着，因此头也晕眩，身上有了腻腻的汗液排出来。我侧着耳朵听窗外的雨打芭蕉声，我想用了催眠术似的方法使自己走入睡眠状态去。想不到所得的结果恰巧相反，愈听我愈觉得惺忪，也愈兴奋，简直使我不自禁地翻开了童年那页，一幕幕地映着幻灭了的往事。在将睡未睡的朦胧之间，我仿佛又回复到童年时代，我看见身边的童年之群，我的胸脯上又按着一只外祖父的慈祥的手——那一只曾抚过我几千万次的皱褶的手。

（《芳草集》）

李同愈（1903—1943），作家。原籍江苏常熟，1927 年到青岛电报局工作。与王统照深交，并在其影响下开始写小说。1929 年在《青潮》月刊发表小说《父子》。其代表作《忘情草》1934 年 7 月由上海生活书店出版，共收短篇小说 14 篇。抗战爆发后，曾在昆明短暂居住，1940 年秋取道滇越路经越南转往香港。1943 年病逝。

红豆与胭脂叶

李同愈

一

自古以红豆为相思之物，不知是什么意思。唐诗有"红豆生南国"之句，不知这"南国"系指何处。今年我回到故乡常熟，临行时有一亲戚说有一包珍品送我，打开一看，却正是红豆。我问他何处得来，并问何处出产，他不禁大笑。原来此物即产于我乡，我虽做了二十余年常熟人，连这种名产都不知道，殊堪惭愧。

红豆比蚕豆约小一半，形圆，红色中略带黑的暗斑，可是光泽鲜明；挑较圆整无凹凸的镶以金银，可比宝石。其较小者亦可镶作戒指，玲珑光洁，宜为妇女饰物，而尤宜于少妇。

红豆树据说城内城外共有两棵半。一在西门外周家码头，

一在东乡。余半棵则在城内某姓园中。不知所谓半棵者系树干
不全乎？抑两年始一度结豆乎？不得而知。此二棵半树无人知
其已有若干年历史，一年一度结豆，到近年则花疏而豆少，大
约因年久衰老所致吧。有人试移植其枝，灌以肥料，卒不得活，
若干年之后，这两棵半也许要绝种了吧。

我把红豆带到上海，送给一位识货朋友，他挑了一颗最小
最圆整的，极为珍爱。他是广东人，我问他可知此物出产何处，
他不加思索就回答说是南非洲。奇怪，他有什么根据呢？大约
他也因"红豆生南国"一语而揣测的吧。一因欲居奇货，一因
不好意思当场戳破他的假内行，我竟不曾告诉他这红豆的来历。

七月中郁达夫先生来青岛避暑。为了作游记，顺便研究山
东的植物，特意买了一册日文本的植物专门辞典。有一天，我
们偶然谈到了常熟出产红豆，就顺便从那本辞典上查红豆的注
解。到此我才知道上海那位广东朋友所说红豆产于南非洲的话
是确有所据的。但不知热带的植物为什么会移植到常熟去，而
移植之后又偏偏能生长呢？

今天又偶然翻看从朋友处窃取来的一本《王云五大辞典》，
在红字的注释下，又看到红豆的细注：

> 又名相思子，出在岭南，同豌豆大小，略扁，色鲜红。

所说的大小、形状是不错的，说到颜色，就已有点不对。
据日文《植物辞典》则应为"色鲜红，杂有黑色暗斑"，而事

实上也是确有黑色暗斑的。"出在岭南"一语，更不知何所据。编辑字典的人，大概不至于是随便揣测的吧。也许广东也有几棵移植的红豆树，以致讹传的吧。

其实红豆原不值得宝贵，若我们吃的蚕豆、豌豆之类都是红色的，那么绿色的豆反而会居为奇货了。这正和金银宝贵而铜铁不值钱同一理由。然而热带的植物从温带的土地中生长出来，这倒是多少值得奇异的。

二

因这红豆，我更想到了故乡另一值得怀念的植物，那就是胭脂叶。胭脂叶这名字已够人寻味的了，更何况那绿油油的光彩，适口的鲜味。我从十四岁离去故乡后，没有尝味过一次。不知此物是我乡的特产呢，还是别处虽有而命名不同呢？至少我在别处是不曾见过的。那肥圆的叶子沿着草绳爬上墙去，我一看就会认识的。

胭脂叶大概也有花有子，花是什么样不记得了，胭脂子则是葡萄似的滚圆，但只有葡萄的十分之一大小，黑紫色，挤破了则流出紫红的水，染在手上或脸上和胭脂相仿佛，大概就因此得名的吧。小姑娘们等胭脂叶上结起了一粒粒胭脂子，就撷取了带回家去，作为染指甲之用，也挤破了擦在眉心或面颊上的。

胭脂叶虽为美味的菜蔬之一种，但不用来煮饭炒菜，似乎专为下面吃的。在我的记忆中，总是下雨天的早晨，或是长夏的午后，二姊提议到天井（院子）里去采一篮胭脂叶来下面当点心吃。于是大家都高兴起来，拿了剪刀、篮子，或是撑了雨伞，或是用凳子垫脚。仿佛这是一种常备的佳肴，不提起大家忘记，一提起就会令人垂涎的。

今年回去，不曾吃到胭脂叶，未免遗憾。但有了那一包红豆，也足以补偿了的。

二十三年九月十四日夜

蒋屏风，生卒年月不详。浙江绍兴人，曾在承天中学任教。著有《芳草集》《漂鸟》《蕲春罗》等。

胭脂叶

蒋屏风

从前读唐诗的时候，其中有一首是："红豆生南国，春来发几枝；愿君多采撷，此物最相思。"我曾经大大地生过感慨。后来又经过师塾的冬烘先生那么澈澈透透地解释了一下，才把这诗的意义完全弄清楚了。由此我知道世界上有一块令人怀念的地方——那是南国，同时也有一种怀人的东西——那是红豆。

七八年以来，红豆一直是我理想中的最神秘的东西。我几次设法想弄到一颗，但事实老是做不到。去年初夏，一个朋友在故乡编报纸的副刊，某一次我去看他，他就从皮夹子里拿出一个小纸包来。

"这是什么？"我惊奇地问他。

"是——好东西。"他有点神秘的样子。

"究竟是什么？"我进一步地好奇。

"告诉你，这是红豆。"他才把那个小小的纸包打开来，并且将两粒红得发光的珠子似的东西放在桌上。

这是我第一次看到红豆，仿佛是心脏形的，扁扁的，滑滑的，有着一条一条细而长的网状的脉纹。顿时使我浮上了无限的爱好，我就问他这是哪里来的。他便忠实地告诉了我，并且告诉我也有去讨一对的必要与可能。

我就立刻去到那个朋友那里，我向他要两粒，无论什么代价都可以。但那朋友也是从间接来的，是从他的爱人的信封里从上海寄来的。好在他对爱人已经到了成熟期，十分的成熟期，于是他很有把握地回答我：

"一定可以，一定可以，我向她去要，要是一星期内没有寄来，我甘愿将自己的两粒送给你。"

但是很快地过去了一星期，她终于还没曾寄来。我的朋友果然出言不讳，他毫不踟蹰地将两粒最圆滑、最光亮而且最红润的一对转送给我了。那时我有一点不好意思，同时却为了好奇心与欲求心的逼迫，我简直没法顾到自己的感情了。

我终于将那对红豆拿到家里来了，在没有办法之下我送了一颗给别人；最红的一颗，我赶紧用来镶了一个戒指。

我想：这样子一定可以保存得很久吧！

于是我就把这个红豆戒指一直保存到现在，我也一直戴到现在。

今年春天，这红豆的主人（我的朋友的爱人）××小姐跟着我的朋友到我家来，并且要我同去玩一玩故乡的风景。我虽然微微有一些病意，但叫我凭着什么力量去摈除他们的热情呢？

我们一行八个人畅畅快快地游了一天，我还送那位红豆的主人上了汽车，她是又预备到——大概是上海去了。

我的心目中永远有一个念头：就是红豆是一种最令人怀恋的东西。唐诗上果然是一个证明，刘大白先生的"双红豆"又是一个证明。但是我简直没有办法找出比我的朋友与××小姐的热恋的证明更确切、更完善的了。

这次我到杭州来，我是仿佛有些亡命性质的，因此我除了带一点简单的行李之外，还带走了红豆戒指，以备有不时之需。

今天晚边，我在津津小吃馆吃了牛奶土司，还吃了些自己心爱的猪排和别的。吃了之后，款步地蹀向湖滨去。我坐在第六公园的一顶石凳子上。在不意间，我听见有人在喊我的名字，并且声音是很熟的。

"欧阳先生！欧阳先生！"

我跟着这声音转过头去，才看见一个很熟的人，他是去年我教过书的学生子，姓名我一时却记不起来了。

"欧阳先生，你也在湖滨呀！"他是很老练的，比我还老练，说完了话就一屁股坐在我的身边。

我问了他一些求学的情形，他把投考的经过和会考的困难等等讲了一大套。突然他问：

"欧阳先生，你这戒指是什么东西镶的？"

"你猜吧？"我把戴戒指的一只左手递到他的眼前，因为他是近视的。

"我猜不着，仿佛是一颗核，什么水果的核？但核也没有这么美丽。……"

"这是红豆，是南国来的。"我说明了它。

"红豆，不会干下去吗？"他的手在抚着我的豆面。

"不会的，这已经很干了。去年我也戴过，你们没看到吗？"

"没有！"他仿佛用了一个记忆才说出。

"这是一颗'相思'的种子呢！是很有意义的。"我半正经半游嬉的态度对他说。

说到"相思"这两个字，这位年轻的学生禁不住有一点踌躇，他的眼睛望着远边，若有所思的样子。

"相思的东西也不止这一种呢，我还看见一种叫作'胭脂叶'的。胭脂叶也是一种美丽的植物，也是红红的，生在树上，那真美丽极了。"他发表了意见。

"你看见过吗？"

"当然，我故乡是常熟，江苏的常熟，这胭脂叶，在我们那儿是生得很多的。我们那边的乡人，还当作一种素菜，比如做面，比如做菜，都用得着这东西。什么味儿我却没有尝到过。再过不久，就又多起来了，有些人还拿了它挤出了汁水，汁水是红得可怜，而且是腻腻的，他们又可以拿着这些做染料或是装饰品，乡下的青年女子往往用它点在腮巴子上的。"

"这东西大概是你们那儿的特产品吧？我们那儿就没有。"

"也许是，仿佛南国的生产红豆一样。"

"你们还可凭着这美丽的特产而起一种矜持呢！"我笑着说。

　　这位年轻的同学对我满意地笑了一笑，并且满意地告辞走了。

　　由于今天这一次短短的谈话，我得增进了不少知识。本来，我仅仅晓得红豆是一种寄托相思的东西，且常常为诗人们所歌咏的。谁晓得除了红豆之外，还有一种叫胭脂叶，名称既然这么美丽，色泽又是这么美丽，我不晓得当胭脂叶的红汁涂在青年姑娘们的腮巴子上的时候，该有多么的美丽呢？

　　为了这一种新奇的东西，我闭上着眼睛默想了好多时。我要在自己这愚笨的推想里晓得胭脂叶是怎一种东西，我也要在幻想中看到腮巴子上有着胭脂叶汁的姑娘。我简直恨自己为什么不生在常熟，为什么不到常熟去干一点事业？

　　我期望着也有一天，仿佛那个朋友送给我红豆似的，有人送给我胭脂叶，我要在这叶子上写下许多相思，许多幻想。凭着这些相思与幻想，写下些绮美的诗句。

　　　　　　　　　　　　　　　　　（《芳草集》）

费孝通（1910—2005），著名社会学家、人类学家、民族学家、社会活动家，中国社会学和人类学奠基人之一。1933 年获燕京大学社会学学士学位，同年考取清华大学社会学及人类学系研究生，1935 年通过毕业考试。1936 年赴英留学，1938 年获伦敦大学研究院哲学博士学位。回国后任教于云南大学社会学系。1945 年起历任西南联大教授，清华大学教授、副教务长。其博士论文《江村经济》（又译《中国农民的生活》）在国内外流传甚广。

血缘和地缘

费孝通

缺乏变动的文化里，长幼之间发生了社会的差次，年长的对年幼的具有强制的权力。这是血缘社会的基础。血缘的意思是人和人的权利和义务根据亲属关系来决定。亲属是由生育和婚姻所构成的关系；血缘，严格说来，只指由生育所发生的亲子关系。事实上，在单系的家族组织中所注重的亲属确多由于生育而少由于婚姻，所以说是血缘也无妨。

生育是社会持续所必需的，任何社会都一样，所不同的是说有些社会用生育所发生的社会关系来规定各人的社会地位，有些社会却并不如此。前者是血缘的。大体上说来，血缘社会是稳定的，缺乏变动；变动得大的社会，也就不易成为血缘社会。社会的稳定是指它结构的静止，填入结构中各个地位的个人是不能静止的。他们受着生命的限制，不能永久停留在那里，他们是要死的。血缘社会就是想用生物上的新陈代谢作用——生育，去维持社会结构的稳定。父死子继。农人之子恒为农，商人之子恒为商——那是职业的血缘继替；贵人之子依旧贵——那是身份的血缘继替；富人之子依旧富——那是财富的血缘继替。到现在固然很少社会能完全抛弃血缘继替的，那是以亲属来担负生育的时代不易做到的；但是社会结构如果发生变动，完全依血缘去继替也属不可能。生育没有社会化之前，血缘作用的强弱似乎是以社会变迁的速率来决定。

　　血缘所决定的社会地位不容个人选择。世界上最用不上意志，同时在生活上又是影响最大的决定，就是谁是你的父母。谁当你的父母，在你说，完全是机会，而且是你存在之前的既存事实。社会用这个无法争，又不易藏没、歪曲的事实来做分配各人的职业、身份、财产的标准，似乎是最没有理由的了。如果有理由的话，那是因为这是安稳既存秩序的最基本的办法。只要你接受了这原则（我们有谁曾认真地怀疑过这事实？我们又有谁曾想为这原则探讨过存在的理由？），社会里很多可能引起的纠纷也随着不发生了。

　　血缘是稳定的力量。在稳定的社会中，地缘不过是血缘的投影，不分离的。"生于斯，死于斯"把人和地的因缘固定了。生，也就是血，决定了他的地。世代间人口的繁殖，像一个根上长出的树苗，在地域上靠近在一伙。地域上的靠近可以说是血缘上亲疏的一种反映，区位是社会化了的空间。我们在方向上分出尊卑；左尊于右，南尊于北，这是血缘的坐标。空间本身是混然的，但是我们却用了血缘的坐标把空间划分了方向和位置。当我们用"地位"两字来描写一个人在社会中所占的据点时，这个原是指"空间"的名词却有了社会价值的意义。这也告诉我们"地"的关联派生于社会关系。

在人口不流动的社会中，自足自给的乡土社会的人口是不需要流动的，家族这社群包含着地域的涵义。村落这个概念可以说是多余的。儿谣里"摇摇摇，摇到外婆家"，在我们自己的经验中，"外婆家"充满着地域的意义。血缘和地缘的合一是社区的原始状态。

但是人究竟不是植物，还是要流动的。乡土社会中无法避免的是"细胞分裂"的过程：一个人口在繁殖中的血缘社群，繁殖到一个程度，他们不能在地域上集居了，那是因为这社群所需的土地面积，因人口繁殖，也得不断地扩大；扩大到一个程度，住的地和工作的地距离太远，阻碍着效率时，这社群不能不在区位上分裂——这还是以土地可以无限扩张时说的。事实上，每个家族可以向外开垦的机会很有限，人口繁殖所引起的常是向内的精耕，精耕受着土地报酬递减律的限制，逼着这社群分裂，分出来的部分另外到别的地方去找耕地。

如果分出去的细胞能在荒地上开垦，另外繁殖成个村落，它和原来的村还是保持着血缘的联系，甚至把原来地名来称这新地方——那是说否定了空间的分离。这种例子在移民社会中很多。在美国旅行的人，如果只看地名，会发生这是个"揉乱了的欧洲"的幻觉。新英伦、纽约（新约克）是著名的；伦敦、莫斯科等地名在美国地图上都找得到，而且不只一个。以我们自己来说吧，血缘性的地缘更是显著。我十岁就离开了家乡吴江，在苏州城里住了九年，但是我一直在各种文件的籍贯项下填着"江苏吴江"。抗战时期在云南住了八年，籍贯毫无改变，甚至生在云南的我的孩子，也继承着我的籍贯。她的一生大概也得老是填"江苏吴江"了。我们的祖宗在吴江已有二十多代，但是在我们的灯笼上却贴着"江夏费"的大红字。江夏是在湖北，从地缘上说我有什么理由和江夏攀关系？真和我的孩子一般，凭什么可以和她从来没有到过的吴江发生地缘呢？在这里很显然，在我们乡土社会里，地缘还没有独立成为一种构成团结力的关系。我们的籍贯是取自我们的父亲的，并不是根据自己所生或所住的地方，而是和姓一般继承的，那是"血缘"，所以我们可以说籍贯只是"血缘的空间投影"。

很多离开老家漂流到别地方去的，并不能像种子落入土中一般长成新村落，他们只能在其他已经形成的社区中设法插进去。如果这些没有血缘关系的人能结成一个地方社群，他们之间的联系可以是纯粹的地缘，而不是血缘了。这样血缘和地缘才能分离，但是事实上在中国乡土社会中却相当困难。我常在各地的村子里看到被称为"客边""新客""外村人"等的人物。在户口册上也有注明"寄籍"的。在现代都市里，都规定着可以取得该地公民权的手续，主要的是一定的居住时期；但是在乡村里，居住时期并不是个重要条件，因为我知道许多村子里已有几代历史的人还是被称为"新客"或"客边"的。

我在江村和禄村调查时都注意过这问题："怎样才能成为村子里的人？"大体上说有几个条件：第一是要生根在土里，在村子里有土地；第二是要从婚姻中进入当地的亲属圈子。这几个条件并不是容易的，因为在中国乡土社会中，土地并不充分自由买卖。土地权受着氏族的保护，除非得到氏族的同意，很不易把土地卖给外边人。婚姻的关系固然是取得地缘的门路，一个人嫁到另一个地方去就成为另一个地方的人（入赘使男子可以进入另一地方社区），但是已经住入了一个地方的"外客"却并不容易娶得本地人做妻子，使他的儿女有个进入当地社区的机会。事实上大概先得有了土地，才能在血缘网中生根——这不过是我的假设，还得更多比较材料加以证实，才能成立。

这些寄居于社区边缘上的人物并不能说已插入了这村落社群中，因为他们常常得不到一个普通公民的权利，他们不被视作自己人，不被人所信托。我已说过乡土社会是个亲密的社会，这些人却是"陌生"人，来历不明，形迹可疑。可是就在这个特性上，却找到了他们在乡土社会中的特殊职业。

亲密的血缘关系限制着若干社会活动，最主要的是冲突和竞争。亲属是自己人，从一个根本上长出来的枝条，原则上是应当痛痒相关，有无相通的。而且亲密的共同生活中，各人互相依赖的地方是多方面和长期的，因之在授受之间无法一笔一笔地清算往回。亲密社群的团结性就依赖于各分子间都相互地拖欠着未了的人情。在我们社会里看得最清楚，朋友之间抢着回账，意思是要对方欠自己一笔人情，像是投一笔资。欠了别人的人情就得找一个机会加重一些去回个礼，加重一些就在使对方反欠了自己一笔人情。来来往往，维持着人和人之间的互助合作。亲密社群中既无法不互欠人情，也最怕"算账"。"算账""清算"等于绝交之谓，因为如果互不相欠人情，也就无需往来了。

但是亲属尽管怎样亲密，究竟是体外之己；虽说痛痒相关，事实上痛痒走不出皮肤的。如果要维持这种亲密团体中的亲密，不成为"不是怨家不碰头"，也必须避免太重叠的人情。社会关系中权利和义务必须有相当的平衡，这平衡可以在时间上拉得很长，但是如果是一面倒，社会关系也就要吃不消，除非加上强制的力量，不然就会折断的。防止折断的方法之一是在减轻社会关系上的担负。举一个例子来说：云南乡下有一种称上赞的钱会，是一种信用互助组织。我调查了参加赞的人的关系，看到两种倾向：第一是避免同族的亲属，第二是侧重在没有亲属关系的朋友方面。我问他们为什么不找同族亲属入赞？他们的理由是很现实的。同族的亲属理论上有互通有无、相互救济的责任，如果有能力，有好意，不必入赞就可以直接给钱帮忙。事实上，这种慷慨的亲属并不多，如果拉了入赞，假若不按期交款时，碍于人情不能逼，结果赞也吹了，所以他们干脆不找同族亲属。其他亲属如舅家的人虽有入赞的，但是也常发生不交款的事。我调查时就看到一位赞首为此发急的情形。他很感慨地说：钱上往来最好不要牵涉亲戚。这句话就是我刚才所谓减轻社会关系上的担负的注解。

社会生活愈发达，人和人之间往来也愈繁重，单靠人情不易维持相互间权利和义务的平衡，于是"当场算清"的需要也增加了。货币是清算的单位和媒介，有了一定的单位，清算时可以正确；有了这媒介，可以保证各人间所得和所欠的信用。"钱上往来"就是这种可以当场算清的往来，也就是普通包括在"经济"一个范围之内的活动，狭义地说是生意经，或是商业。

在亲密的血缘社会中，商业是不能存在的。这并不是说这种社会不发生交易，而是说他们的交易是以人情来维持的，是相互馈赠的方式。实质上，馈赠和贸易都是有无相通，只在清算方式上有差别。以馈赠来经营大规模的易货，在太平洋岛屿间还可以看得到。Malinowski 所描写和分析的 Kulu 制度就是一个例证。但是这种制度不但复杂，而且很受限制。普通的情形是在血缘关系之外去建立商业基础。在我们乡土社会中，有专门做贸易活动的街集。街集时常不在村子里，而在一片空场上，各地的人到这特定的地方，各以"无情"的身份出现。在这里大家把原来的关系暂时搁开，一切交易都得当场算清。我常看见隔壁邻舍大家，远的走上十多里在街集上交换清楚之后，又老远地背回来。他们何必到街集上去跑这一趟呢，在门前不是就可以交换的吗？这一趟是有作用的，因为在门前是邻舍，到了街集上才是"陌生人"。当场算清是陌生人间的行为，不能牵涉其他社会关系的。

从街集贸易发展到店面贸易的过程中，"客边"的地位有了特殊的方便了。寄籍在血缘性社区边缘上的外边人成了商业活动的媒介。村子里的人对他可以讲价钱，可以当场算清，不必讲人情，没有什么不好意思。所以依我所知道的村子里开店面的，除了穷苦的老年人摆个摊子，等于是乞丐性质外，大多是外边来的"新客"。商业是在血缘之外发展的。

地缘是从商业里发展出来的社会关系。血缘是身份社会的基础，而地缘却是契约社会的基础。契约是指陌生人中所做的约定。在订定契约时，各人有选择的自由，在契约进行中，一方面有信用，一方面有法律。法律需要一个同意的权力去支持：契约的完成是权利义务的清算，须要精密的计算、确当的单位、可靠的媒介。在这里是冷静的考虑，不是感情，于是理性支配着人们的活动——这一切是现代社会的特性，也正是乡土社会所缺的。

从血缘结合转变到地缘结合是社会性质的转变，也是社会史上的一个大转变。

（《乡土中国》）

茅　盾（1896—1981），原名沈德鸿，笔名茅盾等，字雁冰。浙江嘉兴桐乡人。新文化运动的先驱，中国现代著名作家、文学评论家、文化活动家以及社会活动家。1913 年考入北京大学预科第一类。预科毕业后，入商务印书馆编译所工作。代表作品有《子夜》《霜叶红似二月花》《春蚕》《白杨礼赞》等。

新疆风土杂忆

茅　盾

一

前清末年，左宗棠大军西征，沿途筑路栽树，其所植之柳，今尚有存者，那时湘人杨某（忘其名）曾有诗云：

> 大将西征尚未还，湖湘子弟满天山。
> 新栽杨柳三千里，引得春风度玉关。

但左宗棠带给新疆的，尚不止此。现在新疆地主引水灌田的所谓"坎儿井"，据说是左公教给他们的。"坎儿井"者，横贯沙碛之一串井，每井自下沟通，成为地下之渠；水从地下行，乃得自水源处达于所欲灌溉之田。因沙碛不宜开渠，骄阳之下，水易干涸，故创为引水自地下行之法。往往水源离田甚远。多则百里，少亦数十里。"坎儿井"隔三四丈一个，从飞机上俯瞰，但见黑点如连珠，宛如一道虚线横贯于沙碛，工程之大，不难想见；所以又听说，新省地主计财产时，往往不举田亩之数，而举"坎儿井"之数。盖地广人稀，拥田多不为奇，惟拥有数百乃至千数之"坎儿井"者，则开井之费已甚可观，故足表示其富有之程度也。此犹新省之大牧畜主，所有牛羊亦不以数计，而以"山"计。何谓以"山"计？据言大"把爷"（维吾尔族语财主）羊群之大，难以数计，每晚放牧归来，仅驱羊群入山谷，自山顶望之，见谷已满，即便了事。所以大"把爷"计其财产时，亦不曰有牛羊若干千百头，而曰有牛羊几山。

二

本为鲜卑民歌，从鲜卑语译成汉文的《敕勒歌》，其词曰："敕勒川，阴山下；天似穹庐，笼盖四野；天苍苍，野茫茫，风吹草低见牛羊。"前人评此歌末句为"神来之笔"，然在习惯此种生活的游牧民族，此实为平凡之现实。不过非有此生活实感者，也道不出这一句的只字来。此种"风吹草低见牛羊"之景象，在今日南北疆大草原之中尚往往可见。一望无际的大草原，丰茂的牧草高及人肩，几千牛羊隐在那里吃草，远望如何能见？天风骤来，丰草偃仰，然后知道还有那么多牛羊在那里！

三

新疆是一块高原，但在洪荒时代，它是中亚的大内海一部分。这一沧海在地质学上的哪一纪始变为高原，正如亚洲之边缘何时断离而为南洋群岛，同样尚未有定论。今新省境内，盐碛尚所在有之，昔年自哈密乘车赴吐鲁番，途中遥见远处白光一片，似为一个很大的湖泊，很是惊异，沙碛中难道竟有这样大的湖泊？乃至稍近，乃辨明此种白皑皑者，实非流动之水，而为固体之盐。阳光逼照，反光甚强，几使人目眩。因新疆古为内海，故留此盐碛；然新省之盐据谓缺少碘质，迪化①的讲究卫生的人家都用苏联来的精盐。又盐碛之盐，与云南之岩盐不同，岩盐成巨块如石，而盐碛之盐则为粒状，粗细不等。曾见最粗者，如棋子而形方，故食用时尚须略加磨捣。

吐鲁番地势甚低，新疆一般地形皆高出海面一二千尺，独吐鲁番低于海面数百尺；故自全疆地形而言，吐鲁番宛如一洞。俗谓《西游记》上所写之火焰山，即今之吐鲁番，则其热可想而知。此地难分四季，只可谓尚有寒暑而已。大抵阳历正二三月尚不甚热，白天屋内须衣薄棉，晚上还要冷一些；五月以后则燥热难堪，居民于正午时都进地窖休息，仅清晨薄暮始有市集。以故吐鲁番居民家家有地窖，街上跨街搭荫棚，间亦有种瓜果葡萄盘缘棚上者。市街风景，自有一格。最热之时，亦在阳历七八月，俗谓此时壁上可以烙饼，鸡蛋可以晒熟；而公安局长蹲于大水缸中办公，则我在迪化时曾闻吐鲁番来人言之，当必不虚。

---

① 即今乌鲁木齐。——编者注。

然吐鲁番虽热，仍是个好地方。地宜植棉，棉质之佳，不亚于埃及棉；又多产蔬菜水果，内地艳称之哈密瓜，其实不尽产于哈密，鄯善与吐鲁番皆产之，而吐鲁番所产尤佳。石榴甚大，粒粒如红宝石。葡萄在新疆，产地不少，然以吐鲁番所产驰名全疆；无核之一种，虽小而甜，晒为干，似犹胜于美国所产。新疆有民谣曰："吐鲁番的葡萄，哈密瓜，库车的扬姑，一朵花！"（《新疆志》亦载此谣。）然则哈密之瓜，固自有其历史地位。惟自马仲英两度焚掠而后，哈密回城已成废墟，汉城亦萧条冷落，未复旧观，或者哈密之瓜遂亦不如昔年乎？这可难以究诘了。民谣中之"库车"在南疆，即古龟兹国，紫羔以库车者为最佳；"扬姑"，维吾尔族语少女也，相传谓库车妇女多美丽，故民谣中如是云尔。库车居民多维吾尔族（即元史之畏兀儿族），此则南疆各地皆然。

迪化自春徂秋，常有南来燥热之风，云是吐鲁番吹来，故俗名"吐鲁番风"。吐鲁番风既至，人皆感不适，轻则神思倦怠，重则头目晕眩，且发烧；体虚者甚至风未到前三四日即有预感。或谓此风来源实不在吐鲁番，而在南疆塔里木盆地之大戈壁，不过经由吐鲁番逾天山缺口之大坂城而至迪化耳。大坂城者，为自吐鲁番到迪化所过的天山一缺口，然已甚高；过大坂城，则迪化已在脚下，此为自南路进迪化之一要隘。昔年马仲英兵围迪化，及期月而盛督办提兵出击，马军稍退，至大坂城负隅，犹拥众数万；盛以数万精锐急击之，饮水告竭则喝马血，数日，遂克大坂城，马仲英军全面崩溃，马仅率数百骑走南疆，一星期内远扬三千十八站，自此不再能为患。

四

忆《隋书》谓炀帝得龟兹乐，列为燕乐之一。此后中国燕乐，龟兹乐实居重要部分。古龟兹国，即今新疆库车县。龟兹乐何如？今在库车已不可见，盖自伊斯兰教代佛教而后，天竺文物渐灭殆尽，今日新省维吾尔民族之土风歌舞大概是彼族从中央亚细亚带来的。迪化每有晚会，往往有维吾尔族之土风歌舞节目，男女二人载歌且舞，歌为维吾尔族语，音调颇为柔和，时有顶点，则喜悦之情洋洋欲溢，舞客亦殊婉约而肃穆，盖在维吾尔族的民族形式歌舞中，此为最上乘者。据言，此旧为男女相悦之歌，今倚旧谱而填新词，则已变男女相悦为歌颂新省之六大政策了。最可喜者，旧瓶新酒尚无牵强之痕迹。我曾问维吾尔族人翻译哈美德："新词是谁的手笔？"他答道："也不知是谁，大概是许多人合力作成的。"我乃笑道："这样看来，这就是维吾尔、哈萨克、回诸民众的集体创作了。"因赋一绝赠之：

> 谁将旧谱缀新词？北准南回亿万斯，
>
> 细崽扬姑齐解唱，六星高耀太平时。

诗中"细崽"，有幼童云是粤籍，居然能效维吾尔族语唱一二句；"扬姑"，则维吾尔族语少女是也。"六星"者，新省行六大政策，公共机关多以六角星作为徽帜，故云。

维吾尔族语为复音语文，其字母借用亚拉伯①文的字母。书写时，横行自右至左，外行人视之，似甚不便，然彼人走笔如飞，形式且极美丽，文法不甚复杂，曾习他种外国语者，用功半年，即可通晓。在新疆，虽有十四民族，然维吾尔族语实为可以通行全疆之语言。此因维吾尔族人数约占全疆总人口之半，其他各小民族大都能晓维吾尔族语之故。哈萨克族人口在全疆仅次于维吾尔族，其语文与维吾尔族语大同小异，其字母亦为亚拉伯文字母。迪化每开大会，演说时例须用三种言语，即汉、维及蒙古语。通常为节省时间，仅用汉、维两种语言，则因蒙族人在迪化者尚不解汉语，大概都懂维吾尔族语。

迪化在阳历十月初即有雪，但十月天气最佳，可说是"寒暖适中"。十二月后始入正常的寒冬，积雪不融，大地冻结，至明年四月初解冻（有时为三月中旬）。冬季少风，南方冬季西北风怒吼之景象，以我所得短暂之经验而言，在迪化是没有的。然而冬季坐车出门，虽在无风之日，每觉寒风刺面入骨，其凛冽十倍于南方的西北风，此因户外空气太冷之故。室中因有大壁炉，且门窗严闭，窗又为双层，故融暖如春，然而门窗倘有罅缝，则近此罅缝之处，冷风如箭，触之战栗；此亦非风，而因户外空气太冷，冷故重，觅罅隙而钻入，其劲遂似风。室内铺厚毡，亦以防寒气从地板之细缝上侵。关西人汉仲实先生素不怕冷，在家时洋服内仅穿毛线衫裤，无羊毛内衣。某日忽觉

---

① 今译阿拉伯。——编者注。

腿部酸痛，举步无力，此为腿部受寒之征象，然不明寒从何来；越一日始发现寒气乃从书桌下来，盖书桌下之地毡一角上翘，露出地板之罅缝，寒气遂由此浸润。北方人常言地气冷，故下身所穿必须较上身为多，必解冻以后，乃可稍疏防范。三月中有时白天气温颇高，往往见迪化人上身仅穿一个单衫而下身仍御厚棉裤。

最冷的日子，通常在阴历年关前后；白天为零度下二十度，夜间则至四十余度。此为平均的气温。在此严寒的季节，人在户外半小时以上，皮帽、大衣皮领、眉毛、胡须等，凡为呼吸之气所能接近之处，皆凝积有薄薄之白霜，胡须上往往还挂着小小的冰珠。人多处，近望雾气蒸腾，此亦非雾，而为口气凝成，真所谓"嘘气成云"了。驴马奔驰后满身流汗，出气如蒸笼，然而腹下毛端则挂有冰珠，累累如葡萄；此因汗水沿体而下，至腹下毛端向下滴落，遂冻结为珠，珠复增大，遂成为冰葡萄。

地冻以后，积雪不融，一次一次雪下来，碾实冻坚，平时颇多坎坷的路面，此时就变成了平坦光滑，比任何柏油路都漂亮。所以北方赶路，以冬季为最好，在这时候，"爬犁"也就出现了。"爬犁"是土名，我们的文绉绉的名称，就是"雪橇"。迪化的"把爷"冬季有喜用"爬犁"者。这是无轮的车，有滑板两支代替了轮，车厢甚小，勉强能容二人（连御者在内），仍驾以马；好马，新钉一副高的掌铁（冬季走冻结的路，马掌铁必较高，于是马也穿了高跟鞋），拖起结实的"爬犁"，在光滑的冻雪上滑走，又快又稳，真比汽车有意思。但"爬犁"不宜在城中热闹处走，最好在郊外，在公路上。维吾尔族、哈萨克族的"把爷"们驾"爬犁"，似乎还是娱乐的意味多，等于上海人在夏天坐车兜风。我有一首歪诗记之：

纷飞玉屑到帘栊，大地银铺一望中；
初试爬犁呼女侍，阿爹有马矫如龙。

北方冬季少霜，如有之，则其浓厚的程度迥非南方人所能想象。迪化冬季亦常有这样的严霜。晨起，忽见马路旁的电线都变成了白绒的彩绳，简直跟耶诞节人家用以装饰屋子或圣诞树的比手指还粗些的白绒彩绳一样。尤其是所有的树枝，也都结起银白的彩来了，远望就同盛开了银花。如果树多，而又全是落叶树，那么，银白一片，宛如繁花，浓艳的风姿，跟盛开的樱花一般——而樱花尚无其洁白。此种严霜，俗名"挂枝"，不知何所取义，或者因其仅能在树枝上见之，而屋地上反不能见，故得此名。其实霜降得同样浓，并非独厚于"枝"，不过因为地上屋面皆积雪，本是白皑皑的，故遂不觉耳。但因其"挂枝"，遂产生了神话：据说天山最高之博格达峰为神仙所居，有冰肌雪肤之仙女，为怜冬季大地萧条，百花皆隐，故时以晶莹之霜花挂在枝头。此说虽诞，然颇有风趣，因亦记以歪诗一首：

晓来试马出南关，万树银花照两间。
昨夜挂枝劳玉手，藐姑仙子下天山。

五

照气候说，新疆兼有寒带、温带以及亚热带的气候。天山北路是寒带，南麓哈密、鄯善一路（吐鲁番因是一个洞，作为例外）是温带；西南疆则许多地方终年只消穿夹，是亚热带的气候了。但橘、柚、香蕉等，新疆皆不产，或者未尝试植，或者也因"亚热带"地区空气太干燥之故。因为这些终年只消穿夹的地方，亦往往终年无雨，饮水、用水、灌田的水，都赖天山的万年雪融下来供给人们。除了上述数种水果外，在新疆可以吃到各种水果，而尤以瓜、苹果、葡萄、梨、桃为佳。瓜指甜瓜（南方所谓香瓜），种类之多，可以写成一篇文章。所谓"哈密瓜"即甜瓜之一种，迪化人称为甜瓜，不大称为哈密瓜。这是大如枕头的香瓜，惟甜脆及水分之多，非南方任何佳种香瓜所可及；此瓜产于夏初，窖藏可保存至明年春末；新疆人每谓夏秋食此瓜则内热，惟冬日食之，如啖冰淇淋，则方"清火"。苹果出产颇多，而伊犁之二台所产最佳，体大而肉脆，色味极似舶来的金山苹果而香过之。二台苹果熟时，因运输工具不够，落下腐烂于当地者，据云每每厚二三寸；在伊犁，大洋一元可购百枚，惟运至迪化，则最廉时亦须二三毛钱一个。梨以库车及库尔勒所产最佳，虽不甚大，而甜、脆、水分多，天津梨之最好者亦不及之；梨在产地每年腐烂树下者亦不可胜计，及运至迪化，则每元仅可得十枚左右。南疆植桑之区，桑葚亦大而味美，有黑色、白色两种；惟此易烂，不能运至迪化，据言当地维族人民之游手好闲者，每当桑葚熟，常以果腹；盖在产地取食，恣意饱啖，无过问者。

初到哈密，见有"定湘王"庙，规模很大，问了人，才知道这就是城隍庙。但新疆的城隍爷何以称为"定湘王"，则未得其解。后来又知凡汉人较多的各城市中都有"定湘王"庙，皆为左宗棠平定新疆以后湖湘子弟所建；而"定湘王"者，本为湖南之城隍，左公部下既定新疆，遂把家乡的城隍也搬了来了。今日新疆汉族包含内地各省之人，湘籍者初不甚多，然"定湘王"之为新疆族之城隍如故。

迪化汉族内地各省人皆有。会馆如林，亦各省都有；视会馆规模之大小，可以约略推知以前各该省籍人士在新省势力之如何。然而城隍庙则仅一个，即"定湘王"庙是也。每年中元节各省人士追荐其远在原籍之祖先，"定湘王"庙中罗天大醮连台对开，可一周间；尤为奇特者，此时之"定湘王府"又开办"邮局"，收受寄给各省籍鬼魂之包裹与信札；有特制之"邮票"由"定湘王府"发售，庙中道士即充"邮务员"，包裹信札寄递取费等差亦模拟阳间之邮局。迷信者以为必如此然后其所焚化之包裹与信札乃可稳度万里关山，毫无留难。又或焚化冥锭，则"定湘王府"亦可代为汇兑。故在每年中元节，"定湘王府"中，仅此一笔"邮费"收入亦颇可观。

六

昔在南北朝时，佛法大行于西域；唐初亦然，读三藏法师

《大唐西域记》即可概见。当时大乘诸宗皆经由西域诸国之"桥梁"而入东土，其由海道南来者，似惟达摩之南宗耳。但今日之新疆，则除蒙古族之喇嘛外，更无佛徒。汉人凡用和尚之事，悉以道士代之；丧事中惟有道士，而佛事所有各节目，仪式多仍其旧，惟执行者为道士而已。蒙古族的活佛夏礼瓦圆寂于迪化，丧仪中除有喇嘛啈经，又有道士；省政府主席李溶氏之丧，道士而外亦有喇嘛数人。

伊斯兰教何时始在新疆发展而代替了以前的佛教，我没有做过考据，然而猜想起来，当在元明之交。道士又在何时代行和尚职权，那就更不可考了。猜想起来，也许是在前清时代，汉人又在新疆站定了脚跟的时候。但当时何以不干脆带了和尚去，而用道士则殊不可解，或者是因为道士在宗教上带点"中间性"吧？于此，我又连带想起中国历史上宗教专论的一段公案：南北朝时，佛法始来东土，即与固有之道教发生摩擦，其间复因北朝那些君主信佛信道，时时变换，以至成为一件大事。但自顾欢、慧琳、僧绍、孟景翼等人而下，一场无聊的争论之后，终于达到"三教"原是"一家"的结论。然而这种论调，已经是道教本身教义不足与佛教争天下，故牵强附会，合佛道为一，又拉上孔子作陪，以便浑水摸鱼，当时释家名师都反对之。不谓千年以后，伊斯兰教在西域既逐走佛徒，和尚们遗下的那笔买卖居然由道士如数顶承了去，言之亦堪发噱。

然道士在新疆，数目不多，迪化城内恐不满百，他处更无足论。普通人家丧事，两三个道士便已了事。此辈道士，平日几与俗家无异。

七

新疆汉族商人，以天津帮为巨擘，数百万资本（抗战前货币之购买力水准）者比比皆是。除迪化有总店、天津有分庄而外，南北疆之大城市又有分号。新疆之土产经由彼等之手而运销于内地，复经由彼等之手，工业品乃流入于新疆。据言此辈天津帮商人多杨柳青人，最初到新省者，实为左宗棠西征时随军之负贩，当时称为"赶大营"。左公西征之时，规模异常远大；大军所过，每站必掘井，掘井得水必建屋，树立小小之市集，又察各该处之土壤能种什么即种什么。故当时"赶大营"者，一挑之货几次转易，利即数倍，其能直至迪化者，盖亦颇有积累。其魄力巨大者，即由行商而变为坐庄。据言此为今日新疆汉族巨商之始祖。其后"回疆"既定，"赶大营"已成过去，仍有"冒险家"画依样之葫芦，不辞关山万重，远道而往；但既至镇西或迪化，往往资斧已罄，不能再贩土产归来，则佣工度日，积一二年则在本地为摊贩；幸而获利足可再"冒险"矣，则贩新省之土产，仍以行商方式回到天津，于是换得现钱再贩货赴新省；如此每年可走一次，积十年亦可成为富翁，在迪化为坐庄矣。

抗战以前，新省对外商运孔道，为经镇西至绥边，有绥新公路，包头以东则由铁路可抵天津，此亦为新疆多天津商人之一因。抗战后绥新公路已为新省当局封锁，盖所以固边防也。目前新省对外商运，已经有组织地集中于官商合办之某某土产公司之手，面目又已一新了。

八

博格达山为天山之最高峰。清朝初定天山南北路后，即依前朝故事，祭博格达山。据《新疆图志》，山上最古之碑为唐代武则天所立，其后每年祀典率由地方官行之，祭文亦有定式，《新疆图志》载之。

博格达山半腰有湖（俗称海子），周圆十余里，峭壁环绕，水甚清，冷甚；此处尚在雪线之下，故夏季尚可登临，自山麓行五十余里即到。自此再上，则万年雪封锁山道，其上复有冰川，非有特别探险装备，不能往矣。山巅又有一湖，较山腰者为大。当飞机横越天山时，半空俯瞰，此二湖历历可睹，明亮如镜。据《新疆图志》，则该山上积雪中有雪莲，复有雪蛆，巨如蚕，体为红色，云可合媚药。二十九年夏，有友数人登博格达，在山腰之湖畔过一宿，据云并不见有雪莲雪蛆，亦无其他奇卉异草珍禽瑞兽，惟蚊虫大而且多，啮人如锥刺耳。又山腰近湖处有一庙，道士数人居之，不下山者数年，山下居民每年夏季运粮资之，及秋冰雪封山，遂不通闻问，俟来年夏季再上山探之。在全疆，恐惟此数道士为真能清苦，诗以记之：

博格达山高接天，云封雪锁自年年。

冰川寂寞群仙去，瘦骨黄冠灶断烟。（其一）

雪莲雪蛆总成虚，独有饕蚊自在飞。

三五月圆湖畔夜，滞人春色太凄其。（其二）

雪莲有无，未能证实，然天山峭壁生石莲，则余曾亲见。迪化郊外所谓南山，离迪化百余公里，有白杨沟者，亦避暑胜地，余曾往一游。所谓"白杨沟"，实两峰间之峡谷耳，范围甚大，汽车翻越数山始到其地。此为哈萨克族人游牧地，事前通知该管之"千户长"请彼导游，兼代备宿夜。"千户长"略能汉语，借马十余匹，作竟日之游，出白杨沟范围，直抵焉耆境之天山北麓。途次经过一谷，两岸峭壁千仞，中一夹道长数里，清泉潺潺，萦回马足；壁上了无草木，惟生石莲。此为横生于石壁之灌木，叶大如掌，略如桐叶，花白色五六瓣甚巨，粗具莲花之形态，嗅之似浓郁之味，似香不香，然亦不恶。询之"千户长"可作药用否？渠言未知可作何用，惟哈萨克族人间或以此为催生之剂，煎浓汤服，则胎易下云。石莲惟产于深谷，盖不独白杨沟有之。

九

夏季入山避暑，宿蒙古包，饮新鲜马乳，是为新疆摩登士女一乐事，但实亦游牧民族风尚之残余。维吾尔族和哈萨克族之"把爷"每年夏季必率全家男女老小，坐自家之大车，带蒙古包、狗，至其羊群所在之山谷，过一个夏季的野外生活。秋凉归来，狗马皆肥健，毛色光泽如镜面，孩子们晒得古铜色，肌肉结实。

马乳云可治肺病；饮了一个夏季的马乳，据云身必健硕，体重增加。但此恐惟在山中避暑饮之，方有效验，盖非马乳之独擅神效，亦因野外生活之其他有益条件助成之也。哈萨克族人善调制马乳，法以乳盛革囊中，摇荡多时，略置片刻，又摇之，如是数回，马乳发酵起沫，乃可食。味略酸而香冽，多饮觉微醺，不嗜酒者饮马乳辄醉。初饮马乳者，常觉不惯，然经过一时期，遂有深嗜，一日可进十数大碗，而饭量亦随之增加。然马乳新鲜者，城中每不易得。马肉制之腊肠，俗名马肠子，亦以游牧民族所制者为佳。据云道地之马肠子，乃用马驹之肉，灌入肠管后挂于蒙古包圆顶开口通风之处，在风干之过程中，复赖蒙古包中每日自然之烟熏——盖包中生火有烟，必从顶上之孔外出也。马肠子佳者，蒸熟后色殷红，香美不下于金华火腿。避暑山中者，倘能如游牧民族之习惯，骑马爬山，饮马乳，食馕（一种大饼），佐以自制之奶皮（即牛乳蒸熟后所结之奶皮）、草莓果酱、马肠子、葡萄，睡蒙古包，空气、阳光、运动、富于养分之饮食一时都有，对于身体的益处是不难想象的！

十

维吾尔族、哈萨克族人有嗜麻烟者，犹汉族人之嗜鸦片，麻烟比鸦片更毒，故在新省亦悬为厉禁。麻烟自印度来，原状不知如何，但供人吸用者则已为粉状，可装于荷包中，随时吸食。因其简便，为害更烈。

食麻烟后，人半醉状态，即见种种幻象；平日想念而不可得之事物，此时即纷陈前后，应接不暇。嗜钱财者即见元宝连翩飞来，平常所未曾一见而但闻其名之各种珍宝，此时亦缤纷陆离，俯拾即是；好色之徒则见粉白黛绿围绕前后，乃至素所想念之良家子亦姗姗自来，偎身俯就；人生大欲，片刻都偿，无知之辈，自当视为至乐。旁人见食麻烟者如醉如痴，手舞足蹈，以为发羊癫疯，而不知彼方神游于极乐幻境也。既而动作停歇，则幻象已消，神经麻痹而失知觉，移时始醒，了无所异，与未吸食同。

然而多次吸食之后，即可成瘾；瘾发时之难受，甚于中鸦片毒者。同时，肺部因受毒而成喘哮之病，全身关节炎肿，毒入脊髓，伛偻不能挺立，不良于行。到这阶段，无论再食与否，总之是去死不远了。

嗜赌者以羊骨为博具，掷地视骨之正反，以定输赢。据说他们结伴贩货从甲地至乙地，在途中往往于马背上且行且赌，现金不足，则以货物作抵押；旅途未终，而已尽丧所有，则转为博进者之佣工，甚至以佣工若干年作为赌注而作最后之一掷者。

十一

维吾尔（元史称畏兀儿）族人口占全疆人口之半数，南疆居民，什九为维吾尔族；奉伊斯兰教。旧时阿訇（教中长老）集政教大权于一身，教长同时即为一部落或一区域之行政首长。今则阿訇惟掌教，不复能过问地方行政矣。维吾尔族人兼营商业、游牧及农业，手工业（如裁缝、木匠、泥水、织毡等）亦多彼族中人。南疆所产之绸，色彩鲜艳，图案悦目，亦为维吾尔族工人所织造。

在文艺美术方面，维吾尔族人具有天才。土风歌舞，颇具特色，此不赘言。尝观一出由民间故事改编之短剧，幽默而意味深长，实为佳作。此种民间故事，大都嘲笑富而不仁之辈。短剧内容，写一富人路遇一穷人，穷人向彼行乞，富人不应，且骂之。既而同憩于路侧，穷人徐问富人何来，将赴何处，且进以谀词。富人大喜，乃夸其家宅之美，夸其子，夸其骆驼，终乃夸其所爱之狗。穷人随机应变，亦盛赞其房屋之美轮美奂，其子之多才多艺，其骆驼之健硕，其狗之解人意。富人大喜，穷人乃乘间复请周济，富人怫然掉头不顾，二人于是无言。富人解行囊，取馕食之，不能尽，则以所余投畀路旁一野犬。穷人至是复乞分一小块馕，富人仍不肯，谓宁投于狗食，不与汝懒虫。荷囊而起，将行，穷人忽思得一计，遂追语之曰：你不是有一条很好的狗么？我适从你家乡来，见你的狗已死。富人大惊，问故，穷人曰：因为你的狗吃了你那匹骆驼的肝，所以死了！富人更惊，复问骆驼何故致死，穷人曰：因为你的儿子死了，你的妻杀骆驼以祭你子。富人乃惊极而号哭，复问子何因死，穷人曰：因为你的家中失火，你的儿子被烧死了。至是富人大哭，捶胸掠发，如中疯狂，尽弃其行囊，并自褫其衣，呼号痛哭而去。穷人大喜，乃尽取富人之行囊、衣物，坐于道旁，以行囊中取馕食之。未尽一枚，而富人已大呼而来，指穷人为偷儿，夺还各物，且将夺手中之余馕。穷人急逃，富人追之，幕遂下。维族风俗，杀骆驼致祭，乃最郑重之典礼，又谓狗食骆驼肝必死。

维吾尔族乐器，惟长颈琵琶（四弦）、鼓、箫、琴（铜丝之弦甚多，而以小竹片敲之，广东人亦常用之）等数事。所谓长颈琵琶者，实似一曼陀铃，而颈特长，在三尺以上；意谓当别有名，但曾询译人哈美德，则云是琵琶。或者吾人今日习见之琵琶已有变化乎？

十二

维吾尔族人席地而坐，炕之地位占全室过半有强，或竟整个房间是一火炕。炕上铺毡，毡上更有大坐垫，有矮几，或圆或长方。维吾尔族人上炕坐时，足上仍御牛皮软底靴，实则此为袜子；下炕则加牛皮鞋，无后跟，与吾人之拖鞋相仿，出门亦御此鞋。长袍左衽，无纽扣，腰束以带。头上缠布，或戴无帽结之瓜皮小帽，帽必绣花，而甚小，仅覆头顶之一部。至于戴打鸟帽，穿长统靴，则以为欧化之结果。哈萨克族人装束相同。两族女子平日亦穿长靴。

平常饮食为牛乳、羊肉、馕、奶皮、鲜油、水果、红茶，而红茶中例必加糖。菜肴中甚少菜蔬。哈萨克族人待客，隆重者宰一羔羊，白煮，大盘捧上，刀割而食。主人倘割取羊尾肥脂以手塞客人口中，虽系大块，客人例须张口纳之，不得以手接取徐徐啮食，更不得拒而不受。盖此为主人敬客之礼，不接受或不按例一口吞下者即为失礼，或竟为敌意之表示。客人受后，例须同样回敬主人。

所谓"抓饭"者，乃以羊油蒸饭，又加羊肉丁与胡萝卜（黄色）丁子；因其非以羊油炒饭，而为蒸饭，故虽似炒饭而味实不同。俄国风之"萨莫伐"在新疆颇为流行，有钱之维吾尔族人家都置一具，盖嗜饮红茶，维吾尔族、哈萨克族及其他各小民族皆然也。

十三

新疆十四民族，除汉族外，维吾尔族兼营农业、商业、牧畜、手工业，已如上述。蒙古族及哈萨克族则以游牧为主，哈萨克族在北疆居近汉人众多之大城市者，亦种地，惟视为副业。种地不施肥，用休耕制；下种后即自驱羊群入山，不复一顾，待秋收时再来收割，有多少算多少。据闻南疆维吾尔族人之养蚕者，亦如我们之养野蚕然，以蚕置桑树上，即不复措意，蚕及时成茧，亦在树上。此因南疆气候温和又无雨，故得如此便宜省事也。蒙古族逐草而游牧，故小学亦设蒙古包中，跟着他们一年迁徙数次。

余如柯尔柯斯、泰阑其、泰吉克、塔塔尔等族，本皆为中亚细亚民族，今在苏联中亚境内亦有诸族，然此诸族在新省者尚多在游牧阶段。锡伯、索伦二族，乾隆年间由东北四省移往，今多居伊犁一带，人数不多，亦为农牧兼营者，仍保存其自族之语言，然能汉语及维吾尔族语者甚多。人谓此二族人习语言特有天才。

南疆之罗布淖尔（淖尔者，汉语湖泊也）尚有最原始之小部落在焉。此为水上居民，住罗布淖尔中，与其他人民几无往来，不知牧畜，惟恃捕取罗布淖尔之鱼介为食；人数无确计，度不过数百人而已。罗布淖尔在南疆大戈壁之一端，塔里木河注入之。此一带为其他民族所不到，故此小小部落尚能自生自息，保留其原始状态。

游牧民族多喜养狗，盖警卫羊群、管束羊群皆有赖于狗；而庞大之骆驼中亦有狗若干头，任巡哨纠察之责。新省之游牧民族既多自他处移来，来时携狗自随，是故新省之狗种类亦甚多。大概而言，有蒙古种、西藏种、各式中亚种及此诸种之混血种；凡此皆为帮人办事的狗。再加以汉族人豢畜供玩弄之叭儿种，形形色色，不可究诘。我尝戏谓狗与甜瓜（香瓜）在新省种类之多，恐甲于全国。

迪化人家，几乎家家有狗。此种狗，半为供玩弄而豢养。自南梁（即南郊）到城门之一段路上，群狗竟分段而"治"。倘有他段之狗走过其"地盘"，必群起而吠逐之，直至其垂尾逃出"界线"而后已。因此，狗的行动范围颇受限制，除非跟了主人同走。然此种无理取闹的狗们都为叭儿种或其混血种，至于禀有"帮人办事"的天性的猎狗类族，则无此习气。

野羊又名黄羊，毛直而长，佳者可以羼入狐坎中混充狐之腹皮。黄羊跳走甚速，在无边之戈壁滩上，虽小跑车亦不能追及之。黄羊肉又甚鲜美，猎黄羊须用合围之法，侦得其群居之处，四面包围击之；若二三人出猎，往往不能有所得。盖黄羊甚为机警，目力甚好，人在二三里外，黄羊即见之。

十四

迪化是省会，饮食娱乐之事自然是五花八门的了。汉族人开的酒馆，大抵是混合了山东、陕西、天津各帮烹调的手法，可以"北方菜"目之，然厨子则多甘肃籍。城里有一家自称"川菜馆"的，据试过的人说，毫无川菜风味；或亦可说，仅在菜单上看得见川菜风味。至于官场大宴会，倘用中菜，还是"北方味"的馆子来承办。可异者竟有烧烤乳猪，而且做得很好。但挂炉烤鸭子则从未见过，简直绝对不用鸭子，有时用鹅。冷盆极多，倘是一席头等的菜，所用冷盆多至二三十个，圆桌面上排成一圈。这许多冷盆，例必杂拌而食之，故有一大盘居中，为拌菜之用。冷盆中又必有"龙须菜"一味，此为海菜。亦有海参，则为苏联货。有鱼翅。此外各种海味则因抗战后来源断绝，已不多见。乌鲁木齐河中产一种鱼，似属鲇鱼一类，尚为鲜美，此为迪化唯一可得之鲜鱼。

"汉菜"而外，有清真教门馆与俄国式西菜。后者与上海、香港所见俄国菜并无大异，冷盆多用罐头，则因材料缺乏之故，惟马肠子则为特色。至于清真馆子，并非一味吃羊肉，名贵之

"全羊席"实仅有一整只之乳羊，亦有鱼翅，但因杂有羊肉汤，故不甚佳。内地教门馆中常见之几种拿手菜，在迪化之教门馆中殊不可见。

娱乐之事，除各种晚会外，惟有电影与旧戏。电影院皆为各族文化促进会所办之俱乐部所附设，苏联片为多，国产片仅有抗战前的老片子偶有到者。

旧戏园有五六家，在城内，主要是演秦腔，亦有不很纯粹之皮黄。故李主席寿辰，曾在省府三堂演旧戏；据说这是迪化最好的班子，最有名的角儿，所演为皮黄，但我这外行人看来，也已觉得不是那么一回事。汉族小市民喜听秦腔，城内几家专演秦腔的戏园长年门庭如市。据说此等旧戏园每三四十分钟为一场，票价极低，仅省票（新省以前所通用之银票，今已废）五十两（当时合国币一分二厘五）；无座位，只能站着看，屋小，每场容百余人即挤得不亦乐乎。隆冬屋内生火，观戏者每每汗流浃背；幸而每场只得三四十分钟，不然，恐怕谁亦受不住的。电影票价普通是五毛、三毛两种，座位已颇摩登。然因所映为苏联有声片，又无翻译，小市民自难发生兴味，观众多为学生与公务人员。

电影院、戏园皆男女分座，此因新省一般民众重视男女之别之封建的礼仪也。但另一方面，迪化汉族小市民之妇女实已相当"解放"。妇女上小茶馆交男友，视为故常。《新疆日报》上离婚启事日有数起，法案判离婚案亦宽，可谓离婚相当自由。此等离婚事件之双方，大都为在戏园中分坐之小市民男女，这也是一个有趣的对照。归化族（即白俄来归者）之妇女尤为

"解放",浪漫行动时有所闻。但维吾尔、哈萨克等族之妇女就不能那么自由了,因为伊斯兰教义是不许可的。

1942 年 8 月

(《见闻杂记》)

沈从文（1902—1988），"乡土文学之父"，20世纪中国最优秀的作家之一。幼时顽劣，所受正规教育仅为小学。1916年参加预备兵技术班。1924年边断断续续在北京大学旁听课程，边学习写作并向报刊投稿；同年底发表处女作《一封未曾付邮的信》。后依次在中国公学、西南联大、北京大学任教。著有《石子船》《从文小说习作选》等30多种短篇小说集，《边城》《长河》等6部中长篇小说，以及《中国古代服饰研究》《中国丝绸图案》等学术著作。

沅陵的人

沈从文

由常德到沅陵，一个旅行者在车上的感触，可以想象得到，第一是公路上并无苗人，第二是公路上很少听说发现土匪。

公路在山上与山谷中盘旋转折虽多，路面却修理得异常良好，不问晴雨都无妨车行。公路上的行车安全的设计，可看出负责者的最大努力。旅行的很容易忘了车行的危险，乐于赞叹自然风物的美秀。在自然景致中见出宋院画的神采奕奕处，是太平铺过河时入目的光景。溪流萦回，水清而浅，在大石细沙间漱流。群峰竞秀，积翠凝蓝，在细雨中或阳光下看来，颜色真无可形容。山脚下一带树林，一些俨如有意为之布局恰到好处的小小房子，绕河洲树林边一湾溪水，一道长桥，一片烟。香草山花，随手可以掇拾。《楚辞》中的山鬼、云中君，仿佛如在眼前。上官庄的长山头时，一个山接一个山，转折频繁处，

神经质的妇女与懦弱无能的男子，会不免觉得头目晕眩。一个
常态的男子，便必然对于自然的雄伟表示赞叹，对于数年前裹
粮负水来在这高山峻岭修路的壮丁表示敬仰和感谢。这是一群
默默无闻、沉默不语，真正的战士！每一寸路都是他们流汗做
成的。他们有的从百里以外小乡村赶来，沉沉默默地在派定地
方担土、打石头，三五十人弓着腰肩共同拉着个大石礅子碾压
路面，淋雨，挨饿，忍受各式各样虐待，完成了分派到头上的
工作。把路修好了，眼看许多的各色各样、希奇古怪的物件吼
着叫着走过了，这些可爱的乡下人知道事情业已办完，笑笑的，
各自又回转到那个想象不到的小乡村里过日子去了。中国几年
来一点点建设基础，就是这种无名英雄做成的。他们什么都不
知道，可是所完成的工作却十分伟大。

　　单从这条公路的坚实和危险工程看来，就可知道湘西的民
众，是可以为国家完成任何伟大理想的。只要领导有人，交付
他们更困难的工作，也可望办得很好。

　　看看沿路山坡桐茶树木那么多，桐茶山整理得那么完美，
我们且会明白这个地方的人民，即或无人领导，关于求生技术，
各凭经验在不断努力中，也可望把地面征服，使生产增加。

　　只要在上的不过分苛索他们，鱼肉他们，这种勤俭耐劳的
人民就不至于铤而走险，发生问题。可是若到任何一个停车处，
试同附近乡民谈谈，我们就知道那个"过去"是种什么情形了。
任何捐税，乡下人都有一份，保甲在糟蹋乡下人这方面的努力，
"成绩"真极可观！然而促成他们努力的动机，却是照习惯把所

得缴一半，留一半。然而负责的注意到这个问题时，就说"这是保甲的罪过"，从不认为是"当政的耻辱"。负责者既不知如何负责，因此使地方进步永远成为一种空洞的理想。

然而这一切都不妨说已经成为过去了。

车到了官庄交车处，一列等候过山的车辆，静静地停在那路旁空阔处，说明这公路行车秩序上的不苟。虽在军事状态中，军用车依然受公路规程辖制，不能占先通过，此来彼往，秩序井然。这条公路的修造与管理统由一个姓周的工程师负责。

车到了沅陵，引起我们注意处，是车站边挑的、抬的、负荷的、推挽的，全是女子。凡其他地方男子所能做的劳役，在这地方统由女子来做。公民劳动服务也还是这种女人。公路车站的修成，就有不少女子参加，工作既敏捷，又能干。女权运动者在中国二十年来的运动，到如今在社会上露面时，还是得用"夫人"名义来号召，并不以为可羞。而且大家都集中在大都市，过着一种腐败生活。比较起这种女劳动者把流汗和吃饭打成一片的情形，不由得我们不对这种人充满尊敬与同情。

这种人并不因为终日劳作就忘记自己是个妇女，女子爱美的天性依然还好好保存。胸口前的扣花装饰，裤脚边的扣花装饰，是劳动得闲在茶油灯光下做成的（围裙扣花工作之精和设计之巧，外路人一见无有不交口称赞）。这种妇女日常工作虽不轻松，衣衫却整齐清洁。有的年纪已过了四十岁，还与同伴竞争兜揽生意。两角钱就为客人把行李背到河边渡船上，跟随过渡，到达彼岸，再为背到落脚处。外来人到河码头渡船边时，不免十分惊讶，好一片水！好一座小小山城！尤其是那一排渡船，船上的水手，一眼看去，几乎又全是女子。过了河，进得城门，向长街走走，就可见到卖菜的、卖米的、开铺子的、做银匠的，无一不是女子。再没有另一个地方女子对于参加各种事业、各种生活，做得那么普遍那么自然了。看到这种情形时，真不免令人发生疑问：一切事儿几乎都由女子来办，如《镜花缘》一书上的女儿国现象了。本地的男子，是出去打仗，还是在家纳福看孩子？

不过一个旅行者自觉已经来到辰州时，兴味或不在这些平常问题上。辰州地方是以辰州符驰名的，辰州符的传说奇迹中又以赶尸著闻。公路在沅水南岸，过北岸城里去，自然盼望有机会弄明白一下这种老玩意儿。

可是旅行者这点好奇心会受打击。多数当地人对于辰州符都莫名其妙，且毫无兴趣，也不怎么相信。或许无意中会碰着一个"大"人物，体魄大，声音大，气派也好像很大。他不是姓张，就是姓李（他应当姓李！一个典型市侩，在商会任职，以善于吹拍混入行署任名誉参议），会告你，辰州符的灵迹，就是用刀把一只鸡颈脖割断，把它重新接上，嗫一口符水，向地下抛去，这只鸡即刻就会跑去！撒一把米到地上，这只鸡还居然赶回来吃米！你问他："这事曾亲眼见过吗？"他一定说："当真是眼见的事。"或许慢慢地想一想，你便也会觉得同样是在什么地方亲眼见过这件事了。原来五十年前的什么书上，就这么说过的。这个大人物是当地著名会说大话的。世界上事什么都好像知道得清清楚楚，只不大知道自己说话是假的还是真的，是书上有的还是自己造作的。多数本地人对于"辰州符"是个什么东西，照例都不大明白的。

对于赶尸传说呢，说来实在动人。凡受了点新教育，血里骨里还浸透原人迷信的外来新绅士，想满足自己的荒唐幻想，到这个地方来时，总有机会温习一下这种传说。绅士、学生、旅馆中人，俨然因为生在当地，便负了一种不可避免的义务，又如为一种天赋的幽默同情心所激发，总要把它的神奇处重述一番。或说朋友亲戚曾亲眼见过这种事情，或说曾有谁被赶回来。其实他依然和客人一样，并不明白，也不相信，客人不提起，他是从不注意这个问题的。客人想"研究"它（我们想象得出有许多人是乐于研究它的），最好还是看《奇门遁甲》，这部书或者对他有一点帮助，本地人可不会给他多少帮助。本地人虽乐于答复这一类傻不可言的问题，却不能说明这事情的真实性。就中有个"有道之士"，姓阙，当地人统称之为阙五老，年纪将近六十岁，谈天时精神犹如一个小孩子。据说十五岁时就远走云贵，跟名师学习过这门法术。做法时口诀并不希奇，不过是念文天祥的《正气歌》罢了。死人能走动便受这种歌词的影响。辰州符主要的工具是一碗水。这个有道之士家中神主前便陈列了那么一碗水，据说已经有了三十五年，碗里水减少时就加添一点。一切病痛统由这一碗水解决，一个死尸的行动，也得用水迎面的一喷。这水且能由昏浊与沸腾表示预兆，有人需要帮忙或卜家事吉凶的预兆，登门造访者若是一个读书人，一个假洋人教授，他把这一碗水的妙用形容得将更惊心动魄。使他舌底翻莲的原因，或者是他自己十分寂寞，或者是对于客人具有天赋同情，所以常常把书上没有的也说到了。客人要老老实实发问："五老，那你看过这种事了？"他必装作很认真神气说："当然的。我还亲自赶过！那是我一个亲戚，在云南做官，死在任上。赶回湖南，每天为死者换新草鞋一双，到得湖南时，死人脚指头全走脱了。只是功夫不练就不灵，早丢下了。"至于为什么把它丢下，可不说明。客人目的在"表演"，主人用意在"故神其说"，末后自然不免使客人失望。不过知道了这玩意儿是读《正气歌》作口诀，同儒家居然大有关系时，也不无所得。关于赶尸的传说，这位有道之士可谓集其大成，所以值得找方便去拜访一次。他的住处在上西关，一问即可知道。可是一个读书人也许从那有道之士伏尔泰风格的微笑，伏尔泰风格的言谈，会看出另外一种无声音的调笑："你外来的书呆子，世界上事你知道许多，可是书本不说，另外还有许多就不知道了。用《正气歌》赶走了死尸，你充满好奇的关心，你这个活人，是被什么邪气歌赶到我这里来？"那时他也许正坐在他的杂货铺里面（他是隐于医与商的），忽然用手指着街上一个长头发的男子说："看，疯子！"那真是个疯子，沅陵地方唯一的疯子。可是他的语气也许指的是你拜访者。你自己试想想看，为了一种流行多年的荒唐传说，充满了好奇心来拜访一个透熟人生的人，问他死了的人用什么方法赶上路，你用意说不定还想拜老师，学来好去外国赚钱出名，至少也弄得个哲学博士回

国，再来用它骗中国学生，在他饱经世故的眼中，你和疯子的
行径有多少不同！

这个人的言谈，倒真是一种杰作，三十年来当地的历史，
在他记忆中保存得完完全全，说来时庄谐杂陈，实在值得一听。
尤其是对于当地人事所下批评，尖锐透人，令人不由得不想起
法国那个伏尔泰。

至于辰砂的出处，出产地离辰州还远得很，远在三百里外
凤凰县的苗乡猴子坪。

凡到过沅陵的人，在好奇心失望后，依然可从自然风物的
秀美上得到补偿。由沅陵南岸看北岸山城，房屋接瓦连椽，较
高处露出雉堞，沿山围绕，丛树点缀其间，风光入眼，实不俗
气。由北岸向南望，则河边小山间，竹园、树木、庙宇、高塔、
民居，仿佛各个都位置在最适当处。山后较远处群峰罗列，如
屏如障，烟云变幻，颜色积翠堆蓝。早晚相对，令人想象其中
必有帝子天神，驾螭乘蜺，驰骤其间。绕城长河，每年三四月
春水发后，洪江油船颜色鲜明，在摇橹歌呼中连翻下驶。长方
形大木筏，数十精壮汉子，各据筏上一角，举桡激水，乘流而
下。就中最令人感动处，是小船半渡，游目四瞩，俨然四围是
山，山外重山，一切如画。水深流速，弄船女子腰腿劲健，胆
大心平，危立船头，视若无事。同一渡船，大多数都是妇人，
划船的是妇女，过渡的也是妇女较多。有些卖柴卖炭的，来回
跑五六十里路，上城卖一担柴，换两斤盐，或带回一点红绿纸
张同竹篾做成的简陋船只、小小香烛。问她时，就会笑笑地回

答："拿回家去做土地会。"你或许不明白土地会的意义，事实上就是酬谢《楚辞》中提到的那种云中君——山鬼。这些女子一看都那么和善，那么朴素，年纪四十以下的，无一不在胸前土蓝布或葱绿布围裙上绣上一片花，且差不多每个人都是别出心裁，把它处置得十分美观，不拘写实或抽象的花朵，总那么妥帖而雅相。在轻烟细雨里，一个外来人眼见到这种情形，必不免在赞美中轻轻叹息。天时常常是那么把山和水和人都笼罩在一种似雨似雾使人微感凄凉的情调里，然而却无处不可以见出"生命"在这个地方有光辉的那一面。

外来客会自然有个疑问发生：这地方一切事业女人都有份，而且像只有"两截穿衣"的女子有份，男子到哪里去了呢？

在长街上我们固然时常可以见到一对少年夫妻，女的眉毛俊秀，鼻准完美，穿浅蓝布衣，用手指粗银链系扣花围裙，背小竹笼。男的身长而瘦，英武爽朗，肩上扛了各种野兽皮向商人兜卖，令人一见十分惊诧。可是这种男子是特殊的，是出了钱得到免役的瑶族。

男子大部分都当兵去了。因兵役法的缺陷，和执行兵役法的中间层保甲制度人选不完善，逃避兵役的也多，这些壮丁抛下他的耕牛，向山中走，就去当匪。匪多的原因，外来官吏苛索实为主因。乡下人照例都愿意好好活下去，官吏的老式方法居多是不让他们那么好好活下去。乡下人照例一入兵营就成为一个好战士，可是办兵役的，却觉得如果人人都乐于应兵役，就毫无利益可图。土匪多时，当局另外派大部队伍来"维持治安"，守在几个城区，别的不再过问。分布乡下的土匪得了相当武器后，在报复情绪下就是对公务员特别不客气，凡搜刮过多的外来人，一落到他们手里时，必然是先将所有的得到，再来取那个"命"。许多人对于湘西民或匪都留下一个特别蛮悍嗜杀的印象，就由这种教训而来。许多人说湘西有匪，许多人在湘西虽遇匪，却从不曾遭遇过一次抢劫，就是这个原因。

一个旅行者若想起公路就是这种蛮悍不驯的山民或土匪，在烈日和风雪中努力做成的，乘了新式公共汽车由这条公路经过，既感觉公路工程的伟大结实，到得沅陵时，更随处可见妇人如何认真称职，用劳力讨生活，而对于自然所给的印象，又如此秀美，不免感慨系之。这地方神秘处原来在此而不在彼。人民如此可用，景物如此美好，三十年来牧民者来来去去，新陈代谢，不知多少，除认为"蛮悍"外，竟别无发现。外来为官作宦的，回籍时至多也只有把当地久已消灭无余的各种画符捉鬼荒唐不经的传说，在茶余酒后向陌生者一谈。地方真正好处不会欣赏，坏处不能明白。这岂不是湘西的另一种神秘？

沅陵算是个湘西受外来影响较久较大的地方。城区教会的势力，造成一批吃教饭的人物，蛮悍性情因之消失无余，代替而来的或许是一点青年会办事人的习气。沅陵又是沅水几个支流货物转口处，商人势力较大，以利为归的习惯，也自然很影响到一些人的打算行为。沅陵位置在沅水流域中部，就地形言，自为内战时代必争之地。因此麻阳县的水手，一部分登陆以后，便成为当地有势力的小贩。凤凰县屯垦子弟兵官佐，留下住家的，便成为当地有产业的客居者。慷慨好义，负气任侠，楚人中这类古典的热诚，若从当地人寻觅无着时，还可从这两个地方的男子中发现。一个外来人，在那山城小石板做成的一道长街上，会为一个矮小、瘦弱，眼睛又不明，听觉又不聪，走路时匆匆忙忙，说话时结结巴巴，那么一个平常人引起好奇心。说不定他那时正在大街头为人排难解纷，说不定他的行为正需要旁人排难解纷！他那样子就古怪，神气也古怪。一切像个乡下人，像个官能为嗜好与毒物所毁坏，心灵又十分平凡的人。可是应当找机会去同他熟一点，谈谈天；应当想办法更熟一点，跟他向家里走（他的家在一个山上。那房子是沅陵住户地位最好、花木最多的）。如此一来，结果你会接触一点很新奇的东西，一种混合古典热诚与近代理性在一个特殊环境特殊生活里培养成的心灵。你自然会"同情"他，可是最好倒是"信托"他。他需要的不是同情，因为他成天在同情他人，为他人设想帮忙尽义务，来不及接受他人的同情。他需要人信托，因为他那种古典的做人的态度，值得信托。同时他的性情充满了一种天真的爱好，他需要信托，为的是他值得信托。他的视觉同听觉都毁坏了，心和脑可极健全。凤凰屯垦兵子弟中出壮士，体力胆气两方面都不弱于人。这个矮小瘦弱的人物，虽出身世代武人的家庭中，因无力量征服他人，失去了做军人的资格。可是那点有遗传性的军人气概，却征服了他自己，统制自己，改造自己，成为沅陵县一个顶可爱的人。他的名字叫作"大先生"或"大大"，一个古怪到家的称呼。商人、妓女、屠户，教会中的牧师和医生，都这样称呼他。到沅陵去的人，应当认识认识这位大先生。

沅陵县沿河下游四里路远近，河中心有个洲岛，周围高山四合，名"合掌洲"，名目与情景相称。洲上有座庙宇，名"和尚洲"，也还说得去。但本地的传说却以为是"合涨洲"，因为水涨河面宽，淹不着，为的是洲随河水起落！合掌洲有个白塔，由顶到根雷劈了一小片，本地人以为奇，并不足奇。河南岸村名黄草尾，人家多在橘柚林里，橘子树白华朱实，宜有小腰白齿出于其间。一个种菜园的周家，生了四个女儿，最小的一个四妹，人都呼为夭妹，年纪十七岁，许了个成衣店学徒，尚未圆亲。成衣店学徒积蓄了整年工钱，打了一副金耳环给夭妹，女孩子就戴了这副金耳环，每天挑菜进东门城卖菜，因为性格好繁华，人长得风流俊俏，一个东门大街的人都知道卖菜的周家夭妹。

因此县里的机关中办事员，保安司令部的小军佐，和商店中小开，下黄草尾玩耍的就多起来了。但不成，肥水不落外人田，有了主子。可是"人怕出名猪怕壮"，夭夭的名声传出去了，水上划船人全都知道周家夭夭。去年（一九三七年）冬天一个夜里，忽然来了四百武装喽啰攻打沅陵县城，在城边响了一夜枪，到天明以前，无从进城，这一伙人依然退走了。这些人本来目的也许就只是在城外打一夜枪。其中一个带队的称团长，却带了兄弟伙到夭妹家里去拍门。进屋后别的不要，只把这女孩子带走。

女孩子虽又惊又怕，还是从容地说："你抢我，把我箱子也抢去，我才有衣服换！"

带到山里去时那团长问："夭夭，你要死，要活？"

女孩子想了想，轻声地说："要死。你不会让我死。"

团长笑了："那你意思是要活了！要活就嫁我，跟我走。我把你当官太太，为你杀猪杀羊请客，我不负你。"

女孩子看看团长，人物实在英俊标致，比成衣店学徒强多了，就说："人到什么地方都是吃饭，我跟你走。"

于是当天就杀了两个猪，十二只羊，一百对鸡鸭，大吃大喝大热闹，团长和夭妹结婚。女孩子问她的衣箱在什么地方，待把衣箱取来打开一看，原来全是预备陪嫁的！英雄美人，可谓美满姻缘。过三天后，那团长就派人送信给黄草尾种菜的周老夫妇，称岳父岳母，报告夭妹安好，不用挂念。信还是用红帖子写的，词句华而典，师爷的手笔。还同时送来一批礼物！老夫妇无话可说，只苦了成衣店那个学徒，坐在东门大街一家铺子里，一面裁布条子做纽袢，一面垂泪。

这也可说是沅陵县人物之一型。

至于住城中的几个年高有德的老绅士，那倒正像湘西许多县城里的正经绅士一样，在当地是很闻名的；庙宇里照例有这种名人写的屏条，名胜地方照例有他们题的诗词。儿女多受过良好教育，在外做事。家中种植花木，蓄养金鱼和雀鸟，门庭规矩也很好。与地方关系，却多如显克微支在他《炭画》那本书里所说的贵族，凡事取"不干涉主义"。因为名气大，许多不相干的捐款，不相干的公事，不相干的麻烦，不会上门。乐得在家纳福，不求闻达，所以也不用有什么表现。对于生活劳苦认真，既不如车站边负重妇女生命活跃，也不如卖菜的周家夭妹，然而日子还是过得很好，这就够了。

由沅水下行百十里到沅陵属边境地名柳林岔——就是湘西出产金子，风景又极美丽的柳林岔。那地方过去一时也有个人，很有意思。这个人据说母亲貌美而守寡，住在柳林岔镇上。对河高山上有个庙，庙中住下一个青年和尚，诚心苦修。寡妇因爱慕和尚，每天必借烧香为名去看看和尚，二十年如一日。和尚诚心苦修，不做理会，也同样二十年如一日。儿子长大后，慢慢地知道了这件事。儿子知道后，不敢规劝母亲，也不能责怪和尚，唯恐母亲年老眼花，一不小心，就会堕入深水中淹死。又见庙宇在一个圆形峰顶，攀援实在不容易。因此特意雇定一百石工，在临河悬崖上开辟一条小路，仅可容足。更找一百铁工，制就一条粗而长的铁链索，固定在上面，作为援手工具。又在两山间造一拱石头桥，上山顶庙里时就可省一大半路。这些工作进行时自己还参加，直到完成。各事完成以后，这男子就出远门走了，一去再也不回来了。

这座庙，这个桥，濒河的黛色悬崖上这条人工凿就的古怪道路，路旁的粗大铁链，都好好地保存在那里，可以为过路人见到。凡上行船的纤手，还必须从这条路把船拉上滩。船上人都知道这个故事。故事虽还有另一种说法，以为一切是寡妇所修的，为的是这寡妇……总之，这是一个平常人为满足他的某种心愿而完成的伟大工程。这个人早已死了，却活在所有水上人的记忆里。传说和当地景色极和谐，美丽而微带忧郁。

沅水由沅陵下行三十里后即滩水连接，白溶、九溪、横石、青浪……就中以青浪滩最长，石头最多，水流最猛。顺流而下时，四十里水路不过二十分钟可完事，上行船有时得一整天。

青浪滩滩脚有个大庙，名伏波宫，敬奉的是汉老将马援。行船人到此必在庙里烧纸献牲。庙宇无特点，不出奇。庙中屋角树梢栖息的红嘴红脚小小乌鸦成千累万，遇下行船必飞往接船送船，船上人把饭食糕饼向空中抛去，这些小黑鸟就在空中接着，把它吃了。上行船可照例不光顾。虽上下船只极多，这小东西知道向什么船可发利市，什么船不打抽丰。船夫说这是马援的神兵，为迎接船只的神兵，照老规矩，凡伤害的必赔一大小相等银乌鸦，因此从不会有人敢伤害它。

几件事都是人的事情，与人生活不可分，却又杂糅神性和魔性。湘西的传说与神话，无不古艳动人，同这样差不多的还很多。湘西的神秘，和民族性的特殊大有关系。历史上"楚"人的幻想情绪，必然孕育在这种环境中，方能滋长成为动人的诗歌。想保存它，同样需要这种环境。

1940 年 11 月 10 日校

（《湘行散记》）

沈从文（1902—1988），"乡土文学之父"，20世纪中国最优秀的作家之一。幼时顽劣，所受正规教育仅为小学。1916年参加预备兵技术班。1924年边断断续续在北京大学旁听课程，边学习写作并向报刊投稿；同年底发表处女作《一封未曾付邮的信》。后依次在中国公学、西南联大、北京大学任教。著有《石子船》《从文小说习作选》等30多种短篇小说集，《边城》《长河》等6部中长篇小说，以及《中国古代服饰研究》《中国丝绸图案》等学术著作。

常德的船

沈从文

常德就是武陵，陶潜的《搜神后记》上《桃花源记》说的渔人老家，应当摆在这个地方。德山在对河下游，离城市二十余里，可说是当地唯一的山。汽车也许停德山站，也许停县城对河另一站。汽车不必过河，车上人却不妨过河，看看这个城市的一切。地理书上告给人说这里是湘西一个大码头，是交换出口货与入口货的地方。桐油、木料、牛皮、猪肠子和猪鬃毛，烟草和水银，五倍子和鸦片烟，由川东、黔东、湘西各地用各色各样的船只装载到来。这些东西全得由这里转口，再运往长沙、武汉的。子盐、花纱、布匹、洋货、煤油、药品、面粉、白糖，以及各种轻工业日用消耗品和必需品，又由下江轮驳运到，也得从这里改装，再用那些大小不一的船只，分别运往沅水各支流上游大小码头去卸货的。市上多的是各种庄号。各种庄号上的坐庄人，便在这种情形下成天如一个磨盘，一种机械，为职务来回忙。邮政局的包裹处，这种人进出最多。长途电话的营业处，这种坐庄人是最大主顾。酒席馆和妓女的生意，靠这种坐庄人来维持。

除了这种繁荣市面的商人，此外便是一些寄生于湖田的小地主，做过知县的小绅士，各县来的男女中学生，以及外省来的参加这个市面繁荣的掌柜、伙计、乌龟、王八。全市人口过十万，街道延长近十里，一个过路人到了这个城市中时，便会明白这个湘西的咽喉真如所传闻，地方并不小。可是却想不到这咽喉除吐纳货物和原料以外，还有些什么东西。做这种吐纳工作，责任大，工作忙，性质杂，又是些什么人？假若一旦没有了他们，这城市会不会忽然成为河边一个废墟？这种人照例触目可见，水上城里无一不可以碰头，却又最容易为旅行者所疏忽。我想说的是真正在控制这个咽喉，支配沅水流域的几万船户。

这个码头真正值得注意、令人惊奇处，实也无过于船户和他所操纵的水上工具了。要认识湘西，不能不对他们先有一种认识；要欣赏湘西地方民族特殊性，船户是最有价值材料之一种。

一个旅行者理想中的武陵，渔船应当极多。到了这里一看，才知道水面各处是船只，可是却很不容易发现一只渔船。长河两岸浮泊的大小船只，外行人一眼看去，只觉得大同小异，事实上形制复杂不一，各有个性，代表了各个地方的个性。让我们从这方面来多知道一点点，对于我们也许有些便利处。

船只最触目的三桅大方头船，这是个外来客，由长江越湖来的，运盐是它主要的职务；它大多数只到此为止，不会向沅水上游走去。普通人叫它作"盐船"，名实相副。船家叫它作"大鳅鱼头"，《金陀粹编》上载岳飞在洞庭湖水擒杨幺故事，这名字就见于记载了，名字虽俗，来源却很古。这种船只大多数是用乌油漆过，所以颜色多是黑的。这种船按季候行驶，因为要大水大风方能行动。杜甫诗上描绘的"洋洋万斛船，影若扬白虹"，也许指的就是这种水上东西。

比这种盐船略小，有两桅或单桅，船身异常秀气，头尾突然收敛，令人入目起尖锐印象，全身是黑的，名叫"乌江子"。它的特长是不怕风浪，运粮食越湖。它是洞庭湖上的竞走选手，形体结构上的特点是桅高，帆大，深舱，锐头。盖舱篷比船身小，因为船舷外还有护舱板。弄船人同船只本身一样，一看很干净，秀气斯文。行船既靠风，上下行都使帆，所以帆多整齐。船上用的水手不多，仅有的水手会拉篷，摇橹，撑篙，不会荡桨——这种船上便不常用桨。放空船时妇女还可代劳掌舵。这种船间或也沿河上溯，数目极少，船身材料薄，似不宜于冒险。这种船在沅水流域也算是外来客。

在沅水流域行驶，表现得富丽堂皇，气象不凡，可称为巨无霸的船只，应当数"洪江油船"。这种船多方头高尾，颜色鲜明，间或且有一点金漆装饰。尾梢有舵楼，可以安置家眷。大船下行可载三四千桶桐油，上行可载两千件棉花，或一票食盐；

用橹手二十六人到四十人，用纤手三十人到六七十人；必待春水发后方上下行驶，路线系往返常德和洪江。每年水大至多上下三五回，其余大多时节都在休息中，成排结队停泊河面，俨然是河上的主人。船主照例是麻阳人，且照例姓滕，善交际，礼数清楚，常与大商号中人拜把子，攀亲家。行船时站在船后檀木舵把边，庄严中带点从容不迫神气，口中含了个竹马鞭短烟管，一面看水，一面吸烟。遇有身份的客人搭船，喝了一杯酒后，便向客人一五一十叙述这只油船的历史，载过多少有势力的军人、阔佬，或名驰沅水流域的妓女。换言之，就是这只船与当地"历史"发生多少关系！这种船只上的一切东西，无一不巨大坚实。船主的装束在船上时看不出什么特别处，上岸时却穿长袍（下脚过膝三四寸），罩青羽绫马褂，戴呢帽或小缎帽，佩小牛皮抱肚，用粗大银链系定，内中塞满了银元。穿生牛皮靴子，走路时踏得很重。个子高高的，瘦瘦的，有一双大手，手上满是黄毛和青筋；会喝酒，打牌，且豪爽大方，吃花酒应酬时，大把银元钞票从抱肚掏出，毫不吝啬。水手多强壮勇敢，眉目精悍，善唱歌、泅水、打架、骂野话。下水时如一尾鱼，上岸接近妇人时像一只小公猪。白天弄船，晚上玩牌，同样做得极有兴致。船上人虽多，却各有所事，从不紊乱。舱面永远整洁如新。拔锚开头时，必擂鼓敲锣，在船头烧纸烧香，煮白肉祭神，燃放千子头鞭炮，表示人神和乐，共同帮忙，一路福星。在开船仪式与行船歌声中，使人想起两千年前《楚辞》发生的原因，现在还好好地保留下来，今古如一。

比洪江油船小些，形式仿佛也较笨拙些（一般船只用木板做成，这种船竟像用木柱做成），平头大尾，一望而知船身十分坚实，有斗拳师的神气，名叫"白河船"。白河即酉水的别名。这种船只即行驶于沅水由常德到沅陵一段，酉水由沅陵到保靖一段。酉水滩流极险，船只必经得起磕撞。船只必载重方能压浪，因此尾部如臀，大而圆。下行时在船头缚大木桡一两把。木桡的用处是船只下滩，转头时比舵切于实际。照水上人俗谚说："三桨不如一篙，三橹不如一桡。"桡读作招。酉水浅而急，不常用橹，篙桨用处多，因此篙多特别长大，桨较粗硕，肥而短。船篷用粽子叶编成，不涂油。船主多永顺、保靖人，姓向姓王姓彭占多数。酉水河床窄，滩流多，为应付自然，弄船人所需要的勇敢能耐也较多。行船时常用相互诅骂代替共同唱歌，为的是受自然限制较多，脾气比较坏一点。酉水是传说中古代藏书洞穴所在地，多的是高大宏敞，充满神秘的洞穴。由沅陵起到酉阳止，沿酉水流域的每个县分总有几个洞穴。可是如沅陵的大酉洞、二酉洞，保靖的狮子洞，酉阳的龙洞，这些洞穴纵有书籍也早已腐烂了。到如今这条河流最多的书应当是宝庆纸客贩卖的石印本历书，每一条船上照例都有一本"皇历"。船家禁忌多，历书是他们行动的宝贝。河水既容易出事情，个人想减轻责任，因此凡事都俨然有天作丯，由天处理，照书行事，比较心安，也少纠纷，船只出事时有所借口。酉水流域每个县分的船只，在形式上又各不相同，不过这些小船不出白河，在常德能看到的白河油船，形体差不多全是一样。

沅水中部的辰谿县，出白石灰和黑煤，运载这两种东西的本地船叫作"辰谿船"，又名"广舶子"。它的特点和上述两种船只比较起来，显得材料脆薄而缺少个性。船身多是浅黑色，形状如土布机上的梭子，款式都不怎么高明。下行多满载这些不值钱的货，上行因无回头货便时常放空。船身脏，所运货又少时间性，满载下驶，危险性多，搭客不欢迎，因之弄船人对于清洁、时间就不甚关心。这种船上的席篷照例是不大完整的，布帆是破破碎碎的，给人印象如同一个破落户。弄船人因闲而懒，精神多显得萎靡不振。

洞河（即泸溪）发源于乾城苗乡大小龙洞和凤凰苗乡鸟巢河。两条小河在乾城县的所里相汇。向东流，到泸溪县，方和沅水同流，在这条河里的船就叫"洞河船"。河源主流由苗乡两个洞穴中流出，河床是乱石底子，所以水质特别清，水性特别猛。船身必须从撞磕中挣扎，河身既小，船身也较轻巧。船舷低而平，船头窄窄的。在这种船上水手中，我们可以发现苗人。不过见着他时我们不会对他有何惊奇，他也不会对我们有何惊奇。这种人一切和别的水上人都差不多，所不同处，不过是他那点老实、忠厚、纯朴、戆直性情——原人的性情，因为住在山中，比城市人保存得多点罢了。乾城人极聪明文雅，小手小脚小身材，唱山歌时嗓子非常好听，到码头边时，可特别沉默安静。船只太小了，不常有机会到这大码头边靠船。这种船停泊在河面时似乎很羞怯，正如水手们上街时一样羞怯。

乾城用所里做本县吐纳货物的水码头。地方虽不大，小小石头城却很整齐干净，且出了几个近三十年来历史上有名姓的人物。段祺瑞时代的陆军总长傅良佐将军，是生长在这个小县城里的。东北军宿将，国内当前军人中称战术权威的杨安铭将军，也是这地方人。

在河上显得极活动，极有生气，而且数量极多的，是普通的中型"麻阳船"。这种船头尾高举，秀拔而灵便。这种船只的出处是麻阳河（即辰谿）。每只船上都可见到妇人、孩子、童养媳。弄船人一面担负商人委托的事务，一面还担负上帝派定的工作，两方面都异常称职。沅水流域的转运事业，大多数由这地方人支配，人口繁荣的结果，且因此在常德城外多了一条麻阳街。"一切成功都必须争斗"，这原则也可用作麻阳街的说明。据传说，这条街是个姓滕的水手滕老九双拳打出来的。我们若有兴趣特意到那条街上走走，可知道开小铺子的，做理发店生意的，卖船上家伙的，经营不用本钱最古职业的，全是麻阳乡亲，我们就会明白，原来参加这种争斗，每人都有一份。麻阳人的精力绝伦处，或者与地方出产有点关系。麻阳出各种橘子，糯米也极好，做甜酒特别相宜。人口加多，船只也越来越多，因此沅水水面的世界，一大半是麻阳人占有的，大凡船只停靠处，都有叫"乡亲"的麻阳人。乡亲所得的便利极多，平常外乡人，坐船时于是都叫麻阳人作"乡亲"。乡亲的特点是面目精悍而性情快乐，做水手的都能吃，能做，能喝，能打架。船主上岸时必装扮成为一个小乡绅，如驾洪江油船的大老板一样穿袍穿褂，着生牛皮盘云长统钉靴，戴有皮封耳的毡帽或博士帽，手指套上分量沉重的金戒指，皮抱肚里装上许多大洋钱，短烟管上悬个老虎爪子，一端还镶包一片镂花银皮。见人就请教仙乡何处，贵府贵姓。本人大多数姓滕，名字"代富""宜贵"。对三十年来的本省政治，比起任何地方船主都熟习都关心。欢喜讲礼教，臧否人物，且善于称引经典格言和当地俗谚，作为谈天时章本。恭维客人时必从恭维上增多一点收入，被客人恭维时便称客人为"知己"，笑嘻嘻地请客人喝包谷子酒。妇女在船上不特对于行船毫无妨碍，且常常是一个好帮手。妇女多壮实能干，大脚大手，善于生男育女。

麻阳人中另外还有一双值得称赞的手，在湘西近百年实无匹敌，在国内也是一个少见的艺术家，是塑像师张秋潭那双手。小件艺术品多在烟盘边靠灯时用烟签完成的，无一不做得栩栩如生，至今还留下些在湘西私人手中。大件是各县庙宇天王观音等神像，辛亥以后破除迷信，毁去极多。

在常德水码头船只极小，飘浮水面如一片叶子，数量之多如淡干鱼，是专载客人用的"桃源划子"。木商与烟贩，上下办货的庄客，过路的公务员，放假的男女学生，同是这种小船的主顾。船身既轻小，上下行的速度较之其他船只快过一倍，下滩时可从边上小急流走，决不会出事。在平潭中且可日夜赶程，不会受关卡留难。因此在有公路以前，这种小小船只实为沅水流域交通利器。弄船人工作不需如何紧张，开销又少，收入却较多。装载客人且多阔佬，同时桃源县人的性格又特别随和（沅水一到桃源后就变成一片平潭，再无恶滩急流，自然影响到水上人性情很大）。所以弄船人脾气就马虎得多，很多是瘾君子，白天弄船，晚上便靠灯。有些家中人说不定还留在县里，经营一种不必要本钱的职业，分工合作，都不闲散；且能做客人向导，带访桃源洞的客人到所要到的新奇地方去。

在沅水流域上下行驶，停泊到常德码头应当称为"客人"的船只，共有好几种，有从芷江上游黔东玉屏来的，有从麻阳河上游黔东铜仁来的，有从白河上游川东龙潭来的。玉屏船多就洪江转口，下行不多。龙潭船多从沅陵换货，下行不多。铜仁船装油碱下行的，有些庄号在常德，所以常直放常德。船只最引人注意处是颜色黄明照眼，式样轻巧，如竞赛用船。船头船尾细狭而向上翘举，舱底平浅，材料脆薄，给人视觉上感到灵便与愉快，在形式上可谓秀雅绝伦。弄船人语言清婉，装束素朴，有些水手还穿齐膝的长衣，裹白头巾，风度整洁，和船身极相称。船小而载重，故下行时船舷必缚茅束挡水。这种船停泊河中，仿佛极其谦虚，一种作客应有的谦虚；然而比同样大小的船只都整齐，一种作客不能不注意的整齐。

此外常德河面还有一种船只，数量极多，有的时常移动，有的又长久停泊。这些船的形式一律是方头，方尾，无桅，无舵；用木板做舱壁，开小小窗子，木板做顶。有些当作船主的金屋，有些又作逋逃者的窟穴。船上有招纳水手客人的本地土娼，有卖烟和糖食、小吃、猪蹄子粉面的生意人。此外算命卖卜的，圆光关亡的，无不可以从这种船上发现。船家做寿成亲，也多就方便借这种水上公馆举行，因此一遇黄道吉日，总是些张灯结彩，响器声，弦索声，大小炮仗声，划拳歌呼声，点缀水面热闹。

常德县城本身也就类乎一只旱船，女作家丁玲、法律家戴修瓒、国学家余嘉锡，是这只旱船上长大的。较上游的河堤比城中高得多，涨水时水就到了城边，决堤时城四围便是水了。常德沿河的长街，街市上大小各种商铺不下数千家，都与水手有直接关系。杂货店铺专卖船上用件及零用物，可说是它们全为水手而预备的。至如油盐、花纱、牛皮、烟草等等庄号，也可说水手是为它们而有的。此外如茶馆、酒馆和那经营最素朴职业的户口，水手没有它不成，它没水手更不成。

常德城内一条长街，铺子门面都很高大（与长沙铺子大同小异，近于夸张），木料不值钱，与当地建筑大有关系。地方滨湖，河堤另一面多平田泽地，产鱼虾、莲藕，因此鱼栈莲子栈延长了长街数里。多清真教门，因此牛肉特别肥鲜。

常德沿沅水上行九十里，才到桃源县；再上行二十五里，方到桃源洞。千年前武陵渔人如何沿溪走到桃花源，这路线尚无好事的考古家说起。现在想到桃源访古的"风雅人"，大多数只好坐公共汽车去。到过了桃源，兴趣也许在彼而不在此，留下印象较深刻的东西，不是那个传说的洞穴，倒是另外一些传说所不载的较新洞穴。在桃源县想看到老幼黄发垂髫，怡然自乐的光景，并不容易。不过或者因为历史的传统，地方人倒很和气，保存一点古风；也知道欢迎客人，杀鸡作黍，留客住宿；虽然多少得花点钱，数目并不多。可是一个旅行者应当知道，这些人赠送游客的礼物，有时不知不觉太重了点，最好倒是别大意，莫好奇，更不要因为记起宋玉所赋的高唐神女，刘晨阮肇天台所遇的仙女，想从经验中去证实故事。换言之，不妨学个"老江湖"，少生事！当地纵多神女仙女，可并不是为外来读书人游客预备的，沅水流域的木竹簰商人是唯一受欢迎者。好些极大的木竹簰，到桃源后不久就无影无踪不见了，照俚话所说，是"进了桃源的洞穴"的。

政治家宋教仁，老革命党覃振，同是桃源县人。桃源县有个省立第二女子师范学校，"五四"运动谈男女解放平等，最先要求男女同校，且实现它，就是这个学校的女学生。

（《湘西》）

王统照（1897—1957），字剑三，笔名息庐、容庐。著名小说家、散文家和诗人，新文化运动先驱。1924 年毕业于中国大学英语系。1918 年创办杂志《曙光》。1921 年与郑振铎等人发起成立文学研究会，任中国大学教授兼出版部主任。1934 年赴欧洲考察古代文学与艺术。回国后历任《文学》月刊主编，开明书店编辑，暨南大学、山东大学教授。著有长篇小说《山雨》《春花》《一叶》，短篇小说集《春雨之夜》《华亭鹤》等。

两个异样的渔村

王统照

中国古诗句说"觅得桃源好避秦"。马尔孔、瓦林丹两个小岛如时在数百年前，海上交通纯靠人力，它们又孤悬海中四无依傍，真也可说是"海中桃源"了。

全欧洲能保存老习惯与古旧风俗的地方，马尔孔与瓦林丹很可算数。多少年前的男女装扮，多少年前的房子中的陈设，照样不改，一代传一代下来，并且他们也不与外边的荷兰人通婚。网鱼、制陶器，妇女们便打花边、做手工活，经历着悠久的岁月，直到有这么大变化的现代，他们还是"依然故我"，仿佛世界上尽管有何变动，与他们毫无关系。固然，他们保守性之强令人惊异，其实地理的环境造成了他们排外的坚决的心理。对于生活没有更高的奢望，对于智识也无所谓有无满足。一出渔舍便是一片溟渤，他们看得见、听得到的完全是自然界中单纯的变化，他们所乞求的也不外肉体与风涛搏斗，借以获得生存的养料。因此，他们与岛外人接触的时机不多，而团结本族的根性却愈见发达。从外面看起来，他们与亚姆司特丹的荷兰人不止是服装殊异，就是举动、习惯，也完全不像一个民族。

无论哪个国家，渔民生活是最艰苦、最贫困的。什么是他们的恒产？帆舟、渔网、能吃苦的身体与忍耐的心力；什么是他们的家？风中、涛上、暗夜重雾的海面。他们一年中总有将近半年的时间做水上生涯。中国沿海地方，如山东、浙江、福建等处的渔户，我们晓得他们一部分的状况，这两个海外渔村也不是例外。

船走出运河即入南海，没有大风，船身不过略略摇动点。海波清碧，时见有翩飞的海鸥；不像海，却像在大湖中泛舟。一堆堆的绿洲，草色、树色与海色互相渲染，互相拂动；往远处看，似乎有几座小山，但一会却不见了，也许是淡云。经过半小时便到了瓦林丹。

小小的石码头，上去的石阶都破碎了，错落地有十几只渔舟敧在一边。我们这一群刚刚下船，便围上了一群孩子，旁边还有三四个老头，像对我们有所期待。小圆帽，肥裤管，每人的小腿如撑着一个灯笼，上衣是瘦袖、肥腰，腰间有两个大铜扣子（也许有银制的），闪耀得很有趣味。男女都一样穿着木屐，走在石道上橐橐有声。男子的大木烟斗古拙得像中国乡下人的粗旱烟管。

在码头上等待我们的一群原是惯给外国人摄影的。我们这几位游人差不多谁也不肯放过这难得的机会，想摄得几张影片回去，那些孩子们便争着拉拢，希望得一角两角钱的报酬。

街道弯曲不平，多是用碎石砌成。有专售本地制造的儿童玩具的铺子与粗瓷器店，这都是为游客开的。房子几乎完全用木料盖成，有的下面用砖泥做墙，也薄得很。不知他们住在这样房子里怎么防御冬日的海风。

恰好遇见有什么集会，在村子中心的小空场上，有卖零食的，玩具的，小小木台上有木转马，七八个孩子在上面狂叫着飞转。就是那么大小的场子，却挤满了好多男女。妇女的装束尤为特异，瘦袖，长裙，多用深蓝白色，裙幅上层层摺子，与中国旧妇女穿的百幅裙相似，不过她们的是腰细下宽罢了。无论老妇、少女，头发上有一个厚纸制的白花帽，透花，玲珑，有尖顶，两旁有遮翼，既不能御风，也难遮蔽沙土，除却是传统的装饰外，无所取意（也有只戴一顶软呢小帽的）。但青年女子们像这样雅静打扮，反显出与地方色彩有调和之致。偶有穿花纹衣服的小姑娘。年纪稍大点的就穿素朴颜色的衣服了。

据说瓦林丹人每年秋间到德国的坎乌拉耳（Kevelaer）做一次巡礼的游行，那是他们一年中的大典，不过以信奉哥特教者为限。

我们在场子旁边逛了一会，将要走了，从正面走过来两位年轻的姑娘，都不过二十几岁。她们的衣服虽然与别人相同，但美丽的面容与健康的体段可说是这渔村中的模范美人。我本想拍两张女子照片，恰好有这两位难遇到的模特儿，便与船上的引导员相商，请他介绍我给她们拍照。他让我自己去说，我走去用摄影机示意，她们大方得很，绝不忸怩地并立着让我拍。

参观过几家住房，都是极小的房间，极低的屋顶，看去不像大人的住室。他们的睡床都在靠墙的大壁橱里，有门开放，分两层的多。这真有趣，日本人家的被褥白天叠在橱里，想不到这里到晚上连大人孩子都塞进去。虽然穷苦，但家家屋内十分清洁，白布或织花的桌衣，挂在木壁上的杯盘，小小瓶花都安置得那样妥帖，烧饭的灶房也没有什么臭味。地板多是白木原色，不加髹漆而光洁无尘，像这样屋子的渔村即在西欧已经少见，不要说与中国的一般农家、渔户相比了。

她们很高兴有外国人参观她们的家庭，绝不阻止。女主人又取出她们的用具，她们的绣工——手巾、衣边等给游人观赏。虽然语言不通，从面部的表情上显示出她们的喜悦。

这地方的住户也经营着粗陶业，出品有点与山东博山的粗陶相仿佛，不过式样特别，色彩以蓝色、古铜色的居多，没有都市中瓷器的金彩与变化的花纹。至于仿木鞋形式的粗瓷用具，差不多家家都有。

杨君与我且行且谈，我们都觉得这渔村中人爱清洁的习惯与日本人相同。木屐、肥衣自是他们的风尚，但究竟不十分明白男子腰间的白铜大纽扣与妇女们奇怪的纸帽有何意义。

在村子中很少见壮年的男子，也许他们都到海上去了，常在家中的只是妇孺与上年纪的老人。

村中的男女虽然生活上不很丰裕，但面容并不现憔悴，精神亦不似愁烦，他们尚有他们的生活的方法，不过难说从容安闲而已。

由瓦林丹再上船向马尔孔进发，时已下午三点多，日光由偏西方射到船面上，暖煦如在春日。在这里很少看见有什么绿洲了，回望来时的海道，苍茫中除却天光海光远远相接之外什么都清楚。

由此去马尔孔不过二十分钟的船行，这里的码头宽大得多，房子也不像瓦林丹那么密集。海边沙滩上照例是闲着的渔船，间或有一条大尾巴的瘦狗在船旁边搜寻食物。夕阳映衬着海上奇丽的色彩，偶然看见一片蚌壳似的银光，与幽远、变化的晕蓝色互相闪动。

沿海岸不远有小饭店，专备游客到此久住的木房子。除掉村子里的都用木架支起，算是墙基，以防岸边海水的侵入。斜坡的海岸上生着丛丛的青草，小姑娘们穿着白练麻的长裙，绣花的红围巾，压发的花帽，在草坡上逗着小猫作耍。当我们经过时，她们都站起来拖着猫对我们睁大了眼睛看。

人民的居室与瓦林丹相仿，但房子的构造较好。男女服装殊不相同，女子多留长发，纷披双肩，每人腰际系一条大红织素花的单幅围巾，不是专为工作方便，却是她们日常的装饰。老妇有的在秃发上打一个包头，多是自己刺绣的。姑娘们戴圆顶绣花小红帽，遮及耳际，金黄色的曲发垂到腰间。

我在村中通两条小街的木桥上立定，托杨君替我拍了一张照片，以作纪念。

　　木壁上画着简单彩色的绘画，壁橱中的卧床，好陈列瓷器，这与瓦林丹都相同，所差的只是衣服的分别。男子的裤子肥大而短，与瓦林丹男人裤筒的长度有差，女的则瓦林丹尚朴质、尚青黑色、白色的裙子，马尔孔的女子却喜穿白衣或有花点的长服，外加围裙与织绣的小坎肩。

　　临行时我从一位携筐售小物件的老太婆手里买了一只木鞋形的烟斗，一条她自己绣着小风车花纹的布手绢。

　　离开这古老的渔村时，日光渐渐淡薄了。水光上轻拖着一片片的霞光，微微感觉清冷。我们上船时，几个十多岁的姑娘与两位老太婆直呆看着开驶。那如画的木房子，古装的纯朴男女，别了！大约每个远方的游客难得有重来的机会，他们多从纷扰、绮靡、争斗、幻变的大都市中来此，半日游痕，或可略略清洗他们的胸怀。也许在这孤岛上的男女，瞧着游客们自叹："有福的人能够到处游览。"但那些游客的心里可不一样。我离此地之后，在甲板上踱来踱去，说不出是感叹还是羡慕，总觉得这又是一个世界！归途中偶然得了一首旧诗，附记于下：

　　　　夕阳幻彩下苍茫，画壁渔家晚饭香。
　　　　补网织麻生计苦，灯前谁复话沧桑。

（《欧游散记》）

孙福熙（1898—1962），字春苔，现代散文家、美术家，孙伏园之弟。1912 年考入浙江省立第五师范学校。1920 年到法国勤工俭学，入法国国立里昂美术专科学校学习。1925 年归国后任北新书局编辑，先后出版散文集《归航》、小说集《春城》等。1928 年任国立西湖艺术学院教授。1938 年回家乡中学任教，不久到昆明任友仁难童学校校长。1946 年从昆明回到上海，以卖画为生。1948 年任浙江大学文学院教授。

猫山之民

孙福熙

猫山列在眼前，山脊平直有劲，即名之曰虎山，也不足形容其雄伟；上面绿树深沉，农田斑驳，又如独得天之厚。P 君说："在猫山高处的人，是与世无争的了，他们有麦有山薯，可以自活，何必与人头打开呢？"

在物质文明的国中，也有世外桃源的山村如猫山者，而且也有赞美世外桃源的人如 P 君者，这是我以前所未经料及的。前于七月廿一日在里昂参观市政厅，一位同行者指路中一个赶牛的人说："这一定是一个乡下人，可怜警察这样凶悍地对待他！"这乡人戴一黄旧的草帽，帽之大部戴在后脑，露出前额，与中国不惯戴西洋帽子者一样。手中是细枝的鞭。牛穿过人丛急忙似的走，他跟在后边追赶。他知道，倘若不紧紧地跟着，他便会失掉牛；或者牛闯了什么祸，他须受罚，便要失掉钱。

我们可以说，这乡人或者也是猫山的住民；换言之，猫山的住民或者也常在城市中被人凶悍地对待。猫山之民未必与他社会没有关系。

这不过是一个可然的设想。但在事实上，乡间的人确乎常常羡慕城市，讲述城市中电灯如何光明，电车如何迅速，而且渴望游逛城市。我可以说，人欲与世无争，在乡间确是比城市为宜，但在城市也仍可与世无争的。现在的城市中确是常见争夺的现象，但争夺不是城市的要素，城市不必借争夺而成立。倘欲与世隔绝，就是在乡间，也是难能的。猫山之民不当兵吗？猫山之民不纳税吗？我知其必不可能。但猫山之民有麦有山薯，可以自活，不必与人头打开，这是我所相信的。在法国，这样的人民不只猫山之民；除几个大城市外，多数也只是如中国人的自食其力，别无所求罢了。从这一点看来，我们可以说，法国的所谓学术昌明，也不过是几个学者支撑门面，以一部分人代表全体；从另一方面看来，我们又可以说，法国的国力，也不过是以一部分人驱使全国人民当兵、纳税的结果。我们不必追问法国是以少数学者为多数国民增光呢，还是以多数国民豢养少数官僚；但我们可以相信，在这一点上，法国还没有比中国先进得多，中国人可以不必自馁！

（《山野掇拾》）

赵敏恒（1904—1961），民国时期名扬国际新闻界的新闻奇才。1923年毕业于清华学校，官费进入美国科罗拉多大学文学院攻读英国文学；一年后进入密苏里大学新闻学院；1925年又到美国哥伦比亚大学新闻学院学习，1926年获硕士学位，同年受留美学生公推出任《中国留学生月报》总编辑。1927年回国后担任北京《英文导报》副总主笔，同时兼任中国大学教授。1945年创办《星期快报》；曾兼任复旦大学教授，还曾任重庆《世界日报》总编辑、上海《新闻报》总编辑、路透社远东司司长。

奇风异俗

赵敏恒

黑人有很多离奇的风俗习惯，青年男女们死了，亲戚朋友痛哭流涕伤感不已；老年男女死了，大家狂欢庆祝，认为喜事。黑人面部刀刻种种花纹，看花纹即可认出彼究竟属何部落。街上时常看见大队男女，男子击鼓，女子歌唱，女子作鲜艳衣服，金质耳环手镯，等于乐队。遇有婚寿喜事，彼等前去歌舞，款待嘉宾，主人付给赏金。黑人男女尽可自由恋爱，但婚姻绝对不能自主：男子钟情于女子时，可向女方母亲提亲，同意后该男子须付身价金三十镑。黑人工资每月二镑，想结婚颇非易事。黑人无宗教，但极迷信，每一部落中有术士一人，权极大，替人医病、算命、看风水，简直是万能。黑人最怕术士，相信术士随时可念咒夺其魂魄，生病时即寻术士，代彼驱逐魔鬼。

久住西非的白人，居然也有相信那套话的。我在西非时听到一段故事，令人毛骨悚然：有一英国海员在西非海岸服务多年，回英国养老时，身边老带着一猴掌。有一老夫妻问他这猴掌是什么，他说是西非黑人术士赠给他的，手里握着猴掌，诚心请求上帝，要什么有什么。不过那术士曾警告他，非万不得已时，千万不要随便请愿，希望固可满足，可是代价一定很大。这老夫妻一定要求海员把猴掌送给他们，海员最初不答应，最后看老两口子死心要这猴掌，就把猴掌送给他们。他们家里很穷，拿到这猴掌后，当夜二人跪在地下请求上帝给他们二百镑。次早大儿子听见这事，大笑不已，吃过早饭到工厂去上工，临行时还笑着向老两口子说"你们要发财了"。整天无事，到了傍晚，突然有一陌生之人前来拜访，把二百镑放在桌子上，说我是工厂厂长派来的，你们的儿子今日下午在工厂工作失足被机器压死，虽然厂方毫不负责，不过因为你们二位年老丧子，特送丧仪二百镑。老两口子一听这话，痛不欲生，放声大哭。到了深夜，老太太非要见见死去的儿子不可，要老头子去寻那猴掌，老头子不肯，表示死人如何见得；老太太说自己的儿子怕什么，找出猴掌，跪在地上，请求上帝应许他们和儿子再见一面。话刚说完，突然狂风暴雨，星月无光，楼下有人打门，老两口子吓得浑身打战，不敢开门。打门声更急，风雨声更大，眼见门外客即将破门而入，二人连滚带爬地赶下楼，以身抵住大门，连喊"不要进来"。可是门外客一面打门一面推门，老两口见渐渐抵不住了，急得没有办法，赶紧再拿出猴掌，请求上帝叫他们的儿子走开。马上门外寂静无声，老两口子一时还不敢开门。过了十分钟，见门外确实毫无动静，才把门慢慢打开，街上冷静如死城，屋顶月光发银色。

很多黑人无姓名无年岁，问他们几岁，他们只能告诉你大约几岁。旅馆里黑人工友的名字都是住客代他们起的，一个叫作"咖啡"，一个叫作"茶"，另一个叫作"威士忌"。白人拿他们不当人，随便打骂，开口就骂黑人是猴子，黑人也不敢回嘴。任君和我待他们非常客气，他们感激万分，不分昼夜老站在我们身旁，听候吩咐。

当地政府为禁止白种人玩黑女，有命令，街上遇有黑人女子与白种人同行，警察即拘捕黑人女子，白种人住的旅馆禁止黑人女子进出。事实上，久住该地的白种人多半有黑女同居。黑人好喝酒，一喝就醉，因此只有白种人开的旅馆可以卖酒，黑人所开舞场、旅馆只准卖柠檬水、姜水。黑人舞场里所谓表演，就是角力比赛，高大棕树下铺沙设角力场，角力人员分两队，一队白衣，一队红衣，每队约十人。个别比赛有裁判员。比赛时双方击战鼓，呐喊助威，优胜者满场乱跳表示得意，同队人们也跳舞庆贺。角力技术并不高明，体力亦不见得特别。场外男男女女围得水泄不通，等于看斗牛。黑人习惯近于原始生活，男女无别，厕所、浴室都不分男女。每逢星期日，街上黑人男女穿着最好的衣鞋去礼拜堂，差不多把家私全拿出来展览。黑人女子脸上用粉令人肉麻。黑人好打官司，法院里开庭也很热闹，亲戚朋友都打扮起来，坐在法院里整天不走，又像看戏，又像开茶会。戏院里白人黑人无形分座，定座席里偶尔有个把黑人，可是黑人散座席里绝对看不见白人。黑人身上气味极大，坐在黑人附近，实在有点受不了。

西非大生意买卖在英人手里，小生意买卖在印度人和西利亚人手里。

西非黑人名菜为棕油烧鸡，味似番茄烧鸡，做法像加厘①鸡，加辣椒、洋葱、酱瓜、生菜等。黑人最怕冷，天气阴雨时，我们觉得凉爽适人，他们好像过冬天一样生怕着凉。街上最麻烦最讨厌的事，是一群黑人向你讨纸烟抽，给他们一根纸烟，他们非常高兴，你吸一口，我吸一口，彼此传递。黑人吃香蕉不吃生的，用炉火烤过再吃，像烤白薯一样。来加斯城因天气炎热少雨，有三电影院全是露天的，只有夜晚九时一场。

来加斯城亦有我国遇难海员招待所，新式两层楼房，紧靠正街，设备相当好，船公司供给膳宿。我到来加斯城时，内住我国海员二十余人；我离开该地之前，已完全搭船他去。

和这些海员们谈天的时候，他们表示希望政府当局替他们解决这些问题：（1）南非政府对中国人很坏……好望角我国无正式领馆，总领馆设约翰斯堡，来往中国海员数千人，在好望角受种种侮辱，无法申诉，无人代表与地方政府交涉。代理领事在本地经商，社会上无地位。政府方面没有确定资格，海员们只靠赤手双拳和南非人打架拼命，争取平等待遇。希望政府或将总领馆迁好望角（其他国家总领馆多半设好望角，以便照

---

① 今译咖喱。——编者注。

顾本国来往海员），或在好望角设正式领馆。（2）英美船只至远东，很多都经西非海岸，中国海员经常来往有三四千人，而全西非无一中国领馆，发生问题时简直是上天无路，入海无门，伦敦也不管，南非也不管。海员们救国捐数目相当大，也无法汇出，西非法国属地当局简直拿中国人不当人，随便拘捕海员，口称罚款，实际等于绑票，只要付钱就可了事。海员们希望政府在西非海岸的中点来加斯城设领馆保护侨民，促进中国西非间人民的友谊和商务。（3）海员身份问题时常发生，中国海员很多是由香港、马来亚、缅甸、安南、荷属东印度等沦陷区逃出来的，在海船上工作，一旦船被打沉，护照遗失，英国船公司只发一证明书。英国海员凭这证明书即可补领新护照，中国海员则无法补领新护照。我国政府如果有补领办法，应当通知海员，因为他们丝毫不知如何办理此种手续。我国政府如果尚未规定此种办法，似乎应当早点规定，以免数千海员在海外无身份的确定。

三十三年四月二十四日于来加斯城

（《伦敦去来》）

附录

中国人之缺点[*]

梁启超^{**}

综观以上所列，则吾中国人之缺点，可得而论次矣。

一曰有族民资格而无市民资格。吾中国社会之组织，以家族为单位，不以个人为单位，所谓家齐而后国治是也。周代宗法之制，在今日其形式虽废，其精神犹存也。窃尝论之，西方阿利安人种之自治力，其发达固最早，即吾中国人之地方自治，宜亦不弱于彼。顾彼何以能组成一国家而我不能？则彼之所发达者，市制之自治；而我所发达者，族制之自治也。试游我国之乡落，其自治规模，确有不可掩者。即如吾乡，不过区区二三千人耳，而其立法行政之机关，秩然不相混。他族亦称是。

＊本篇选文系《新大陆游记》"由砵伦至旧金山"一章中的一节。砵伦今译波特兰。

＊＊梁启超（1873—1929），字卓如，号任公、饮冰室主人。广东新会人。20世纪初中国新旧交替时代著名政治活动家、启蒙思想家、教育家、史学家和文学家，戊戌变法领袖之一，民国初年清华大学国学院四大导师之一。梁启超学术研究涉猎广泛，在哲学、文学、史学、经学、法学、伦理学、宗教学等领域均有建树，以史学研究成就最大，被公认为中国近代史上百科全书式的人物；其著作后被合编为《饮冰室合集》。

若此者，宜其为建国之第一基础也。乃一游都会之地，则其状态之凌乱，不可思议矣。凡此皆能为族民不能为市民之明证也，吾游美洲而益信。彼既已脱离其乡井，以个人之资格，来往于最自由之大市，顾其所赍来所建设者，仍舍家族制度外无他物，且其所以维持社会秩序之一部分者，仅赖此焉。此亦可见数千年之遗传，植根深厚，而为国民向导者，不可不于此三致意也。

二曰有村落思想而无国家思想。吾闻卢斯福之演说，谓今日之美国民最急者，宜脱去村落思想。其意盖指各省、各市人之爱省心、爱市心而言也。然以历史上之发达观之，则美国所以能行完全之共和政者，实全恃此村落思想为之原。村落思想，固未可尽非也。虽然，其发达太过度，又为建国一大阻力。此中之度量分界，非最精确之权量，不足以衡之。而我中国则正发达过度者也。岂惟金山人为然耳，即内地亦莫不皆然，虽贤智之士，亦所不免。廉颇用赵，子房思韩，殆固有所不得已者耶！然此界不破，则欲成一巩固之帝国，盖亦难矣。

三曰只能受专制不能享自由。此实刍狗万物之言也，虽然，其奈实情如此，即欲掩讳，其可得耶？吾观全地球之社会，未有凌乱于旧金山之华人者。此何以故？曰自由耳。夫内地华人性质，未必有以优于金山，然在内地，犹长官所及治，父兄所及约束也。南洋华人，与内地异矣，然英、荷、法诸国，待我甚酷，十数人以上之集会，辄命解散，一切自由，悉被剥夺，其严刻更过于内地，故亦戢戢焉。其真能与西人享法律上同等之自由者，则旅居美洲、澳洲之人是也。然在人少之市，其势不能成，故其弊亦不甚著。群最多之人，以同居于一自由市者，则旧金山其称首也，而其现象乃若彼。

有乡人为余言，旧金山华人，惟前此左庚氏任领事时，最为安谧，人无敢挟刃寻仇者，无敢聚众滋事者，无敢游手闲行者，各秘密结社皆敛迹屏息，夜户无惊，民孜孜务就职业。盖左氏授意彼市警吏，严缉之而重罚之也。及左氏去后，而故态依然。此实专制安而自由危，专制利而自由害之明证也。吾见其各会馆之规条，大率皆仿西人党会之例，甚文明，甚缜密，及观其所行，则无一不与规条相反悖。即如中华会馆者，其犹全市之总政府也，而每次议事，其所谓各会馆之主席及董事，到者不及十之一，百事废弛，莫之或问。或以小小意见，而各会馆抗不纳中华会馆之经费，中华无如何也。至其议事，则更有可笑者。吾尝见海外中华会馆之议事者数十处，其现象不外两端：其一，则一二上流社会之有力者，言莫予违，众人唯诺而已，名为会议，实则布告也，命令也。若是者，名之为寡人专制政体。其二，则所谓上流社会之人，无一有力者，遇事曾不敢有所决断。各无赖少年，环立于其旁，一议出则群起而噪之，而事终不得决。若是者，名之为暴民专制政体。若其因议事而相攘臂、相操戈者，又数见不鲜矣。此不徒海外之会馆为然也，即内地所称公局公所之类，何一非如是？即近年来号称新党志士者所组织之团体，所称某协会、某学社者，亦何一非如是？

此固万不能责诸一二人，盖一国之程度，实如是也。即李般所谓国民心理，无所往而不发现也。夫以若此之国民，而欲与之行合议制度，能耶否耶？更观其选举，益有令人失惊者。各会馆之有主席也，以为全会馆之代表也。而其选任之也，此县与彼县争（各会馆多合同数县者）；一县之中，此姓与彼姓争；一姓之中，此乡与彼乡争；一乡之中，此房与彼房争。每当选举时，往往杀人流血者，不可胜数也。夫不过区区一会馆耳，所争者岁千余金之权利耳，其区域不过限于一两县耳，而弊端乃若此；扩而大之，其惨象宁堪设想？恐不仅如南美诸国之四年一革命而已。以若此之国民，而欲与之行选举制度，能耶否耶？

难者将曰，此不过旧金山一市之现象而已，以汝粤山谷犷顽之民俗，律我全国，恶乎可？虽然，吾平心论之，吾未见内地人之性质，有以优于旧金山人也；吾反见其文明程度，尚远出旧金山人下也。问全国中有能以二三万人之市，容六家报馆者乎？无有也。问全国中之团体，有能草定如八大会馆章程之美备者乎？无有也。以旧金山犹如此，内地更可知矣。且即使内地人果有以优于旧金山人，而其所优者亦不过百步之于五十步，其无当于享受自由之资格，则一而已。夫岂无一二聪伟之士，其理想，其行谊，不让欧美之上流社会者？然仅恃此千万人中之一二人，遂可以立国乎？恃千万人中之一二人，以实行干涉主义以强其国，则可也；以千万人中之一二人为例，而遂曰全国人可以自由，不可也。

夫自由云，立宪云，共和云，是多数政体之总称也。而中国之多数、大多数、最大多数，如是如是。故吾今若采多数政体，是无异于自杀其国也。自由云，立宪云，共和云，如冬之葛，如夏之裘，美非不美，其如于我不适何！吾今其毋眩空华，吾今其勿圆好梦。一言以蔽之，则今日中国国民，只可以受专制，不可以享自由。吾祝吾祷，吾讴吾思，吾惟祝祷讴思我国得如管子、商君、来喀瓦士、克林威尔其人者生于今日，雷厉风行，以铁以火，陶冶锻炼吾国民二十年、三十年乃至五十年，夫然后与之读卢梭之书，夫然后与之谈华盛顿之事。（以上三条，皆说明无政治能力之事。其保守心太重一端，人人共知，无俟再陈。）

四曰无高尚之目的。此实吾中国人根本之缺点也。均是国民也，或为大国民、强国民，或为小国民、弱国民，何也？凡人处于空间，必于一身衣食住之外，而有更大之目的；其在时间，必于现在安富尊荣之外，而有更大之目的。夫如是，乃能日有进步，缉熙于光明，否则凝滞而已，堕落而已。个人之么匿体如是，积个人以为国民，其拓都体亦复如是。欧美人高尚之目的不一端，以吾测之，其最重要者，则好美心其一也（希腊人言德性者，以真、善、美三者为究竟；吾中国多言善而少言美，惟孔子谓韶尽美又尽善，孟子言可欲之谓善，充实之谓美，皆两者对举，此外言者甚希。以比较的论之，虽谓中国为不好美之国民可也），社会之名誉心其二也，宗教之未来观念其三也。泰西精神的文明之发达，殆以此三者为根本，而吾中国皆最缺焉。故其所营营者只在一身，其所孳孳者只在现在，凝滞堕落之原因，实在于是。此不徒海外人为然也，全国皆然，但吾至海外而深有所感，故论及之。此其理颇长，非今日所能毕其词也。

此外，中国人性质不及西人者多端，余偶有所触辄记之，或过而忘之。今将所记者数条丛录于下，不复伦次也。

西人每日只操作八点钟，每来复日则休息。中国商店每日晨七点开门，十一二点始歇。终日危坐店中，且来复日亦无休，而不能富于西人也，且其所操作之工，亦不能如西人之多。何也？凡人做事，最不可有倦气，终日终岁而操作焉，则必厌，厌则必倦，倦则万事堕落矣。休息者，实人生之一要件也。中国人所以不能有高尚之目的者，亦无休息实尸其咎。

美国学校，每岁平均只读百四十日书，每日平均只读五六点钟书，而西人学业优尚于华人，亦同此理。

华人一小小商店，动辄用数人乃至十数人；西人寻常商店，惟一二人耳。大约彼一人总做我三人之工，华人非不勤，实不敏也。

来复日休息，洵美矣。每经六日之后，则有一种方新之气，人之神气清明实以此。中国人昏浊甚矣，即不用彼之礼拜，而十日休沐之制殆不可不行。

试集百数十以上之华人于一会场，虽极肃穆毋哗，而必有四种声音：最多者为咳嗽声，为欠伸声，次为嚏声，次为拭鼻涕声。吾尝于演说时默听之，此四声者如连珠然，未尝断绝。又于西人演说场、剧场静听之，虽数千人不闻一声。东洋汽车、电车必设唾壶，唾者狼藉不绝；美国车中设唾壶者甚希，即有亦几不用。东洋汽车途间在两三点钟以上者，车中人假寐过半；美国车中虽行终日，从无一人作隐几卧。东西人种之强弱优劣可见。

旧金山西人常有迁华埠之议，盖以华埠在全市中心最得地利，故彼涎之，抑亦借口于吾人之不洁也。使馆参赞某君尝语余曰，宜发论使华人自迁之。今夫华埠之商业，非能与西人争利也，所招徕者皆华人耳，自迁他处，其招徕如故也。迁后而大加整顿之，使耳目一新，风气或可稍变。且毋使附近彼族，日日为其眼中钉，不亦可乎？不然，我不自迁，彼必有迁我之一日，及其迁而华埠散矣，云云。此亦一说也。虽然，试问能办得到否？不过一空言耳。

旧金山凡街之两旁人行处（中央行车）不许吐唾，不许抛弃腐纸杂物等，犯者罚银五元；纽约电车不许吐唾，犯者罚银五百元。其贵洁如是，其厉行干涉不许自由也如是。而华人以如彼凌乱秽浊之国民，毋怪为彼等所厌。

西人行路，身无不直者，头无不昂者。吾中国则一命而伛，再命而偻，三命而俯。相对之下，真自惭形秽。

西人行路，脚步无不急者，一望而知为满市皆有业之民也，若不胜其繁忙者然。中国人则雅步雍容，鸣琚佩玉，真乃可厌。在街上远望，数十丈外有中国人迎面来者，即能辨认之，不徒以其躯之短而颜之黄也。

西人数人同行者如雁群，中国人数人同行者如散鸭。

西人讲话，与一人讲，则使一人能闻之，与二人讲，则使二人能闻之，与十人讲，则使十人能闻之；与百人、千人、数千人讲，则使百人、千人、数千人能闻之。其发声之高下，皆应其度。中国则群数人坐谈于室，声或如雷；聚数千演说于堂，声或如蚊。西人坐谈，甲语未毕，乙无儳言，中国人则一堂之中，声浪稀乱，京师名士，或以抢讲为方家，真可谓无秩序之极。孔子曰："不学诗，无以言；不学礼，无以立。"吾友徐君勉亦云：中国人未曾会行路，未曾会讲话。真非过言。斯事虽小，可以喻大也。

（《新大陆游记》）

我是演员

——忆父亲魏鹤龄

魏 芙 著

文匯出版社

表演艺术家是怎样炼成的

（代序）

这是一部文学性、故事性、可读性都很强的回忆录——一个满怀情感回忆她可亲、可爱的父亲的回忆录，而且是一部没有运用华丽辞藻、写得让人可信的回忆录。

作品的主题十分鲜明，就是要表现一个跨越影、剧两界的表演艺术大师独特的心声——"我要演戏"。

在"我要演戏"这个总纲之下，作者用了很多篇章揭示了一位忠于表演艺术的大师，如何锲而不舍地追求他的人生目标，又如何以对影坛和剧坛的绝对忠诚，去准确而细腻地刻画各种角色，并诠释了这位表演艺术大师心目中尽善尽美的艺术境界。这里面，我们找不到女儿对父亲的偏爱，但可以看到她对老艺术家那份发自内心的崇敬。

"我要演戏",是这位老艺术家生命赖以延续的支柱,因为这一点,他对任何角色都做到了从"我演他"到"我就是"的"蜕变",因而,他尊重每一个剧中人,"他"仔细琢磨这个人在当时当地的所思所想、所作所为,经过对这个"他"精雕细刻,圆满地完成了对这个"他"的塑造,这就给中华艺术宝库增添了一个又一个令人难以忘却的艺术形象。读到动人处,让我这个曾饱经忧患的八十七岁的老人竟黯然泪下,这难道不是作者的功力所在吗? 她让我这个读者深深地感动了。

　　作者是位舞蹈艺术家,出于对父亲的爱,这一次又当了回文学家。在我看来,的确是一位出色的文学家。

　　魏鹤龄与赵丹是同时代人,在二十世纪三四十年代他们有过多次合作,性格截然不同的两个人在合作中成了极其亲密的朋友。在那时候,魏鹤龄是可以与阿丹齐名的。现在阿丹已经走了三十六个年头,而老魏也走了三十七个年头,他们现在在哪儿?

　　当阿丹离世的时候,黄宗英说过一句话:"他去拍夜戏了。"她是在说,阿丹仍然活着,活在热爱他的亿万观众心中。今天,我们可以借用宗英的这句话,魏鹤龄也与阿丹一样,是去"拍夜戏了",他活着,活在亿万热爱他的人们心中。

　　艺术是不朽的,为艺术而奋斗了终身的人——像阿丹和老魏这样的艺术家也是不朽的……

陈清泉

　　(原上海市电影局副局长、上海市文学艺术界联合会党组书记、主席团主持人)

魏鹤龄，一个表演艺术的思想者

    1980年9月，我从杭州市郊的笑岭乡下来到大上海，在这所坐落在丽娃河畔将成为我母校的知名学府求学，当年的我还是一个17岁的少年。那时的大学校园生活中，看内部电影是我们最兴奋、奢侈而又自豪的事。记得一个周末在学校的礼堂里，偶然看到一部1963年被禁播的内部电影《飞刀华》，从银幕上第一次知道魏鹤龄的名字。之后，很快从《马路天使》《乌鸦与麻雀》到《祝福》《家》……一次次地看到在不同时期和不同题材风格中魏鹤龄在银幕上不同角色的种种表演，即被深深地吸引。演员魏鹤龄，以其质朴、深沉而含蓄的演艺形象，被一个大学历史系少年男生在心目中定格为"一个表演艺术的思想者"。

    在20世纪80年代，读正统的专业历史教科书是非常乏味的。

渐渐地,通过寻求魏鹤龄式的银幕形象的电影艺术形式,感受历史人文、探求事物真理,自然地成为我们那时最好的选择取向。每当一部电影向我传递着教科书之外非教条和抽象的历史景象,你可以想象它会对一个单纯、好学、求真却世界观尚未形成的历史学系少年,有多大的吸引力!

从名著演绎到江湖风情,进而有一个阶段每每看完一部魏鹤龄的电影,总会到图书馆去延伸阅读一些有关他和所演电影的相关文字,从剧本原著到当时流行杂志上的影评,从此将魏鹤龄及以他为代表的中国第一代电影人所创作的电影奉为学习传统文化、研读近现代史乃至文学、美学、哲学的精神指引。以至于我们同学间竟以"每每拜读其文"这样的特定用语来指称当时闲暇之余的看电影,仅在这个意义上,魏鹤龄让我们那个时代的青年学子找到了探求历史真相的精神入口,渐渐在感受电影艺术生动的历史、人文与美学的神韵中,也幸未让我这个世界观正在形成中的少年学子被教条主义所毒害而歌哭歧途。

时过境迁,今年已是魏老诞辰一百十周年,而我也已步入天命之年。世事奇缘,去年初秋时节沪上友人在湖州的一次偶聚,竟拜识了魏鹤龄的女儿魏芙老师,时先友人告诉我魏芙老师将同行的消息,竟一时茫然。无论是好奇、溯源,还是将来有机会交好,并借机对魏芙老师表达我这个按当下的说法是真正意义上"魏粉"的赞美,或是笑谈,我要认识她。很快,我们便在太湖之滨湖州这座城市有了第一次匆匆相见。因世事纷扰,小聚间竟有点仓促而显歉然,但却和合而愉快!

偶聚中得知,魏芙老师正在撰写《我是演员——忆父亲魏鹤龄》一书,随后有幸第一时间读到魏老师发给我的电子版初稿。从我年轻时心目中就已定义的"魏鹤龄,一个表演艺术的思想者"到认识魏芙老师,再到很快读到魏鹤龄的传记书稿,感慨间我写下了一段文字日记:

逝去的岁月已是一种无意识存在,犹如尘埃瞬间消逝于弥漫的时空。生命中曾经的荣耀、快乐、苦闷、温暖与抗争,在历经时光的沉淀之后,如黎明前晨曦中的缕缕曙光,从容不迫地向我们走来,唤醒着记忆深处一个个行将被时光损毁的历史容颜。

对过往的回忆是遥远夕阳的一束反光,在这个太湖之滨城市寒露节气的早晨,仍有一丝暖意。让我们跨越时空,共同感受且发现时光流转的奥秘,目睹一个表演艺术思想者为世人呈现最后的一缕光线。

睥睨盛世之下的苍茫,感受着一种潜在的、支配一切的力量缓缓而出,将思想者的碎片统一成艺术家的法则,点石成金般地演绎成一个个在银幕上瞬间闪烁的智慧,幻化成一道道生命美丽的风景。

告别过去化解着人们面对现实时产生的诸多忧虑,这种优雅的伤感是一种不可见的生活方式,它的无奈源于它的不可确定,它的无处不在和它的无处可寻。在这个无以名状的网络世纪,人们天然地精神分裂式地生活在各自不同的时空里,不再介意相互间所有的气息、肤色、彼此交错的眼神和神经质,彼此间聆听真实。魏芙老师为了完成《我是演员——忆父亲魏鹤龄》,想象着她在那一个个荧荧灯火下的不眠之夜,远离了名利、世俗、闲暇、美食、丝竹之音……静候在都市深夜的光影里,冷者自冷、暖者自暖。

幻想着将来有一天,在上海某一咖啡吧午后和煦的阳光中,遇上一少年手执《我是演员——忆父亲魏鹤龄》在读,会是怎样?

虽然魏鹤龄将自己定义为"我是演员",但读了魏芙老师的书,再细说下去,比如往"一个表演艺术的思想者"来解读,立即会引出一大堆麻烦。首先,魏鹤龄无疑是一位偶像型演员,但是否是一位"偶像型"知识分子? 同时,在当下这个时代很难避免的问题是,魏鹤龄的电影和魏芙老师的文字究竟对我们有什么用? 我不敢判断。就创作风格而言,她遣字精准、叙述流畅而情真意切的文风在这个"客观主义哲学"的时代是否已经过时? 或者本来就是一条死路。就人生而论,作为一个知性女儿,她敢于通过叙述亲人的故事在最私密而现实的生活中实践自己的哲学,想象着她在殚精竭力地为一场极端主张的价值观和发烧式的情怀呐喊，以其宝贵的生命时光在收拾时下的某种残局。

想到此，魏鹤龄无疑是令人惊叹的，魏芙老师更是令人惊叹的！这个世界不尽完美的过往、现在和未来，在魏鹤龄的银幕镜像和她女儿的文字里，纯粹、干净而美好！对她而言，真正的知识分子，除了拒绝庸常之外，无须服从任何意识形态的禁忌。她秉承了她父亲最为纯粹的人文主义品德，是"以真性为美德"的最热衷的倡导者。她绝不甘于沦为现实秩序的附庸。她站在生活的右岸，却时时涉水前往心灵的左岸，扮演一个看不见的内心被"左右之争"的矛盾模式拖入泥潭的话语者，以至于给这个时代的很多迷失者提供特别的警策意义。说到底，知识分子如失去"智性"的品格，便是根本性的自我迷失。没有独特的睿智与洞见，无论摆出什么道德姿态，无论在标榜什么立场，都与知识分子的本意无关。

我知道，在当下出版魏芙老师《我是演员——忆父亲魏鹤龄》这样的文字，语声文弱，难起鼎沸。但我知道魏芙老师外貌清丽，内心却存几分桀骜不驯，她的率性人格与敏锐细腻的文风，令人想起汉娜·阿伦德。虽然她们时空交错，却可以和魏鹤龄先生一样，一同可视为影响和改变这个世界的思想者。

在这个时代，你若再欣赏魏鹤龄的电影并有幸读到魏芙老师的文字，不知会有怎样的思绪涌起？

丁酉仲夏 胡建明

草于湖州丝绸小镇

目录 CONTENTS

电影是他这一生的唯一念想

1 弥留之际他写下了四个字
——"我是演员"

他是一个演员,他一生演过很多悲情的角色,在那些虚构的故事里,他无数次地含冤而死……

看他演的戏,看到他在剧中闭上了眼睛,被人抬出去那一刻,我流泪了;但是没有恐惧,因为我知道那是假的。

可这次是真的,在我无望的大呼大叫声中,他被人推进了那叫"太平间"的冰冷昏暗的房间。

那是1979年10月2日的晚上。他走完了七十三年的人生,带着他这一生唯一的念想,无奈地走了。

"爸爸……都是我不好啊!"我突然挣脱了好几只紧紧攥着我的手,又冲向了太平间。

"控制点呀!这是医院,都是病人啊!"妈妈强忍着悲伤又一次

四十年代生活照

把我拉住了。

"你们不能让他走啊!"我绝望地呼叫着。

那间屋子是这么的黑,这么的冷,他会受不了的。

对"死"这个字,四岁时,我就有了概念。那年的一个黄昏,我正在家门口玩耍。邻居一家人突然地大哭大叫起来,我看见一个人就这么直挺挺躺着,被人抬了出来,塞进了一辆没有窗的车里,吓得我一溜烟逃了回去。

全家吃晚饭时,却找不到我了。终于,妈妈发现当时小小的我,一个人躲在爸爸的书房里,在偷偷地哭泣。

盘问了半天,我就是哭,也不搭理⋯⋯

我家的老保姆以为我是被惊吓到了,一个劲地在旁边念着驱邪咒语。

"人都会死吗?"我突然问了一句。

妈妈有些意外,不知怎么回答我。

"你和爸爸也会死吗?"

妈妈无法一下子给我解释清楚这么复杂的问题,随口说了一句:"是人总会死的呀! 你这孩子,好好的想这事干吗?"

我哭得更伤心了:"那是不是换个眼睛就可以不死了?"

那时,我以为"死"是因为眼睛坏了的原因。也因为知道了爸爸妈妈将来也都会死的,而忧郁了好久、好久⋯⋯

爸爸的主治医生把我拉进了他的办公室。爸爸在医院的一年多,都是他在尽心治理的。他想让我理解生死难卜、命悬一线的道理。这是人的终极归宿,再伤心难过也是要去面对的。

"我很理解你现在的心情,我们医生所以一直在尽力抢救病人,有时也是为了安慰家属的期许。实话告诉你,他是完全靠药物才能维持这么长时间,其实对于他本人来说,是相当痛苦的!"

我已经没有力气哭了，只是拼命地摇着手："都是我不好呀！我好后悔啊！"

"这不能怪你，就是昨天你打电话给我，我来了也未必……"军医退伍的曹医生其实也很难过。

我还是摇手，大家都知道这是早晚的事，都有思想准备。但是我知道，父亲他还没有准备好，他最后留给我的那个绝望的眼神告诉我，他真的还不想就这么匆匆忙忙地走了……

1979年的那个国庆节，是我一生中仅有的一次，单独陪父亲在医院里过节。一年多了，母亲在父亲的病榻前二十四小时的护理，寸步不离，犹如"软禁"。我和母亲商量，让我来陪爸爸过节，一方面让她出去会会亲戚，"放放风"；另一方面给主治医生也放个假，休息休息。

"这样行吗？"曹医生一直在犹豫，因为他原所在部队的老首长约他去宝山喝酒叙旧，为了父亲，这一年他几乎都没有了节假日。

"你们不是都说，老魏就认小女儿，毛毛来了，老爸就肯吃饭了。"毛毛是我的乳名，女儿中我排行最小。

他们终于同意了我的建议，也都留下了电话，并叮嘱我有情况一定要召回他们。

"放心，我一定让他好好吃饭，好好睡觉。"

在我心目中，爸爸是个无所不能的人，他是我生命中的一棵大树。我一直是在他身边，抬头仰望着他，从心里崇拜着他的一个小女孩。也不知从什么时候开始，他就变得这么依赖我，也许真的是从哄他吃饭开始的。

那一年，除了晚上要演出外，一下班我就去医院看父亲，也给辛苦的母亲当个帮手。有这么一周，我去外地巡回演出了，刚回到家，老保姆就说："你快去医院看看吧，老先生又不肯吃东西了！"

父亲是因为脑中风而久病不起的，刚开始是因为病情有了好转，才转入龙华医院进行中医康复治疗。可是，有一次电影厂老同事来探望时，无意中揭到了北京电影厂老演员崔嵬去世了。

这个噩耗对父亲打击很大。崔叔是父亲几十年的老哥们，早在1928年，他俩就是在山东实验剧院同窗学艺的。父亲是一个特别珍惜

电影是他这一生的唯一念想

005

朋友，也是特别念旧的人。就在这天晚上，父亲的病情突然又恶化了。

我们不清楚医生诊断结论说的"第十二支神经瘫痪"病情的严重性。但是从这天起，父亲就发展到欲哭无泪、欲言无声的地步，一着急就把脸涨得通红却难以表达，你也不知道他为什么急。更致命的症状是他的吞咽功能也出问题了，固体的东西根本咽不了，流汁更不能喝，喝一口就呛得半天缓不过气来……

根据医嘱，应该尽量让他自己每天能进一点食，不然的话，长时间不自己吃东西，这功能马上就退化了，以后就很难再恢复了。

母亲只能用鸡蛋和牛奶调成了糊状，逼着他吃。每天吃东西就是一场战斗，看着他那痛苦的样子，母亲都不忍再坚持……

每次母亲一端起碗，父亲就紧闭着嘴，拼命地挣扎。

"我来！"有一天，我居然让父亲放弃抵抗，乖乖地把碗里的东西全吃完了。

大家都以为老魏只认小女儿，小女儿让他干什么，他都很配合。其实，我的心一直在流泪，我是用一种自己也不相信的谎言在欺骗这个可怜的老人啊！就像骗孩子吃药一样，用糖来当诱饵骗其就范。

因为我知道，他的肢体已经慢慢地在枯萎，在退化。但是，他的意识中有一个东西却很清晰，很顽固，是谁也摧毁不了的。我这个小女儿最大的本事，无非是知道怎么拣他爱听的话来骗他而已。

"你不是想演戏吗？我们好好吃饭，吃了饭就能有力气站起来，就能去拍电影了呀！"

父亲的眼睛亮了，他张大了嘴，吃一口，呛一口，就这么艰难地硬咽了下去……

吃饭，对于他来说，已经不是一般的饥饿需求，这是他仅能做到的一种抗争，他为了这个放不下的念想，在和

中年时期的魏鹤龄

死神博弈，在和不济的命运抗争……只要我在父亲的身边，我就没话找话地给他讲我的工作、我的高兴事。他也只能对我眨着眼睛，或者摆一下手……我还经常给他活动下肢，还不停地说："我们练功了，过几天，我们再练习走路好吗？"父亲就会拼命地使劲……但是他的腿已经不是他的了，再也抬不起来了……我从来就没有见过他这么无助的样子，有时，就一个人跑到医院的院子里，偷偷地流泪……

虽然，病床上的父亲日渐羸弱，但是他的这种顽强意志，让我也期待奇迹将会发生，我相信他一定能感动上苍的。

1979年这天的上午，我和父亲说了很多话，当然只是我说，他听而已……因为我已习惯了我们父女之间的这种交谈方式，区别在，过去他总是微笑地看着我，很认真地听我的絮絮叨叨……

现在，他连笑容都表达不出了，只是用眼神在和我交流，那种眼神是凄凄的，却又是更急切的……我一点也没有察觉危险正在来临。

下午，父亲突然体温升高、内出血，生命体征一下子变得很微弱了……我慌乱中没了主意。一是怕曹医生远在郊县宝山，这样贸然打电话去求助，总是不妥，赶过来也会贻误抢救时机；二也是没意识到这已经是他最后时刻。这个没打的电话终成了我一生永远的痛。

当时，医院也马上组织了各科医生来会诊，他一直处于昏睡的状态……

晚上九点，他突然清醒了，而且显得特别的精神，他"支支吾吾"想说话……

"是不是想妈妈了？她可能已经在回来的路上了。"看见他又缓过来了，我特别高兴，我以为他又挺过来了。

父亲仍是不停地摆手……

"你要什么？你写！"我一直在帮助他练写字，我希望他能彻底恢复，像从前一样。

他在我的帮扶下，歪歪扭扭写下了四个字——我是演员。

当时，我真的没明白他为什么会写这四个字。

10月2日早晨，一切都似乎平静了。一晚上，父亲一直很安静地沉睡着，妈妈一直在催我早点回家休息。可是我一直没走，总说：

"再等一会儿。"

也许,潜意识里有一种预感,我自己却全然不知? 我亲爱的父亲,在我离开后,他永远地走了……

10月2日的下午,整个城市还沉浸在国庆节的欢乐之中,我正带着女儿小红去看电影《吉鸿昌》。小孩子可能对这种历史题材的片子不感兴趣,一直在东张西望,她突然拉拉我说:"妈妈,你看! 那亮灯的牌子上写着你的名字。"我的第六感觉告诉我,是父亲,一定是父亲又病危了,但是,我依然没有想到他会这么匆忙……

我跌跌撞撞地飞奔去医院,父亲病房门外已经被熟悉的、不熟悉的人围得水泄不通了……

"小女儿! 小女儿来了!"人们在低语。

事后我才知道,父亲在我离开后,就走了。为什么? 为什么? 为什么不让我……但是,我心里明白,父亲是不愿意让我看到他最痛苦的那一刻。他怕我哭,从小,他就是怕我哭,怕我一哭就没完没了的……

他突然地走了,人们乱成一团。还是细心的曹医生发现了,谁都到了,怎么小女儿不在?

"要等,一定要让她见父亲最后一面……"他坚持着。

当我把盖在他脸上的白布掀开时,我看见了"死亡",这一次也不是恐惧,而是一种痛彻心扉的绝望,我几乎没有了知觉,那一根线终于还是被扯断了,我的心碎了,撒落一地……

我以为我还是了解父亲的,可是我和所有的人都没有真正的懂他。

曾以为人在弥留之际是没有意识的,那些故事里、影视里描写的临终还能清晰地留下遗言,都是人们假想的,臆造出来的。

可是,当我眼睁睁看着他们就这么把他推进那间象征着永远阴阳两隔的小房子里时,我猛然想起了他留给我的那种眼神,还有那留下的最后遗言。这一刻,我似乎有些懂了,这是他一生的牵挂,这是他和这个世界的唯一连接。不是留恋生命,他只是希望再给他一点时间,他还有很多事没做完。

即便在死神向他招手的那一刻,他依然只想到:"我不能走! 因为我是演员。"

2 "门又关上了"——
一位老艺术家的悲鸣

父亲走了,这个现实给我打击很大。很长时间,我的世界一片灰暗。一个在你人生中存在这么长时间的亲人,突然就消失了;一个给予你生命,在你无助时能让你真正依赖的人,突然就成为一种记忆,以致让你感到你的世界倾斜了。

每次走过他的卧房,我都会条件反射地停下脚步:"爸爸起来了吗?"紧接着眼泪就再也止不住了……

一位著名电影明星的追悼会当然办得很体面,人山人海的,花圈多得都放不下了……可是我整个人感觉在飘,像一片羽毛一样在飘……甚至觉得这一切和他没有什么关系。

按上海人的习俗,亲人送走了后要吃"豆腐饭"。为了这事我的兄弟们又和亲戚们争执了一场,我的小姐姐哭着,硬是不肯入席:"人

1963年魏鹤龄拍摄《飞刀华》时在家练习古彩戏法，老七魏迪、老八魏远、老九魏迎在旁观看

都没有了，还在这吃吃喝喝的，有意义吗?"

亲人的离去，悲伤是人之常情，但是我总觉得我们的悲伤更凄凉。因为，在我们心目中，他不仅是爸爸，他更是我们头顶上的一片天啊!

为了纪念这个把一生都倾注于中国电影事业发展的老演员，在父亲"头七"的祭日，上影厂在当时的厂部放映间，放映了父亲生前拍摄的两部经典影片《飞刀华》和《燎原》。电影《飞刀华》是上影厂在1963年出品的，堪称是新中国最早的"武打片"。影片取材于二十世纪四十年代，在武汉红极一时的民间杂耍艺人团体——"义胜班"浪迹江湖荣辱兴衰的故事。这部影片的演员阵容也很强，我父亲饰义胜班班主——李胜义，硬汉型身手不凡的李玮饰"飞刀神手"——华少杰，以专演反派角色出名的程之饰丑角，还有现在人称"花样爷爷"的牛犇饰神鞭手，女主角金素兰是由当时上影厂当家花旦之一的王蓓扮演(著名诗人白桦的夫人)。影片除了情节跌宕起伏、感人至深之外，每个角色在影片中呈现出的杂耍绝活也是令人赞叹的。当时拍摄电影讲究真实感，除了特技手段运用，很少用替身。每个演员都刻苦练起了杂技。李玮自小就有功底，学来得心应手。牛犇的神鞭练得很辛苦，但也能乱真。王蓓竟然可以在钢丝上不用保险带自如地行走。我父亲的古彩戏法练到可以翻一个"呛背"着地，在披毯中变出了一盆火……

1963年电影一上映，就轰动一时，可是不久就被禁映了。原因是过去很少有这一类影片，片中华少杰的飞刀投靶，惊险又威风，令很多男孩子钦佩乃至效仿，把削笔刀、钢片刀、弹簧刀都当飞刀练了……可见电影的影响力之大。

作为电影人，还有一点是比常人幸运的，用电影胶片记录下的音容笑貌是这么的真实、生动，让一个逝去的人又活生生地出现在眼前，让你会瞬间忘记"死亡"曾经发生。

可是，当我看到影片中的"义胜班"被地痞流氓盘剥欺诈，为了不愿给日本鬼子演出而逃出了汉口，后又遭歹人陷害，"义胜班"又深陷绝境，老班主悲愤交加，一病不起，在弥留之际心心念念还渴望着，总有一天有一个自己的"大棚"可以不要再撂地卖艺了……此景此情，和在医院里发生的一切是如此的相似，父亲似乎又复活了，在用那死不瞑目的眼神，诉说着这种留恋……

我觉得心又一次在被撕裂，全身不停地在抽搐，我不知道当时我发出的是什么声音，反正是惊到了全场，只听到人们在低声询问："怎么了？"

"出什么事了？"

"是小女儿，老魏的小女儿。"

大家都沉默了。

有人把我拉了出去，至今我都想不起来是我姐，还是我妈？我只记得那天我只看了一半，就被人拉出了放映间……

对父亲年轻时的记忆，都是美好的。父亲很少拥抱我们，但他特别含蓄的微笑，就让我们有一种温暖感。他和子女之间话也不多，有时，用他那大手轻轻地拍拍你，这就是期待了！

被人拉出去的时候，我一定是非常失态的，我满脑子想的就是一件事，我为什么不在那一个只有我们父女俩独处的夜晚，在他说不出，而写给我看的那几个字的当口，去拥抱他。至少让他不要这么凄凉地离开，让他有这么一丝安慰，让他知道还有一个女儿、一个晚辈明白了他的心结。

"晚了，一切都晚了！"我终于明白，我的悲伤为什么是这么不能排解。这不是伤心，是一种再也无法弥补的悔怨！

幼年时盼望的是从父亲手中接过甜甜的糖果，自己学艺后又渴望着成为像父亲一样的大艺术家。在我的印象中，父亲一部接一部的拍戏，只要有戏拍，他就很快乐，也很满足。可是万万没想到，一场"浩劫"却让他从事业的巅峰期一下子就跌入了谷底，再也没有爬上来。

那场长达十年的"文化大革命"，是要求触及人们灵魂的革命，当然，"毒害"人民的电影就成了靶子。"文革"开始，电影《燎原》和《北国江南》被定性为"大毒草"，是要重点批判的。而这两部电影都与父亲有关。《燎原》是反映当年刘少奇在江西安源领导煤矿工人大罢工的题材，父亲在影片中扮演的是老矿工易老倌子。《北国江南》是反映农村合作化运动的题材，父亲是主演，他扮演了一个受人挑唆、毒害自家耕牛的富裕中农董子章。这是父亲拍摄的影片中为数极少的反面角色，因此这也成了批判的重点。批判材料上说，为什么会选择魏鹤龄来扮演这个角色，就是一个大阴谋。魏鹤龄演的董子章，表面看上去老实巴交但心存歹毒，让人们恨不起来了，而这就达到了攻击诋毁农村合作化运动的目的。

运动刚开始时，父亲还是觉得自己是有罪的，因为自己觉悟不

《北国江南》剧照，魏鹤龄饰董子章、郑敏饰褚占魁

高，放松了思想改造，所以拍摄了有问题的电影，毒害了人民，他认真地写检查，深刻地反省自己。

随着运动深入，眼见着自己的老同事都被戴上了高帽子，天天被革命群众揪上了电影厂门口搭的台上批斗，他很困惑。因为他当时已经担任了演员剧团的副团长，身边都是朝夕相处知根知底的老朋友，怎么一下子都成坏人了？他想不通。

《燎原》剧照，魏鹤龄饰易老倌子、王尚信饰雷觉焕

更让他想不通的是一次突然袭击，家里来了一群"红卫兵"，铺天盖地的大字报把整个屋子都淹没了。他也被揪了出来，并冠以"黑线红人""反党分子"和"特务嫌疑"。对他成立了特别专案组，重点审查。父亲彻底绝望了，这是多大的罪名啊！他这个一辈子都不愿麻烦别人、得罪别人的老好人，一夜之间竟成了隐藏很深的特务。

现在想想这个帽子戴得真是太荒唐了，但是，当时的斗争形势就是摧枯拉朽的，"怀疑一切，打倒一切"的口号叫得惊天动地，说你是，你就戴上了。

十九岁时，我参加过"四清"运动，也称之为"社会主义教育运动"。一个啥都不懂的学舞蹈的女孩，成了"工作队"队员，要去查人家生产大队的账目。当时都是有指标规定的。按理说没有问题是好事呀！但是，当时的认识都是颠倒的，查不出就说明运动开展得不深入，一定要一查到底，像绞毛巾一样，一定要绞出点水来才能过关。

当时的"文革"也是这样，如果，电影厂把程之、陈述这些专演反派角色的人揪出来，说是特务；就没有什么爆炸性新闻了。人们的反应不外乎："怪不得，他们原来就是坏人啊！"可是把魏鹤龄这个隐藏了几十年的特务挖出来了，那就是战果累累啊！

记得1970年的初春，我被上影厂召去参加"可以教育好的子女学习班"。一屋子的小毛孩子，有的还几乎不认字呢。我当时二十三岁，是唯一的成年人，也是他们这次重点要教育的对象。当时，我是上海歌剧院舞剧团的演员，因为父亲是审查对象，也就被剥夺了上台演出的权利。虽然我还不够格，算不上什么"专政对象"，但是一切人生的自由和权利也被剥夺了。我这个被老师誉为"歌剧院最用功、最听话的女孩"，被点名的大字报渐渐多了起来，什么"敦促""勒令"逐步升级了。因为当时自己太无知，也因为太渴望能解除对我的"禁用令"，能让我去参加演出样板戏"红色娘子军"。我在学习班上表了态，一定要督促父亲坦白交代自己的问题，早日回到革命路线上来。

当时电影厂的军代表，是来自某高炮部队的一个军官，我下部队演出时认识了他，他叫魏耕夫。因为同姓，开玩笑时也叫上了"哥哥"，也算是熟人了。所以，会后我就找他想问个究竟，我父亲到底有什么

《燎原》剧照，魏鹤龄饰易老倌子

问题?

他当时明确回答我,魏鹤龄真的还有问题没有交代。我要求让我见见父亲,他也同意了。

在电影厂的一间小屋子里,我终于见到了被关押了很久很久的父亲。父女俩在这么一种环境里见面,还是头一次。彼此沉默了许久,都不知说什么话了……

父亲看我的眼神是怯怯的,像一个做错事的孩子。我害怕正视这种眼神,我更害怕我将要说出口的话会真正击垮他,但是我还是说了:"爸爸,你还有什么顾虑?咱们都说清楚了,就可以回家了。"

1965年作者在电影中客串芭蕾舞演员

父亲还是那种怯怯的眼光,他也许没想到自己这么宠爱的女儿,也竟然这么冷酷……他低下了头,只说了一句:"我不知道还让我交代什么?没有的也不能瞎说呀!"

我不相信军代表魏耕夫会骗我,我更不相信父亲是特务,可是……怎么一夜之间满世界都是坏人了。而我自己,运动开始前,是歌剧院又红又专的培养对象,是团干部,是党支部发展的对象,怎么一下子连舞都不让我跳了……我原来还天真地认为,我业务好,技巧高,有些角色无人能替代。可是,他们煞费苦心硬是把"女侦察兵"改成了男的,也不能让你们"资产阶级反动学术权威"及其子女占领舞台。

后来我才明白这次学习班并不是为了教育我,而是把我作为一颗炮弹,炮轰死不悔改的魏鹤龄。他们私下里把我在学习班上的发言录音了,并且在电影厂的高音喇叭里,早中晚地不断播放……

我真后悔自己的无知和无情,相信了我不该相信的那些悖论,在父亲受伤的心上又狠狠地砍了一刀……

当我再一次要求见父亲时,他们就不让我见了,说:"魏鹤龄最

电影是他这一生的唯一念想

近血压很高,情绪不稳定,不宜探视!"

我知道,父亲彻底崩溃了!是被我击溃了,他万万没有想到连自己的女儿都不相信他,不理解他了!

人只有被逼到了绝处,才开始丢掉幻想,真正地开始思考,开始用自己的脑子、自己的心去辨别是非黑白。就从那一次后,我渐渐明白了,无论我们怎么努力地端正态度,都是无济于事的。父亲说得对,人不能丧尽天良,也不能做黑白颠倒的事。我们不奢望上苍能眷顾我们,逃脱这场灾难。但是我们能等,等待天亮的这一天。

后来我们都被关进了"干校"。父亲在干校一天一天地熬,天天默默地挑起百来斤的担子,受训,受审查。我也在另一个干校一天一天地耗,天天默默地割麦子,在坑坑洼洼的泥地上偷偷地练功,练舞蹈……

在这种失去人身自由、精神备受摧残的岁月中,父亲是坚强的,他挺过来了。终于有一天,他被告知,他没事了。

比起那些没有跨过这道坎而被逼死的人来说,他是幸运的。他能在这场摧毁人性的运动中幸运地活下来,真的是太万幸了。"落实政策"中,补发了工资,恢复了名誉,按一般人的说法,他应该安分一点了,知足地安度晚年了。

可是,解除了关押审查后的他却一反常态,一贯平和谦顺的父亲变得异常暴躁,整天就像头困兽般哀叫着:"我就这样白拿钱,白吃饭,不干活儿,就这么等死吗?""你没有被整死!你还一下子拿到了一笔钱!你不需要再去上班了!这是多么好的事啊!"现在的人肯定是这么去想的,当时也是有人这样去劝他的。

可是,一般人是不会理解一个视艺术为生命的老艺术家的"心结"。他觉得自己的人生被冷冻了这么久,他的艺术生涯被无端地割断,他不甘心,他更着急,他清楚地知道,留给他的时间已不多了。

他只有一个心愿——想演戏,想重返银幕:"什么角色都行,戏份不多也可以。"

他无数次地一个人就跑到上影厂去了,望梅止渴般去看看摄影棚里的拍摄来解解馋……甚至还要求,就让我去挥挥小旗子也行

谢荣生拍摄组照

（开拍前的静场示意）。

　　可是，他不知道，一个人被关、被审是一句话就可以分分秒秒把你拘起来的，但是说放你了，这留下的余毒却很难肃清，他迟迟不能恢复工作是"四人帮"下了指令："魏鹤龄这个人再也不准在银幕上出现了！"

　　当他得知外地电影厂曾来上海商借他，却被当时的上影厂革委会拒绝了。执拗的父亲一跺脚就上路了,跑遍了"峨影""西影""北影""八一厂"。可是,这场运动使中国电影业元气大伤,能投入制作的影片寥寥无几,好朋友们都爱莫能助啊!

"饥不择食"的需求程度,此刻用在这个老艺术家身上是太确切不过了。

记得1975年夏天,当时在沪东工人文化宫旁边有一家小小的照相馆,一个叫谢荣生的摄影师(后来担任过上海摄影家协会副主席)想拍一套"老艺术家重获新生"主题的照片参加摄影展。找到了我,希望我能动员父亲,帮助他完成这个愿望。父亲是一个很低调的人,很少接受采访之类的邀请。可是,这次他却欣然答应了。

那个照相馆真是小,夏季高温天气去照相馆拍照简直是活受罪。那年代也没有空调,一个电风扇开着,还不能对着拍摄对象吹,几个摄影灯一开,整个房间就像锅炉房一样闷热……

父亲是个特别怕热的人,我不停地给他擦汗、扇风,他的衬衫还是湿透了。

谢荣生简单说了要求,就准备拍摄了。

父亲却凝神端坐纹丝不动……只听见墙上的时钟有节奏地行走着……

"爸爸,我们抓紧拍吧!"我催促他,真怕他中暑了。

父亲没有搭理我。

谢荣生对我摇了摇手,他似乎明白了父亲的举动。

时间就这么"嘀嗒嘀嗒"地在过去……

"来吧!"父亲慢慢地坐在镜头前,他睁开了眼睛……

迷茫……困惑……惊恐……绝望……愤怒……欣喜……笑逐颜开,就这么一口气,一组照片就成像了。

"魏老,太谢谢你了!我相信今天这一组照片,是我这一生拍摄的最成功的作品!一定会有意想不到的反响的。"谢荣生很激动,相信这是他摄影生涯中很特殊的一次记忆。在这间屋子里,从来都是他在掌控别人的表情趋势,而今天他似乎在拍一部一个人的电影大片。虽然没有乌云翻滚山崩地裂的背景,但已见生灵被涂炭的惨烈；虽然没有暴风骤雨、飞沙走石的气氛渲染，却真实地记录了一个饱经风霜依然前行者的这种坚强。一间10平米见方的简陋小屋，见到了春暖花开的风和日丽，听到了冰雪融化中，一江春水向东流的欢快旋律……

卡车边 外景队马上要出发了

此时此刻的我，却只想哭……可怜的父亲啊！他终于能在这小小的照相机前过一把上镜头的瘾了！这又是一种多么让人心酸的满足感啊！

"北影"的于蓝导演听说了魏鹤龄的不幸遭遇，非常理解和同情。她正在筹拍一部电影《马背教师》，里面有一个角色特别适合老魏的戏路子，她决定顶着压力启用魏鹤龄。

这个喜讯让父亲兴奋得失眠了……久违的笑容像风雨后的丽阳，是这么地令人心旷神怡啊！

父亲开始了种种出征前的准备，甚至有意挑最热的时辰，顶着烈日去练习走路，因为《马背教师》的外景地在青海高原啊！每天一步步地走着，他觉得那梦想中的高原已经离他不远了。

一天，他接到通知，要参加"上海影协"召开的理事会议。妈妈不放心他一人出门，想陪他去，他执意不让。妈妈又递给他一根手杖。

"我又不废！"他一把扔了出去，气呼呼地走了。

其实，母亲的担忧是有道理的。这么多年的压抑，在关押期间严重的营养失衡，父亲的健康状况已经出现了问题。

人最怕的是大悲大喜。搁置太久的机器不能猛地启动，太猛是要出问题的。果不其然，当天晚上吃饭时，我们询问他白天开会的内容，他已经语无伦次了。我们发现父亲的脸涨得通红，开始还以为他心里高兴，多喝了几杯……突然，他倒在了椅子上，他的嘴也歪了,他中风了。

高血压是家族遗传,但和情绪变化紧密相关。在黑暗中待了太久了,就这么一点点光照,他却承受不起了……虽然这只是一次小中风,但是也成了父亲从此一蹶不振的起因。

《马背教师》开拍在即,于蓝也听说了魏鹤龄身体情况不佳的消息,但是又不愿伤老人的心,亲自打电话来征求他本人意见。

作为身边人,母亲是坚决反对他去的。她太了解自己的丈夫,为了要重返银幕,这次他是准备豁出命去拼了。

"你知道,我等了多久了,这也许是我最后一次机会了!"父亲苦苦哀求着。

"你不知道青海是什么地方吗?你不要命了?"母亲不想他去冒险,作为妻子,她只希望他平平安安地活着。

"不让我拍戏,那我还要命干什么?" 父亲暴跳如雷了。

母亲是实在没有办法了,把在沪的儿女,还有女婿儿媳都叫回家:"我劝不了你们的爸爸,你们大家看怎么办吧!"

这是一次特殊的家庭会议,也是一次决定父亲命运的艰难抉择。我们家表面上看是母亲在当家,父亲基本不管的。但是遇到比较重大的事,父亲的一句"行"或者"不行",那就是决议,没有人敢反驳。有时年少的不懂事,刚要顶嘴,哥哥姐姐一瞪眼,小的们就再也不敢胡说八道了。这倒也不是什么"家规",平日里,父亲很少训孩子,可是,爸爸的一句话,往往比妈妈的一箩筐话顶用。

我家客厅有一张很大的西餐桌,逢年过节,老老小小都回来吃饭的话,把它拉长到极限也还是不够坐的。

1975年生活照

这天，父亲一个人孤零零坐在那里，像即将要接受宣判的被告……我们谁都不愿入席，因为这不是吃饭，这是要我们大家联合起来，反对父亲的"决定"，这是从来都没有过的，真的很不愿意，真的很难。

"高原反应，一般正常人去，都很难适应。你现在这身体……"

"那边的医疗条件肯定比不了上海，万一……"

"如果外景地在江浙一带，我绝不阻拦你。"

母亲摆出了一大堆理由，真是无可反驳的。也许母亲已经说了上百遍了，父亲根本不理她。

"你就是头倔驴啊！你自己不要命，我也不管你了！可是你不想想，到时候戏拍到一半，你不行了，要换人，要浪费多少胶片？多少时间？你这不是在给人家添乱吗？"

母亲这一番话像机关枪扫射一样，彻底把父亲击垮了。母亲不是残忍，她知道此刻唯有这个理由才能让父亲缴械投降的。

"爸爸，我们有机会的。我们不去青海，我给你写剧本，我找人帮你拍。"我的姐夫——施锡来终于开口了。他当时是上海青年话剧团的团长。

其实大家都知道这只是一句"圆场"的话，是画饼充饥的搪塞。可是，对于满怀希望的父亲来说，这次的放弃，是撤了他正在艰难攀登的藤蔓，他再次跌入了深渊……

事后，我们都非常后悔。我们爱父亲，可是我们没有真正懂他。兴许那根被他紧紧捏着的不是稻草，而是真能维系他生命延续的仙丹神药……可是我们全体都投了反对票。

那天的情景，仍经常浮现……父亲孤零零地坐在全家人的对面，他深深地叹了口气，只说了一句："门又关上了！"

像一头被击落的大雁，望着远远的归途，发出的一声悲鸣……这不是一次选择，这是一次真正意义上的落幕，一位卓越的电影表演艺术家的创作生涯被残酷地终止了，他的还在熊熊燃烧的创作激情也被永远地扼杀了。

电影是他这一生的唯一念想

021

魏鹤龄

3 世纪之星——魏鹤龄

在我的心目中，父亲是一个攀越峰顶的成功者，是我几辈子努力都无法逾越的。在他走后的第十六个年头，在世界电影走过了整整一个世纪的纪念日，他被人们深深地怀念着，他被冠为"世纪之星"的荣耀称号。他当之无愧，但是，这不是他希冀的。如果让他选择，他更希望偿还他十年的光景，让他再多拍几部戏。

"成功"的标准在当下往往被异化了，数字的堆砌、头衔的装点，还有什么证啊、牌啊、杯啊……种类繁多，架势不小，让人眼花缭乱的。且不说滥竽充数甚多，更有自封、自诩、招摇行骗鱼目混珠的。

说到"牌牌"，有时象征的并不是荣耀，也可能会成为祸害。父亲就是为了一块"牌牌"被定为"隐瞒重要历史问题，抗拒改造，死不悔改"的内控对象。

"文革"时，上影厂军代表口中的"魏鹤龄还有重要历史问题没交代"的事，后来终于真相大白了。在国共合作时期，老一辈的电影演员很多都是国民党中央宣传部所属的"中央电影摄影厂"的演员，这个期间，国民党宣传部曾经颁发过一次"双十字勋章"，授勋名单曾在当时的报纸上公布过，也举办了授勋仪式。

《貂蝉》剧照，魏鹤龄饰王允、顾而已饰董卓

　　魏鹤龄那时名气已很响了，自然也在名单上。可是，他本人却浑然不知，当时，他正在香港新华电影公司参加电影《貂蝉》的拍摄；本人未到现场，就有人为他代领了。据说那是一枚纯金打造的奖牌，贪财者估计也是了解魏鹤龄为人个性的，时间一长无人问津，就瞒天过海地私吞了。也不知道父亲后来有没有耳闻，即便知道了，

电影《乌鸦与麻雀》封面

按他的个性也不会去追查的。因此,这一切对于他来说等于没有发生过。对于他不上心的事,他怎么可能有印象?可是,就是这倒霉的、看也没看见过的"牌牌",几十年后,却成了他迟迟没有交代的历史问题,也成为扼杀他艺术生命的一颗炸弹。

在新中国成立后的1949年—1966年间,在当时很少设奖的情况下,父亲一共就得过三次奖。

电影《乌鸦与麻雀》是昆仑电影公司在1948年开拍的,一度因反动政府要封闭"昆仑"而停拍了,影片最终完成上映是在新中国成立后的1950年。父亲在影片中成功塑造了一位老知识分子孔有文的形象,在文化部举办的1949—1955年优秀影片评选中,获得了个人一等金质奖。赵丹在他的自传中披露:"在评奖时,当时是得了银质奖,后来总理说,这个戏如实地揭露了蒋家王朝的腐败和当时民不聊生的百姓们的抗争。这些同志在白区白色恐怖下冒着极大的风险拍的,为什么不能给一等奖?难道只有延安来的才能得一等奖?总理还给政治局打了报告,批评了文化部。后来我见到毛主席,主

中国电影代表团在卡罗维·发利

1995年世纪之星颁奖典礼(和老艺术家合影)
左起史东山之女史大里,张瑞芳,郑君里之子郑大里,魏鹤龄之女魏芙,秦怡,第七位沈浮之女沈庭兰

席说,听说他们不肯给一等奖？他们是有宗派啊！总理这个抱不平打得好,应该打,打对了。"

1957年和1958年,他和白杨主演的中国第一部彩色故事片《祝福》分别获得了卡罗维·发利国际电影节特别奖和墨西哥国际电影周银帽奖。这也是新中国成立后,在国际影坛为数不多获奖中的一部影片。

我并不是为父亲叫屈。但是,很不认同的是中国人习惯的那种"盖棺定论"的做法。尤其对那些不图虚名的人来说,那些在灰飞烟灭后的"赞美"和"认可"的话,应该早点说,应该让他本人能听到,踏踏实实地走,那多好！欣慰的是"好坏良莠",终究会自有评说。

父亲生前从未出书立传,谢世后的二十五年间,他却获得了两次大奖。纪念世界电影一百周年文化部授予的"世纪之星"的称号；纪念中国电影一百周年,经专家和观众评选出的"中国电影百年百名优秀演员"的称号。

1995年11月的最后一天,是我亲爱母亲的生日,也是送别她的葬礼,全家都沉浸在悲痛之中。突然接到了上影厂的电话,说魏鹤

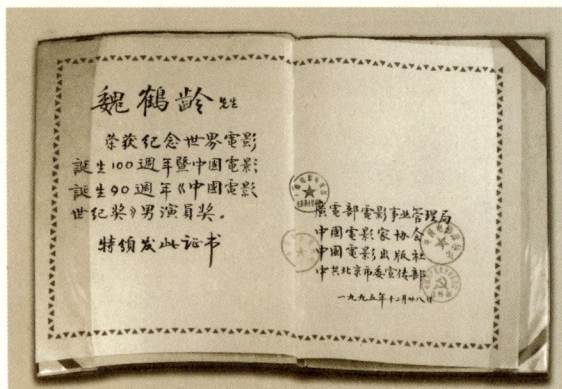

中国电影九十周年奖状

龄获奖了。当时我还昏昏沉沉的,以为听错了。人都走了十几年了,还得什么奖?再说母亲也突然撒手人寰,在我眼里看出去的一切,都是灰蒙蒙的……

1995年12月27日,我和潘虹、郑君里之子郑大里、沈浮之女沈庭兰等同机飞往北京,从他们口中才得知父亲真的是又得奖了。

1995年12月28日,为纪念世界电影一百周年、中国电影九十周年,在人民大会堂举办盛大庆典。朱镕基副总理隆重宣布——为四十五名对中国电影事业作出卓越贡献的中国电影人授予"世纪之星"称号的决定。并在会前接见了老艺术家们,合影留念。潘虹作为青年演员的代表,张瑞芳作为老艺术家的代表都做了热情洋溢的发言。

四十五名中有十五名是史东山、谢晋、谢铁骊、谢添、郑君里、沈浮等电影编剧、导演、摄影。另外是男女电影演员各半,最早期的女演员阮玲玉、周璇也在其中,张瑞芳、白杨、秦怡、王晓棠……压轴的是祝希娟。男演员中有赵丹和魏鹤龄,还有金焰、崔嵬、陈强……最年轻的是王心刚。

这些几乎都是在九死一生中幸存下来的老艺术家们相聚一堂,欣喜之余还有些悲凉。说是四十五名,可是实到人数已经不到一半了。堪称二十世纪三十年代中国电影经典之作的《马路天使》中的赵丹、周璇、魏鹤龄,一个都不在了……他们都走得这么匆忙,有的还这么的惨烈……他们没有等到这迟来的春天。

白杨是坐着轮椅,被推上舞台的。看见"祥林嫂",自然让很多人又怀念起"贺老六"……

父亲的老朋友项堃、田方见到我还大孝在身,更是潸然泪下了……

当时，著名导演谢添还健在，他是我父亲的至交。他很惋惜地说："老魏走得太早了，他没有等到这一天，不应该啊！"

虽然大家都没有再提往事，但是，饱经风霜的苦难都刻在了脸上，一种沉重感让他们的笑，都透露着忧郁。

是的！这是一群忠实于中国电影事业的开拓者，他们像万里长征那样在中国电影的历程中走了大半个世纪，以毕生的呕心沥血成就了中国电影的辉煌，他们是奠基之石，也是浩瀚天际中最耀眼的星光。历史会铭记他们！

"魏鹤龄获大奖了！"这个喜讯传到了天津。天津是魏鹤龄的故乡，天津政协派车到北京接我，他们希望把魏鹤龄的奖杯带到天津，让它能代表这个天津的儿子，重返家乡的热土，也让家乡人民一起庆贺一下……我也渴望去看看爸爸的老家，去寻找那片土地上这位艺术家曾经留下的足迹……父亲从1927年为了谋生离开了以后，还是日夜思念着家乡，只要有机会就顺道去老家看看长辈和妻儿。后来，因为本家老人相继去世，也因为一直不停地拍戏，回去的机会就越来越少了……在"文革"期间，他曾经偷偷地回去过一次。因为他身体状况越来越差，当时的革委会就让他从干校返回上海就医。有一次，我的大哥（当时是第二汽车制造厂的军代表）来上海外调。见父亲天天忧郁叹气，家里又没人照料，就突发奇想说："爸，我们回老家去吧！"

父亲一下子老泪纵横了："我不是还没有解放吗？"

"有我呢！要有人问，咱们就说去天津看病。他们不是让你去看病吗？又没有说在哪里看！"我大哥安慰他说。有长子在，父亲的胆子也大了，他们父子偷偷地登上了北上的火车……

父亲在1972年回的这次老家，这也是他一生中，最后一次踏上这块心心念念的故土。

家乡人就是亲人。他们以最赤诚的心给了魏鹤龄一片温暖，家乡的百姓都来看他，并真诚地对他说："我们从来没有把你当成审查对象，你怎么会反党呢？再有难处，就回来嘛！什么时候这都是你的家。"

在父亲去世后，1983年，我在北京舞蹈学院上学时，乘放假陪母亲去过一次老家。谁知道母亲也走得这么早，这次却只有我一个人去了。

1995年世纪之星颁奖典礼(和天津政协同志合影)后魏芙应天津政协之邀代父亲返天津故土

　　早在1994年,天津政协就有计划,准备在父亲的故土——天津东丽区的东丽公园建立"魏鹤龄纪念馆"。母亲也参与了大量筹备工作,也准备系统地收集父亲影剧事业的珍贵资料,可是她没来得及完成此夙愿。

　　1995年12月《天津东丽区文史资料第四辑》提前出版了。在该书的扉页刊登了魏鹤龄的照片,并汇集了母亲和著名导演徐昌霖、李天济、胡导,还有魏鹤龄生前好友徐银轮、燕群等人的纪念剧评文章。东丽区区长陈章伟题词"古为今用,资政育人",东丽区政协主席王开基题词"益于今人,惠及后代"。这本书已经收集全了仅有的介绍魏鹤龄的文章,但是不足以概括他的艺术人生,更无法让人们真正地了解这个"世纪之星"的经历。家乡的领导又一次提出要好好地宣传魏鹤龄,一定要把这位"世纪之星"的传奇故事留给后人。

　　给魏鹤龄写传整整持续了近36年,却一直是一个愿望!

　　早在1980年的10月,我第一次去重庆演出,一个从小受魏鹤龄戏剧影响的四川人——重庆日报的主编赵孝慈先生就对我发出了动议。我诚惶诚恐了,我何堪此重任?把他引荐给母亲。母亲的确大费周折地开工了,可是那年代的人们,一味地想着突飞猛进的奔跑,哪有闲心关注过往? 谁知,近三十六年过去了,这重任依然又落我之身。

时光流逝,我依然诚恐,我更加诚惶。作为女儿我没有真正地了解他,而作为同行晚辈,我更不能真正地认识魏鹤龄。

他的一生太传奇!他的一生太精彩! 但是,他的言语太平淡,他的内心太深邃,他把他塑造的一个个活生生的人物都留在了电影银幕上,却把自己的过往经历都带走了。

我曾经也有过犹豫,父亲如果还活着,他一定会坚决反对的,因为他生前没有留下过一个字是说自己经历和表演总结的。也许有,那都是"文革"中的"交代材料"。这也给我完成这个夙愿带来了很大的困难。但是,每一次犹豫之际,都有一个声音在提醒我,我应该写,也必须做。

中国电影九十周年奖杯

1982年,我在北京舞蹈学院上学时,中国电影资料馆曾经让我说服母亲,把父亲几十年留下的影剧照捐赠给资料馆。他们对我说:"魏鹤龄是你的父亲,但他也是中国电影事业不可多得的宝贵财富。能把他的有限的艺术活动的资料,保存在中国电影资料馆意义更大,也是魏鹤龄对中国电影的更大贡献!"

2007年,在我们所有魏鹤龄的子女认同下,我们把1995年获得的这尊珍贵的"世纪之星"的奖杯和其他父亲的纪念物捐赠给上海历史博物馆。

我们认为魏鹤龄是中国电影的骄傲,他也是属于一切热爱着他的人们。虽然,我无力还原于真实的,或者说是真正的魏鹤龄的光辉的一生。我也应该以自己的爱,来完成这个使命。因为当这本回忆录能问世时,正值魏鹤龄诞辰一百一十年的纪念。我想用这份爱,怀念他——我亲爱的父亲!

电影是他这一生的唯一念想

029

4 一个年轻农民的成才之路

　　距渤海之滨的名城天津市四十里远的东郊,有一个不大的村落,它有着革命的史迹,也有着美丽的传说。在战争年代,它也是共产党的地下根据地,党组织的代号叫"赤土",新中国成立后这个小村就把原名"赤碱滩"改名为"赤土村"。赤碱滩顾名思义是个赤土碱滩上的贫瘠的穷乡村。据村史记载,明朝永乐年间,有从河南开封瓦渣庄逃荒来此的两兄弟——魏朝、魏全,在仅有的小村——李台子的海边落了脚,创出了魏姓的家业。村边有一条直通渤海的金钟河,传说有一天晚上,一个大钟从海上飘进了村河里,村里人在睡梦中听到了"我要上岸,我要上岸"的呼声,就把金钟捞起,立于村头,从此小村就富裕起来了……后来历经兵变、战乱等天灾人祸,金钟丢失了,土地荒芜了,安居乐业的生计也随之失去了……这个传说很美，也一直在后辈人口中流传，人们总说，这个金钟一定在某个地方，终有一天会再飘回来的……

1907年的寒冬腊月，农历初一，一个农民的儿子在赤碱滩大车道边的草屋里出生了，父母给这个长着一头又卷又黑头发的男孩取名为鹤龄。排行老五，所以家里人也一直叫他"老五"。

当时这个叫"赤碱滩"的村落，是一个屋没瓦、地无粮的穷地方。魏家世代务农，到了魏世奎（魏鹤龄的爷爷）这辈，意识到识文断字可以摆脱贫穷，魏世奎就在村里办了一个乡塾，村里的孩子除了帮家里干农活儿，能上学了，也有了点文化。世奎爷爷秉性淳朴刚直，还识点医道，常为乡亲诊病施药，深得乡亲们爱戴，大家都叫他杰大爷。杰大爷生有五子，春浦、德浦、兰浦、润浦、镜浦。

魏鹤龄出生时，因他的二叔家没有男孩，他的生父就把他过继给了他的二叔。他的生父魏春浦，生来也是一个有抱负的人，年纪轻轻就出外打拼。开始是在一家小杂货铺做小伙计。后来，在天津海河西区和人合伙，开了个"万巨和"字号的大杂货铺。魏鹤龄从小就跟着二叔拾柴下地，捉鱼摸蟹，由爷爷教之识字。屋后的大水塘、村边的金钟河，都是他嬉戏的地方。有时他跟着爷爷去给人看病，爷爷的好善乐施给幼年的他留下了深刻的印象。六岁那年，他的生父就把他接到天津市内一所教会小学念书，课余时间他就去父亲的店铺里做一些杂活儿。天津的家就在有名的"劝业场"附近，年幼的魏鹤龄放学后就偷偷溜进了"劝业场"看戏班子演戏，天天五迷三道的。一个小孩子家怎么会迷上了这个不入流的营生，这是正经人家决不允许的。只要给大人发现，就一顿棒打……但是父亲后来说起，这是他童年最美好的时光。

好日子总是太短，春浦的"万巨和"遭人鲸吞，官司又败诉，生父就这样活活被气死了。魏鹤龄的四叔，因为大哥春浦的资助曾经去了日本留学，回国后在北京一家银行里当职员。鹤龄的生父去世了，八岁的魏鹤龄又被自己的四叔接到北京抚养，就读于北京师大附小，一直到中学毕业。他在学习上很刻苦，也知道四叔生活的艰辛，当时家住后海边，天寒地冻时，他放学回家就去帮家里拾煤渣，

青年时期(三十年代)肖像照

年幼的他就养成了吃苦耐劳、知足常乐的品格。

也许,我的父亲从小就被几个叔伯倒着手地接管,他很不愿意总靠他们养活;中学毕业后,他放弃了继续念书的计划,想自食其力地生活。他的小叔叔毕业于南开大学,在当时的北京兵署当军医,他就在叔叔手下当了一名司药师。但是他很不习惯旧时兵营的非人生活,不久就跑回了天津乡下的老家。

对艺术的酷爱,也许就是与生俱来的。又开始农耕生活的他,并不安分。经常不干农活儿,坐在田埂上扯着一把破二胡,拉完一曲又接一曲的……一见有进城的牛车,跳上就走。在这个年轻后生的心里一定涌动着一股清澈的泉水,这么解渴,这么甘甜……

当时天津城里的"劝业场"就是他理想的海,他渴望汇入这一览无遗的大海,像海浪般汹涌澎湃……

家里的田地杂草丛生了……年轻力壮的小伙子,不好好地干活儿,天天就钻戏园子。有时,要到星撒月挂,才一路"伊里哇啦"地唱着跑四十里的路回家……村里人都说这个后生中邪了。

他的二叔想了一个让他收心的点子,想着独立门户了,你就不可能再这么胡闹了吧!就托媒人给他相了一门亲。

为了成全老人的心意,父亲只能就范。被迫成婚的日子却让他度日如年,再加上这个突然闯入他生活的女人,大字不识,脾气又不好,婆媳之间常口角不休,不满二十岁的魏鹤龄终于离家出走了。

像当下很多农民工一样,为了混口饭,把脸面和委屈都吞进肚里了,咬紧牙关什么活儿都干。离家时,身上还有一点钱,他就置办了一个货郎担,卖一些头油、肥皂、针线等小商品。天性腼腆不善言辞的他,被姑娘、小媳妇一围,就慌了神,也不会讨价还价,不久就把本钱都赔光了。他又去投奔在天津城里开油盐铺的幼年玩伴，当了一名专切咸菜丝的刀工伙计。这种小铺子也是小本经营，时间长了，人家也只能管饭，付不起他的工资了。

他仗着有一副好身板，一咬牙就跑码头上去当搬运工了。

天天背上压着二三百斤重的棉纱包，在颤颤悠悠的"过山跳"上移步，一日三餐啃的是干巴巴的大饼，晚上是在"鸡鸣早看天"的大车店通铺上过夜……

1928年6月的一天，他无意中看到码头的电线杆上贴着一张山东省立实验剧院的招生广告，除了提供食宿外，每月还有四块大洋津贴。主要吸引他的是，学成后就是一名话剧演员了。

这么一张小小的纸，在别人眼里可能就忽略了，可是在这个年轻搬运伕的心里，却掀起了波澜……尽管前途莫测，他扔下棉纱包毅然上路了。

俊朗的五官，健壮的体魄，浑厚的嗓音，再加上能拉二胡，能票几段京剧名段，这个农民的儿子很顺利地通过了考试，走进了他渴望已久的艺术殿堂。

我曾经和山东省立实验剧院的第一任教务主任王泊生的长女王珏是同事，她是我们歌剧院的一名女高音演员。她的妹妹王赫和我是同行，是上海舞蹈学校的舞蹈老师，也经常听她们谈起山东省立实验剧院。

山东省立实验剧院，是中国第一所正规的戏剧学府，坐落在济南的旧贡院内。创办人赵太侔院长，教务主任王泊生，教员吴瑞燕是王泊生的夫人，都是留学美国、法国的戏剧专家。另有文学家陈祖怀、孙师毅，戏剧家万籁天、丁子明、蓝馥清，音乐家何笑鸣、陈天鹤、王义山等任教，白俄芭蕾舞教员皮特罗维奇教舞蹈，还有梅兰芳的老师郭际湘、尚小云的老师孙怡云教京剧。赵太侔还经常请山东大学任教的文学家洪深、徐志摩、梁实秋来讲课。第一届学员有魏鹤龄、崔嵬、马君介、郭建等四十人，魏鹤龄还被挑选为学长。除了各课目的学习，还排演了很多的话剧，主要是戏剧先驱田汉的早期名著《苏州夜话》《获虎之夜》《江村小景》《一致》等。

得天独厚的禀赋和如饥似渴地努力学习，年轻的魏鹤龄以优异的成绩备受关注。尤其在田汉名作《名优之死》中，他主演了名伶刘振声，初露头角而一鸣惊人！

在实验剧院，一个懵懂青年受到了良好的启蒙教育，本应该有很好发展，可是当时山东的军阀害怕民主进步思想的传播，借口男女合演的戏剧"有伤风化"而下令封闭了剧院。

王泊生为了中国戏剧事业的发展，把在剧院的师生集聚起来，成立了"晦鸣剧社"去北平谋发展。当时北方戏剧的代表人物是熊佛西，有"南田北熊"之称。"晦鸣剧社"在北平上演了熊佛西的名作《醉了》，并改编了很多外国的著名戏剧，向国人介绍了世界戏剧发展的动态，让北平的戏剧舞台热闹了一阵……

1931年是国难当头的年代，相继爆发的"九一八"事变和"一·二八"淞沪抗战使时局动荡，"晦鸣剧社"也因没有了经济来源而被迫解散了。当时，我父亲得知北平"万全红十字会"将组织救护队赴淞沪前线救护伤员。有着爱国热忱的他，报名参加了救护队，又以司药师身份随队开赴了上海。在可歌可泣的中国军人抗击外来侵略者的战斗中，这个来自天津的小伙子不顾个人安危，冲在了第一线，在救护伤员时，自己的小腿也中了弹……不久，轰轰烈烈的"淞沪抗战"在反动政府投降辱国的"停战协议"下结束了。

年轻的魏鹤龄又一次面临着无路可走的困。一位在北平相识的朋友刘郁

1932年，与吴兴民众教育馆同仁合影

民,介绍他参加了"集美歌舞剧社"。在赴杭州演出时,父亲又遇到了田汉的胞弟田洪。田洪看过魏鹤龄的演出,很欣赏他的演技,也知道魏鹤龄出于无奈而参加了"集美"(该剧社是以当时流行的夜总会歌舞为主的,戏剧演出很少),对自己的前景很彷徨,就介绍他参加了由田汉等左翼戏剧家联盟成立的"五月花剧社"。

"五月花剧社"是由地下党组织的进步剧社,当时演出的大多是田汉创作的独幕话剧,如《乱钟》《战友》《谁是朋友》《放下你的鞭子》……这些具有进步思想的剧目在当时的杭州很受民众的欢迎,因此又遭到了反动政府的镇压。剧场被封,人员被遣散,剧社领导人——地下党员刘保罗被捕病死在牢中。父亲刚好被湖州(现吴兴)民众教育馆请去指导群众性剧社排话剧,当时的馆长费澍就留用他,作为"葡萄剧社"的负责人,辅导当地的民众排演了很多剧目。

1933年,田汉领导的左翼剧联又在上海成立了"春秋剧社",聚集了上海的戏剧人,再度复排《名优之死》,田汉发出邀请,希望魏鹤龄来出演主角刘振声。首演的轰动,让父亲在当时的上海"一夜成名",同时也引起了电影界的重视。名导演史东山慧眼识才,当即就聘魏鹤龄为"艺华影片公司"的演员,让他出任电影《人之初》中的男主角——张荣根。

《人之初》是父亲平生第一次接触到电影艺术,虽然中国电影那时还处于幼年期,但是,父亲被这种新的艺术形式深深吸引了,他觉得电影艺术给演员提供了更大的表演空间,而且一次成像的记录必须不留遗憾。尽管他对这个新事物很陌生,但是在山东实验剧院两年的正规学习,还是打下了扎实的功底,初次涉足却有如鱼得水般的自如。这部影片的成功上映,也是开创了他投身电影事业的"人之初",并因此奠定了他成为影剧两栖表演艺术家的地位。1932年,"一·二八"事件后,在党的领导下,革命的进步作家们如夏衍、郑伯奇、田汉、阳翰笙等进入了电影界,为"明星""联华""艺华""新华"等影片公司编写剧本,输入了反帝反封建的新题材,使中国电影出现了崭新的面貌。

1934年,当时红极一时的名导演卜万苍(代表作《三个摩登女性》)受艺华公司之聘，加入了"艺华"，而田汉也是"艺华"的主要编剧。卜万苍为"艺华"导演的第一部影片是《黄金时代》，第二部影片是《凯歌》。这两部影片都是田汉编剧的，由袁美云、魏鹤龄、王引、秦桐主演。《凯歌》题材是讲江南农村久旱不雨，百姓濒临死亡，但是封建恶霸却散布谣言说是因为办了农民子弟学校，搬走了龙王爷，得罪了龙王爷所致……整个影片是为表现反封建反压迫的，影片的主题歌当时也是脍炙人口的。《凯歌》的放映，正当全国人民强烈要求抗日的激情高涨之际，在1936年上海救国会组织的抗日示威游行中，《凯歌》的主题歌与《义勇军进行曲》《毕业歌》都成为抗击反动军警镇压的战斗武器。

魏鹤龄在艺华电影公司很快就成为一线演员，相继拍摄了《暴风雨》《桃李劫》等影片。

1936年，父亲又受聘于"明星电影公司"，和当时上海滩的明星演员赵丹、周璇等联合主演的《马路天使》让他的表演到了炉火纯青的高点。他扮演的报贩子老王，据说是名导演袁牧之，为了突出魏鹤龄的表演风格，量身定制了一个角色让他出任的。他在该剧中虽是男二号，但是他那种淳朴、不显山露水的本色出演，再一次让同行和观众认识了"魏鹤龄"——这个农民出身的电影明星。

1937年，卜万苍转入了"新华电影公司"，编导了历史剧《貂蝉》，组成了最优秀的摄影、美工、录音等制作班子，想打造一个精品。摄影师是黄绍芬，貂蝉由顾兰君出演，

《暴风雨》剧照，魏鹤龄与早期女星袁美云合作

孔有文（魏鹤龄饰）是个极善良的老人，他非常喜欢孩子。可是，在国民党反动派统治的旧社会里，他一直受着欺压和迫害。

《乌鸦与麻雀》剧照

《貂蝉》剧照，顾兰君饰貂蝉、魏鹤龄饰王允

金山饰吕布,顾而已饰董卓,魏鹤龄饰王允。但是,影片拍到三分之二,抗日战争爆发了。金山、魏鹤龄、顾而已等都离开了上海,去参加了抗日演剧队。1938年卜万苍在香港召集了原班人马又继续开拍《貂蝉》,终于圆满杀青了。

《貂蝉》于1938年4月28日在上海大光明戏院首轮公映,轰动一时。"大光明"为美国片商所经营,过去专放美国电影,此番破除了不映国产片之旧规,《貂蝉》之魅力,可见一斑。同年11月18日,在美国最豪华的"大都会剧院"《貂蝉》隆重献演。当时的纽约各报纸均特刊介绍。《泰晤士报》特约著名戏剧评论家赫金逊在署名文章里说:"中国戏剧占世界剧坛至尊之地位,《貂蝉》便是将中国戏剧伟大之点搬上银幕而摄制的一部中国古代宫闱秘史巨片。"

《貂蝉》在海外放映,也是让中国电影走向了国际影坛。新华电影公司老板张善琨见《貂蝉》公映这么受好评,便于1938年恢复拍片。新华电影公司以重金聘用挽留魏鹤龄,可是他当时已经参加了抗日演剧队,他心有所系还是谢绝了。

1938年在《貂蝉》中饰王允

纵观年轻的魏鹤龄从1928年——1938年的短短十年的成才之路,可以见得,他的出生就是奔着这条路来的,他幼年就有着的美丽梦想,他经历的艰辛和屈辱,他为生活所迫学会的种种生存技艺,都为日后的发迹做好了充分的准备。那张贴在电线杆子上的"招生广告"是命运之手在他身后推了一把,让他的人生有了转机;这绝不是误打误撞,无疑是上苍在冥冥之中的一种安排,让这个年轻农民从此走上了一条成才之路。

《中华儿女》剧照

5 烽火中的抗日老兵

2015年，在"纪念中国人民抗日战争和世界反法西斯战争胜利70周年"之际，中共上海市委宣传部和上海历史博物馆，在新落成的朵云轩艺术中心举办了"上海文艺抗战史料展"，我和两个弟弟受邀去参加了开幕仪式。我们的父亲被冠以"文艺界抗日老兵"的称号。除了在史料展上介绍的抗战影片《风云儿女》外，我在收集父亲艺术档案中发现从1938年——1940年间，中国的电影人拍摄了大量抗战主题的影片，我父亲参加的就有《风云儿女》《保卫我们的土地》《火的洗礼》《青年中国》《长空万里》。

《长空万里》是著名导演孙瑜执导，演员有白杨、王人美、顾而已、钱千里、李纬等，父亲扮演了英勇捐躯的空军英雄乐以琴。

父亲他们这一代艺术家在中国艰苦卓绝的反法西斯斗争中，和全国民众同仇敌忾,共赴国难。他们走出了象牙塔,扛起了摄像机,担负起唤醒民众、实现民族救亡的使命,为取得这场战争的胜利做出了重要贡献。1937年7月7日,日本帝国主义的侵略,迫使中国人民处于死生存亡的紧急关头,抗日烽火在卢沟桥熊熊燃烧,人民觉醒了,在共产党的指引下奋起反抗。第二个战场相继于8月13日轰轰烈烈地在上海展开……

在中国进入全面抗战的时期,上海一度沦陷。在田汉、阳瀚笙、夏衍、欧阳予倩等"左翼剧联"领导下,成立了"上海文化界救亡协会",并组织了十个"抗日救亡演剧队",分散到全国各地做宣传演出。父亲和郑君里、钱千里、白杨、舒绣文、金焰等人分在了第四队,在京汉铁路沿线的苏州、无锡等地进行抗战宣传。继而南京沦陷,他们就撤至武汉。魏鹤龄因老母病重,又返回了上海,他把老母托付给自己的侄儿后,就孤身一人上了去武汉的江轮。由于逃难的人多,拥挤中父亲不幸被货架上飞落的货物砸倒了,身边二人一死一伤,他也伤了腰椎和肾脏,半身不能动弹。船上又缺医少药,他就凭着一股毅力,坚持到了武汉,找到了大部队,因此,也落下了后遗症,气候一变就直不了腰了。

第一部抗战电影《保卫我们的土地》(1938)

中国电影制片厂
编剧:史东山
导演:史东山
摄影:吴蔚云
主演:舒绣文、魏鹤龄
      何非光、戴浩

故事梗概:
"九一八"日寇入侵,农民刘山的家被毁,全家流落到南方小镇洛店。抗战爆发,洛店驻军修筑工事,刘山积极参加。刘四却受汉奸蒙蔽,为敌人指引轰炸目标。刘山大义灭亲,刘四死前悔悟,向哥哥说出汉奸隐匿的地点,军民协同消灭汉奸,〔共同〕抗日本侵略者。

刘山(前,魏鹤龄饰)面对敌人,毫无惧色。

《保卫我们的土地》剧照

话剧《塞上风云》剧照

　　在武汉，他们虽然生活很艰难，但是大家的抗日热情却很高涨，阳瀚笙彻夜挥笔完成了新剧《塞上风云》的创作，我父亲一边刻钢板油印，一边给大家煮咖啡……当时的创作像涮火锅一样，边写边排，短短几天，一部新话剧就在武汉与观众见面了。当时的艺术创作有一点延安精神了，大家都过上了"大锅饭"生活，演出有时即便有票房收入，大家都作为"爱国捐款"了。在政治部第三厅的领导下，艰苦而乐观地奋勇作战。他还在"行营电影股"主演了史东山编导的第一部宣传抗日的影片《保卫我们的土地》，扮演了农民刘山。

　　后来他们又辗转去了重庆。重庆山城在抗战时期，一度成了中国影剧人汇集的大本营。很多抗日演剧队到了重庆，又组成了上海剧联剧社。到达重庆后的第一部话剧是大型国防剧《民族万岁》，阵容之浩大、水平之精湛是空前的，轰动了整个山城。 1938年2月18日，重庆《新蜀报》头版上刊登了巨幅海报，魏鹤龄扮演的英雄猎人魏大鹏，怒目圆睁，高举起紧握的拳头……该剧由宋之的、陈白尘执笔，沈西苓、贺孟斧导演。五十余名演员联合出演，魏鹤龄饰猎人魏大鹏，赵丹饰日军头子土肥正雄和农民领袖梅三两个角色，顾而已饰抗日的乡绅史国雄，叶露茜、陶金、章曼苹、钱千里、王苹等分别饰工人、农民、知识分子……剧情描述了各阶层民众团结一致组成了统一战线，为光复祖国而战斗的主题。这样声势浩大的爱国之举，在中国话剧史上留下了辉煌篇章。

　　1980年，我随剧团去重庆演出舞剧《奔月》，重庆日报主编赵孝慈先生采访我，他希望我帮助他一起完成编写《魏鹤龄传》的计划。他说少年时期是看着这些明星演的话剧长大的，尤其崇拜魏鹤龄。看过他在重庆演出的《原野》《日出》《全民总动员》等多部话剧，甚至还能背出精彩段落的台词。

电影是他这一生的唯一念想

他陪我去了重庆市的会仙桥，那里有一个当时重庆人称为"精神堡垒"的纪念碑，后来又叫"抗战记功碑"，新中国成立后改成了"解放碑"。在这个纪念碑旁边的会仙桥路上，有一个当年影剧人经常聚会的"心心咖啡馆"旧址。他介绍说，当年这是一个中国话剧的"孵化地"，影剧人在这筹划着一个个新剧目的诞生，也有很多演员在这寻找新的演出机会。那时候的明星没有什么神秘感，你喜欢谁，只要去心心咖啡馆，基本上能见到，熟悉了还可以聊上几句……重庆人喜欢热闹，看话剧是生活中的一件大事，只要"国泰大戏院"上演新剧，重庆人会通宵达旦地去排队购票。茶余饭后摆龙门阵时，就热议开前晚的精彩演出，谁演的如何，都让他们一个个地评论到了……

在赵孝慈回忆中，他还看过魏鹤龄在重庆、成都上演的《国家至上》中的回族老人张拳师(老舍、宋之的编剧，马彦祥导演)，《正气歌》中的文天祥(吴祖光编剧)，《太平天国》中的萧朝贵，《忠王李秀成》中的李秀成，《武则天》中的唐太宗，《原野》中的仇虎，《娜拉》中的阮克医生，《雷雨》中的周朴园，这些命运不同、性格迥异的角色，魏鹤龄演来都栩栩如生，收放自如，给人留下了难忘的印象。尤其是由宋之的编剧、马彦祥导演的抗战话剧《国家至上》在国泰大戏院公演，又一次轰动了山城。魏鹤龄扮演的回族老人张拳师与石羽扮演的汉族老人是邻居，在国民党制造的分裂主义煽动下，一直仇恨很深；当日本侵略者发动了侵华战争，在国家至上的名义下，团结一致共同抗日。演出反响很大，魏鹤龄所扮演的张拳师，耿直真诚、大义凛然，深深地打动了观众的心。拿赵孝慈的话来形容，魏鹤龄当时在重庆就是一个大红人。也许，他的面相就给人一种好感，再加上他那总给人温暖感的微笑，重庆人一见到魏鹤龄总会跷起大拇指说："好稀罕你哟!"

在整个抗战期间，因为后方电影器材的缺乏，拍电影的机会比演话剧的机会少多了。他和白杨、谢添都是"中电"的基本演员，但是也只拍了两部电影，一部就是上述的《长空万里》，另一部是沈西苓导演的《中华儿女》，和赵丹、白杨、顾而已合作的，也可能就是上述的《风云儿女》，记载上有了一些误差。在"中制"(中国电影制片场简称)他一共拍了三部影片，和张瑞芳合演的《火的洗礼》，和白杨合演的《青年中

在电影《长空万里》
中饰空军英雄乐以琴

1941 年 与 张 瑞
芳在《火的洗礼》中

《青年中国》剧照

电影是他这一生的唯一念想

《中华儿女》剧照，饰游击队长

国》，和舒绣文合演的《保卫我们的土地》。在一些介绍中说到，魏鹤龄当时在大后方影剧界是名两栖演员，和女演员白杨齐名。在"中制"期间，他又参演了"中华剧社"的《忠王李秀成》一剧，在剧中担任主角，扮演烧炭出身的李秀成。又是一个太平天国的将领，这个人物和萧朝贵是截然不同的个性，但是让魏鹤龄演来依然栩栩如生。同事间后来常常拿他容易"忘词"来糗他的故事，就是发生在这个戏里。

　　他因为曾经服用了过量的安眠药，抢救过来后就得了健忘症。在剧中，有一段是要面圣天王洪秀全，上报军情。有大段的绕口令一样的台词，着实让他犯愁了。开始的几场演出，他这段词还念得特别溜，旁边人都有些奇怪了。后来大家发现了他的绝招。原来，他的这段台词是背对着观众，面向天王跪着念的。所以，他每一次开幕前，就在舞台中间的地上贴一张小纸条……开始大家也非常谅解，还夸他说："别看老魏不哼不哈的，鬼点子还挺多的！"可是，艺术创作是来不得半点含糊的。有一天演出，他一出场，往地上这么一跪，心里一惊……纸条呢？原来，这天，有人忘了把舞台边上的窗户关上，风很大，拉大幕时就被风刮跑了……急得他汗流浃背、支支吾吾、不知所云了。幸亏演天王的演员机灵，大喝一声："胡说些什么？下去！"才救了场。这看起来是笑话，但是演员在台上是最忌讳"出洋相"的。魏鹤龄难过了几天，也牢牢记住了这个教训。从此，他每演一个戏，就花大量的时间背台词，不想再有过失。不过，老朋友都知道他这是病，也特别体谅，给他写戏，总会考虑别让他在台词上负担太重。1942

《中华儿女》剧组人员合影，摄影机左魏鹤龄饰游击队长，右白杨饰游击队员

电影是他这一生的唯一念想

045

年，中电剧社去成都公演《正气歌》（吴祖光编剧）和《金满玉堂》（沈浮编剧），他扮演了明末丞相文天祥，岿然屹立、宁死不屈，充分体现了"一片丹心照汗青"的民族气节，又在自己的戏剧舞台上创造了一个新的角色。《正气歌》是继《民族万岁》《国家至上》后的又一个划时代的代表作，三个不同的人物同样表现了中国人民志不可摧的民族精神，他也成了二十世纪四十年代抗战岁月中受人民尊敬的爱国戏剧家之一。

1945年抗战胜利后，国民党中央宣传部的"中电"接管了日伪"华北电影公司"，成立了"北平中电三厂"。原"中电"的部分成员被分配去了"中电三厂"，有沈浮、谢添、齐衡、韩涛……

魏鹤龄也是其中的一个。他在1946年到了北平，第一部影片就是由沈浮导演的电影《圣城记》，他演一个乡村农夫老刘。后来他在《白山黑水血溅红》中演一个青年爱国志士。在和当时初上银幕的黄宗英合演的《追》中，他演了一个老工业家的角色。在《喜迎春》中，他再度和黄宗英、张伐合作：黄宗英演一个正在成长中的进步女孩，魏鹤龄演一个安分守己的小职员……在北平期间，他又参加了《青梅竹马》《粉墨争琶》和《郎才女貌》的拍摄。

当时的北平学生运动空前高涨，"反饥饿、反内战"的呼声很高，反动派的镇压和白色恐怖更加残酷。因为国共合作破裂，话剧运动

《白山黑水雪溅红》剧照，魏鹤龄饰爱国青年黄志刚、阮斐饰舞女

处于低潮,远没有像重庆的抗日戏剧那样蓬勃发展。除了大学院校有些业余演出,也仅有几个临时组团的剧社,演一些描写个人命运、情感之类的言情剧。魏鹤龄那时只是应邀去天津参加了《雷雨》的演出。当时的"北平中电三厂"管理很混乱,又被北平的地头蛇操纵,阵营不清、人心涣散……魏鹤龄又处于需要面临选择的关口,在一些地下党员的动员下,他和"中电"取消了"基本演员"的合同,成了一个自由职业的"特邀演员"。此时东北已经全面解放了,要求进步的创作人员都打算离开"中电三厂"去上海参加民营公司的拍片。地下党员金山所主持的东北电影厂(后来的长影)抗拒迁往台湾的命令,把"东影"暂时转移到"中电三厂"继续拍片子。邀请了魏鹤龄参加《哈尔滨之夜》的拍摄,他在剧中扮演了抗日联军侦察兵的角色。后来金山在共产党的指示下,为更好地保留这些电影资源(包括器材和艺术家们),成立了民营性质的"清华电影公司",开始拍摄反映内蒙古游击队题材的影片《飞红巾》。金山再次邀请魏鹤龄加盟,出演游击队长的角色。

《喜迎春》剧照,和黄宗英合作,饰演一名安分守己的小职员

1948年在电影《飞红巾》中饰内蒙古游击队长

1948年的11月,北平已是兵临城下,解放北平已是胜利在望……金山按地下党的指令在7月已经把"清华公司"迁移至上海,只留下《飞红巾》外景队在张家口。1948年冬魏鹤龄及全家迁移到了阔别已久的上海……回到上海,他又处身于一批知根知底、特别融洽的老朋友、老搭档之中,艺术创作的激情又燃烧起来了。他先后参加了《喜迎春》和《乌鸦与麻雀》的拍摄,喜迎着春天的来临,期待着人民解放战争的胜利。

　　1928年—1948年的二十年,是中国最黑暗苦难的岁月,也是中华民族奋起改变国家命运的战斗年代,年轻的魏鹤龄投身于火热的爱国运动之中,也从一个普通的农民蜕变成一位人民的艺术家。

6 在江南小镇
——湖州的艺术实践

　　魏鹤龄虽然是北方农村的汉子,可是他特别喜欢江南水乡的那种灵动恬静的生活。他在浙江的蚕乡湖州整整生活了两年,对湖州的人文景观了如指掌,也深深地爱上了这片土地,他自称湖州是他的第二故乡。

　　1932年春天,上海集美歌舞团到湖州公演,队伍的阵容相当强大。团长是王惕鱼,演员有魏鹤龄、舒绣文、洪曼霞、赵湘林、顾文宗等。还有音乐家黄源,美术家白刃。他们的剧团当时是住在志成路上的东吴大旅社。吴兴民众教育馆协助他们解决了一部分演出上的事务,他们租借了长乐戏院为演出场所。那时整个中国的话剧还处于启蒙阶段,小小的湖州有话剧公演还是开天辟地第一遭。集美歌舞团演出了许多进步的独幕剧,如《活路》《一致》《谁是朋友》等。

考虑到当时一般观众对话剧还很陌生,所以在演出中穿插了一些歌舞节目。尤其是魏鹤龄高亢的歌喉和舒绣文优美的舞姿,每每都博得热烈的掌声。

巡演的重头戏是田汉的名著《名优之死》。该剧是魏鹤龄的成名之作,他扮演的名须生刘振声器宇轩昂、大义凛然,尤其是剧中京剧老艺人弥留之际的一句台词:"好玩艺儿是压不倒的!"字字铿锵,震撼人心,湖州淳朴的乡民为剧中那位名优的遭遇流泪了,为这位演名优的名优鼓掌喝彩了。《名优之死》连演数场,场场客满,新话剧运动在平民百姓的生活里渐渐生根,开花了……

崇拜明星在哪个年代都是一样的。每次演出后,总有热爱话剧的年轻观众怀着好奇的心情去东吴大旅社,要见见"真人"。可是他们都惊讶地发现,台上那气吞山河、横眉冷对恶势力的老者,竟是一个腼腆得有点像个娴静大姑娘的后生,他总是微笑相对,言谈谦逊,和蔼诚恳,一点没有名角架子,像兄弟,也一下子成了朋友。

当时,杭州有一个进步作家保罗,组织成立了"五月花剧社"。实质上,"五月花"是由田汉委派他的弟弟田洪领导发起的。魏鹤龄非常崇敬田汉,也非常想出演田汉的剧作,就离开了"集美",加盟了"五月花"。"五月花"在杭州公演了《梅雨》《活路》《谁是朋友》《街头人》等进步话剧,轰动了整个杭州城,因此遭到了反动政府的百般阻挠和镇压,以"煽动赤化"的罪名禁止演出,并查封了剧社,逮捕了负责人保罗等人。这期间,刚好魏鹤龄因湖州吴兴民众教育馆馆长费澍邀请帮助创建一个群众性的剧团,才幸免了不测。湖州的朋友们担心着魏鹤龄的安危,希望他留在湖州,魏鹤龄留恋着湖州的山明水秀和湖州人的敦厚热情,欣然答应了,成为当时吴兴民众教育馆"葡萄剧社"的负责人。

要办好这么一个群众性的话剧社困难很大,首先经费就是一个问题。为了演一个剧,大家都要自掏腰包,有时穷得连吃饭的钱都没有,但是为了演戏,大家就是天天吃阳春面、啃大饼也心甘情愿。当时剧社男男女女也只有十几个人,由于小地方的人没有见过女人上台演戏的,男社员也没有合适扮女装的;魏鹤龄一下子不知怎么开展工作了，他心急之下就选择了几个没有女角的剧本，如熊佛西的《王三》、翻译版的《父归》。自己担任主角，让几个男社员演配角，就在市民教馆的小舞台上演出了。没想到竟得到了很不错的效果，观众们都很喜欢，从此，小小的湖州有了自己的话剧团，有了话剧艺术普及教育的新成果。

怎么进一步打开局面，让魏鹤龄煞费了苦心。他找了几个喜爱演戏的中学生，教他们男扮女装，学女人说话、走路……有一个陈姓男生，特别有这方面的天赋，也很愿意上台表演，魏鹤龄就给他排了《生之意志》中的女角，这一步的推进让魏鹤龄有了信心。接下来，他去动员了几个女中学生，从培养兴趣入手，教她们台词、台步、身段，渐渐地疏通了她们的心理障碍，他就大胆的开排了由女人演女人的剧目《湖上的悲剧》。因为戏很生动，观众被深深吸引了，根本没有在意是什么人演的。这个突破是很有价值的，从此消除了女性不能上台演戏的根深蒂固的封建意识。民教馆的小舞台上，好剧一台台地层出不穷……

1933年魏鹤龄在湖州民众教育馆合影，左二魏鹤龄

魏鹤龄视戏如命，在他眼里戏比天高，他也是这么去要求他的学生的。开始，来参加"葡萄剧社"的大多数人，有一种像京剧票友"玩票"的意识，以台上过过瘾、出出风头为目的。魏鹤龄在这点上决不姑息，他很严肃地指出："演话剧贵于逼真，要使观众看了有身临其境的感觉。演员是在反映真实的生活，决不能随便玩玩的！"

他制定了一整套的训练计划，把在山东实验剧院学的专业知识，迫不及待地传授给大家。从台词的咬字和声调，到台上的行进、转身、手势。他特别强调的是眼神，喜怒哀乐都要用眼神来表达，叫做以神传情。他是一个好演员，一次次地言传身教；他也是一个好导演，一遍遍地耐心启发。他的学生们都很信服他，爱戴他。

别看这个当年还可以称其小魏的剧社负责人十分年轻，绝对是非常称职的，可以说是一个全能神。一个自发自助的小剧社，应该说是要什么没什么，可是你要一台戏好看，五脏六腑还要齐全啊！舞台装置、布景灯光、服装道具、化妆造型，甚至还有效果声处理，比如：打枪、打雷声、雨声、风声等等。小魏领导一样一样地传授，教大家怎么做软景，怎么做窗框、门框；灯光怎么布局，大幕、侧幕、天幕怎么挂，效果声可以用什么东西来做到以假乱真，演员的化妆也全包揽了。一开始真是把他累坏了，忙里忙外、上蹿下跳的。几个戏操练下来，演员们分工包干，渐渐都上手了。小魏导演会站在一边憨憨地笑着，不停地说好。这种满足感从他的眼神里流露了出来……

"一·二八"事变，上海闸北屡遭敌机狂轰滥炸，我国空防的薄弱让国人觉醒，全国上下发起了捐款献机的爱国行动。吴兴民教馆积极响应了这个义举，决定举行爱国义演。

如此重大的演出，让魏鹤龄立马行动起来。他认识到这个演出不是一般的娱乐欣赏，是一次很有意义的爱国宣传，必须做到声势浩大、振奋人心。所以，他特意去了上海，把当时很有知名度的洪逗、刘亚伟等演员请到了湖州，又凭了老关系，从"集美歌舞社"借了很多灯光器具，又购买了上等的化妆油彩，在民教馆的同事中组建了一个小乐队。

以"葡萄剧社"为主的爱国巡演团，赴南浔、长兴等地义演，上演的剧目非常丰富，话剧有《江村小景》《苏州夜话》《活路》等，另外又加演了歌舞剧《可怜的秋香》《桃花江》《教我如何不想他》等。演出到哪里，哪里就得到了积极的支持和协助。南浔耶稣堂借出了教堂，临时搭台作为公演场所，又借出了钢琴给乐队做伴奏，观众踊跃捐款。这次的"爱国捐机"运动，在湖州的历史上留下了一个光辉的印迹。

魏鹤龄在湖州辛勤辅导民众演戏的期间，也从来没有放松自己的专业训练。每天晨起，无论寒冬暑夏，他都会在民教馆宿舍的屋檐下，穿一身汗衫短裤，用冷水擦洗全身，并深呼吸、练拳脚。他的声音特别洪亮，二胡也拉得特别棒，有时就自拉自唱的来一段"西皮二黄"。

魏鹤龄不仅身材魁梧，而且腿特别长。民教馆隔壁就是苕溪中心小学，操场上有一副跳高架。下午，学校一放学，就看见年轻的魏鹤龄去练跳高。他姿势优美、健步如飞，经常会引来一群老师和学生在一边加油喝彩……他也鼓励剧社的演员们要加强体育锻炼，他说："演戏也是体力活儿，你没有一副好身体，关键时候，你的气就顶不上来了，有时念大段台词时，你就没有爆发力了。"可见他是时时处处无不想着演戏那点事儿。

魏鹤龄从小是在北方的农村长大的，对南方农村生活是陌生的。湖州地域，得天地之气，显山水之胜。从钱山漾到碧浪湖，从天目东西苕溪至八百里太湖，自古以来为世所艳称。又以植菱种藕、栽桑养蚕为农作。当时湖州民教馆筹划要设立农村分馆，派人去南门外各乡选址。魏鹤龄为了趁机熟悉江南农村的生活，就一起跟着跑遍了整个湖州。后来，分馆确定在钱山乡设立，他也要求参加了筹备工作。

这个阶段，他好像又回到了童年，所有的一切都让他感到特别的新鲜。他第一件事就想学摇橹，他向农家借了一条船，认真地练了起来，不久他就得心应手了。他兴趣越来越浓了，跟着采菱的船又去学划桨……他似乎对一切都着迷了。去桑园看妇女摘桑，有时也凑个热闹,帮个忙。遗憾的是他不能进蚕房看喂桑育蚕。到了缫丝的时候,他是一定要去看的,在场上看怎么"打线",怎么"引经",他有时会花上大半天,钻进织绸的机房,观察、了解织绸的全过程。

有一次,在青塘桥畔郊游,见有拉纤的船驶了过来,他立马脱下了外衣,请求纤工让他试试。人家不解地看着他,他不管三七二十一,拉下人家身上的梢绊套在了自己背上,跟着前面的队伍拉了起来,一会儿就汗流浃背了,纤工们都笑了起来……也许他们在想,这个人是不是有点傻?

他经常对业余的演员们说:"你什么都要学一点,说不准什么时候就用上了。"

排演话剧《湖上的悲剧》时,他带着扮演老仆的演员去某个学校观察老校工的生活,注意老人的步履、动作和言谈,使这个演员真正进入了角色;改变了装腔作势的单纯模仿,让人物鲜活了起来。有些演员一开始有"怯场"的心理障碍,舞台上一紧张就乱了方寸。有一次在南浔演《江村小景》,剧中有一段兄弟扭打的戏。因为临时搭建的舞台比较小,两个人打了几下就掉台下去了。当时,演弟弟的演员一下子懵了,这时,演哥哥的魏鹤龄一个纵身跳上了台,挥臂大喝一声,把这个演员惊醒了,跟着跳上台继续扑打起来……这个补救非但没让人看出破绽,观众见打得如此逼真反而喝起彩来,事后,魏鹤龄就用这个例子来教育演员们,无论台上发生了什么情况,演员必须灵活机智的"救场",决不能"笑场",也不能敷衍了事。

魏鹤龄为人谦和,品行端正表现在很多细微之处。话剧《湖上的悲剧》在湖州上演了,这是第一次真正有女角上台的演出,魏鹤龄特别地谨慎。当时剧情中有一段戏是女主角投湖自尽,男主角要救她上来抱进屋子……对这个处理,魏鹤龄特别做了设计;他在抱女演员时,用双臂伸直托住了女演员,再慢慢地放在了床上;使观众看见的是男青年的义勇,而没有一丝一毫男女授受不亲之感。这个动作要求相当大的臂力,但是,魏鹤龄希望通过这样的努力,让观众们慢慢地去习惯,接受男女合演的"文明戏"。

在湖州,他不仅带出了一批学生,也交了许多朋友。例如,曾经在民教馆担任通俗讲解员的史之华烈士,和魏鹤龄情谊很深,当史之华因为在报刊上发表抗日文章,被反动政府追捕,不得不离开民教馆时,魏鹤龄与他合影惜别,并以《名优之死》中的经典台词"好玩艺儿是压不倒的!"为他送行。当时,受他影响和教诲的张昌焕担任了浙江省巡回戏剧歌咏团团长,抗日时期到前线去演戏,发挥了很大的作用。

挚友徐银轮在浙南革命老区建立了民众剧场,点燃了人民大众爱国的热情。这是魏鹤龄在湖州播下的种子。

（上文根据当年在湖州工作的徐银轮先生提供的资料整理）

电影是他这一生的唯一念想

7 和魏大哥一起演话剧《原野》

　　父亲的电影应该是看得挺多,即便是一些老电影,很多也还有影像资料,便于经常地回顾……能用胶片记录下近一个世纪的艺术创造,真是人类早期的科技进步对促进文化发展的一个巨大贡献。遗憾的是在中国文化发展的进程中,中国戏剧发展得生龙活虎、风生水起,并在观念上、审美上影响着人们的追求和对人生态度的改变,在一个个重要的社会动荡和变革时,出现和上演了一部部有价值的好作品,也是能登上艺术宝座的佳作,却慢慢被淡忘了。随着时间的推移,没有好好地整理和保存,都湮灭在岁月里了,能有视觉记录的更是凤毛麟角了……但是,我们仍能从有限的记载中,找到它曾经的辉煌和艰难行进的轨迹。二十世纪初,话剧艺术的兴起和繁荣发达,成就了中国戏剧,也给中国电影的萌生,开拓了一片有望丰收的沃土……

话剧是根，也是魂！一个影视演员的成才之路，不能缺失的是登上话剧舞台的历练。在有限的时空里，完成一个人物的塑造，让一个角色诞生于瞬间。这就是舞台表演的魅力，也是一种诱惑。因为，它不可复制，但能够不断创新和重塑。许多在影视作品中颇有成就的新生代演员都渴望回归这个创作领域，去检验或锤炼自己的表演技艺，去释放自己真正的创作激情。

父亲一生演过不下于百部话剧，有独幕剧，也有名家名作的大戏……过去，和父亲的老友相遇，总会听到他们津津乐道地谈起老魏的这部话剧、那段表演，如何如何的精彩……但是，我真正看过，并还能评上几句的只有话剧《关汉卿》了。父亲曾经出演的许多许多的话剧，如今只留下了寥寥无几的已经泛黄的黑白照片了……所以，这也成为不能完整记录和介绍魏鹤龄艺术人生的最大遗憾！

说到中国话剧经典，有一部是不能不提及的，那就是著名剧作家曹禺的《原野》。如果说，中国话剧在二十世纪三十年代已经走向成熟，那么成熟的标志之一，则是出现了曹禺和他的戏剧《雷雨》《日

《关汉卿》剧照，魏鹤龄饰关汉卿、阳华饰杨显之

出》和《原野》。他的这三部曲在千百个舞台上曾以多种面貌出现，被不同的人们饱含深情地演绎着、解读着……并一举把中国话剧推上了历史上最轰动热烈的巅峰。以至于在不同的年代，这个经典不断有人再复排，再重新提升它的主题，转换解读它的艺术视角。不同导演的新的舞台构建，不同演员在人物个性上的开掘，都赋予了这个跨世纪经典新的生命，和新的审美价值。

据查证，在2011年纪念曹禺《雷雨》创作八十周年的曹禺戏剧演出季上，又上演了这部话剧。就在2016年3月4日，众星云集的北京人民艺术剧院，在新加坡滨海艺术中心又隆重推出了这部曹禺先生的杰作《原野》。演员阵容相当强大，有徐帆、濮存昕、胡军等。当然，《原野》每一次的上演，都是由非常有实力的演员来担纲，在演艺界颇有影响的演员都以上演该剧为荣，如刘晓庆、姜文、杨在葆等。

我是在父亲去世后才知道父亲曾经演过话剧《原野》，并担任了"仇虎"这个角色。那时我们歌剧院曾经排演舞剧《原野》，当时，我母亲不无遗憾地说："如果你老爸还在，倒是可以请他去给你们说说戏的……"

其实，这是父亲早年的作品，我妈估计也没有看过父亲的这部戏，因为，这部话剧的主题是"复仇"，一直颇受争议。我们这台舞剧也是一波三折，好景不长，一个风吹草动的气候变化，还没等完成就夭折了。所以，对于我来说，父亲演过《原野》，只是一个传说，也没有太多地去追究了。

我很喜欢曹禺先生的这部戏，觉得曹禺的这部戏，人物个性形象鲜明，情感的跌宕幅度很大，和曹禺先生的《雷雨》《日出》风格有所不同，话剧《原野》是曹禺先生真正走进了平民生活的作品，是一次灵魂上的洗礼。他一改以往擅长表现都市生活的特点，把现实主义和表现主义相结合，探索着去揭示人的灵魂、潜意识，以及人的灵魂中的自我搏斗。通过一个崭新的视角去关注中国农村百姓的命运，他们精神层面的沉重感，以及从反抗到觉醒的曲折的心路历程。故事情节还是受一些大文豪如莎士比亚、托尔斯泰等命乖运蹇、人性沦落的悲情故事的影响，戏剧的情感冲击力是很强烈的。

故事的脉络，围绕着一个人的复仇：从监狱逃出的农民仇虎，生父被活埋，胞妹被贱卖，土地被强夺，恋人被霸占……这是一种如此被扭曲的人生，又是一种多么受摧残的情感，复仇使这个男人极近疯狂……在仇人之子大星被他杀了之后，悲剧还在继续……当仇人的孙儿被焦母（亲祖母）误杀，仇虎带着恋人金子逃跑时，已经陷入一种幻象丛生，精神变态的境地……为了自己爱的女人，最后，他选择了自我毁灭。

这样一环扣一环的矛盾冲突的设计，使这个剧一直让人处于情感波澜的颠簸之中，直到戏的结尾都不能让人把这种压抑搬开，这就是悲剧的震撼力，也是一部真正能触及人性关怀的好戏啊！

虽然，我没有看过魏鹤龄的《原野》，但是对这部戏并不陌生，我总是不能把仇虎和魏鹤龄联系起来。父亲是这么温文儒雅的人，这么的谦和、憨厚……在我的记忆中，他若是生气不悦，就开始沉默，无须与人争辩发怒，让你们自己去掂量吧！这就是他，一个好脾气的男人，在他的词典中没有"仇恨"二字。所以，他演的"仇虎"，对于我来说，始终是个谜！

就是在今年，为了收集父亲早年的艺术活动的资料，我突然找到了一段特别有价值的文字记录，是有关《原野》在1937年间排练、上演的情况介绍，让我如获珍宝。写这段回忆文章的是四川人民艺术剧院的演员——燕群，她是在纪念魏鹤龄逝世五周年的时候写的。1995年，该文被《天津东丽文史资料》刊物选编转载。

1980年间，我曾经随歌剧院舞剧团去成都巡演，还去了燕群阿姨家做客，是母亲关照的，要代已故的父亲去见见这些多年的好友。我还记得，阿姨向我讨教一件毛衣的袖子怎么收针。我一看，她那件毛衣编织得很不成样子，就全部给她拆了，燕群阿姨很伤心，因为她是一针针地花了很长的时间才有的成果啊……

"哎呀！这不是裁衣，可以修剪的……反正是粗线，我在成都可以待一星期了。"我坚持己见破坏了她的作品。这真是年少不谙经年，拆它干什么？重新买线给她打一件嘛！留下来也是一件作品，一个念想呀！临走时，毛衣也完工了。阿姨特别高兴，送给我满满一茶缸的"豌豆黄三合泥",这是成都的名小吃,还特别说明,这是魏大哥特别喜欢的。

可是,现在想起真是有太大的遗憾了。若当初有这份心,在这么多年的巡演中,和燕群阿姨等很多和父亲早年就有过合作的老伙伴们相遇,只要话题展开,他们都能说出魏鹤龄的许多精彩的人生片段……

燕群在文章中所介绍的这一段事,我推算是发生在1937年-1938年间,因为这时,是上海抗战演剧队经武汉辗转到了重庆和成都的这个阶段:"在抗战期间一切抗战救亡宣传队的经费,都是自给自足的。以剧场演出收入来维持集体生活费用,但是重点还是为了抗日宣传演出。'上海业余剧人协会'和'成都剧社'合并后,演员的阵容很强大。由宋之的、沈浮、章泯、陈白尘、陈鲤庭、赵丹、白杨、夏云瑚组成了集体领导班子。由他们决定义演、街头宣传、剧场剧目、安排角色等工作。当时任务非常繁重,但是大家的抗战热情很高涨,工作得有条有序,紧张而有生气。'协会'当时演出了许多抗战宣传剧,如《民族万岁》《黑地狱》《凤凰城》《阿Q正传》,当然,《原野》是我们当时的重头戏。

"当时,《原野》的导演是沈浮,副导演是魏鹤龄。抗战前,王萍、魏鹤龄、钱千里曾经在上海演过《原野》,而且,当时轰动了整个上海。这次的角色分配是魏鹤龄的仇虎,我演金子,宁青演焦大星,高步霄演常五……我在这么一个众星云集的演剧队,能得到这么一个重头戏的女主角,内心是很复杂的,又兴奋、又担忧。演员当时把舞台演出叫成'公开的孤独'。意思是台下有万千观众,你要目空一切。本来,我已不是新兵,上台演戏我是很有自信的。但是,这次是演曹禺先生的名作,前面已经有很多名演员都演过,而且,在很多人心目中已经有了范本。这次,要在这么多戏剧界老前辈面前演,真的好紧张,越是想好好演,就越是会不断地出一些小毛病……幸运的是,这次,我的搭档是魏大哥,我的心又踏实了不少。

"我是在1934年就认识了这个魏大哥的,因为他当时的爱人是刘莉影,我和刘莉影是同学。当时在上海看了'上海业余剧人协会'

很多戏,《大雷雨》《名优之死》《罗密欧与朱丽叶》等,都是魏大哥给我的戏票。他还介绍我到田汉先生主持的'中国舞台协会'参加《复活》《洪水》等话剧的演出。我很敬佩魏大哥的艺品艺德,很崇拜他。同时也了解魏大哥的为人。所以这次能和他配戏,我很荣幸,也很庆幸。我知道和他合作一定对我帮助很大,后来事实证明确实如此。现在回忆起来,我第一次演'金子',而且大获成功,是因为同台的演

《大雷雨(话剧)》剧照,魏鹤龄饰嘉普烈

员配合默契,相互托衬的缘故,当然最要感谢的还是魏大哥了。

　　"魏大哥演的'仇虎'人物造型设计得很特别,上齿是突出的假牙,腿是一瘸一拐的,脸上有一刀疤,显出在监狱受过酷刑的痕迹。仇虎对焦大妈笑着叫干妈,可那一声'妈',却从牙齿缝里挤出来的,让人有了咬牙切齿、肝肠具绞的仇恨感。对焦大星的蔑视、怨恨是有威慑力的,对青梅竹马的金子的爱是直接的、热烈的,一竿子戳到底的真挚……魏大哥把这些复杂的情感演绎得活灵活现、色彩浓烈。他这种尺寸的拿捏,控制着舞台上的情绪变化,也掀动着矛盾的激化……对于我的角色把握,对金子这个人物的塑造帮助非常大。记得有一段戏,仇虎把金子猛拉了一把,我转了个圈和他脸对脸了,他把我的手臂都扭疼了,我在激怒之下打了他一个耳光,重重的一个耳刮子……当时,我意识到我有些失手了,打得太真、太重了。下来想和魏大哥说'对不起!'结果,魏大哥反而表扬了我,说:'今天演得很好,进戏了!'是他带动我进入了角色应该有的合理反应,让我慢慢觉得我就是金子,找到了人物应该有的情感变化和真实的反应。

"我至今记忆犹新的是尾声的那场戏,魏大哥说:'不用排了,到时候你紧跟我就成了。'这在话剧舞台上从来就没有过的事;但是我很信赖他,就照着他的做了。

"在《原野》第一次彩排时,我初次看到天幕上弯曲的山路,由近到远的灯光,听到了焦大妈的喊声:'黑子,回来啊!'凄惨的呼声顺山道而逝……舞台的灯光是暗蓝的,给逃亡中的仇虎和金子增加了恐惧感。我们俩在灯光一闪下,从台右到台左……在快速移动的布景和枪声中逃窜……我的眼睛本来就有点近视,在昏暗的灯光下,使我无形中真的很紧张和依靠着魏大哥带着我跑……这种心理有我对魏大哥的,也是戏中金子对仇虎的。正是这种真实的感觉,引导着我把对仇虎紧追不舍的感情演出来了……最后,仇虎站在大树下,四周围捕的枪声已近……仇虎让金子逃跑,留下孩子,可是金子不愿意一个人走……在紧急情况下,仇虎狠心一跺脚,把金子从高坡踢向台侧……等金子爬起来想扑过去时,仇虎已自杀了……

"出人意料的是,虽然这段戏从来没有排过,但是我们俩演得非常默契,别人和观众都以为这段高潮戏,肯定是排了又排,精心设计的。当然,主要是魏大哥对这个戏已经非常熟练了,他不喜欢反复地排练,他希望每一次戏,就是一次真实地发生,他要有新的体验和发现。这也是艺术大师的一种忠实于艺术的真实,永不止步,追求尽善尽美的最高境界。魏大哥是我的良师益友,新中国成立后,我能在话剧舞台上演出不同的角色,这是和他的帮助、教诲分不开的。"

感谢燕群阿姨当年这么生动和热情洋溢地诉说了这段历史,让我们在有限的文字记录里,又一次见到了老戏骨——魏鹤龄的曾经,也感动于他的一如既往地对自己心中艺术的孜孜追求。

我终于能把"魏鹤龄"和"仇虎"合二为一了。

父亲是在北方农村长大的,他骨子里是农民淳朴的基因,他熟知中国农村艰难疾苦的生活,他也有着下层百姓向往自由光明的那种渴望,所以他演的农民,内心是特别的充实,情感也特别的真实。还有一点总是被我,或者是被我们忽略的;因为他也曾年轻,他一定有过许多许多的梦,有过对爱的不同体会,和许多许多的鲜为人知的痛苦……当年年轻的他,就是不甘于命运对自己的安排,选择了浪迹江湖,才走出了自己的光明之路……

我还是要说这句话:"我不了解他,我们还没有了解真正的魏鹤龄。因为,他永远活在自己的梦想里,活在了他用一辈子的努力,创造出的众多有血有肉的角色里!"

他是一个感情很丰富、很深邃的人,如果我们能真正走进他的内心,我们还会有更多的感动。如果有导演真正地了解他,给他更多的机会,他也会给中国电影奉献出更光彩夺目的角色。

(上文根据燕群女士提供的资料整理)

他们是中国电影的奠基之石

《祝福》剧照

8 中国第一部
彩色故事片的诞生

　　查阅中国电影发展史的资料,把中国电影的发展分了三个阶段:一是"洪荒期"(1905年—1930年),二是"萌发期"(1930—1949年),三是"成熟期"(1950年以后)。

　　至今中国电影走过了整整一百一十二年的历程。1905年北京丰泰照相馆创办第一家电影公司,由任景丰拍摄的京剧艺术纪录片《定军山》,开了中国人自己拍摄电影之先河,此时,世界电影已经先行了十年。后来,《歌女红牡丹》是中国第一部蜡盘配音的有声电影。虽然当时效果不是太理想,但是毕竟又前进了一步。

　　1931年—1949年,中国电影发展得很快,从观念上打破了多年的"影戏"之说(因为当时的影片很多都是把舞台剧实录下来,所以老百姓习惯称之为"影戏"),使电影形式更趋于现代电影。一改早期偏娱乐为主的倾向,更注重于电影和时代、现实的结合,拍摄了大量具有时代特征的电影,被冠为三四十年代代表作的经典影片,如:《渔光曲》《一江春水向东流》《十字街头》《马路天使》《桃李劫》《风云儿女》《乌鸦与麻雀》等。我父亲魏鹤龄有幸在后四部电影中都担任了主演。

任何新生事物的发生都贵于先,第一个吃螃蟹的人,是要担风险的。在我查询中国第一部彩色故事片《祝福》的诞生始末时,可查到的资料并不多。尤其是很多幕后花絮,年时已久,更鲜为人知了。

真要感谢我母亲袁蓉对魏鹤龄的一往情深,留下了大部分在这期间父亲写的家书。虽然这些珍贵的家书都是用五十年代相当粗糙的信纸写的,纸片已经泛黄脆裂,但是父亲一手刚劲漂亮的仿宋

《祝福》剧照,魏鹤龄饰贺老六、白杨饰祥林嫂

1956年电影《祝福》在浙南讨论剧本

体记录了历史的瞬间……至少,可以让我们在有限的信息中,体会到这部新电影诞生的艰辛,和这个年代中国电影人的奋斗足迹。

父亲在1956年3月15日的信中写道:"今天上午,我突然接到电影局的指示,让我和白杨来拍《祝福》,定于20号左右试镜头。如果成功,那我在北京又得耽搁到六月底,可能上影的《家》里听说我有任务,究竟如何,那就看局和厂来决定吧,也许两部能先后错开一下……"当时父亲是在北京参加"第一届全国话剧汇演"。同时也得知他将要参加电影《家》的摄制任务,出演高老太爷。

在1956年4月1日的信中写道:"汇演要到5号结束,我另又接到剧协通知,要开剧协全国委员大会,又得延迟了。大约15号前,我可以回上海……《祝福》的试镜头,据说他们已经看过了,但是我还没有接到正式通知。这没有关系,如果决定了,是先赴杭州、绍兴拍外景,那么,我可以从上海赶了去,不会有什么影响……"

从父亲几封信的落款时间来看,《祝福》从筹备到开拍速度是相当快的,这在当时也是创奇迹的。后来的信中也反映出,其实开拍时,整个剧本还未定稿,对大文豪鲁迅杰作"祥林嫂"的改编,需要特别谨慎,要尊重原著,但是要在银幕上再现,变成可视性的形象,不是那么容易的。首先在电影剧本的结构和定位上应该有充分的酝酿。但是，当时中国的文艺创作是作为一种政治任务性下达的，有条件上，没有条件也必须上。那时的人都是很有干劲的，什么挑灯夜战、一天等于二十年的口号还是很鼓舞士气的，《祝福》电影就这么匆匆开拍了……但是天公不近人意，你还真拿它没办法的！

1956年5月22日的父亲来信已经是发自浙江云栖了："这几天心情非常不宁，脑子里有很多问题绞在一起，理不出头绪来。表面上好像平静，而内在很难集中起来。我们来杭州已经二十多天了，由于天公不作美，连着阴雨，工作上受了很大影响。有时阳光也会突然一现，抢着勉强拍上几个镜头，可大部分时间全消耗在等待上边了。弄得人急不得气不得，只有望天兴叹徒唤奈何？在角色的创作上由于准备不充分，在看法或认识上，有时相互会不一致，而发生些争执。或是表演上由于理解不够准确，掌握的分寸上就有所偏差，工作的情绪上就不够愉快……天气不放晴，使得每个人都愁眉

《探亲记》剧照，魏鹤龄饰菩萨谷田老耕、贺汝瑜饰老土豆

《祝福》拍摄期间手迹

不展。如果老天爷帮忙，我6月初就可以回去。在这儿吃得好，睡得早起得早，空气又是那么新鲜，环境也是那么优美，古树参天翠竹夹道。这些天我又胖了些，只是因为天气的影响，腰部感到不适……"

那时父亲已经整五十岁了，虽然还属于年富力强的最好阶段，但是除了《祝福》，他还参加了上影《家》和北影《探亲记》的拍摄和前期筹备，车马劳顿的，再加上阴雨天，他的腰椎老伤就会复发。拍电影其实是拼体力的活儿，常人以为是很光鲜亮丽的，可是夏天穿袍，冬天露肩……尤其是拍外景，风餐露宿是平常事了……

外景的拍摄在6月2日的来信中得知终于有了一些起色："这两天气候已经好转，我们每天都在抓着机会紧张工作着，我的戏明天就可以拍完，再有两三天的晴天，杭州的外景就全部完成。今天，汪洋厂长带样片来，看过以后再决定去绍兴的日期。在那儿我只有两三个镜头，提前赶完即可先回上海。因为厂里也催着我回去，好参加《家》的摄制组。"

实际上，最难最难的是，这是一次实验性的突破，从黑白影片到

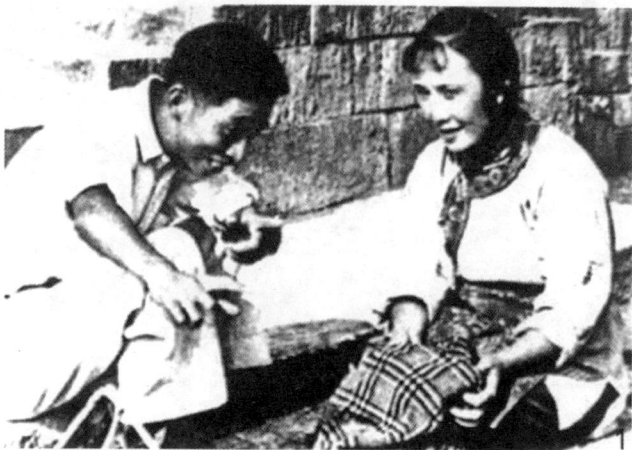
1956年电影《祝福》在浙南拍摄，导演桑弧给白杨说戏

彩色影片的一次飞跃，谈何容易!就像造原子弹一样，一个看似简单的环节，验算数据的过程也许会经历无数次的失败……

外景是勉强完成了，整个摄制组迁至了北京，问题却一个个接踵而来了……

1956年9月10日父亲的来信中忧心重重地说："这次来京搞得很紧张，每天早出晚归的，就连住在剧团的熟人还没有碰到过。前几天到'吉祥戏院'观摩了一次河南梆子，遇到了'青艺'几个人，他们都怪我为什么没露面?

"《祝福》进行得很不顺利，遭遇到许多问题，而时间上又是那么仓促。文化部、电影局都有指示，10月中，鲁迅逝世二十周年纪念日，一定要上演，决不许拖延。可'北影'是白手起家，一切都靠'新影'来大力支援，所以就受到了一定程度的牵制。这是中国第一部自己摄制的五彩故事片，在技术上，虽然曾赴苏联学习过，可还算是新手，各方面经验都不足，洗印部门就常有返工的事故。加上艺术方面在处理上、体现上也有不合乎要求的地方。因此边谈边拍边补，加班加点，甚至有时工作时间长达二十个小时。一面拍戏，一面就剪接。白天如果拍完戏，夜里还要抽工夫补外景的配音，弄得人头昏脑涨、精疲力竭。天气好了还得抢拍外景(杭州的外景大部分返工），就这样里外折腾。

"西山的外景完了，又要到十三陵去一星期。早上六点出发总要晚上八点才能回来。因为那儿距离北京有百里，往返的途中就占去四小时。摄制地点不集中，东拍一个西拍一个，发动机、灯具、机械等搬这搬那，工作好像很紧张，可收获却并不大。如果赶上天气突变那情况就更惨了……12号停机修剪一下，16号送局审查，如果我的戏没有要补的，我希望18号能赶到上海，因为19号是中秋节，思亲的情绪就倍增。这也许是年龄的关系，两年来，除了工作时间，下了班我就想往家里跑……现在住在剧团，看见别人我就更寂寞，也就更思念你和孩子们……"

这段时间，父亲几个戏轮轴地转战于杭州、北京、无锡、北京……真是魏公拍戏三过家门而不入啊！

结果估计审查后还要修改吧，魏公只能"抬头望明月，低头思故乡"了……

"中秋节，我是在十三陵过的。那天，外景队很多人都赶回城去团聚了，可我反正在哪儿都一样，干脆就在老乡家里吃吃聊聊。晚间，一个人跑到山野去赏月，无聊地唱上几句，就这样过去了……"

1956年电影《祝福》中饰贺老六、白杨饰祥林嫂

他们是中国电影的奠基之石

想知道父亲当时是唱了哪一出？他肚子里戏文很多，听他在山东实验剧院的老同学说过，京剧名家们的很多经典唱段，他都能对付。甚至还男扮女装唱过花旦，这是我怎么也想象不出的境况。后来，我们就再没欣赏到他这方面的风采。也许，就像他信中所透露的那样，在寂寞时，他更愿意对着无人的山野唱给自己听……

1956年10月，《祝福》这部代表中国电影又一个里程碑的影片，在纪念伟大的文学家鲁迅先生逝世二十周年时终于和观众见面了。也可以说，在银幕上重现了鲁迅笔下的"祥林嫂"，在人们的心灵上引起了很大的震撼。影片在全国上映后很轰动，尤其是影片的结尾"爆竹声声除夕之夜，家家户户喜迎新春，祥林嫂在飞雪中目光凝滞地拄着要饭棍前行……口中诺诺念叨着：'我只知道春天有狼，不知道冬天也有狼……'"

这一个催人泪下的长镜头，让多少看过的人，久久不能忘怀。那段经典台词在那几年也成了人们形容纠结缠绕于心之事的口头禅。

鲁迅先生写于1924年的《祝福》原著，篇幅并不长。而由夏衍改

《祝福》剧照，白杨与魏鹤龄（祥林嫂与贺老六）

编，桑弧导演的这部影片，充分发挥了电影艺术所能带来的视觉冲击，在浙东具有江南山乡诗化意境中营造的这个悲情故事，人性被践踏，美好被毁灭，让人们对主人公的命运产生了无限的同情，也使反映中国妇女渴望挣脱封建礼教枷锁的主题得到了升华。

一部影片的成功，演员对角色的塑造和演绎是至关重要的。可惜在父亲的家书中没有介绍他本人，或者和白杨合作中的一些交流和碰撞。这是父亲的做派，他从不评价别人的表演，也不愿意奢谈自己的演

《祝福》赴苏首演，1957年，与中国电影代表团在莫斯科

技。我是在著名电影导演徐昌霖的一篇介绍魏鹤龄表演风格的文章里找到了一段："魏鹤龄在电影《祝福》中的几场戏，令我慑服。在抢亲一场戏中，当一伙人强行将祥林嫂抢入花轿，又七手八脚地将新娘拖进了贺老六的家门……这时没有想到魏鹤龄扮演的新郎，见到哭喊挣扎的祥林嫂后，却不声不响地从屋里一个人溜了出去。老魏两眼望望天，望望门，望望挤满门口的人群。他那种惊愕、茫然、木讷的表情，一下子将贺老六此时此刻复杂细腻的内心世界表现出来了，叫观众触目惊心。在贺老六打短工受伤回家的一场戏中，老魏的表演更耐人寻味。在别人的搀扶下一路回家……快到家门，他一言不发只默默地用手势让扶他的人离去，自己直了直腰进门。进门后，祥林嫂奇怪地问：'为何回家这么晚？'他只若无其事地答：'帮债主家多打了一点短工。'这时孩子叫：'爸爸抱！'他连忙蹲下去抱孩子，忽然觉得腰疼抱不起来，马上掩饰地对祥林嫂说：'来，给毛毛坐轿子。'于是父母亲的手臂连在一起抱起了孩子。这样，巧妙地对母

他们是中国电影的奠基之石

1956年《祝福》在浙南拍摄,魏鹤龄和桑弧、白杨、夏衍讨论剧本

子瞒住了自己的伤。苦中见喜,喜中含悲,让人特别感动。老魏把贺老六的善良,爱孩子和体贴祥林嫂之心演得跃然于银幕,非常耐看,充满了人情味。桑弧导演介绍说,这场戏无论在鲁迅的原著上或夏衍的文学剧本里都是没有的。是在现场排演时,老魏想出来向导演建议的。桑弧和夏衍都很欣赏,观众和同行们都一致认为是画龙点睛之处。另外还有一场戏也非常感人的;贺老六伤病不起,高利贷债主企图夺屋抵债。贺老六悲愤交加之际,又听到门外孩子被狼叼走的喊声,他拼命想抓对面墙上挂着的猎枪,想去打狼,从床上挣扎着下来,踉踉跄跄摸到墙边那几步路,老魏揣摩了好久,潜心设计,反复排练,直到完全入神满意为止。真可以说,每一步都凝聚了他的汗水和心智。"

作为这部影片女主角的白杨,一生出演了众多角色。在介绍她演艺生涯时,电影《祝福》被列为她的代表作。

同样,我父亲一生也演过很多张三李四的角色,但是凡是一提到他,"哦,魏鹤龄,贺老六!"这个"老六"总是粘连着似的让人脱口而出,在人们的眼里这似乎是同一个人了。贺老六是鲁迅先生在刻画祥林嫂这个悲苦妇女命运时,虚构的一个"好男人"形象,让这个连自己真实姓名也被人遗忘的女人遇上了一个好男人,也在被疼爱中过上了几天好日子。贺老六在祥林嫂的生命中只有短短的几年,却是她生命的全部。

父亲含蓄朴素地演绎恰如其分、丝丝入扣,观众被深深地打动了,他们相信"老六"这个好人确实存在,也不容置疑地认同就是老魏这个样子的。

1957年,电影《祝福》在苏联举办了首映式,在国际影坛上也引起了特别的关注。

1957年5月26日,白杨、魏鹤龄等人带着中国第一部彩色故事片飞往莫斯科。

父亲在5月29日的来信中介绍:"昨晚在电影之家的招待会上,情况并不热烈,使我们有点意冷!今晚在剧院的首演式却又出乎意外。再加上观众中占十分之二的是我国留学生,情绪更是热烈!散场时有很多中外观众要求向我们祝贺和告别,这种现象说明这部影片给他们留下了较好的印象。据苏联发行部门负责人谈,已印好500部拷贝发往全国,并且还要添印,好像他们也比较重视这部片子,同

《祝福》赴苏首演式,左三魏鹤龄、右三白杨

他们是中国电影的奠基之石

行们看过之后也觉得不错……"

　　信中提到的"电影之家",也等同于我们的"影协"吧,在1957年中苏关系已经开始恶化的背景下,官方发言都是很谨慎的。可是就在同年,电影《祝福》获得了卡罗维·发利国际电影节特别奖,在1958年又获得了墨西哥电影节的银帽奖。足以说明这部带有实验拓展意义的电影还是相当成功的!

　　据查询,电影《祝福》当时虽然在拍摄洗印技术上获得了很多的成功经验,但是用的还是进口彩色胶片。中国第一部采用国产彩色胶片拍摄的影片是长春电影制片厂的《保密局的枪声》,是在1980年拍摄的。从1956年的《祝福》开始,这之间又过去了整整二十四年。可见中国电影事业的每一次推进是如此的艰难,而父亲他们这一辈电影人就是这样一步一步地探索前行,他们对中国电影事业的执着奉献是功不可没的!

《关汉卿》剧照

9 他与田汉的名著 结下了不解之缘

　　从出演著名剧作家田汉的名作《名优之死》一举成名到1959年魏鹤龄在话剧舞台上出演的最后一部话剧《关汉卿》(这是田汉1958年完成的一部历史剧作),可以这么说:魏鹤龄与田汉的名作结下了不解之缘。

　　我们说一个演员最幸运的是能获得一个好角色,这就是圈里人所说的"戏养人",好的剧本给演员施展自己的表演才华提供了广阔的空间,同时也让一个演员在实践中更提升自己各方面的素养。魏鹤龄在这方面是很有福气的,因为他的艺术生涯中遇到了很多"伯乐",或者是贵人,田汉就是其中最重要的一个了。

　　田汉只比魏鹤龄大八岁,按年龄算只能称大哥了。他们同样是来自更贴近于大自然的农村,与生俱来的质朴、正直、厚道的本性,

田汉先生

让他们有了一见如故的友情。但是，在魏鹤龄的心中却是一直把田汉尊为导师的。田汉在青年时代就以笔为戈，把一腔热血化为了唤醒民众的诗歌、戏剧，引导了无数青年投身于向往光明、拯救民族的斗争中去。

魏鹤龄当时只是为了谋生活，走南闯北误打误撞地进入了一个他并不熟悉的领域，他在"五月花剧社"时，参加的话剧演出大多都是田汉的作品，如《乱钟》《放下你的鞭子》《战友》《街头人》等。这些作品在他这个懵懂青年心里打开了一扇窗，也让他对这个不曾见过面的先生产生了一种崇拜的心理。

1933年，田汉先生主持的左翼剧联成立了"春秋剧社"，并在上海公演他的剧目《名优之死》。凭着他对魏鹤龄的多年关注，决定大胆地启用这个在话剧舞台上还比较稚嫩的年轻人来扮演男主角刘振声。

话剧《名优之死》早在1927年就公演了，当时男主角是由洪深扮演的。作品以揭示艺术的社会命运为主旨，写出了京剧演员刘振声不幸的演艺生涯。刘振声注重戏德、戏品，对待艺术严肃认真，并精心培养了小凤仙这样的后起之秀。但是小凤仙在小有名气后却心猿意马，"不在玩艺儿上下功夫，专在交际上用功夫"，成了流氓绅士杨太爷的玩物，背叛了师傅为之呕心沥血的戏剧事业。刘振声贫病交加，又遭受了恶势力的迫害，眼见着艺术被践踏，人才被摧残，终于心力交瘁而死……

魏鹤龄当时只有二十七岁，要扮演这样一个老艺人，能行吗？田汉先生真的没有看走眼，魏鹤龄凭着他幼年对这些梨园艺人生活的耳濡目染，对京剧演员"手眼声法步"的熟谙，以及魁梧的身材、浑厚的嗓音，首先在外形上就站住了。再加上他内敛、沉稳的个性，对这个角色的内心把握得很准确,演出当天,一炮打响,在上海滩引起了轰动。很多报纸都发表了好评文章。连田汉本人都感觉很意外,这个魏鹤龄就是他心目中的刘振声啊!《名优之死》的出演让他更看好这个年轻人,从而加倍地关心他。

很可惜那年头没有条件,可以把很多宝贵的资料记录下来。

相信《名优之死》的成功,不仅让魏鹤龄在戏剧事业上有了崭新的开端,同时剧中刘振声对戏德、戏品的严肃态度,也是田汉先生一生追求光明和进步的向往,已经深深植入了魏鹤龄的心中,这也成为他一生为人、为艺的准则。

抗战八年,他一直把拯救民族存亡的责任放在了第一位,追随着左翼剧联组成的"抗日救亡演剧队"转战大江南北,像他的恩师田汉先生所写的"义勇军进行曲"歌词中那样,把我们的血肉组成我们新的长城……冒着敌人的炮火,前进,前进,不断地前进……

著名剧评家李天济在一篇文章中,也提到了这时期魏鹤龄的成长:"从1935年开始的十余年间,魏鹤龄一直是电影舞台双栖演员,可以强调一下的是,抗战八年中,中国一共拍了十多部抗战影片,而老魏参加拍摄了五六部之多……年轻时的艰难困苦,多方面的生活积累,在他接受了当时左翼的革命理论之后,成了他一生取之不竭,用之不竭的创作源泉……我总觉得田汉、史东山、袁牧之这些人对他的影响,是决不能等闲视之的。"

一直到新中国成立后,田汉先生已经身居高位,担任了统领中国文化事业的要职,却一直关心着魏鹤龄。

父亲在1956年4月1日的家信中写道:"这次来北京,看到的听到的,都能促使我在各方面更加强了信心。对国家对个人对工作的前景都是满怀乐观情绪的。遗憾的是觉得个人各方面的不足,没有更好地贡献出自己的一点力量,昨天田汉先生把我叫去批了一顿:'为什么不积极地争取入党?'是的,过去我是有些错误的想法和看法,今后要纠正这种错误,主动来争取这一光荣称号,更好地尽到我应尽的责任……"

田汉先生每次来上海都会和父亲本人,或者对上海电影局提出："老魏的入党问题为什么还没有解决?"说真的,他这个问题也让电影局搞得很被动,对田汉先生无法交代。可是入党的事,他本人迟迟不写"申请书",谁又能替代? 按他年年都是厂、局的先进工作者,只要一提出申请,那是马上能批准的。但是他总说："我还要好好努力,我认为我还很不够格。"有一次,我的大哥魏坚——曾参加过抗美援朝的老党员也问他这个同样的问题,他对自己的儿子才说出了自己的顾虑："我知道自己毛病很多,经常犯自由主义毛病,万一哪天我犯点错,这不是给党的脸上抹黑吗?"

爱之深而情怯,这就是他这个老实人对党的朴素情感。对任何事他是有自己准则的,不弄虚作假,不沽名钓誉,低调处事是他一贯的作风。有时,我母亲会为应该给他的名誉而没有给他的事叫屈,父亲总摆摆手说："要这些干吗? 能管吃管喝啊? 戏好才是真的!"

应该说他骨子里还是一个农民,他兢兢业业地守望着自己的那片麦田,看着丰收在望,他就满足了。

父亲说得很透彻,一个真正热爱艺术的人,他的内心只有这一汪清泉,曲曲弯弯……弯弯曲曲地流淌,沉渣淤泥总留在了它的后头。

田汉先生就是这样一个纯粹的人。要领导这么大一个国家的文化工作,一天有二十五个小时都能忙得团团转的。他本可以呼风唤雨,享受高官厚禄的生活,可是他从未放下过手中的笔,他的作品一个个地问世,如:话剧《关

《关汉卿》剧照,饰关汉卿

汉卿》《文成公主》,戏曲《金鳞记》《白蛇传》《西厢记》《谢瑶环》等。

话剧《关汉卿》是在1958年,为了纪念关汉卿戏剧创作七百周年而写的。当时是由"北京人民艺术剧院"首演。

元代伟大的剧作家关汉卿,名传千古,杰作流芳,是世界级的文化名人。但是在元代等级序列高低有别的制度下,却没有得到应有的重视和认可,所以可参考的史料非常有限。田汉先生凭着他对关汉卿作品的熟悉和挚爱,凭着他对元代政治经济的了解和认识,也凭着他渊博的学识和生活积累,他发现自己和这位七百年前的剧作家有许多相同之处,产生了一种神奇的沟通,他的脑海里一条清晰的结构主线就这样出现了……

剧情围绕着关汉卿为伸张正义,创作了《窦娥冤》一剧,而遭到了封建权贵的关押和迫害,最后被流放他乡……表现了大剧作家关汉卿同情人民,热爱人民,以戏剧为武器,抨击封建社会的黑暗,为民叫怨,不惜牺牲自己的生命来实现理想的崇高精神,也塑造了以朱帘秀为代表的一批正直的戏剧演员的形象。

十二幕的长剧,跌宕起伏,结构严谨,情感浓烈,张力很大,台词优美,富有诗的光彩。更有像"蝶双飞"这样字字珠玑的词曲,让关汉卿和朱帘秀的火热情爱得以升华:"将碧血,写忠烈,作厉鬼,除逆贼。这血儿啊!化作黄河扬子浪千叠,长与英雄共魂魄……提什么黄泉无店宿忠魂,争说道青山有幸埋芳洁。俺与你发不同青心同热,生不同床死同穴;待来年遍地杜鹃红,看风前汉卿四姐双飞蝶。相永好,不言别!"这荡人心魄的咏唱,让这个历史题材的话剧更增添了诗剧般的浪漫气息。评论界赞誉《关汉卿》一剧是田汉先生的巅峰之作,而那首"蝶双飞",凡是当年看过此剧的老人都记忆犹新,念念不忘。田汉先生把多年对关汉卿的研究凝聚于笔下,这也是他本人人生观和艺术观的一次抒写。

1959年,为了向国庆十周年献礼,上海戏剧学院联合了上影演员剧团排演了大型历史剧《关汉卿》。

关汉卿一角由魏鹤龄、赵丹、王洪生扮演(后来赵丹因为有拍摄任务,王洪生当时还是应届毕业生,都没有正式上演),演员阵容还

《关汉卿》剧组合影

有蒋天流、沙莉、二林、朱莎、阳华、沈杨等分别扮演朱帘秀、赛帘秀、叶和甫、王和卿等角色。

导演是赫赫有名的上戏导师朱端钧，戏曲顾问是昆曲界名家方传芸。当父亲得知由他出演这个大剧的主角，非常兴奋。他喜欢田汉作品的风格，田汉写人物有血有肉，情感丰富，让演员演起来很过瘾。同时，他又觉得压力很大，要塑造这样一个高风亮节的文人，深感自己各方面的素养还很欠缺。所以他决定加紧补课，一定要竭尽全力而不负众望。

在整个排练过程中，他废寝忘食、马不停蹄地刻苦努力，每天都是第一个到排练厅，边啃大饼边"啃"剧本，揣摩着朱端钧导演的阐述。又一招一式地跟着方传芸先生学身韵台步，练剑术昆腔，认真得像个年轻学生。在家里他也天天站在镜子前，反复琢磨老师们的设计，力求把这些外形上的动作和人物的内心情感融会贯通起来。他最害怕的是《关汉卿》这个历史剧，很多语言已经诗化了。他必须声情并茂、句句有板地说来，才能体现关汉卿这位大诗人的才思出众、气宇非凡的形象。而容易忘词是他的硬伤，所以他像小学生应

《关汉卿》剧照，左二魏鹤龄饰关汉卿、阳华饰杨显之

他们是中国电影的奠基之石

《关汉卿》剧照，左三起阳华饰杨显之、蒋天流饰朱帘秀、魏鹤龄饰关汉卿

对考试一样，天天拿着剧本死记硬背地反复念，反复背，有时就这样背着背着，在沙发上睡到了天亮。

　　那年他已经五十三岁了，还受高血压和美尼尔氏症困扰。一个多月的超负荷排练，在上演前夕，因过度疲劳和过于投入，在排练厅里突然昏厥了过去。上戏学院的学生用担架把他抬到了华东医院，医生一定要他住院治疗。这下把他急坏了，他和医生商量不通，只在医院待了一天，第二天偷偷地又溜回了排练厅。大家都非常感动，很不忍心让他再这样拼命。但是"庆祝国庆十周年的献演"的确重要，他不演，还真的无法开场。最后大家还是妥协了，领导决定由医院指派专职医生，全程陪同护理。我当时已经考取了上海舞校试点班，因为人员没有招齐在家待命，正好没事。所以，我就有幸给父亲当起了特别护理。我的任务是每天站在舞台边上，等父亲一下表演区，就给他擦汗、打扇，还有准备好一茶缸的温开水，让他润嗓吃药。

　　我是第一次走进父亲的工作环境，近距离地了解父亲是怎么完成他的艺术创作的。演古装戏特别的辛苦，每天要提早两三个小时做人物造型、粘头套、登高靴。在这么闷热的剧场(那年的9月，一直气温很高)要穿上像棉袄一样的胖袄(古装戏服内的衬衣)，真像穿上了一副铠甲，站在那儿不动都能出汗。舞台上几十个灯一打开，比烈日还要烤人。父亲每次出舞台口，外衣上是看不出有汗迹的，但是他的内衣已经完全湿透了，这身内衬一台戏演下来，要捂三个多小时啊！我真的很心疼，备了好几条干毛巾给他吸汗，还不管用，我真的很怕他会中暑。我每次想询问他身体情况，有没有异常?他从不搭理我，只是紧闭双眼，好像是在养神。后来我渐渐明白了，哪怕是有片刻的喘息，他都不想走出元代关汉卿的内心，他几乎已经跨越了时空，神游在那个年代。他就是关汉卿，他的心满满地牵挂着百姓的苦难和命运……他已经开始了一场殊死的抗争……

　　魏鹤龄和关汉卿，这两个相隔了整整7个世纪的灵魂，此刻却融为一体了。当刚毅、凛然的关汉卿在聚光灯下拂袖走出了城门，目睹着统治者处决冤妇窦娥时，他眼中充满了悲哀和愤慨，仰天长叹，心绞如割……一下就把观众带进了那民不聊生的悲惨世界。随着

《关汉卿》剧照，左起上戏学生饰阿合马、沈杨饰叶和甫、魏鹤龄饰关汉卿

剧情推进，关汉卿时而慷慨激昂，时而伏案疾书，时而拔剑悲舞，时而又引吭高歌，一个为民呐喊的关汉卿在观众的心目中渐渐高大起来。当关汉卿怒斥贪官酷吏阿合马时，田汉先生为了体现关汉卿的"玉可碎而不可改其白，竹可焚而不可毁其节"的刚直不阿的斗争精神，运用了关汉卿曾在《南吕一枝花·不伏老》中的一段词，这段词有些像现在的绕口令，要屏住一口气，一泻千里般畅流出来，才能让人感到酣畅淋漓、一吐而快之感，这也是全局的爆发点。

每次演到这儿，舞台两侧也挤满了很多演职人员，大家都屏住了气，等着老魏发力，当然也有些担心。当关汉卿水袖一收，像弓弩射出的箭一样发出了铮铮誓言："我就是那蒸不烂、煮不熟、捶不扁、炒不爆的响珰珰的一粒铜豌豆……"观众席和舞台两侧顿时爆发出了雷鸣般的掌声……人们被关汉卿的大义凛然感动了，也被魏鹤龄的激情点燃了。

田汉先生看到他笔下的这个伟大的元代剧作家，出现在二十世纪的今天，依然是这么的光照夺人，这么的神采奕奕……他感动得热泪盈眶了，他对魏鹤龄只说了一句话："你把关汉卿演活了！"

话剧《关汉卿》剧照

10 质朴、淡雅、沉郁是同行们给他总结的表演风格

他们是中国电影的奠基之石

　　父亲总说他嘴拙。的确，让他演，他必定给你一个意外惊喜；让他说，半天掏不出一句至理名言。说个笑话，有一次，人家千里迢迢从甘肃来采访，特意在"扬州饭店"设宴，妈妈生怕父亲应付不了，冷场会显得失礼，把我也叫上了。席间，人家拿出采访提纲，一二三四五地列出问题。结果是唱了一场"双簧"，母亲负责说，父亲只管笑，我当然只算捧个人场了。一桌子的菜，也只有五六个人，最后只能打包了。

　　晚上，刚好我大姐魏薇回家吃饭，桌上摆上午间打包的菜，鸡鸭鱼肉地全齐了。吃着吃着就聊起白天的事。

　　大姐就问父亲："他们都采访什么内容？"

　　父亲只是笑着摇头。

"那对方是什么单位？"

父亲却来了一句："我哪知道他们是谁。"

大姐真是无语了，她苦笑着说："爸啊！你也太过分了，你白吃白喝了人家一天，连人家是谁，都没有搞清楚啊！"

父亲反而责怪起母亲来了："我说别去，别去嘛！你们非要去嘛！"

母亲曾有计划帮父亲出本"谈表演理论"的书，父亲一点都不感兴趣："怎么演要自己慢慢琢磨，你的体会就是你的，别人看了有什么用？"

幸亏父亲也没有写，按他的性格，估计就是写了也是一纸的"大白话"。人家能承认你这是理论？没有引经据典，没有故弄玄虚，不把人搞得云里雾里的，还真的成不了大家，唬不了人的。

1992年，父亲逝世已十三个年头了，由上海电影艺术研究所、《电影艺术》编辑部、上海电影公司，召开了一次"魏鹤龄表演艺术观摩研讨会"，参加的同仁对他的表演作了一次总结，我觉得他们这六

电影海报

个字归纳得很准确,而且评价很高。表面上看"质朴、淡雅、沉郁"这些词儿听上去并不太让人兴奋,"质朴"算什么演技?"淡雅"太不显山露水吧?"沉郁"这个词也让我琢磨了半天。这个著名剧评家李天济为什么不用些更华丽的辞藻来赞美一下这个魏鹤龄?为一个大师级别的表演艺术家开研讨会,拿时下的做法来看,"炒作"很重要嘛!但是,我相信李天济用什么词儿来归纳魏鹤龄的表演风格,是经过深思熟虑的,这六个字归纳得不仅精准,而且饱含着李天济对这位老艺术家的一份敬重。

李天济介绍得很清楚:"要达到表演上的含蓄深远,不能仅仅依靠处理人物的节奏,更不能只依靠某一种节奏。老魏表演艺术上的含蓄深远与他的质朴相连,质朴看来单纯,而单纯却正是艺术上成熟的标志,单纯质朴从而达到返璞归真。说来不费劲,做到实在难。老魏后期创造的人物,可以说无一不质朴。

"其实,我们纵观魏鹤龄一生所塑造的众多的人物形象来说,很多是生活里的小人物,我们谈到他给人们留下深刻印象的角色,有的在整个影片中不是一号人物,甚至戏份并不多,但是,他都能演得让你忘不了。这就印证了一个普通的真理——没有小角色,只有小演员。他是一个大演员,他扮的角色也成了大角色。

"对老魏的表演也有一种说法,称之为本色演员,若是贬一层,就是说他的表演是'一个模子'。我是完全不同意这种观点的。说好演员演什么像什么,并不是说这个角色里就没有演员的创造,演员是用整个心灵和身体来创造人物的。魏鹤龄所表演的角色,其实跨度很大。他能从山村猎户到富农,从工人、农民,到市长、封建家长……都人各有貌,又都质朴、含蓄、深沉。我们只能说这是一个百变的魏鹤龄,你还能说他是'一个模子'吗?这正是他强于一般演员的优势,也是一个表演艺术家的不可多得的成就。

"老魏处理他的角色,一般节奏比较沉缓,但是沉而不滞,缓而不拖,他的沉缓又是为了闪电似的爆发,为爆发积蓄能量和力度。尤为可贵之处,在于爆发时仍然保持着沉缓,而不是一泄无余。这样,他塑造的人物,就不但具有震撼人的力量,而且深深地进入了观

《乌鸦与麻雀》剧照，
魏鹤龄饰房东孔有文

众的心灵，使你久久不能忘怀，回味无穷。如《乌鸦与麻雀》中的那个老校对孔有文，就因为儿子参加了新四军，他家的房子被汉奸（抗战后又成了国防部专员的）侯义伯霸占了，还要把他赶出门。他呢？一言不发，被侯专员派来的流氓打得嘴角流血，东西都扔了出去。他气得发抖，也还是闷声不响，善良到胆小的地步。直到为了这幢房子里还住着的善良的人们，才与侯义伯展开了正面斗争。这是全剧的高潮，孔有文这个'老夫子'不顾一切地爆发了，人物也就一下完成了。原来他善良里埋着的不是胆小怕事，而是正直，是凛然正气。

"那个侯义伯，就正是被他那股突然爆发的正气，压得威风扫地落荒而走。作为孔有文在戏里是爆发了，但是老魏仍能用其沉缓制约着这种爆发，哪怕痛斥侯义伯为'衣冠禽兽'时，还是个'老夫子'。

"郑君里导演让我看老魏的戏（为了促使我进戏）。老魏的这种沉缓制约的爆发，给了我心理上无力承担的压力，这以后，我才初步懂得了表演上的强烈和含蓄原来是可以统一的。

"老魏在表演上从不故作惊人之笔，是他欠缺才华不下功夫吗？恰恰相反，他选择了一条看来很平凡，实质最艰难的路，他追求的是我们常说的，看不出表演的表演。他在《祝福》中扮演贺老六，戏实在不多，要在短短几场戏里塑造这个山间猎户，他是下了大功夫的。有一个让我至今难忘的场面——祥林嫂为反抗这件婚事撞伤昏倒了，贺老六陷于失望之中，茫茫然的不安夹着深切的同情，多种情绪纠缠集结。这时老魏没有什么特别的动作，只是几乎看不出来的叹气皱眉、两手衬头、仰看夜色而已，朴实自然。然而妙在从他的单纯中却给我们非常复杂深厚的感觉，表演达到这个程度，已经完全超脱了技巧而成为艺术了。还有老魏，除了默默钻研自己的戏外,总是特别注意去适应他人的戏。例如在《乌鸦与麻雀》中,他和孩子们在一起的童心,对侯义伯的隐忍和愤怒,对小广播的亲切和随便,在表演上的分寸都略有参差,对孩子也好,对表演大师赵丹也好,都一视同仁地去适应他们的戏。他从不指责别人,偶尔含笑探讨怎么去适应别人,这似乎不只是技巧问题,而是他总会从全局考虑,去设计自己的表演。

"我总觉得老魏本人的性格和他的表演之间,有着丝丝共通之处,然而单从他的性格来探索他的表演,又好像距离还蛮远。老魏后期的表演,已经从含蓄、质朴、自然进入到淡雅的境界。这种淡雅又不仅仅像一盏清香飘拂的西湖龙井茶。他的淡雅中有着甚为沉重的内核,无以名之,我暂且称他为沉郁感。这种弥漫于淡雅之中的历史沉郁感,才是老魏对表演艺术的美妙奉献。他具有的是在不知不觉中包容渗透征服观众的力量。"

李天济对父亲的评价的确也让我,或者后辈们受益匪浅。可是从我母亲的介绍中,也了解到父亲年轻时也走过一段弯路。当年刚涉足电影时,他的表演很外在,很容易过火。在拍摄《马路天使》时,导演袁牧之总是压着他的表演,让他自然地流露感情。开始他有些误解,认为导演是否偏爱赵丹了,而自己被束缚住了。袁牧之猜透了他的心思,就阐述了他们两人各自的长处;他们两个,一个宜动,一个宜静。赵丹越是"热",你老魏就越要"冷",这样互相衬托,才能达到更完美的效果。影片上映后,果然由于两人性格相异,戏就特别精彩了。父亲很佩服袁牧之的高明之见。从此就引以为鉴给自己定了一条表演的准则:"宁温勿火,宁缺勿过。"

导演徐昌霖也是和父亲长期合作的老搭档、老朋友了,他在新中国成立后导演的代表作是电影《球迷》。他也在本次研讨会上谈到了有关《马路天使》这两个老搭档的相互映衬:"在该影片中赵丹演吹鼓手小陈,老魏演报贩老王,他那含蓄、自然、沉着的表演,恰恰与赵丹活泼生动、才华横溢、光芒四射的表演形成了对照。当然,广大观众投给赵丹的赞美声比老魏多得太多。毕竟一个是一号主角,一个是配角。可是我记得1983年在北京举办的首届'中国电影回顾

《马路天使》剧照，左起赵慧琛饰妓女小芸、魏鹤龄饰报贩老王、周璇饰歌女小红、赵丹饰吹号手小陈

展'上重新放映了《马路天使》，陶金突然对我说：'奇怪，我看阿丹在影片里从头忙乎到底，怎么最后似乎都叫演来不动声色的老魏给收底啦？'当时我愣了一下。当然，有各种不同的表演流派才会显示出艺术百花园里姹紫嫣红的魅力。而老魏的表演风格，不妨归之于我国艺谚所谓：'绚烂之极，归于平淡。'这其中包含着一定的哲理和美学上的追求。

"我是在1943年雾季，在重庆中国电影制片厂才第一次和老魏合作的，那是史东山在导演我的话剧处女作《重庆屋檐下》时，他挑选了老魏扮演一个配角艾以耕，主要人物——作家沙宗文由陶金、项堃AB制。艾以耕是一个国民党少将，因为主张抗日，被军政部硬调回'陪都'部里坐冷板凳，每天发牢骚过日子，此人性格开朗、话多，经常自嘲，骂山门。我很担心这角色不对老魏的戏路子，但是也不敢建议史导演给老魏换个角色。可是演下来，出乎我意料的是，老魏在台上挥洒自如，真实可信。他把人物的一肚子牢骚埋在内心深处，不温不火，叫你同情。真是另有一功，我这才明白了史导演让老魏来演这个角色的意图。

"第二次合作是1948年，在北平中电三厂，我导演根据徐盈小说改编的《青梅竹马》。这部影片在《中国电影发展史》上，只介绍说'写了一个纠缠不清的五角恋爱的故事，两个女人同爱一个男人，后来又都嫁了不爱的人……'其实不然，这部影片的主角并不是陈方千、史宽、朱莎等扮演的年轻恋人，第一主角是魏鹤龄扮演的人物。他一人在影片中同时演了两个角色（一个爱国的校长，还有一个是捏泥人的手艺人）。影片虽然是在新中国成立前拍的，新中国成立后，文化部根据影片内容把这部影片，还有《万家灯火》《天堂春梦》列为进步影片。老魏在演校长时文质彬彬，书卷气溢于言表。在扮演下层手工艺艺人时含辛茹苦、兢兢业业的神形兼备。两个角色的身份、性格、气质上的差别，在一部片子里显出迥然不同的魅力。真是让我对这老魏佩服之极。

"新中国成立后，我从北京到上海，又和老魏合作过两部戏，一部是沈浮编剧的《无限的爱》，另一部是楚西佐的《江南春晓》。两部戏老魏演的都是知识分子，令人奇怪的是两部戏里他扮演的人物虽然比较接近，但处理得并没有雷同。《无限的爱》写了一位普通的中学教师，在日本投降后从重庆乘长途车回上海一路上的遭遇。他救济无家可归的流浪儿童，夜宿小车站的鸡毛店，他又援助了一个为生计所逼沦为妓女的农家女，老魏

《无限的爱》剧照，魏鹤龄饰一中学教师

《江南春晓》剧照

《江南春晓》剧照，魏鹤龄饰老校长

表演出了一个悲天悯人又回天无术的知识分子内心的苦闷和徬徨。在《江南春晓》里，他演的是一个大学教授。无论在仪表和气质上都和上一个角色截然不同。尤其是当老教授目击了反动派残酷镇压学生们发起的反饥饿、反内战的运动后，毅然走下讲台步出校门，跟着女儿和学生们一起参加了斗争。老魏演来激情澎湃，含蓄有度，坚强有力却自然朴素，让人感到特别的亲切。有一个特写镜头是他看着学生们在饭厅里喝稀粥，刮粥桶底的声音让他百感交集的神情最让我难忘。"

徐昌霖在研讨会上讲了一段令人伤感的往事。他说："在'文革'期间，我在当时的'徐家汇浴室'门口遇见了魏鹤龄，一开始，还没有认出来。只见一位老人，抖抖索索的，走路都有些走不动了……满脸的胡子拉碴，瘦骨伶仃的，两眼失神落魄的……我觉得有些眼熟，但是又不敢确定。这时老魏也停了下来，看着我，他对我张了下嘴，似乎想说什么，但却说不出声了……我心里真是被什么东西刮了一下地刺痛……这是老魏吗？我见过老魏老的模样，他年轻时就演老头，演过许许多多的老头，堪称'中国老头'，不能算第一，也能排老二了。但那是在演戏，是扮的……我实在不能接受魏鹤龄这一种老法，但是老魏真的是老了，比那个他曾经演过的《家》里的高老太爷要沮丧得多……"

1992年的这次迟到的对这位中国著名电影表演艺术家的理论研讨，主要是针对魏鹤龄的两部代表作《祝福》和《家》的角色创造。电影《家》是根据大文学家巴金《家·春·秋》三部曲中的第一部《家》改编的，是由上海电影制片厂在1956年拍摄的，陈西禾、叶明联合导演。

《家》是一部群戏。孙道临和张辉的觉新、觉慧，张瑞芳和黄宗英的瑞珏、梅芬，王丹凤的鸣凤，魏鹤龄演的是一家之长——高老太爷。由于巴金这部小说的深入人心，也因为这部影片集中了在那个年代，电影老观众们脱口而出就能叫得出名字的这些"名角儿"。电影上映，场场客满。每一个角色的塑造都是人们心里期待的，因而也让这部《家》成为新中国成立后，五十年代的经典影片之一。后

《家》剧照，饰高老太爷

来，大约在2007年间，有一部以这个题材创作的电视剧问世，我也看过几眼，真的不敢恭维。在观众心目中，老电影《家》中的那些老艺术家塑造的人物形象已经根深蒂固，不可替代了。你没有更深的提炼，更有新意的打造，那你就不应该这么轻率地去碰这个题材。

电影《家》中大房二房的，七大姨八大姑的，表哥表妹的，真是一个门户森严、明争暗斗的封建大家庭。这么多的人物角色，在我看来，其实最难演的倒是这个一家之主——高老太爷。这部影片刚问世时，我也只有十岁，根本没有看懂说了什么。但是印象很深的是这个电影里的爸爸，怎么一点也不像爸爸。因为在家里爸爸从来不是这样讲话，也没有这么不讲道理。若干年后，再重新看时，我才明白当时巴老或者是导演陈西禾、叶明挑选魏鹤龄来饰这个封建意识很顽固的高老太爷，是有自己创作意图的。影片中还有一个老封建、老腐朽冯老太爷，就是那个要把年轻丫鬟——鸣凤强占为妾的色老头子。在巴老的原著中和电影的刻画中，他们是有区别的，也是有特定指向的。

导演徐昌霖在他的剧评分析中说："在这部戏里，高老太爷的戏份并不多，但是给人留下的印象却非常深。从'抓阄儿定亲'开始，老魏把高老太爷封建家长的专制自信，演得非常自如。整部戏一路演下来，虽威严深沉，但是丝毫没有过分的做作感。举手投足、一言一行都在性格之中，使你感到这个人物很可信。后来家道中落，自杀的自杀，出走的出走，嫖妓纳妾，争产分家，高老太爷忧愤交加，卧病不支，老魏把这个曾经不可一世，如今行将就木的封建礼教的维护者的内心空虚，如大厦将倾的恐怖、凄惶之感，表演得淋漓尽致。

他的整个表演前后变化很大，但是又能浑然一体，一气呵成，真的让人叫绝。"

徐昌霖还特别提到了著名导演张骏祥在他的《关于电影的特殊表现手段》文中，举例指出《家》改编的电影剧本里，在写到高老太爷发现二少爷觉民为反抗包办婚姻而离家出走时，高老太爷大发雷霆，迁怒于觉慧，逼着觉新说服觉慧去找觉民，文学剧本的对话写得很干巴，演员很难演，原本设计的台词让扮演者说不出一句足以让人能窥见高老太爷的内心独白来。可是在完成片中，老魏通过他对角色的独特理解，在对觉新说"说说你自己的婚事不是很好吗？当初要不是由家里做主给你定了亲，你会那么称心如意吗？"一番话时，注入了高老太爷的刚愎自用、自鸣得意的口气，把如此干巴的台词说得非常自然妥帖。像魏鹤龄这样孜孜不倦，潜心于创造每一个角色的演员，实在是不可多得的。

其实，我觉得父亲对这个封建礼教维护者的刻画，是有自己认识的。因为高老太爷首先是一个父亲，他的内心基点还是爱，只是爱得专制了、霸道了、自以为是了。他希望以自己的经验让小辈们

《家》剧照，魏鹤龄饰高老太爷、张辉饰三少爷觉慧

少走弯路,他以为他这就是爱,是责任,不希望自己的儿孙去做无谓的抗争……

父亲能胜任这个角色,是有他的生活积累的。在十九岁那年,他就是在自己的父辈们的高压下,奉旨成亲的,他饱受了包办婚姻带来的精神上的极大折磨。所以,他当年一定也是经历过老人们的软磨硬泡、苦口婆心般的劝说。他在扮演高老太爷时,这些现实生活的积淀一下子在他内心又复活了。所以,魏鹤龄演的高老太爷没有概念化、脸谱化。让人们同情高老太爷——这个迂腐的老头,他对封建传统的投降,对精神奴役的屈服也是出于无奈,是对这样一个封建礼教殉道士寄予了悲怜,而不是仇恨。

徐昌霖在这次研讨会上说了一句非常动情的话:"要不是碰上了十年浩劫,老魏的艺术生涯中也许有可能给中国影坛添上一部不逊于《金色池塘》那样的出色影片。"他用一首短诗以纪念难忘的魏鹤龄:

"粉墨春秋四十载,丹心一片洒银坛。

不羡牡丹称富贵,甘为梨桔留余甘。"

（上文根据李天济先生和徐昌霖先生评论整理）

《北国江南》剧照

11 魏鹤龄
——卓越的本色演员

他们是中国电影的奠基之石

每个成功的演员都有自己的美学观、表演观、创作个性及素质。魏鹤龄具备得天独厚的条件,上天给予他的独特禀赋,让他形成了自己的表演风格,成为一个最好的正剧性演员。

魏鹤龄的舞台表演风格的形成,那是半个世纪以前的事了,现在了解他那个时期表演创作的人已经不多了。我认为,他在当时上海从事左翼文化运动的演员中,在演技方面是最成熟的。1933年前后,我作为一个熟读过田汉、洪深的剧作,但尚没看过话剧,对话剧有着无限向往的中学生,第一次看了"春秋剧社"演出的田汉先生的《梅雨》和《名优之死》,对两部戏的主角——魏鹤龄创造的贫苦小贩老潘和一代名优刘振声这两个艺术形象终生难忘。

记得参加那次演出的不止有魏鹤龄,还有"南国社"的唐槐秋、顾梦鹤、舒绣文等一批好演员。我觉得他们都演得好，可最使我入迷的还是魏鹤龄，他身上好像有股什么劲儿，让我的眼睛、让我的整个心灵跟着他转……特别是他演的《名优之死》，现在，许多精彩的场面还历历在目。如第一幕结尾，刘振声一边换戏装（扮的是《乌龙院》中的宋江），一边强忍着杨大爷（唐槐秋饰）对自己女徒弟（舒绣文饰）的调戏所激起的愤懑，他的眼睛里已经有了怒火，他的手已经在颤抖……当这个坏蛋恶霸不仅在狞笑，还肆无忌惮、含沙射影地侮辱起艺人尊严时，他再也按捺不住了，"啪"的一声，拍案而起，以一个艺术家的高贵与自尊，发出了凝重、沉郁的一声怒斥："什么东西！"那迸发出的嗓音，因为过度的强压，都有些沙哑了……我当时就被震动了，我的手都情不自禁地握紧了……杨大爷慢慢举起了手杖……两人怒目相视……

我的视线一直被魏鹤龄吸引着，他的这一段表演全部都集中在眼神的变化里，你能看出他很想发作，但又在隐忍……一种不甘与无奈的痛苦挣扎在他的表演中，达到了淋漓尽致的体现。

接下来的戏是，有人叫了一声："刘老板，该你上场了。"

刘振声是一代名优，他不愿因此破坏整个演出的气氛，而一把拿过髯口挂上，他抓住传来的京剧角儿上场的锣鼓点，执扇抱拳说了一句台词："列位，少陪了！"一个甩须亮相，急步上场去了。你顿时就觉得他已经是宋江了，已经不再是刘振声了。

《名优之死》中这段戏巨大的感情跌宕和转折，魏鹤龄演得是这么真挚，这么震撼，又这么流畅。用现在的认识来说，他是完全"生活"在角色的规定情景之中了。再加上他学过京剧，手眼声法步都很专业，演来真叫一个得心应手。一个转身，一个起范儿，漂亮之极，风度翩翩……让观众们忍不住地叫好。当时他还是一颗刚刚升起的新星，真让人刮目相看，心怀崇敬。以后我多次看过《名优之死》，但是，没有一位演员能超过魏鹤龄的刘振声。

那时上海的左翼戏剧运动还没有自己固定的剧场，也是非职业性演出，一般是以业余剧团的名义，利用一些大学、中学、机关开游艺会的机会，组织几个独幕剧来演出。魏鹤龄在此期间的艺术实践很频繁，也让他尝试了各种类型的角色,这对于一个演员来说是太重要了。

我想谈他另两部非常成功的独幕剧。有一部剧《小偷》,是一个美国进步作家写的,又叫《梁上君子》。魏鹤龄、宋之的、刘莉影三个人经常合演这个戏。魏鹤龄演小偷。剧情是这样的:一个因工伤被工厂开除后,一直找不到工作、被迫无奈下、为了生存去了老板家偷盗的小偷,在作案时,被老板太太发现了,这中间产生了戏剧冲突和情感纠葛……剧中,小偷有大段的台词是控诉老板的残酷剥削和不合理的社会制度。魏鹤龄这段戏又是相当的出彩,显示出他那个时期特有的激情和爆发力。这段戏他又有了自己的角色设计。如果说《名优之死》的压着的火苗是慢慢蔓延而一下子喷发的话,在这个剧中的这种迸发是火山瞬间爆发的威力,他的台词就像岩浆在奔腾,在翻滚……他的这段台词说得太有煽动性了。如果当时这个剧拿到正在酝酿罢工的工厂去演的话,一定会有很大的宣传和鼓动作用的。

另一个让我特别喜欢的戏是《月亮上升》,写的是爱尔兰——一个正被到处悬赏缉拿的革命者,如何在深夜河边码头说服了正要缉拿他的警长,最后终于做了正义之举,放他逃走的故事。这个剧是王为一(后来是珠江电影厂的导演)当年的表演杰作。王为一就是出演了那个乔装成民间歌手的革命者,魏鹤龄是警长的扮演者。我举这个戏为例,是想说明这两位演员的表演风格是完全不同的,而他们又恰恰各具代表性。王为一对人物性格及舞台行为方式的处理有非常丰富而完整的设计和构思。他精雕细琢、美奂绝伦,漂亮的小动作,具有雕塑感的身段和形体造型,再加上三段动人的民歌演唱,使观众目不暇接。演出的舞台气氛似乎全操纵在他那见棱见角、充满视觉魅力的表演上。魏鹤龄则演得非常质朴、真挚,一切都似乎发自于对方刺激的反应,一切都是刚刚发生,没有事先预知的真实流露。按我的回忆,他在那场戏中的表演恰如洪深先生在一篇文章中引用美国名演员保罗·茂尼说的一句话:"你并不在表演,你在做反应(You don't act,you do act)。"

魏鹤龄追求艺术的真实,他这种被动的、慢慢呈现出来的反应把握得非常准确。警长开始的目的是追捕,当他对对方产生怀疑

他们是中国电影的奠基之石

时，又被对方的演唱所打动，他又对自己的怀疑产生了动摇。但是当他发现对方的确是他追捕的对象时，内心的矛盾、挣扎以及最后下定决心把革命者放走，整个巨大的内心变化，魏鹤龄能这么质朴和清晰地，一层一层地，通过眼神、面部表情和细微的小动作浑然天成地表现出来了。也许这中间有他事先的设计，也有导演的要求和启发，但是观众被他一点点地领进了这个变化过程，他们忘记了这是在演戏，他们都信以为真了。

魏鹤龄在舞台上的动作、反应，用史旦尼斯拉夫斯基(以下称史氏)的话来说，达到了"在规定情景中热情的真实和情感的逼真"。著名表演艺术家赵丹谈起，他非常崇拜的两个演员，一个是最讲究人物造型设计和外部技巧的袁牧之，另一个是讲究情感体验的陈凝秋。他把他们两人看作是"表现"与"体验"两个表演流派的代表人物。王为一看来是属于袁牧之一派的。但这个魏鹤龄，你说他和陈凝秋一派吧，却不完全相同。陈凝秋是郑君里在《角色的诞生》一书中提到的"本色体验派"，一时感情来了，演得好的不得了，而有时感情上不了，那就成了史氏说的表演情绪了。看来，在史氏表演体系介绍来我国之前，演员自发地进行体验表演，达到史氏所主张的那种创作状态的，魏鹤龄是为数不多的几个演员之一。

魏鹤龄给人老实巴交的印象，但是，他其实是一个很有趣的人，尤其是他有时特别较真，假戏真做的那股劲头……有一部魏鹤龄主演的熊佛西先生的名剧《醉了》，他在剧中演刽子手王三。赵丹经常会把老魏演这戏中的趣事作为上表演课的内容，说得神乎其神，但是一点没有夸张，真的有证可查。

那是1935年的春节，"剧联"领导的上海艺术供应社组织了一些演员(我也参加了)到南汇县一个中学去演出，《醉了》是主要剧目，也是压轴戏。那天，魏鹤龄很早就化好了妆，化妆桌上摆了一碗白酒。这个老魏一声不吭地，一边化妆，一边喝酒，妆化好了，这碗酒也见底了。他就带着七分醉意上场了……他追求着这种假设的真实：他就是王三，从刑场奔回家恍恍惚惚……似乎感到一群被他杀死的冤魂跟在他身后索命，他惶恐、惧怕，心灵在颤抖，浑身感到痛楚……因为他将要去杀一个宽厚的死犯,他不忍心下手,他却又没有选择……其实,好酒量的魏鹤龄这时并没有真醉,而是作为创造者给自己一种真实的体会,运用自己微醉的感觉给所创造的人物呈现出一种精神崩溃的状态,这就是他经常有些玩命的投入。

魏鹤龄这个戏给我最深的印象是他粗线条地(和以往他的表演不同)来刻画人物,粗暴、粗野、粗犷,但是又含蓄,内涵很深。说到这,又要强调一个演员功底的重要。我在这个角色的塑造里看到了魏鹤龄的真正实力,对于一个好演员来说,积累很重要。只有你十八般武艺都会点,到时候你才可以真正拿得出手啊!扮演王三,他是用了一些京剧净行的表演手段,但是也没有全用爆发式的粗线条从头到尾地一览无遗。有点像后来裘盛戎演的《姚期》那样,心理内蕴更多于净角身段的运用。

《醉了》在情节发展中,作为角色的王三,身上透出的粗线条气质因素,几次要迸发又被强行抑制住了……直到他的徒弟奉命来家找他再去刑场杀人,徒弟一面按老规矩给他灌酒,一面说要给他想办法还债……于是一碗一碗地给他灌酒,一个一个主意地给他出……老魏把这酒醉的层次,对找到了还债的希望却又一次次落空的这种心理状态,表演得像坐过山车一样,观众都屏住了呼吸,全场鸦雀无声。直到最后,徒弟忽然装作若无其事地高声叫了一句:"师傅,钱有了!"随即,把那把大刀双手托起,做了一个仪式性的跪拜,呈献给了师傅,又高喊一声:"咱们走!"王三出于职业本能接过了屠刀,有些兴奋地问:"哪儿去?"徒弟却说:"我们还是杀——人——去!"这一问一答,似乎让王三顿时被点着了一样,身子不由自主往前一倾,空着的手一把抓住徒弟的衣领,直瞪两眼看着徒弟,晃晃悠悠地,好半天才迸出一句:"你说,杀——人——去?"边说着,眼睛随着拿刀的手指向了门外……正在这时,放高利贷的人进来讨债了。对!王三一看,就是刚才趁逼债之际调戏自己老婆的那个放债人。只见,老魏扮演的王三一下子眼睛里冒出了火来,那把明晃晃的大刀慢慢举起了,他颤抖着直指着向那个恶棍冲了过去,一刀就砍了下去……在南汇县的那次演出时,演债主的演员在台边上候场,看

《马路天使》剧照，魏鹤龄饰报贩老王、赵慧琛饰妓女小芸

到老魏这醉态，心里就直犯嘀咕。一上场看见老魏满眼布着红血丝，一副杀气腾腾的样子向自己扑来，吓得一溜烟逃到了后台，再不敢上台来了。

我之所以特别谈到魏鹤龄这个《醉了》的演出，不仅是因为这是他当年最成功的杰作之一，也不仅为了说明他借助自然主义的创作方法来增强对角色的体验，而是更想说明我对魏鹤龄当年舞台创作的爆发力，和对他的某些角色的粗线条创作留下的极深的印象。事实上，那个时期，老魏既有像《马路天使》中卖报老王的那种质朴、憨厚、内向型的人物形象塑造，也有王三以及《原野》中的仇虎、《太平天国》中的萧朝贵那样充满阳刚之气的粗线条的、具有强烈爆发力的人物创造。但是，在抗战胜利后，以及他的中晚期的角色创造中，都很少看到他那样激情类型的角色创造。当然，我们后来看到的比如《祝福》中的贺老六，非常成功，但是我还是太怀念他早年的创作风格。

1936年，上海业余剧人协会演出欧阳予倩根据托尔斯泰的《黑暗的势力》改编的《欲魔》。这个戏也是魏鹤龄早期很成功的剧目。他演一个富农家的长工，他和富农的妻子通奸合谋毒死了富农，于是他成了一家之主。有一场戏，老魏把富农的衣服——古铜色缎子的大皮袍和紫红色缎子的皮马褂全穿在身上，他乐得不知如何是好，拿着一根又大又宽的铜腰带把皮袍和马褂在身上摆弄来，摆弄去的，那个贪婪的样子，那种一步登天暴发户的得意劲头，让他刻画得入木三分、活灵活现的。观众似乎想不到专演善良小老百姓的魏鹤龄，竟能把这个反面角色演得这么出彩。这是我看到的老魏唯一扮演的反面形象，但是，印象非常深，也相当佩服。可惜，之后的导演似乎把他这方面的才华淡忘了。

我对魏鹤龄表演风格的总结，可以归结出另一方面，那就是他的创作感应力和直觉创造。看魏鹤龄的戏总感到非常平易、流畅，一切都宛若天成。毋庸多说，这主要是他的表演都是有感而发，他的内心先有了感觉和体验，有了角色的内心和感觉的建立，才能这么自然地流露和表现出来。对于感应力和直觉创造的能力培养，现在来看，对在艺术院校里学习过表演技巧训练的演员来说，一般都能掌握。而在二十世纪三十年代，中国还没有一套系统的表演训练方法，演员主要是凭自己的天赋、智慧以及从别的演员的表演中受到美学观、表演观和创作方法的影响，都是在各显神通地进行创作的；凡是史氏在《演员自我修养》第二章中提到的诸多不正确的表演方法(如匠艺演技、过火表演、业余表演、橡皮戳子、四不像等)都存在。当然，也有袁牧之、王为一那样类似哥格兰注重外部动作设计的表演；陈凝秋那样沉湎于激情体验式表演情绪的表演。而像魏鹤龄那样自发地遵循史式体系，按有机天性进行创作，能"生活"于角色和规定情景中的，还有舒绣文、吴茵等，但是毕竟是少数。

为什么他们能不受当时流行的不正确表演的影响，能比较正确地掌握创作方法呢？我认为，那是大自然赋予他们的有机天性中的某些素质特别敏锐，能激发或适应他们剧中人物的有机创作。真正有天赋的演员必须具有一种特殊的感应力，即对想象事物、虚构事物以及它们所给予自己的想象的虚构的刺激感应力。这绝不是一般人，甚至不是每个演员都具备的。魏鹤龄的确具有这样的天赋，他非常可能在第一次创作时，本能地就运用了天性，或无意识地、直觉地就把自己想象成具有一定性格特征的角色形象，感应在自己身上了。同时，也把角色的规定情景和由此产生的行为、欲望感应在自己身上了。于是直觉地产生了相应的心理——形体感觉，自然地"生活"或"行动"于戏剧情景中。所以，在观众看来他的创作宛如生活，也因此形成了他独特的美学观和创作风格。

大家知道魏鹤龄很少谈他的表演创作的，他的仅有的为人所知的一段话是:"艺术贵于含蓄,表演讲究分寸,最好是不缺也不过,要恰到好处。但是一个好演员,总有一些地方体会不到,或不准确、不深刻,遇到这种情况,我宁愿体会多少演多少,绝不装腔作势。"他的艺术宗旨是"为求真实,宁缺勿过"。他自己的表述和他的表演风格、美学观非常一致。也贯穿在他所有的艺术创作中,让人看来,总是这么地凝练、这么地朴素,也是对我论述的验证。我认为,他对角色认识多少因而能在自己身上感觉和感应到多少,甚至对角色认识和感觉比体现出来的更丰富、更深刻,这也是他晚年的演技为什么能达到更臻于炉火纯青的境界,给人以哲理的意味。

如果关于魏鹤龄的天赋的创作感应力及由此形成的直觉创作的论断是正确的,从而也就能理解舒绣文、吴茵以及韩非、石挥等人的表演,也能理解他们所具有的天赋的创作感应力对他们表演所起的作用了;或者我还能理解为什么有的在美学观上信奉史氏"体验"学说的演员在实践创作中却总是与角色相"间离"?因为大自然没有给予他这样的创作感应力的禀赋,做多少内部技巧小品也不能对虚构事件有感应,更使我理解了为什么许多老戏曲表演大师,他们从小"刻模子"式地拜师学戏,但是,成名后同样能创造出具有完全符合人物精神生活体验的艺术形象?因为,"赏饭"吃的"祖师爷"不仅"赏给了他们好嗓子、好腰腿、好扮相",还"赏"给他们天才的创作感应力。

魏鹤龄是个卓越的本色演员,并不是说他不具备性格演员的才华,而是导演给予他的角色,都无须运用化妆式形体造型来改变自己。只需要本色地运用自己身上所具有的创作气质或气质因素,作为创作材料就可以把角色创造出来。老魏身上所具有的气质因素,特别是形体、面部形象也得天独厚——天庭饱满、五官端正的长方脸,一米七八身高,匀称魁梧的身材,浑厚而略显沉郁的男中音……这一切都非常有助于他展现和形成他身上所具有的心理气质因素——善良、正直、忠厚、敦实、真诚、淳朴、深沉。他的这些气质的可贵之处,还在于它们全都是浸润了民族的泥土之气。中国男人刚柔兼备的气质。

魏鹤龄在三十多年的舞台与银幕的人物形象创造中,正是本色地运用了自身的气质因素以及平易、朴素、不事雕琢的表演风格，创造了大量的帝王将相、工农商学以及圣贤哲神的角色，一个个栩栩如生的，不同身份、不同性格的形象。

魏鹤龄在新中国成立以来，也成功扮演了许多脍炙人口的角色，比如《祝福》中的贺老六，《家》中的高老太爷，《北国江南》中的董子章……我也不止一次地把它作为表演系的教材，和学生们一起观摩、研讨、借鉴。但是我本人认为，老魏在舞台剧上的成就更突出，更

《祝福》赴苏首演，主演介绍肖像照

见功力，更让他能酣畅淋漓地去发挥、去驾驭、去陶醉……1950年，他在上海卡尔登大戏院（后改名长江剧场，今已拆除）上演的夏衍名剧《法西斯细菌》中的俞实夫；1959年和上海戏剧学院合作在兰心大戏院上演的田汉名剧《关汉卿》中的关汉卿，是他的巅峰之作。魏鹤龄以他长期与这两位剧作家珠联璧合的默契，把古今这两个同受过异族入侵的欺凌、摧残的知识分子（一个是不过问政治，把全部生命专注于研究的自然科学家，一个则要以自己的艺术来干预政治的戏曲大师）的性格和精神世界挖掘得很深，在创作上，感应和体现得极为真挚、贴切。尤其是关汉卿的形象——隽逸跌宕、谈笑风生、疏狂豪放、激情荡漾，活脱脱一个田汉笔下的"响当当的铜豌豆"……创作名家笔下的人物，魏鹤龄也是有高人一筹的优势。因为他沉稳、大气、端得住，一旦爆发就排山倒海了……我相信，从他的天赋、才华与已经取得的成就来看，他应该有更巨大的建树。如果有机会演世界名著中的经典人物，莎士比亚戏剧中的人物，我真想说，如果没有这噩梦般的十年，由田汉先生、夏衍先生为他量身定制地写戏，魏鹤龄将可为中国戏剧做出无法估量的贡献。

(原上海戏剧学院教授胡导文章节选)

他们是中国电影的奠基之石

109

12 闪耀着温和 光芒的一颗恒星

对于那些一味崇拜韩国"欧爸"的年轻影迷来说,他(她)们也许根本不了解,中国第一代影星们的非凡才华和艺术创作的严谨态度。他们在整整一个世纪里创造的很多生动、精彩的角色,如今已慢慢地淡出了人们的记忆。这是很令人遗憾的。

但是,中央电视台《电影传奇》和上海电视台的《艺术人文》栏目倒是一直在努力做这方面的宣传和推广工作,仅对魏鹤龄的艺术成就介绍就先后作了三次专题采访。在夜间黄金时间,还有很多经典老电影的播放。让我们这一代人还能去回味一下这种美好记忆。

还有一批老影迷对那些陪伴着他们大半人生的影片仍津津乐道,一说起就会陶醉其中……

上海浦东陆家嘴金融区原第一把手顾晓明先生,就是魏鹤龄的忠实观众。因为2008年陆家嘴的文化体育品牌"海派秧歌"参加北京奥运会开幕式时，我是其中"上海紫竹调"的导演，和他经常一起开会，一见面他就会和我聊那些老电影，他说："我就是喜欢魏老的戏，我上中学时，只要是魏鹤龄的电影，我是一定要看的，而且不止看一遍。一说起他，我脑海里就像放电影一样，印象太深了，尤其是他演的贺老六……"

前不久，我去参加一次市教委的集体舞编创活动，遇到了原北郊高级中学的校长朗建中。当他知道我是魏鹤龄之女，竟激动不已，和我不分场合地就畅聊起来，很多我父亲演的片子，他能把细节都说得一字不漏，旁边的人也被他的诉说吸引了，整个就让当天的主题都跑偏了……

还有我的一个学生的父亲——周惠忠先生，那绝对是魏鹤龄的"铁粉"。为了照顾女儿生孩子，他们夫妇俩在北京住了近三年，我的学生周嘉笑着告诉我："我老爸差不多没有事就去中国电影博物馆，魏鹤龄的照片他都拍下来了，他还要一次次去，像是去见老朋友一样。"

《摩雅傣》剧照，秦怡饰米汗之女依莱汗、魏鹤龄饰波依汗

他们是中国电影的奠基之石

111

让我特别感动的是,他在北京时,通过中国电影博物馆和很多音像书店,把魏鹤龄的大部分影片的音像资料都收集全了,自己留一份,也赠送了我一份。他说这是一种很有价值的收藏,以后自己看,给儿孙也要看,他还把我父亲的很多照片都用塑封珍藏起来。在他收集的DVD资料中,除了那些我熟知的外,还有和秦怡、康泰主演的《摩雅傣》;根据老舍同名小说改编,和石挥、程之主演的《我这一辈子》;另有一部是陈鲤庭导演的,和张乾、王蓓主演的《人民的巨掌》,这部影片让我看得笑疼了肚子。这是解放初期拍的一部反特片,父亲在这部影片中,是演了隐藏在工人队伍中的特务,他伪装积极分子而收集重要机密搞破坏……这是父亲在所有的影片中唯一一次出演的真正的反派角色,他在戏中骂脏话、油腔滑调,还施展阴谋诡计。我从来没有见过这样的魏鹤龄,真是让我大开眼界、大为吃惊……尽管我特别不能适应,但是也不由得佩服父亲的演技,生活的积累让他可以百变成精。也印证了他并不是有人评论说的,他是一个本色出演的体验派演员,恰恰相反的是,他可以把一些别人演成"脸谱化"的角色演得更真实可信,更细腻生动。

　　就在最近,2016年的10月,我经一位朋友的推荐,去浙江的湖州

《人民的巨掌》剧照,左起张乾饰黄子和、王蓓饰张杏华、魏鹤龄饰特务张荣

进行实地考察，准备协助打造一台具有江南丝绸小镇特色的文化演出。湖州方对于我还是很陌生的，他们上网查阅有关我的艺术活动档案材料，意外地发现了我是电影明星魏鹤龄之女。竟立刻安排日程，要求见面。原来对方负责这个项目的望舒资本投资公司的董事长胡建明是魏鹤龄的"铁杆粉丝"。那天，我们冒着骤降的气温驱车前往湖州……我是第一次去湖州，特别兴奋的原因是父亲曾经在这生活了两年，他说过，这是他的第二故乡。

五十年代肖像照

　　胡建明董事长见面的第一句话："我是魏鹤龄的铁杆粉丝啊！"一下子就拉近了我和湖州之间的距离。主要的考察活动还没有开始，我们就迫不及待地聊起了魏鹤龄和他的电影……晚宴时，连湖州市的副市长董立新、副秘书长丁芳芳也被惊动了。他们对魏鹤龄的喜爱、了解和怀念令我万分感动……

　　虽然只有一天的逗留，我却对这片土地产生了一种不解的情愫，脑海里浮现出父亲在这里排戏、演出、摇橹、背纤的身影……

　　这些过了多少年依然对魏鹤龄情有独钟的影迷们，让我懂得了，一个电影明星真正让人喜欢，甚至能永远把他存放在内心的某一个角落，经常还能想起的，并不是这个演员本身的魅力，而是这个演员创造的角色，是这个人们喜欢的某一个特殊的人、一个感人的故事在一直影响着人们的生活和价值取向。我想起了在中央台特别制作的《我是演员》节目中，对魏鹤龄的评价："他是在中国电影百年长卷上，闪耀着温和光芒的一颗恒星。"这个定位太恰当不过了。有一些星转瞬即逝，而有的星可与日月同辉。

　　我其实也是一个电影迷，也是魏鹤龄的"铁丝"。我们这些子女

《鲁班的故事》剧照，魏鹤龄饰鲁班师傅

有时在一起吃饭聊天，也会冒天下之大不韪地评论一番老头子的电影。大体上观点还是一致的，敬畏大于批评的啰。但是在有一部电影上大家认知差异很大，也许某一些看法也会代表了一些观众的想法。

我想以我自己的角度评论一下。这部片子很独特，按现代人的审美标准看，它剧情太简单，它是由三个小故事串联起来的，也没有什么人物冲突，没有大悲大喜的结局，让你去猜测，去期待。但是这部电影却让我越看越喜欢，喜欢它这种平淡的叙事方式，喜欢它那种把传奇化为自然回归的处理，主题在轻描淡写中却升华了。这就是1958年江南电影制片厂出品的优秀人物题材片《鲁班的传说》，编剧朱心，导演孙瑜，主演：魏鹤龄、李保罗、茂路、王汉伦、冯奇、凤凰。

影片一开头，在青山巍巍、飞瀑直泻的西蜀属地，一双足着草鞋的脚步入了画面……肩背布袋、风尘仆仆的鲁班师傅抬手遮光眺望着远方……

这第一个镜头就不禁让人想问："他从哪里来？要到哪里去？"像是个住无定所的匆匆过客，却又带有一些神秘色彩。说是神仙下凡，但是神仙说的又是家常话："我姓鱼，名日。""我找一些活干干，留下吧！不会白吃饭的。"

第一个故事说的是造桥的事。鲁班师傅途经一个小村落，那里正在造石桥，在他细微观察下，发现了掌墨师计算有误，他就不动神色地拾了一块被丢弃的废石，不停地敲琢……当地是为了赶时间，要架一座连接两村的石桥，迎接祭天大会的队伍过河……

祭祀吉时已到，祭天的队伍已经吹吹打打快到河边了，可是，桥中还有一个大窟窿没有填上。如果不镶上，大队人马过桥，整座桥会因受压不均而倒塌。紧急之时，一对母女抬了一块大石来，竟然丝毫不差地镶上了。母亲说是那个过路的古怪老头留下的，他说如果谁想要这块石头，就要给她的将要嫁到对河去的闺女备一份嫁妆……掌墨师和工匠们才恍然大悟，原来这个自称来自"鱼日村"，被他们嘲笑的老头就是他们膜拜的神工巧匠鲁班师傅。

后面的两个小故事也是说鲁班师傅走南闯北，神游天下，哪有活儿就去哪儿，哪有大工程，他就奔哪儿去，在实践中求真知的故事……

《鲁班的故事》剧照

他们是中国电影的奠基之石

115

《鲁班的故事》剧照,魏鹤龄饰鲁班、许薇饰鲁妻

　　南方一地,为了造"大宗庙",还要造一座大亭。老百姓要用黄金树做正殿的梁,要用整块的朱沙石做亭盖。也是因为计算错误,柱子短了接不上,石顶重了抬不动。鲁班在张掌墨师的饭桌上留下了"鱼口叉筷子,米饭上盖碗,木鱼接口堆土运石"的提示,众人才明白那借宿的不起眼的老人,原来是来为他们解难的神仙。

　　搭舟北上,鲁班又神游到了京城。皇帝老儿要在皇城四角上造四个角楼,一定要九梁十八柱七十二条脊的角楼。皇帝下令,如果限时没有完成工程,就要砍脑袋。已经有七位工匠死于刀下,老工匠的侄儿又面临这个残酷结局而想悬梁自尽。鲁班收掉了他的裤腰带,微笑地说:"我会看相的,虽然你有大难临头,但是你的眼神不散,还是有救的。你好好再琢磨一下,一定会想出角楼的式样来。三天以后,还是想不出,我再把这裤腰带还给你。"

　　鲁班师傅受了民间手艺人的启发,请了一个编"蝈蝈筐"的巧女,用麦秆编成了一个"角楼模型",救下了这个年轻人。当"角楼"落成,人们把这位工匠披红戴花请上了大马,这位年轻人发现了隐

我是演员

116

于人群中微笑的鲁班，他急呼大叫："鲁班师傅！快把鲁班师傅请上马！"这位神秘的老头却又不见了……

整部影片中，鲁班的台词加起来也不满5分钟，父亲基本上是用眼神、用微笑、用沉思，用更多的肢体语言在表演，但是一个出于平凡而又充满智慧，善于从实践中求真知，又乐于传授自己经验的民间高人的形象被他刻画得很生动、很传神。后来，一次次地观看，我总觉得冥冥之中，我父亲与这个"神匠"鲁班有神似之处，深藏不露、平易近人，却总是用自己的智慧、自己的神来之笔为民造福。他们游走江湖时就是一个素衣过客，但是他们的建树却威震四海。

我喜欢这部电影，还有另一个原因。因为，我是一个舞剧的导演。我喜欢这部电影的诗化意境，电影的风格应该是多样化的，有的立足于叙事，有的着重于抒情，而这部电影的导演采用了这种散文游记式的风格来完成主题是高明的，选择了魏鹤龄来演鲁班是明智之举。可以这么说，魏鹤龄可以演一部完全没有台词的电影，因

《鲁班的故事》剧照，凤凰饰巧儿、魏鹤龄饰鲁班

为他的戏已经完全渗透在骨子里了。这也是电影艺术的独特的魅力,这一点和我们舞剧创作很相像,有一些情感绝不是语言能诉说的,有一些情怀是需要用灵魂去相遇,用心灵去共振的。

年少时,我不懂表演,总觉得父亲的表演很淡,很少有虚张声势的东西。慢慢自己开始搞创作了,才渐渐明白,表演艺术的最高境界应该是把观众自然而然地带入剧情之中,完全忘记这是在演戏。让观众身临其境地和剧中人一齐悲、一齐喜,在感同身受中去接受作品的立意,这才是艺术创作应该遵循的原则。曾经有过这样的事情发生:战争年代,战地文工团给部队战士演出歌剧《白毛女》时,台下有来自农村的新兵,对舞台上白毛女的不幸遭遇非常同情,竟忘记了这是在演戏,气愤地举枪把扮演黄世仁的演员打伤了。这就是表演的一种艺术感染力、感召力。

父亲还有一部主演的片子,好像是1965年出品的影片,刚在西藏首映不久,"文化大革命"就爆发了。这部影片自然也列入了"大毒草"的黑名单,那就是电影《血碑》。这是根据生活里真实的事改编的,也是魏鹤龄和上官云珠联合主演的片子。说的是农民杨立贝,被地主恶霸抢占了耕地,为维权,他不畏强势上衙门告状,却因

《血碑》剧照,魏鹤龄饰林有山、韩非饰恶霸地主

为官官相护而一次次的败诉，最后含冤而死……

在"文革"年代，做鬼者心虚，只要想整你，什么莫须有的罪名，都可以扣你头上。"含沙射影"的罪名，就是一顶可大可小的"均码帽子"。你明明说的是旧时"衙门"的腐败，他非说你是攻击党的领导，对社会

话剧《屈原》，魏鹤龄饰武士仆夫

主义制度不满，就被禁演了。据说当时《血碑》在西藏放映时，剧场里的翻身农奴哭声一片，还有哭得昏了过去的……可惜我也没有看过这部影片，但是我能想象父亲在演杨立贝时的那种投入，和在不知不觉中渗透出的征服观众的力量。

一个演员的伟大是在于，他通过艺术的创造可以还原历史的真实。很多与我们相隔上千年的历史人物，是通过演员的准确演绎而真实地映入了观众的脑海，被永远记住了，鲜活了。

例如，魏鹤龄出演郭沫若先生名作《屈原》时，郭老对他的演技也高度赞扬。该剧最早问世是在1942年的重庆，当时上演这部话剧，也是要通过这部历史剧，借屈原之口揭露蒋介石对外丧权辱国、对内积极反共、迫害爱国之士的政治阴谋，来激发广大民众的爱国热情，号召全国上下同仇敌忾、共同抗日的决心。这部话剧的上演在山城引起了轰动，观众们甚至是带着铺盖排队到天明等待买票……

1953年5月这部话剧在北京再度公演，是纪念屈原诞辰的活动。敬爱的周总理亲自挂帅，帮助协调一些编创人员之间的意见分歧，使这部历史剧更完美精湛。魏鹤龄在剧中是扮演了武士仆夫一角，这人物是郭老虚构的，是代表了正义力量的一个角色。仆夫崇敬屈大夫的气节，也同情他的悲惨遭遇，最后，帮助屈原逃出了牢狱……

他们是中国电影的奠基之石

119

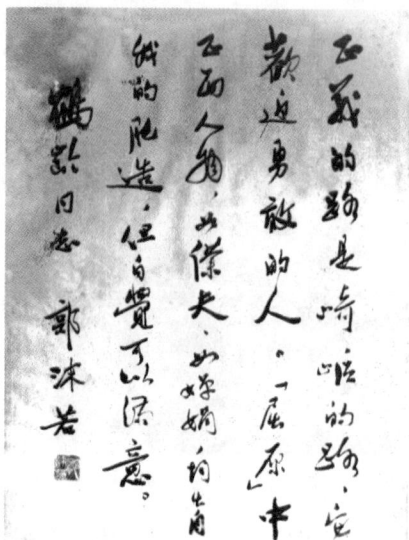
郭沫若题词

这又是一个戏份不多，但是被魏鹤龄演活了的角色。连郭老本人都不得不佩服，他剧本中给予演员的东西并不多，但是观众却对这个人物印象深刻。为此郭沫若为魏鹤龄的成功，题词相赠："正义的路是崎岖的路，它欢迎勇敢的人，《屈原》中正面人物，如仆夫，如婵娟，均出自我的臆造，但自觉满意。"郭老的这幅墨宝，几十年一直挂在我家的客厅墙上，父亲很珍爱。

在魏鹤龄逝世后的三十多年中，中央电视台《电影传奇》栏目和上海电视台《艺术人文》栏目，相继做了好几次"电影人物——魏鹤龄"的专访节目。

北京电影学院的博士生导师陈山说："当年作为一个上海的青少年观众，魏鹤龄在我们心目中地位是很高的……我们真正了解中国电影的人，脑袋里挥之不去的形象就是魏鹤龄，我们可以忘掉很多角色，但是魏鹤龄的角色忘不掉……"

中国电影资料馆研究员朱天纬感叹地说："每当提到老一辈的大明星、大演员时，对他们的表演艺术，每个人看法总有些分歧，有的说喜欢，有的说不喜欢。唯有说到魏鹤龄，不知怎么大家不是默默首肯，便是由衷赞赏，几乎很少有不举大拇指的。"

专题节目的介绍词也给予了极高的评价："魏鹤龄是中国电影百年长卷上，一直闪耀着温和光芒的一颗恒星，从二十世纪三十年代初登上银幕，在中国电影30—60年代斑斓的历史画廊中一些温玉的段落中，我们总会发现他深沉、安详的影像……与他亲密合作的演员、导演、编剧都是中国电影天幕上魅力永存的一颗颗恒星。作为演员，魏鹤龄的尤为独特之处，并不是他所扮演的哪一个角色，给他带来了和其他演员平分秋色的夺目光彩，而是在他和一些禀赋、个性、气质各异，各有千秋的演员，出现在同一方银幕时，总能表现出以不变应万变的妥帖与恰当。还在于，他一生中各个不同时期成功尝试的许多不同形象的角色数量，也是同时代的很多艺术家所不能与他比肩的。"

他们是中国电影的奠基之石

13 老魏和阿丹

在电影圈里，一说到二十世纪三十年代的影星，总是会把赵丹、魏鹤龄，当然还有白杨、周璇等人联系在一起。尤其是老魏和阿丹，他俩不仅是一对相互映衬的老搭档，还是患难与共的好兄弟。

1980年10月10日，我们剧团正在前往重庆的长江轮上。在途经万县时，我思念起刚去世一年的父亲，因为这是当年电影《飞刀华》的外景地，记得父亲拍摄结束从万县带回来的一篓篓柑橘特别的甜……

突然，江轮的播音喇叭里传来了噩耗："中国著名的表演艺术家赵丹因病在北京逝世，享年64岁……"

赵叔也走了……比父亲只晚了一年零八天，都在初秋10月……我还来不及收干的泪又夺眶而出了……

我刚失去一个老爸，才过了短短一年，我又和老爹诀别了……

作为晚辈，本和赵叔没有太多的接触，更谈不上亲昵。

小时候，赵叔是我家的座上客，因为圈里人都知道魏鹤龄夫人烧得一手好菜。只要赵叔开口："老哥，到你家蹭饭去！"母亲就忙开了……这种时候我们小孩子是上不了桌的，全转移到厨房用餐。后来我去学舞蹈，住宿学校和单位，和赵叔见面的机会就更少了。

改口叫赵叔为"老爹"也只有半年不到，他能听到我这个闺女叫他，也仅有一次。我伤心的是，我本想以我仅有的能力好好孝顺他，可是又晚了，再没有机会了……

1980年4月，我们歌剧院新舞剧《奔月》即将公演，领导指派我邀请电影界的老艺术家们来观看指导。我在瑞芳阿姨家得知赵丹生病住院了。当时并不知道他已病重，就赶往了华东医院。

当时赵叔已住进了特别监护室，没有医生允许是不能探视的，但是听说是"老魏家的毛毛"，赵叔就说："让她进来吧。"

当我走进病房，眼前的一幕让我揪心啊！太熟悉的一片苍白，似曾相识。赵叔虽然在朝我笑，但是他艰难地半卧着，看上去非常虚弱……他曾经那么炯炯有神的目光就像一盏灯将熄灭了，再没有了那种灵动……

第一次单独见面，又见到人称"赵疯子"的他，竟如此心灰意冷地萎缩成一团……这是赵丹吗？这是那个曾经在银幕上叱咤风云的"林则徐""聂耳""许云峰"吗？

我忘了来意，不知所措了。

赵叔示意我坐在他身边，关切地问道："妈妈还好吗？要多陪陪她，她一个人会很寂寞的。"

赵丹

我只会点头，竟找不出一句合适说的话。

"丫头，想爸爸了吧？老魏走了，我就是你爹，想爸了，就来看看爹，和爹说说话。"

是的，在这一刻听到赵叔用父亲的口吻来安慰我，我真的感觉，他们俩就是一个人，遭遇是这样的相像，执念又是同样的一次次被摧残、践踏。赵叔比老爸更惨，更冤，他所承受的磨难是常人无法想象的……

赵叔瘦得已经脱形了，挪动一下都很困难……

"医院的饭很难吃的，想吃什么？我让我妈给你做，给你送来。"我实在不会安慰病人。

"吃不进啊！疼得难受啊！"赵叔的手一直压着他的腹部。

看着他额头上的汗在渗出……脸色更苍白了。后来才知道那时他已得了绝症，而且这种疼很折磨人，就像上刑罚一样的痛苦。

当时，我还傻乎乎地以为他是一般的头疼脑热。再说，他是谁？他是中国数一数二的大明星啊！是国宝啊！

"不会有问题的，现在医疗水平很先进，会好的。"

"没用了！什么好药都用了，无济于事了！"赵叔一定疼得厉害，闭上了眼睛。

"丫头，我听见了，我的老哥在叫我了，他一定在想我了，要我去陪他，我不去他不热闹，要演戏也缺个搭档呀！"赵叔又睁开了眼睛望着窗外说。

这种眼神我熟悉，那是一种无奈和绝望，在父亲的病榻前，几乎天天目睹……

难道赵叔他……我不敢多想，我相信赵叔能挺过来的，他还这么年轻。他不是九九八十一难都挺过来了吗？中国老古话也是这么说的，大难过后必有大福的。我在心里默默地祈祷着……

"老爹，我们舞剧《奔月》过几天就要去北京演出了，有什么话要带给我青姐吗？"我问。

赵叔的大女儿——赵青，在中国歌剧舞剧院，我们是同行。

"千万不要和她多说什么，别让她为爹爹担心。"赵叔急切地摆着手。

后来听青姐说,6月初,我们的爹爹病重,被转入了北京的医院……

正像他自己预感的那样,在生命的尽头,一个寂寞的老哥在等他……像过去漫长岁月中的每一次结伴远行……他们就这样搀扶着走了,从此,中国电影史上最耀眼的两颗星星就这样陨落了。

我的老爸和我的老爹——老魏和阿丹,在影剧舞台上共同摸爬滚打了大半辈子,说是老朋友,浅了!老搭档,也轻了!他们是两个惺惺相惜、患难与共的铁哥们、亲兄弟。几十年的亲密合作、相互映衬为中国电影奉献出一部部佳作,也留下了一段段鲜为人知的佳话。

圈内人有时也很难理解,老魏这个"焖罐子"和阿丹这个"赵疯子"交情铁到可以穿一条裤子,也是很奇怪的!

著名剧评家李天济在1984年举办的"魏鹤龄表演艺术研讨会"上,很自然地就把这两个性格迥然不同的大明星联系起来了:"老魏给人的印象,一直是忠厚内向,寡言亲切的。而赵丹是个热闹人,又特别喜欢拿老魏开心。记得当年在昆仑电影公司的化妆间,阿丹没事又开始'臭'老魏了。妙在老魏几乎极少反击,而是跟着大家一起笑,好像阿丹'臭'的不是他,是别人。有一次,阿丹'臭'老魏是假正经,专门闷头做坏事,骨子里坏,外表装得忠厚老实……老魏突然反击了,边笑边答道:'还是你阿丹行,从里坏到外,里外一致。'弄得阿丹一下子回不了话了。

"最近看《赵丹自述》一书,其中专门写了'魏鹤龄'一节。满纸是美誉,却句句是真情的流露:'他有中国气质,刚中有柔,粗中有细。不带任何矫揉造作。他具有农民的敦厚、淳朴、粗犷、爽直的气质。看来懵懵懂懂,其实肚子里什么都清楚……他是一个好演员,从不与导演争吵,即便有意见,也只是眨眨眼,照旧按别人的意见去适应……他可以一边排戏,一边帮人修表,也能一边排戏一边打瞌睡,轮到他了,他竟然能接上台词,一丝不差……不过,他最大的问题也是忘词儿。在《民族万岁》一剧中,我演他的对手,我演日本军官,他演民族英雄,我们俩有一段台词,一句紧接一句,各不相让。

当我说得正得意时，他不说了(还一点不慌张)。我知道他忘词了，就把这段跳过去了，直接说后面一段的词，谁知他突然想起来了，又绕了回来，滔滔不绝地往下说……我可慌了，吃'螺丝'了。可是重庆的观众却评论说，魏鹤龄个龟儿在台上比赵丹还稳呢！'"

赵叔是最了解老魏的，他的这种"臭"，实为欣赏。在《赵丹自述》书中，他有一段是这样评价他的老哥的："他浪荡江湖，生活经验丰富，我们是把自己变成了角色，而老魏是把角色变成了自己。他的性格和他的表演风格相一致，他不爱出头露面，但能识大体、共患难。抗战初期，我和陶金、顾而已、老魏等随'抗战演剧队四队'一起去了武汉，我们很穷，没地方住，阳瀚笙把他楼下的房间让给了我们。可是我们没有生活用品，陶金的一件呢大衣等于是公用了，谁出门就给谁穿，汉口人还以为我们是特制的统一制服。隔壁有一个日本人堆物品的房子，里面什么都有，这是老魏先发现的。一天，我们几个就商量去'偷'。顾而已放哨，老魏带路，我和陶金、朱今明、陈天国从晒台爬过去负责'偷'。谁知顾而已临时被不知情的袁牧之叫走了，没有了警戒的人，日本人发现了屋子里有动静，把警察也叫来了，我们想撤也来不及了，躲在里面很紧张……后来是章曼苹出来解围，谎说是她在准备洗澡，骗过了警察……过了几天，我们发现多了很多生活用品，还有了咖啡壶……原来是老魏一个人又去'偷'了一次……"

从1935年的电影《马路天使》开始，这两个"戏痴"几乎就形影不离，从电影到话剧的一部部上映、上演，共同参加了抗

《常青树》剧照，魏鹤龄饰老工人洪永祥

日救国的戏剧运动，走遍了大江南北，他们的青春年华都在中国最黑暗的时期度过的，这种患难与共的友谊让他们真的犹如亲兄弟。

1958年上海海燕电影制片厂（上海电影制片厂从1957年分成了"海燕""天马""江南"三个厂，一度还改成了"红旗"，一直到"文革"结束又恢复了"上海电影制片厂"）投产拍摄反映上海钢铁工人为了生产大跃进，搞技术革新题材的影片《常青树》，编剧是艾明之，导演是由赵丹来担纲。男主角老工人洪永祥一角，赵丹心目中没有第二人，当然是他的老哥——老魏了。虽然一个是导演，一个是主演，职务不同了，但是两人合作更紧密了，老魏总能理解阿丹种种设计处理的用意，而阿丹无须担心老魏的表演，因为他清楚这个角色其实就是老魏的个性，只有他才能让这个人物栩栩如生。这也是一部相当成功的影片，不过查询了"上影"新中国成立后的"影片目录"，这可能是他俩合作的最后一部影片了。因为，当时三个厂的演员都是可以借用的。如1959年，赵丹在拍《聂耳》《林则徐》时，老魏正在拍《黄浦江的故事》；老魏有很多时间被"北影"借用，一直到1964年、1965年间，赵丹在筹拍电影《青山恋》，而老魏正在拍《血碑》和《柜台》……电影人就是这样，一部戏从开拍到杀青有时就是近一年的辛劳，你刚回来了，他又出发了，但是只要有机会，就小聚一下，以了思念之情，更觉亲切了。

在"文革"期间，父亲自己也是深陷囹圄，但是阿丹是他最牵挂的兄弟，他不敢问，但是在干校的"牛棚"见不到这个人，不是什么好兆头啊！

我的小弟魏迦当时只有八岁，家里的哥哥，都上山下乡了，爸妈和我这个小姐姐都在干校，老保姆也被遣送回浙江原籍，妈妈实在不放心他一人待在家里，就申请让他也去了干校。他就是当年的"小萝卜头"，可以在干校里自由行走，到关押批斗对象的"牛棚"里看看也没有人赶他……

一次，我回家拿换季的衣物，遇到了妈妈和弟弟也回上海了。年幼的弟弟悄悄告诉我："我见到赵丹了，从一辆吉普车上被人押了下来，手也反绑着，解放军都带着枪，后来大人们都去食堂开会了……"

《黄浦江的故事》剧照，魏鹤龄饰老码头工人常信根

　　妈妈猛地喝住了他："不许乱说，也不要和外人再说这事，更不能去和爸爸说，不然，你就在家里一个人待着。"

　　当时，赵叔是被关在虹桥的一所"少教所"，代号139。这所正规监狱当时被腾出来是专门关押一批文化界的"专政对象"的。"文革"结束后，被搬到赵叔家，让他可以"自行销毁"的材料，足足有两大麻袋。一个中国卓越的表演天才，短短一生在军阀的新疆监狱关了五年，再加上这后来的又五年……人有多少个五年啊？

　　那时父亲不愿和人说起"阿丹"，凡是有人提起。他只有一个劲地摇头……长叹一声就老泪纵横了。

　　"文革"后期，赵叔已被假释出狱，但是还处于内控监督期。当父亲听到母亲说："阿丹已经可以回家了，但家里已被洗劫一空，连个床都没有，只能打地铺，值钱的只剩下一块手表。"这一夜，父亲失眠了。自从"文革"开始，他就没有见过这个老弟，他真的很想见见"阿丹"，他相信阿丹也一定想他了。一天，我小弟接到了老爸的一个电话，要他从奉贤农场买一串螃蟹回来。小弟纳闷，老爸是从来不吃螃蟹的，包括一切有壳有刺的海鲜。他怕腥，更嫌麻烦！你们一定强迫他吃，那必须给他整理干净，要一口就能下肚的才行。每一年，秋风起蟹油黄的季节，螃蟹还没有端上桌，母亲就要指派任务了，今天谁给爸爸剥螃蟹肉啊？这老先生怎么就改了秉性？原来，父亲要请阿丹来喝酒吃螃蟹。品酒吃蟹在这老哥们之间是一种特殊的情感交流，慢慢地品，慢慢地尝，慢慢地聊，慢慢地醉……父亲渴望回到过去，真的思维碰撞，真的情感交流……虽然，老弟经常有些出口不逊，可是，饥寒交迫的时候，有一口馍也总是掰成两半的呀……这是父亲想了好久的事了，要请阿丹来吃个饭，吃螃蟹！

但是，母亲还有些担心、犹豫……

"你管它！就吃个螃蟹，犯什么罪？"父亲气呼呼地说。这就是他心里一直愤愤不平的嘀咕，父亲就是这样的人，他小事上挺谨慎，但是大事上从不含糊。

父亲关照小弟，不要坐公交车，等天黑了，用自行车把赵叔接来。

阿丹是了解老魏的，他这个老哥只贪肉，今天请吃螃蟹，这不是一个简单的饭局。他知道是老魏想他了，这顿借美餐的相会，老哥是担了风险的，也是真情实意的！

这一晚，"马路天使"的片段，又在徐家汇的一座小楼里上演了，吹鼓手小陈和报贩子老王又见面了……一杯杯地续，一杯杯地下肚……面面相觑却没有笑语。也许彼此的话都在杯中了，喝到了肚里就觉得暖了。

临别，赵叔突然兴奋起来，他拍拍老魏的肩膀说："老哥，这顿吃了你的，我欠着，下次我一定还你，你等着！"

父亲听得懂这句话，赵叔走后，他对母亲说："阿丹就是阿丹，这些个事儿要放在别人身上，早就……阿丹行，他扛得住！"

1975年的春节前夕，以中共上海市委名义下达了文件批示："赵丹予以解放，暂缓恢复组织生活。"

母亲把这个喜讯告诉了父亲，父亲很激动，商量着要去给阿丹拜年。

不料，大年初一的清晨，我们全家还在睡梦中，大门就被这个"赵疯子"阿丹捶响了……

他一路大声叫着："老魏！老魏……"冲上了我家二楼，抱着老魏忘情地吼着："我解放了，我没事啦！"他一分钟也耐不住了，就是想在第一时间把这个好消息告诉他的老哥，分享这难以言表的快乐。

这一刻，我似乎看到"乌鸦与麻雀"中的小广播又回来了，激情四射、活蹦乱跳才是赵丹的样子啊！可是，这张重新又生动起来的脸上，饱经风霜的摧残，像刀刻一样已深深地留下来伤痕一片……

年初一的中午饭，酒还是酒，一杯接一杯的，似乎又恢复到以往的格局，阿丹在滔滔不绝，老魏仍含笑不语……

我们这些旁观者总以为，他们可以发发牢骚，吐吐苦水了。可是他俩好像只为电影而相聚，只说电影，只聊演戏。似乎那一场整整拍了十年的大戏已经杀青，他们已经开始陶醉在新片的筹划中……

席间，赵叔突然问父亲："老魏，你说，你这辈子最得意的是哪部戏？"

父亲愣了半天，支吾了一声："没想过。"

赵叔拍了一下桌子，斩钉截铁地说："告诉你！你和我，我俩最得意的就是《马路天使》！"

《马路天使》剧照，左起赵慧琛饰妓女小芸、魏鹤龄饰报贩老王、周璇饰歌女小红、赵丹饰吹号手小陈

父亲若有所思地点着头，他的思绪可能一下子就穿越到了40年前……还是这个上海，还是在和阿丹喝着酒……不过那时他们真年轻，年轻得不知天高地厚，年轻得为所欲为……

赵叔不是信口说来的，这也许是在无数次的徘徊中，终于看清了的一条通往真理的大道——艺术必须源于生活，艺术更应该忠实于生活。尽管他被冲击、被批判、被打倒，但是他从来没有否定过自己一步步走过来的这条路，如果这也要否定，那么中国电影事业的百年发展就找不到根了！

在《赵丹自述》一书中，他用了很大的篇幅介绍了这部二十世纪经典影片的创作过程："这部影片是在小酒馆里酝酿构思的，这个小酒馆是卖报的、捡垃圾的等底层穷苦人去的地方，我们常常坐在那里聊天。店里的'小开'与我们交了朋友，我们可以赊账，还可以向他借钱。这个戏是袁牧之用观察生活的灵感写成的。他很想写底层的小人物。那时我与袁牧之、郑君里、魏鹤龄还有聂耳等常在一起，人家称我们是把兄弟，其实没有这回事。

"袁牧之对这个戏很用心，每个镜头都有设计。他对演员的选择，可以说是独具慧眼。例如，周璇当时在艺华电影公司是个专跑小丫鬟、只有一两句台词、每月三十元的小演员。而我和魏鹤龄已是'大明星'了。还有个妓女角色，他不用当时女明星，而是看中了'中旅剧团'演《雷雨》剧中繁漪的赵慧深，他还看中当时做场记工作的钱千里演理发师……我佩服袁牧之的眼力，周璇是孤儿，在歌舞团走江湖，那时才虚岁十六。她很风趣，见人就深深鞠躬，眼睛不敢看人。我们讲戏，她不懂，老是笑，天真极了，还一直和一个小演员在布景后面打弹子……可是一上镜头，把我震住了。导演要求的，她都能恰如其分地表演。周璇那时纯洁极了，像一张白纸……袁牧之都看在眼里，所以他的剧中人都是非要这几个演员不可的，他就是按这几个演员的特点去写的。我演吹鼓手，老魏演卖报的。袁牧之抓住了我们每人的性格特征，创造了人物，表现了生活。人物关系也是我们平时的模样，生活中我和老魏就是同生死共患难的关系。我是聪明面孔笨肚肠，表面上看，我指挥老魏，实际上他指挥

他们是中国电影的奠基之石

131

我,乱子是我闯的,便宜是他占的。袁牧之观察我们两人很久了,他就将其编成了有趣的情节,我们俩在一起,喜剧色彩很浓厚。例如:戏中我没有办法时,他就看报,出点子,我不知道国难当头中的'难'字怎么写? 老魏就设计了一个特别的情节'把报纸上的难字抠了下来'。我们决定要和恶人打官司,我就跟他去找大律师进了大旅馆。大旅馆是转门,不知怎么进,进去了又转出来了。后来我发现了另一个弹簧门,我得意地学着别人走进走出,潇洒地一推弹簧门走过去了,可是却找不到老魏。谁知他讲究实际不讲'帅',从门的下端钻了进来,而弹簧门正好弹了回来打到了我的鼻子,打得我狼狈不堪……观众喜欢这部影片,主要是它写了被社会遗弃的可怜的小人物,写他们的天真善良和相濡以沫的品质,也同情他们的悲惨命运。悲喜剧的风格,形式很新颖……"

《马路天使》是经典,再过一个世纪,仍然还会是经典。因为它真实地反映了一个时代里的真情故事,也记录了这么一群讲故事的人的真性情。

我在一篇回忆父亲的文章中这样写道:"在纪念世界电影百年的盛会上,我手捧着父亲获得的'世纪之星'的这个奖杯,心情非常沉重。一数,堪称三十年代经典之作《马路天使》中的三大明星,一个都不在了,中国电影繁花似锦的春天里已没有了他们的身影。面对今天的这份荣耀,父亲如果九泉之下有知,他能含笑? 但决不会无憾的,我相信他一定愿意用这奖杯换回他最最宝贵的十年……"

我在2015年举办的"纪念表演艺术家赵丹诞辰一百周年"大会的发言中说:"赵丹和魏鹤龄的遗愿,是代表了一代中国电影人的追求,他们对电影的这份赤诚之心是任何褒奖都无法承载的……"

当然我们也不必遗憾,因为历史会记住他们。每当想起老爸和老爹,我总觉得他们还活着,活在每一次老电影的精彩回放中。我们应该感到欣慰,因为他们是一群永生的人,他们的伟大创造已永远定格在中国电影史上。

我愿意相信,真的有轮回再世,我相信他们在另一个地方,还在背台词,拍电影……也许还有一段段的老魏和阿丹的趣事正在发生……

14 未了的心愿
——想演敬爱的周总理

在二十一世纪的今天，反映领袖题材的影片已经习以为常，可是在"文革"前几乎没有。如果早几十年，中国电影就开放塑造国家领导人形象主题的影片，我想扮演周总理，魏鹤龄应该是不争的第一人选。不仅因为他的五官轮廓不需要作太多的修饰，就能貌似。宽厚、真挚、又善解人意的品行也是能让魏鹤龄塑造的周总理达到神似程度的原因……不管别人怎么认为，这是父亲的梦想，也是他这一生未了的心愿。

对伟人的崇拜心理，也许人人都有，能捧出一张和伟人合影的照片，也许还能让人刮目相看，但是父亲对周总理的崇拜却是实实在在的，刻骨铭心的。

总理平易近人的美德是有口皆碑的，他对那些科学家、艺术家

133

的尊重和关怀,常常令人感激涕零……

道听途说了很多有关一个国家领导人和一个电影明星之间发生的故事,不明实情的人,总以为多少有些艺术夸张了。但是如果你有幸亲临其境,感受到那种宽松、亲切、如同好友般的情感,你一定也会倍受感染的。

赵丹在与人交谈中,曾经描述这样的场景:"解放初期,我们文艺界的很多演员都参加了在北京召开的第一届文代会。当时,周总理还特意安排了要接见电影界老朋友的日程。那一次,大家看见总理都特别高兴,纷纷围了上去。欢声笑语中总理发现了远远站在一边的老魏,这是总理第一次在近距离看见这个已在影片中熟知的老魏,就走了过去。开口的第一句话就问:'老魏,你还忘词吗?'老魏真的没有想到,一个日理万机的总理还知道他这个毛病,有些尴尬。但是总理的这种见面就熟的交友方式,让老实人魏鹤龄也幽默起来了,老魏憨憨地笑着说:'总理啊,我这个老牌子还能倒吗?'这一问一答,开门见山直截了当,让总理和在场人都哈哈大笑了起来……"这第一次的见面,一定让父亲留下了极其深刻的印象。

父亲还有一个毛病是让他自己也很头疼的,就是"嗜睡"。一般晚上,没有什么工作或约会,他喝三两"老白干",洗漱完毕,走进卧房,不到三分钟,隔着门就能听到地动山摇般的鼾声了……工作辛苦是原因,心胸坦荡是福气,在他那里没有失眠一说。说好的确好,能吃能睡,没心没肺,没有忧虑啊! 但是你不分场合、肆无忌惮地睡,可是要惹事的啊!

上海的电影厂,几经分合,几经易名,上海的电影演员也曾分属"天马"和"海燕"各厂。陆陆续续也进了不少新人,电影厂的人员都是按摄制组编排成群的,不经常接触的人很多。

有一次,厂部开大会,人家把他尊为要人,请上了主席台入座,会议开始不久,他竟又飘飘欲仙地入梦了……台下有人很气愤,你是明星也不能这样傲慢吧?竟然堂而皇之地打瞌睡? 一张小纸条就递上来了……

"扯淡! 用得着这么小题大做的吗? 当年我们和老魏同台演

戏，他在台上就睡着了，也没见有人说三道四的！"朋友们还为他愤愤不平。

但是理解归理解，毕竟在这样的场合"睡觉"总是不雅啊！从此以后，父亲再不愿去坐这种位子了。有人请，他就躲："我就坐在这。"他总挑前排的角落安坐，以免再犯不该犯的错误。

我们知道父亲喜欢吃"城隍庙五香豆"，每个衣服口袋里都能找得到，这种豆很硬，很难嚼。后来细想，他一定不是馋这豆的味道，而是这豆耐磨，他是用这方法来解决"犯困"的苦恼。

其实，这是一种遗传性的"嗜睡症"。我的一个大伯据说上下班途中，一直是处于这种半睡眠状态，也基本没有走岔过路，不过，有一次是被自行车撞倒了……

那年头，总理经常来上海视察，只要时间允许，他总要会会电影界的老朋友，倾听他们的意见和提议。

一听到总理要接见，父亲就开始紧张了，他很想见总理，但是又怕到时候，不争气又睡着了怎么办？

他事先都要和赵丹等人打好招呼，到时候，万一又出状况了，他们要死命地掐他，一定不能让他在总理面前"出洋相"。

有一次，是在锦江饭店的贵宾厅接见。当他们赶到时，总理早已等候许久了……

父亲原计划好，找一个不起眼的位子入座，但是总理见到老魏格外高兴："来，来，来，老魏你坐这。"

父亲这下紧张了，一共没有几个人，他还坐在了总理的正对面……"这下可惨了！"父亲暗暗着急了。

总理的接见就像朋友的聚会，大家谈笑风生的没有任何拘束，父亲不善言辞，只会点头，只会笑，也算是参与了。

这样融洽的氛围，很容易让人放松身心，父亲听着听着就昏昏欲睡了……

在旁边的人都很紧张，又不敢吱声，有人欲推醒他……

总理也发现了，他微笑着使了一个眼色，摆了摆手，还嘱咐大家："我们说话声轻一点。"

继后，总理还不停地关注着沙发上熟睡的老魏，生怕大家惊了他的好梦……

总理要走了，大家想，这总应该把这个没心没肺的老魏叫醒吧。

总理还是不让，他说："老魏累了，让他再睡一会儿。"他走到了父亲的身前，端详了一会，很幽默地说了一句："四大名睡之一，还真名副其实啊！"

父亲醒来后懊恼极了，埋怨大家不及时叫醒他，有人打趣说："你这是总理恩准的，我们怎么敢打搅你。连总理都知道你是'四大名睡'，你这个名号这下子可坐实了！"

"四大名睡"是电影厂里大家开玩笑时，对老魏、关宏达等爱睡之士封的雅号，怎么连总理都知道，这让父亲大为吃惊：这是怎样一位大当家啊！他的脑子里要记多少事啊！

还有一个很有趣的故事也是在阿丹口中证实的。听说有一个魏鹤龄参加舞会穿短裤的笑话，版本很多，有的说，结果是穿了总理的裤子，有的说是穿了陈老总的……

父亲也许是羞于扩散，从没有听他本人提起。

赵丹是在评价魏鹤龄表演艺术的讲座上不留心把这件事公布于众了：

1962年电影《燎原》和导演桑弧等讨论剧本

有一次，总理来上海，请我们大家去参加舞会。也许他对老魏特别关心，在人群中找了半天没找到这个人影……老魏像往常一样又躲在角落里掉单……但还是给总理逮了出来。

"老魏，你怎么不跳啊！"总理笑问。

老魏慌慌张张站了起来，这一下就又"露馅"了，因为他怕热，平时也不讲究，参加总理邀请的舞会，他竟穿了短裤就跑来了。

"报告总理，我上面穿着制服，下面什么也没穿。"老魏急中生智找借口说。

总理被这个老魏逗得"哈哈，哈哈……"笑得前俯后仰了，因为总理好笑的是这个老魏，看来寡言，却很机智，总理记得这是话剧《钦差大臣》中的一句台词，被这个老魏巧妙地运用了。

"好！今天来主要就是跳舞，我给你裤子。你的身材和我差不多吧？"总理指着他说，并让工作人员把自己的长裤拿了来，给老魏换上了。

这个老魏真有福啊！估计能穿上总理的裤子跳舞，他也是第一人了。

"总理对老魏的表演特别欣赏。"赵丹回忆说："有一次，总理对我说，真是奇怪，老魏演什么像什么，他把衣服一换，你就相信他就是那个角色了。我觉得总理的话是对老魏最深刻最正确的评价了。"

一个国家的总理对一个电影演员的了解，有时胜过了一般人。总理喜欢这个老魏是因为他淳朴，魏鹤龄这个已经在国际影坛上小有名气的明星，永远保持着一个农民的淳朴，不浮夸，不张扬，他就像耕耘一亩三分地一样兢兢业业，努力拍好每一部戏。当他的每一部新戏上映，观众喜欢看，那就是他收获庄稼的季节，也就是他人生最满足的一刻。

父亲自己很少说起他和总理之间发生的故事，但是他对总理的认可和关怀是铭记于心的。他平日里是最不愿意给人添麻烦的，可是他偏偏给总理添了一个大麻烦。

大约是在1960年间，在一次接见时，总理发现老魏还是一言不

《探亲记》剧照，左起王人美饰黄医生、吴雪饰苏局长、魏鹤龄饰田老耕、里坡饰胡上校、张平饰三儿

发，一个人默默地坐在一边，但是眉宇间有一丝忧郁……

"老魏，好像是有些什么心事啊？"总理关切地问道。

父亲苦笑着没有吭声，是的！这个心事已经困扰了他好久了，但是这个事怎么能和总理说，还有电影局的领导在场呢。

总理看出老魏有顾虑，就亲切地说："老魏，有什么事，有什么意见，你应该说。老同志不开心了，这是我的工作没有做好呀！"

旁边有电影局的领导解释了一句："是袁蓉同志工作调动的问题。"

"总理啊！我快要牛郎织女分居两地啦！"父亲见局领导已经说明了，不由自主地也发了一句牢骚。

总理的表情严肃起来了："老魏，你放心。给我一点时间，我调查一下，一定尽快给你解决。"

事情原本是这样的：袁蓉是我母亲，在上海文艺出版社工作，当时国家有支援边区文化建设的方针，整个出版社要迁址青海，如果

我是演员

138

不去就算自动离职。原来母亲为了相夫教子已经失业很久了，好不容易才找到了这份专业对口的工作，她当然不愿再放弃。可是那边又没有电影厂，父亲不去就面临着夫妻两地分居的结局。还有一个解决方案是让袁蓉调电影厂，但是当时上影厂没有人事安排的名额，尤其是女演员，已经到了饱和程度。当时"北影"却很希望魏鹤龄去，并承诺只要魏鹤龄去，袁蓉的人事调动一并解决，但是"上影"坚决不同意放魏鹤龄。父亲是很想去"北影"的，电影《祝福》《探亲记》都是和"北影"合作的。他又是北方人，习惯北方的生活……为了这个事，他都愁死了。

他没有想到，总理没有食言，而是真真切切地为他老魏排了忧。没有过多久，总理亲自给上海电影局发了指示："尊重上海电影局的意见，魏鹤龄同志仍留上海，袁蓉同志的工作问题由上影厂妥善解决。"

父亲感激不尽啊！这就是人民的好总理啊！也许，现在的人会把这件事和"特权"两字联系起来，但是，在总理的心里，这些老艺术家都是国家的财富，关心他们，尊重他们是一种责任，要千方百计地为他们解忧，办实事。解决了他们的困难，才能让他们心情愉快地工作。政策是人定的，从实际出发才是真道理，和"特权"无关。

1960 年 6 月，我有幸见到了敬爱的总理。是周总理邀请了歌剧院的民族舞剧《小刀会》赴京汇报演出，周总理不仅观看了演出，还在中南海紫光阁宴请了《小刀会》剧组全体演职人员。

作者出演舞剧《小刀会》片段《弓舞》

他们是中国电影的奠基之石

139

当时在场的还有原上海市市长陈毅和夫人张茜。

宴席上,我们的老院长许平一个劲地鼓动我:"小魏芙,快去给总理敬酒啊!"

我当时是个十三岁戴着红领巾的小姑娘,哪见过这么大的场面,真的吓坏了,捧着一杯葡萄酒,抖抖索索地走到了总理面前,已经洒了半杯,嘴唇都在颤抖,半天说不出话……

许院长向总理介绍说:"这是老魏的女儿。"

总理笑眯眯地看着我:"挺像老魏的,你是老几啊?"

"老六。"

"有几个兄弟姐妹啊?"总理又问。

"九个。"我这时连头也不敢抬。

"呵呵,这老魏厉害啊!"总理听了很高兴,总理没有自己的孩子,但是他特别喜欢孩子。"你怎么没有去演电影? 学了舞蹈?"

"是爸爸安排的。"我如实说。

"那其他几个呢?"

"爸爸安排他们都演话剧。"

"要代我谢谢老魏,给我们国家输送了人才,你爸爸是个好演员,要好好向爸爸学习啊!"

我当天一回宾馆就给爸爸写信报喜了,告诉爸爸,我见到总理了!

和周总理的短暂交谈,虽然紧张但是非常愉快,就像见到了爸爸的一个老朋友。

1976年,是中国最黑暗的一年,敬爱的周总理与世长辞了,每个中国人都为失去这个好总理而悲痛欲绝……父亲当时已经退休了,他没有地方去悼念总理,就自己找了一块黑纱戴上了。当全国上下一片哀乐响起,父亲一个人站在我家的露台上,对着北面的方向,不停地鞠躬……

他总想要为这样一个好人做点什么,留下点什么……虽然要塑造这样一个人民的好总理,很难,很难! 但是,这就是老魏的一个梦想,一个未了的心愿!

他的爱很久远，很温暖

15 来世还嫁魏鹤龄

我的母亲是个美女、才女，也是个痴女。人说一个成功男人背后必有一个贤妻，的确，赞美我们的母亲，光一个"贤妻"，远远不够，她把一生都奉献给了魏鹤龄，包括她的来世……

母亲曾饱含深情地说："若有下辈子，我依然要嫁给你们的父亲。"相濡以沫风风雨雨几十年，母亲对自己少女时一见钟情的选择从无改变。她比父亲小十三岁，父亲离她而去的漫长岁月中，她几乎常常把对父亲的思念挂在口中，每天会把父亲的相片擦上一遍。无论大小节日她总要烧几个菜，斟酒沏茶，还放上父亲的碗筷……每次看到这情景，我们心里很难过，这么多年过去了，她默默地守着这份感情，实在是太孤独了。

有一年的大年夜，大家回到徐家汇的老屋，陪母亲吃年夜饭。

他的爱很久远，很温暖

143

大家商量好劝母亲找个老伴，并且知道有一位父母以前的好友，对她明示过，还是一个名画家。我们自认为是很开明孝顺的儿女，和她开玩笑说："你不要有顾虑，我们都能想得开。画家好啊！画家有钱呀！"

不料，母亲却非常生气，她斩钉截铁地说："我告诉你们，我这一辈子只做魏鹤龄的夫人，若有下辈子，我依然要嫁给你们的父亲。你们倒说说看，有哪个男人能比得上他？"

我们看着这个如此痴情的女子——我们的母亲，才明白了那海枯石烂的真情誓言，是她跨越阴阳之隔的爱，长长地、久久地，没有终点……

父亲的婚姻史中有过三个女人，一个是二十岁不到时，父母包办的，后来离异改嫁了。另一个也是二十世纪三十年代的女明星，叫刘莉影。刘莉影是哈尔滨人，是东北的流亡学生。刘莉影是通过著名剧作家宋之的的朋友介绍的。

宋之的是父亲的好友，《名优之死》成功上演，宋之的在报刊上发表了好评文章，称赞魏鹤龄"古云文如其人，而他则是戏如其人"。宋之的原在中共北方局工作，后来组织被破坏，很多同志被捕，他来到了上海，投入"反文化围剿"的斗争。可是不久也被捕了。宋之的的朋友带着刘莉影来找魏鹤龄，说这是和宋之的从北方一起来的同志，现在宋之的被捕，她也处于困境，求魏鹤龄帮她找工作。父亲是个讲义气的人，既然是宋之的的同志，就介绍她去了湖州民教馆。当时并不知道她和宋之的的真实关系。

宋之的被捕后杳无音讯，刘莉影以为他已经牺牲了。在和魏鹤龄的交往中，渐生了爱意……

父亲是一个慢热的人，但是一旦爱上了，他很钟情，而且，这是他萌发的第一次爱情，他很投入……

就像现在电视剧编排的剧情一样，宋之的突然归来，爱情的悲剧上演了……当知道原来刘莉影是宋之的的"恋人"，父亲陷于难以自拔的痛苦之中……但是他还是把宋之的接到家中疗伤，以表自己愧疚之心。

宋之的了解魏鹤龄的为人,他很珍惜魏鹤龄这个朋友,伤愈后,决定离开上海去西北。父亲决不愿意做"夺人之爱"的事,他把住地让给了他俩,自己悄悄离开了……

父亲一直无法原谅自己做出的"蠢事",他觉得无脸见人,服安眠药自杀了……幸亏刘莉影仍不舍这个厚道的男人,找到了他,抢救及时才幸免了这场悲剧的酿成。

据说,若干年后,著名剧作家夏衍的名作《上海屋檐下》就是描述了这样一个悲情故事。剧中的匡复和林志成这两个角色的生活原型就是宋之的和魏鹤龄。

时运不济阴错阳差,其实谁都没错。朋友们都很同情和理解魏鹤龄。但是父亲是一个特别内敛的人,他不懂自我排解,这场真正的初恋击垮了他,好多年,他走不出这场爱情带来的阴影,把自己紧紧地封闭起来……

我的母亲——袁世蓉小姐(后改名袁蓉),就是在魏鹤龄困扰于孤寂的情感漂泊时出现的。汤晓丹夫人——著名的剪辑师蓝为洁是我母亲的好友,她曾作文"袁公主下嫁穷艺人",介绍过袁蓉和魏鹤龄的奇遇姻缘。"公主"之称是说袁小姐是袁世凯的远房族妹。是否属实?我们没认真去调查,最多也是八竿子还打得着的关系了,但名门望族之后是确实的。

最近我从表弟处,拿到了袁家后人整理的"家谱"。

袁家祖籍是宁波凤

母亲袁蓉旗袍照

他的爱很久远,很温暖

145

岗,先祖是海塘监造官。清朝雍正、乾隆年间,由宁波沿海修建海塘,经长江到吴淞口,最后落户定居在宝山城厢镇,成为当地很有影响的袁氏家族。

到了民国年间,出了被誉为"宝山袁氏三杰"的袁希涛、袁希濂、袁希洛的袁家三兄弟。

袁希涛,清朝光绪举人,同济大学第五任校长,上海复旦公学(现复旦大学)第一任教务长。

袁希濂,东渡留学东京法政大学,曾为一位名律师,而后皈依印光大师。

袁希洛,是袁世蓉的父亲,清末秀才,就读江苏龙门书院,后赴日本,职位是最早留日生学监。1906年,在东京加入了孙中山创建的同盟会。1911年在南京召开的十七省代表选举临时大总统的议会中,他是江苏省代表。1912年的大总统就职典礼上,袁希洛代表各省将"中华民国大总统印"授予了孙中山,他本人被授予终身国大代表(新中国成立初期,毛主席写亲笔信邀请袁老先生参加了国庆观礼,并在中南海颐年堂接见了他。袁老生前一直为上海市政府参事)。

袁世蓉的母亲是日本望族佐藤家的女儿,名为佐藤裕智子,是学医科的。袁世蓉是袁公和裕智子最小的女儿,备受宠爱。袁小姐遇见魏鹤龄前,是"苏州美专"的女学生,是著名画家颜文梁的弟子,也是"苏州美专"的校花。

1939年,因为战乱,"苏州美专"暂迁址昆明。当时魏鹤龄等演剧界人士,正在昆明拍摄电影《长空万里》的外景,同时以"中影剧团"的名义,演出了话剧《塞上风云》《群魔乱舞》《故乡》等,还辅导了大学生组织的"益世剧社",排演了话剧《民族万岁》《夜光杯》,让昆明这个文化古城也掀起了话剧运动的高潮。

"苏州美专"的学生,负责了海报和绘景的工作。当时袁世蓉只是魏鹤龄的一个影迷,很欣赏他的表演风格,并不了解这个明星的家庭情况和个人处境。可是魏鹤龄的朋友们已经留意上这个漂亮女孩,他们也想让魏鹤龄从过去的阴影里解脱出来。所以借口需要志愿者协助外景拍摄，让袁世蓉有机会多了解魏鹤龄。因为劳累和水土不服，魏鹤龄的腰椎老伤又复发了，朋友们就借口剧组人手不够，让袁小姐陪着魏鹤龄去就诊。袁小姐是个既热心又能干的女孩，把魏鹤龄伺候得舒舒服服的，还用自己的零花钱给这个自己崇拜的明星买营养

魏鹤龄岳父母袁希洛、佐藤千代子合影

品。因为，她以为魏鹤龄这个年纪了，肯定有家室了，也没有想得太多，一切都显得很自然。恰恰这种清纯、不带任何功利之心的举止，让魏鹤龄开始有些动心了……因为交际场、娱乐圈中的逢场作戏，让他看得太多了。再加上自己的真正的初恋，让他内心有了芥蒂，生怕自己再陷入情感的深渊，但是随着《长空万里》的外景拍摄即将结束，再不拿出决心，这可能是一个终身遗憾的错过……

我们父母亲的爱情故事真有点像二十世纪三十年代好莱坞电影描绘的那样传奇和浪漫。母亲曾爆料过父亲求婚的细节，让我们和印象中含蓄内敛的父亲挂不上号。但是母亲形容时的那种入神，可见"昆明的一幕"已永远定格在她的记忆中了。

那是一个夏日的午后，"美专"的学生在世外桃源般宁静的乡间课堂写生……突然发现远远地有个风度翩翩的男子骑着马飞奔而来……虽然不是白马，但是足够让所有的少女们想入非非了……

是魏鹤龄！女学生们都惊呆了……明星在哪个年代都是被追崇的。

袁世蓉小姐有点慌张，她清楚他是为她而来，但是当这个平时话不多的男子对她只说了一句："你跟我走吧！"她还是有点意外：这

是什么意思？是求婚吗？少女们在自己的脑海里彩排过无数次被求婚的场景，难道就这么简单？

袁小姐乱了方寸……

"你再想想。"这个男子就像来时一样一阵风般地走了。

你让人家怎么想？就这样跟你走，学业怎么办？还有……当时袁小姐更顾虑的是家里人一定不会同意的，尤其是她的长姐和小哥。

我的大姨袁世英当时已经是上海商业银行董事长的干女儿，董事长膝下无儿女，把这个干女儿嫁给了襄理史宝楚，将来是要当接班人的。袁世英是一个世俗偏见很重的人，对小妹管教很严，她知道小妹喜欢艺术，就规定只允许她学画，并且已经安排她去法国留学。袁小姐唯一的哥哥袁锷是黄埔军校第12期的学员，国共合作时期编入了第二战区卫立煌麾下任上校营长，后来秘密加入了共产党，是一个向往光明的热血青年，他一直鼓动小妹去延安。

一夜辗转反侧，袁小姐越想越怕。在这个家庭里，她从来就没有作过自己的主，现在她居然敢私订终身，岂不是要把这个家闹得

魏鹤龄在重庆歌乐山疗养时合影，左三起妻子袁蓉、女儿魏蓓、魏鹤龄

底朝天了？

　　第二天清晨，那求婚者又来了。是的，他很急，外景已经结束，他要返回重庆，姻缘这种事，错过了就错过了……后来父亲坦言，他根本没有离开，是在校外的草堆上睡了一宿……

　　谁能抵挡这般执着和坦诚，年仅二十的母亲一夜之间就毅然把自己嫁掉了。

　　1940年4月4日，在重庆举办了一场盛大的婚礼，魏鹤龄先生和袁世蓉小姐喜结良缘，介绍人老舍，证婚人郭沫若。当时，郭老还即兴挥

1940年4月4日结婚照（郭沫若证婚）

毫，书写了"千里姻缘一线牵"的条幅作为贺礼。当时的豪华婚礼是袁小姐坚持的，她把家里给她去法国留学的学费作为自己的陪嫁。她知道魏鹤龄虽然名气不小，但是当时，明星只是一个漂亮的光环，明星、艺人们也和一般老百姓一样，日子过得很窘迫，都很穷……她一定要风风光光地嫁给这个男人，她要让这个男人从此有一个温暖的家，有一个心甘情愿与他相守白头的爱人。

　　这场婚礼的确很瞩目，重庆的名人、明星都到场了。得知袁小姐是同盟会元老袁希洛家的千金，把当时的政界要人都惊动了。第二天，这则新闻在重庆和上海的各大报纸都刊登了，果然引起了袁家上下的轩然大波。父母亲认为，这不合规矩，怎么说也要先通报一声，婚姻大事怎么能当儿戏？长姐更是气伤心了，后悔不该让她离开上海，更不能原谅的是小妹嫁了一个"戏子"，还是一个长她十三岁有孩子的再婚者。

　　为这事，我大姨一直耿耿于怀。因为她早已有了目标，要好好

他的爱很久远，很温暖

1940年4月4日袁蓉婚纱照

安排自家小公主的婚事,当然,一切等小妹妹留法归来……

小哥哥特意赶去重庆,指责妹妹在国难当头,不为国效力,只沉湎于个人的幸福,连学都不上了,还有什么前途?当然,小哥也是个信奉民主、主张婚姻自由的青年,当他看见了憨厚、敦实的魏鹤龄时,倒是佩服了小妹的眼力。小妹的选择没有错,真不像家里人担心的那样,是年少无知,让热恋冲昏了头……

确实如此,郎才女貌、天作之合是婚礼上的套话,但能让一个女人心甘情愿地为爱放弃自己的专业和前途,那一定是因为这个男人的魅力所在。

不久,我的小姐姐、小哥哥相继出生了。母亲真的是成了一个相夫教子的家庭主妇了。

我是一个事业至上的人,真的很难想象二十多岁的花季少女,要给五个大大小小的孩子当妈(三个同父异母的哥姐),那时我真的觉得我妈太亏了……

父亲虽然出生在北方,但他是一个感情特别细腻的男人。他知道母亲是有委屈的,因此每年的4月4日,他总会设计出一场意外的惊喜来庆祝结婚纪念日,让母亲知道他是心怀感激的。在我记忆中,我母亲有一大盒子的首饰,虽然不全是真金白银,但是品种多样、造型别致,都是在结婚纪念日时父亲精心挑选的。母亲还有一箱箱的出席各种场合穿的旗袍,真丝印花的、珠花刺绣的、单的棉的、长的短的……我爸这人也有点神,别看他好像稀里糊涂的,对女人喜欢的东西却挺精通,但凡他挑的东西,都特别让我妈中意。当然也许在我妈心里,他就是给块小石子,她都当宝贝吧!

我大姐曾经说过:"谁要嫁给魏鹤龄,都会是一个很幸福的女人!"大姐是刘莉影女士生的,她对外界曾经对刘莉影舍夫弃子的无奈,那一种不公正和不知情的议论,很不能苟同。她说:"我印象中,有一天,有一个女人来找过爸爸,他们两个在不停地说话,让我一个人在旁边吃东西……后来,他们又分手了,爸爸让我叫那个女人妈妈,那个女人抱着我一直在哭……我那时还小,不知道发生什么事,后来回忆起,那就是刘莉影。"

大姐的分析很有情理,她认为有时女人做不了决断的。刘莉影当时内心是很矛盾的,宋之的是初恋情人很出色,魏鹤龄更会疼女人。这是月老制造出的阴错阳差,谁都没有错呀!女人就是希望男人做出决断,但是魏鹤龄是决不会做出什么决断的。他情愿自己去忍受,也不想让别人痛苦。其实刘莉影是真爱魏鹤龄的,可是,他就是这样的男人,不然,他就不是魏鹤龄了!

当一个明星的妻子是很不容易的。因为,他的工作很特殊。当魏鹤龄的妻子应该说是幸福美满、令人羡慕的。因为这个男人,很

袁蓉与哥哥袁锷合影

1947年4月4日结婚7周年纪念

本分，也很善解人意。可是生活是一天天的实在日子，总会有阴有阳，有风有雨的……

在我刚刚开始谙事的那些岁月，我总被母亲不停的哭闹吓得发抖，父亲总是在那生闷气，一言不发……我不知道大人们发生了什么事。因为父亲的不争辩、不哄骗，越加让母亲不依不饶。那几年，他们的感情几乎到了破裂的边缘。到后来的后来，提起这一段纠纷，母亲总有些愧疚："我不是怪他，不相信他。我是担心……他又是一个不懂圆滑、不想伤人的这种脾气。那你让我怎么办？"

母亲一直体弱多病，很多年不工作，父亲又经常要去异地拍外景……影剧圈喜欢生事的人也多，捕风捉影的口舌总会让女人心神不宁的。并且还真有为了魏鹤龄痴心不嫁的人。母亲的痛苦就缘于此。这个心结在父亲真心诚意的宽慰下慢慢地打开了。

父亲在1956年6月给母亲的信中说得很诚恳："你的痛苦也是我的痛苦，有机会我一定设法替你解脱……我还是希望你能来杭州一趟，以释心中的烦恼，对心情和健康都有好处。'云溪梵经'是钱塘八景之一，它使我回忆起十六年前我们的缙云寺之行，感触很深。等我绍兴拍完戏，你就来痛快玩几天，然后一同回上海。"

后来，母亲终于找到了专业对口的工作，在出版社当美术编辑，生活充实了，母亲的心情也好了。过上了几年太平日子。可是支边的政策让这个平静的家又起了波澜……母亲工作的文艺出版社，要迁址青海，如果不去，母亲又面临着再次失业。如果去，可以把孩子都带走，可是，总不能把丈夫一个人丢在上海吧？

母亲天天烦，夜夜愁……可是，这一次父亲的态度很坚决，只要不分开,到哪里都行!他在信中这样表示:"关于你的工作的问题,我一想起就觉得自愧,因为过去顾虑太多,始终未能帮你解决,使你精神上添了若干的苦闷,现在我想让你来迁就我比较难,我来迁就你就比较容易些。这次回去看情况,能在上海解决最好,不然我就要求调北影,你的问题一起解决。可能工作在一起了,我俩的感情也会更融洽,更幸福……"

后来是在周总理的关切下,解决了母亲的工作问题,进了上海电影制片厂。母亲热情、热心的个性和干事麻利的作风,让她干起了副导演一职(招募和管理群众演员),因此也成了父亲最贴心的同事。父亲每一部新片出来,看样片后都要第一个征求她的意见。父亲深知她是一个率真的人,从不讲假话。

有时,作为儿女看着母亲这么迷恋父亲的样子,觉得挺好笑的,她体现出来的一点一滴,总觉得还是一个初恋少女的情怀,总是这么情不自禁的。记得,二十世纪六十年代,刚刚有了的确良这种面

1958年魏鹤龄夫妇在北京天安门合影,前排左起老七魏迪、老八魏远

1961年长子魏堃与次女魏蕾演出全家福,后排长女魏福,三子魏建,大女婿施来,二女婿胡则恭,长子魏堃,二女儿魏蕾,小女儿魏美,前排老八魏远,大孙女魏佳楠,大儿媳关镇娟,袁蓉和老九魏迦,魏鹤龄和大外孙陈真和孙女魏征,征,老七魏进。

料,妈妈马上去买了一块蓝灰色的料子,回家来就准备给父亲做一件短袖衬衫。母亲的女红活儿,也是非常棒的,除了会烹饪,会编织,平时孩子们的衣服都是自己做。一般人自己做衣服,布料裁剪后,会去裁缝铺请人用机器拷一下毛边。可是母亲却硬是要自己用丝线像绣花一样,一针一针地用手工去拷边,这要花多大的工夫呀!但是母亲得意地说,这样让人从反面看,都觉得好看。天知道!谁会去看反面呀?但是这就是母亲对父亲的一番情感,怎么都不觉够啊!

母亲有了工作,而且是可以和父亲同出同进的,她好满足!

还有一点,也是让父亲特别欣赏她的是,母亲这个人特别大气,对三个不是己出的子女,也是特别的关爱,一视同仁。该说该批评的,决不含糊。该有的也是按需要该先给谁的就给谁,决不偏心。

母亲对父亲的朋友也是特别热情好客,凡是来家做客,好菜好饭的管够,让父亲特别有面子。

这是我们家最幸福的年月,因为母亲有笑容,家里就更温暖,当然谁也没有想到风雨正在来临……

"文革"的这场大风暴,让多少家庭妻离子散、家破人亡。父母亲的爱情却经受住了真正的考验。父亲记忆力不好,很多交代材料还是母亲帮他回忆,帮他整理的。在父亲情绪最低落的时候,甚至想到过一了百了,如果当时不是母亲不断地宽慰、劝阻,父亲也许已经死好几回了……母亲是个急性子、直肚肠的人,脾气不好,我们形容她是雷暴雨,说来就来的。但是,在这个非常时期,这个坏脾气女人却一反常态,变得特别地温柔。你们白天斗他,晚上回来我就给他煨汤养生。要他去干校,我就陪他去,任凭你给我上什么纲都行!在干校,如果没有批准,母亲是不能见父亲的。但是这个聪明的女人,总是会找机会在父亲关押的房子附近,大声地和人说笑,她要让父亲知道,她了解他,相信他没问题。她也要让他放心,她顶得住,她不会屈服的。

在十校里,母亲还担任了临时托儿所的所长,在房子周围的空地,种了许多瓜果蔬菜,趁"审查对象"下地劳动之际,偷偷溜进他们

1974年4月4日结婚34周年纪念

的屋子,把番茄、黄瓜塞到他们的枕头下。她也是一个勤俭持家的能干女人,她会下河塘里抓小螃蟹,洗干净了,放在大口瓶里,拿白酒醉起来,没有菜吃的时候,可以当下饭的咸菜。在我眼里,母亲是一个顶天立地的女人,也是一个会变戏法的女人。因为,有时眼见着日子真的过不下去了,母亲总能让它逆转,她一定会有办法让你充满信心!

我有时会为母亲惋惜,也觉得她好伟大!因为,她不仅美丽,她的才华也是我等子女望尘莫及的。她能画会写,中英文的底子也相当扎实。若不是嫁给了魏鹤龄,她也许能成为一个画家,或者作家,甚至是翻译家。可是她把一生都给了魏鹤龄——这个她一见钟情的男人。

记得,父亲的最后一年,是完全躺在病床上度过的,母亲再没有了自己的生活。医院安排了一个特别病房,并排着两张床。每天清早,就开始给父亲洗脸、擦身,还要净身处理。接着,喂饭喂药,有时老年人失禁,那就从头到尾、从里到外地开始忙个不停了。可是母亲毫无怨言,整天乐呵呵的,当然,父亲心情不好时,也会无理取闹。

母亲就像哄孩子一样,假装生气,抓过父亲的手来说:"哼!又不听话了,让我打一记!"父亲还是皱着眉头看着她,"不服气?再打一下!"然后她自己就笑了起来。

还记得,父亲走的那天,我在医院里旁若无人地大哭,她一个劲在旁边训斥我:"节制一点好吗?这是医院呀!人家都是病人呀!"

送走了父亲,我们依依不舍地离开医院。我们想打车,可是妈妈说:"我们慢慢走吧!"这种感觉像是在送站,火车或飞机离站了,亲人出远门了,但是不久会回来……龙华医院离当时的老家很近,我和小姐姐陪着她往家里走,她一直很平静,还和我们开玩笑地说:"现在好了!你们爸爸可以安静多了!不再天天听我唠叨了。"我们以为她早有思想准备,所以能坦然置之。

这晚,我陪母亲睡在主卧的大床上。这张床已经凉了一年半,可是母亲一躺下就睡着了。

早上五点,天还没有亮,我就被哭声惊醒了……只见母亲对着墙上父亲的照片在哭……开始还是在抽泣,后来就像开闸泄洪一样号啕起来……

"你说你走了,我都不知道我今天该干什么了!"

是的!因为很长时间了,她都是这个时间必须要起来的。

"我为什么要这么管着你呀!你就是嫌我太烦了呀!不想再听我唠叨了呀!"

"……"她没完没了的,又哭又叫的,好像又在和父亲吵架,但是,我听着心里特别特别的难过。女人的爱有多种多样,有的时候,看上去是不依不饶的,其实这就是在乎,是太在乎了,才不依不饶。

相知相伴几十年了,先走的人还是幸福的,你走了,还有人天天在想、天天在念叨你,我觉得我妈挺苦的,天天生活在回忆中……整整十六年。

父亲原来是安息在上海龙华烈士陵园的革命干部骨灰室,但是,中国人有"入土为安"的说法和传统。妈妈总是想找一块风水宝地,让父亲的灵魂有一个安息之地。她经常伤心地唠叨:"你们的爸爸曾经说过,等退休以后在杭州买个房子,我们老两口,天天去西湖遛遛弯儿、喝喝茶、种种花、钓钓鱼……"妈妈托我的表姐在号称天堂的杭州——依山傍水的白龙山，找到了一个她理想的墓地。

1995年的清明，她亲自去看好了，手续也办全了，但回到上海就病倒了，病得很突然。而且，一贯坚强乐观的她，拒绝抢救，只要她一清醒，趁我们不备时，就把所有的输液管、氧气管都拔掉了……

1995年11月28日，我一直陪在她病床前，我还在和值班护士商量，能不能在病房里给她过生日。因为，还有两天就是她七十六岁的生日，母亲突然就呼吸急促了……

母亲的身体一直是很棒的，我们总和她开玩笑地说："你能活一百岁，到时候，我们都走不动了，你依然能活蹦乱跳的……"

母亲是在我的怀抱里慢慢合眼的，我知道她这么着急，是不愿意让父亲孤零零地一人去杭州，她执意要陪他而去。我一直在她耳边说："妈妈，你放心去吧！爸爸一定是想你了，他来接你了，你马上能见到他了……"我听到母亲在"嗯……嗯……"，她走得很安详，她的身体一直是暖暖的……

旁边，突然有人轻轻地说了一句："没见过，这个年纪了还这么漂亮！"

我非常感谢此人的赞美！我们的母亲永远是美丽的，她用这份真爱装扮好自己，她希望这次与她心中白马王子的重逢，依然是浪漫的，温馨的，他们走过的山坡上，依然开满了那年一般的朵朵山花……

在此，我不得不提起另一个女人，但她绝不是我父亲情感生活里的女人。

在2000年的某一天，

袁蓉特写照

有一个同事从台湾回来，在办公室里，爆了一条新闻，说他在台湾时，有人在传，说江青的第一个情人是魏鹤龄。我听了以后很愤怒！谁在那儿往我父亲身上泼脏水啊！

后来又上网查询，一查吓一跳，还有更邪乎的，这一查，竟然变成了丈夫。可见说什么的都有，可以别理睬。但是，我觉得还是需要澄清一下，或者说梳理一下。

我听母亲说过，在山东省实验剧院时，那个叫李云鹤的山东姑娘也只有十五岁左右，来报考实验剧院。考官是王泊生的妻子吴瑞燕，魏鹤龄是协助考官工作的老学员。当时，这位山东姑娘梳了一条大辫子，相貌平平，但是还挺淳朴。吴瑞燕考虑到，当时女生太少，就破格录取了她。但是等一入学，这条大辫子就不见了……这是我父亲当初对这个女子的印象。很多话是要听话听音的，父亲一点都不糊涂。李云鹤入学后成绩很一般，因为体瘦腿长，行动快捷，还得了一个外号"兔子"，也因为她讲了一口土腔的国语，经常引得同学们哄堂大笑。在这一时期，这个女子故事很多，有情人，后来又有了丈夫，关魏鹤龄什么事？即便当时也许魏鹤龄年轻也帅气，但是一个每月拿四元津贴的穷学生，人家能看得上吗？

后来，魏鹤龄在上海成了大明星，这个走投无路的女子，要到大上海来寻梦，举目无亲的处境下投靠了魏师哥。是魏鹤龄去码头接她，也资助了她的生活开支，并帮她打开了在上海的局面。前不久看到了有人传给我的一篇文章《消失的卢湾之一藏龙卧虎的南昌路》说到："这里曾居住过中共创始人陈独秀，国民党早期领导人陈其美……还曾居住过电影明星赵丹、叶露茜、应云卫、白杨、王汉生、魏鹤龄，连江青都来凑一脚……南昌路136弄48号3楼住的是白杨，2楼是应云卫，1楼是魏鹤龄……"按推断，文中说的江青也来凑一脚，有可能就是指魏鹤龄曾经收留了她。所以要说有什么，那只能说，魏鹤龄是她当时需要的一块垫脚石。

我父亲这个人，只要和他接触几小时，就能清楚他的为人。和他相处，你会觉得安全、牢靠。他就是吃了亏，也不会和你计较的。但是，他同时又是一个不愿攀高枝、胸无大志的人。对一个野心勃勃的女人来说，真的利用价值不高的。那个想一步登天、一夜走红的女人，只是把魏鹤龄当跳板呀！再说，魏鹤龄虽然老实，但是并不傻，生活经历丰富的他，决不会看走眼，惹火烧身的事他决不会做的。而且按当时这个女子到上海的时间推算，魏鹤龄正在和刘莉影热恋，哪还有什么闲工夫？改名为蓝苹的李云鹤在1936年时再婚了，并与赵丹、叶露茜夫妇，应云卫夫妇一起举行了集体婚礼，蓝苹嫁的是唐纳啊！

新中国成立后，魏鹤龄倒是和这个师妹有过来往，那些年，遇到父亲突然托人带话，告诉家里，说不回来吃饭了。我母亲就猜到，一定是这个重要人物来上海了。什么来探望旧友，请客吃饭？无非是想让这些旧时并不待见她的人们，领教一下她如今的风光，能对她行个膜拜礼罢了！

我之所以非常愤怒的是，父亲白白吃了十年苦，都是因为曾经倒霉地认识了她。若还是要把魏鹤龄扯上情人关系，那这又是一种什么情人关系啊？昔日不管有没有情，你为了自己的欲望膨胀，毫无人性地把人往死里整，给多少人带来了灭顶之灾的痛苦啊！就连她的启蒙老师——王泊生，也是被她活活整死的。

"文革"后期，父亲虽然放回家了，但是还处于内控范围。他想不通，为什么这么不明不白地关了这么久，还迟迟没有个结论、说法？

有一天，我发现家里放杂物的房间里有一个旅行袋，打开一看，都是父亲的生活用品。我很紧张，以为又要关押他了，就去问母亲。

在我和母亲的追问下，父亲才气呼呼地说："我要去北京找江青。"真把我和母亲都吓坏了。

"说你傻吧，你还不承认，到现在你还没有弄清楚，是谁在整你啊！"母亲斗胆包天地说出了她的推测，因为当时还没有彻底粉碎"四人帮"。

这个善良、只认死理的魏鹤龄这时真的是傻了……

但是按我的推理，在这种处境下，他敢去找这个人，他心中是没鬼的，他是要去评理，去找那个管事的人评理，而绝不是去找那个整他的人求情。

后来，我听我小弟魏迦说，有一次，赵丹叔叔来家里做客，和父亲喝酒喝上劲时，爆了一则深藏许久的秘密。

赵丹说："老哥啊！你要好好敬我一杯啊，我是你的救命恩人啊！"

父亲不解地问："什么时候？我怎么不记得？"

赵丹哈哈大笑着说："你呀！有福之人啊！不是我救你，你早死翘翘了！"

赵丹说起，在"文革"前，有一天，他正在杭州拍外景。突然，接到电话说江青来杭州了，知道他也在杭州，想见见他，约他到西湖边散步。两人聊了一会儿，江青突然问："老魏最近怎么样啊？"

赵丹答："他还能怎么样？还不是老样子，三棍子打不出一个闷屁来！"

赵丹苦笑着说："我这不是在救你吗？你以为她真是在关心你啊？不过，我说这话，她完全相信的，所以你的日子要比我好过多了呀！"

有很多人就是因为太知情，才性命不保的呀！

是真情还是假意，决不能混淆。政治斗争是残酷的，也会殃及到无辜，但是，人性不能泯灭，黑白不能颠倒，这也是我想为父亲还一个清白的原因。

经过了"文革"这场考验人们良知的运动，我更想以一个女儿的体会，来赞美我父母亲的爱情。我觉得，不是母亲这生有幸找到了魏鹤龄，而是魏鹤龄有福找到了一个与他永世相爱不离不弃的女人啊！

16 他一生扮演着"好人"的角色

魏鹤龄一生演了近五十部电影,话剧就更是不计其数了。因为他塑造的人物大部分都是善良、憨厚的平头百姓,他也就成为大众心目中的"老好人"的形象代表。身边的同事、朋友,还有电影厂的门卫、食堂里的厨师、摄制组的电工,只要一见到他,都会很亲切地称他为"老魏"。他们喜欢他,觉得这个亲切的称呼,并不失敬重,反而更能体现他们出自内心的情感。

"老魏"虽然从1931年开始就成了一个大明星,但是他从来就没把自己当明星,也从不摆明星架子。不善言辞的他,早晨一走进电影厂,无论见到是谁,都用他那最简单也最亲切的方式和人打招呼:"早啊!吃过了?"

你别看这个习惯性的简单的交流方式,没有什么实质性的内容，却让人感觉到他待人的真诚，也因此在"文革"中，使他少吃了很多苦头，很多电影厂的工人都在暗中极力地保护他。比如，有一次他们得到了消息，北京来的红卫兵要上魏鹤龄家去"抄家"，他们就给我母亲"通风报信"，让我们事先要有准备。上海解放前夕，我大姨和大姨夫随"上海商业银行"迁址香港时，有一些私人物品，留在了上海让我母亲保管，多年封存着，我母亲也不知道是什么东西。但是在当时，哪怕是一些首饰或华丽一点的衣物都被视为"封资修"的东西，都是"定时炸弹"。

还有我父亲酷爱古典音乐，在我家客厅里有一个唱片柜，里面是父亲多年收藏的唱片。从贝多芬、巴赫、肖邦，到柴可夫斯基，还有德彪西的很多经典作品，应有尽有。他辗转南北地迁移，什么都可以扔掉，这些"宝贝儿"再沉重，都不舍得送人的。可是得到消息后，我们一夜之间就把父亲的"宝贝儿"砸得粉碎，还跑到离家很远的垃圾桶扔掉了。父亲再心疼也没有办法，不把这些伟大的作曲家们干掉，父亲的小命怕不保呀！后来，父亲一想起这些"宝贝儿"，就经常伤心地落泪……红卫兵来了，一无所获，贴了一屋子的"毛主席语录"，就走了。

还有一次，一个被结合进"革委会"的中层干部，偷偷地问我母亲，家里有没有银行存款，因为上面下达了指示要"冻结"审查对象家的银行账户，让我母亲赶快去把钱取出来。当时，我家附近的银行里的职工也已听到了风声，也是因为同情魏鹤龄，相信他是好人，反正还没有正式的通知，就冒着风险给办理了取款手续。没两天，这个"冻结"的指示就下达了。我家亏得及时取出了这笔钱，不然后来的好多年，父亲的工资也被扣发了，一个月只有43元生活费，还要抚养一个未成年的小弟，这日子是没法过的……

1976年的魏鹤龄

他的爱很久远，很温暖

163

1947年妻子袁蓉和老四魏蓓、老五魏建、老六魏芙在北京合影

好人有好报，父亲在"文革"中少吃了很多皮肉之苦（我没有听到父亲说过有什么人打过他），这是他积德带来的福气。"文革"中有多少人被剃了"阴阳头"，有多少人被打成残疾，父亲能幸免是因为没有人能忍心下得了手，去充当帮凶。即便出于无奈，也总会手下留情。

观众认可一个演员，当然，起码是认可你戏好，你演得好。但是从观众口中赞美你是个"好人"，那就不那么容易了。

在1979年，父亲长期住院，突然病情恶化的当口，也发生了一件让我久久难以忘怀的事。对父亲的抢救需要大量的血浆和白蛋白，因为当时整个上海的血库存量不多，按政策规定，一个单位的献血指标完成多少，这个单位的职工才能按比例使用。当时，上海电影厂的献血指标远远没有完成。这血就是生命啊！情急之下，主治医生给了我一个建议，让我直接去血库协商。我抱着一种侥幸，带上了父亲的剧照，疾奔当时位于南京西路上的"上海血液救助中心"。我泣不成声地央求着："救救我的父亲吧……"

一屋子的人看了剧照一下子叫起来了："哦！魏鹤龄，贺老六呀!"听了我的诉说,他们的心情和我一样沉重,有的说,魏鹤龄的戏演得真好!有的人说,魏鹤龄一看就是个老好人呀!负责人当即就批了准用单并安慰我:"要救,一定要救!你放心,这么好的演员,国宝啊!请你转告老魏,我们都喜欢他演的戏,我们都盼着他好起来,重返银幕……"他们都是一群普通的观众,但是他们的关心胜似了亲人。他们喜欢他,是因为父亲一生塑造了许多好人的形象,那些好人的情怀、好人的故事让他们感动,让他们难忘。他们对他的情感远不是影迷对明星的崇拜,魏鹤龄成功塑造的"好人"形象在他们心中是永远鲜活的,不可遗忘!

父亲乐善好施、宽厚待人是有好口碑的。同事、朋友有难总会第一个想到他,因为他总是有求必应,尽其所能地去援助他人。

1948年冬,我们全家随父亲从北平迁移到上海,当时住宿条件极差,那时,我只有两岁,一点没有记忆。一直是听我家老保姆经常说,住在"台儿蒙"时是多么的艰苦,几户人家住在一个大房间里,中间就用大幕布来分割。她一直说的"台尔蒙",后来,我才知道就是现在上海戏剧学院的老房子——红楼。

再后来一家七口人,又挤在当时斜土路的"文华村"的两间小平屋里。连上厕所、洗衣洗菜都要到公用的场所去。

从有关资料中查到,1948年"清华电影公司"从北平迁址上海,大部分的创作人员和工作人员都来自北方,除了一部分演员住在孟德兰路(今山阴路)以外,都没有住处。加上拍戏是在斜土路2567号"中华企业股份有限公司"即后来的上海科教电影制片厂北部,进出

五十年代肖像照

他的爱很久远,很温暖

很不方便。所以由文华出资在原华光影片公司(后来的"科教电影制片厂"南部)的东南角建造了十多套平房,供"清华"的员工居住,其中有在长春拍摄《松花江上》时负伤的王人路,魏鹤龄一家和孙道临也在那里居住,后来"清华"解散,人还住在那里,又有一部分"文华"的职工搬了进去,就改名为"文华村"了。

当时,虽然我只有四岁,但是我却能对这段经历有非常清晰的记忆。上海解放的前夜,我听到了远处的炮声……因为当时,解放军有一部分是从龙华那边过来的。我还记得母亲把厚厚的棉被铺在桌子下,让我们孩子在桌子下面睡觉,这一夜,我就是听着不停的脚步声慢慢地睡着了……妈妈说是解放军进城了,当时我还太小,还搞不清什么叫"解放了"。

1951年春天,我们突然有新房子住了。我记得有一天,爸爸说带我们去看新房子,那新房子在天钥桥路上,离当时的上影厂很近。这是一栋三层楼的里弄新村房子(有些像现在的连体别墅),周边都是小瓦房和草屋,再远去就是农田和坟山了。草屋里住的都是小贩和弹棉花的贫民,他们把这一片鹤立鸡群的房子,称为"启明新村洋房"。它的确很漂亮,前门还有一个小花园,开满了红红的蔷薇花。

父亲当时很兴奋,他骨子里就是一个农民,总梦想拥有自己的一栋小房子,最好屋前还有一块自留地,种点花草、种点菜。上影厂曾经给他分过房子,还是在上海人说的"钻石地段"——衡山路上的洋房。父亲还不稀罕。

母亲着急了,问:"这房子人家都求之不得,你为什么不要?"

父亲道:"这又不是自己的房子,还要每月付房租。"

母亲生气地骂了他一句:"你就是老土!"

父亲一点不生气,他就是要当真正的房东,他认为住在有"房契"的自己房子里,踏实!

因为这也是他第一次有了自己的产权房。他高兴得像孩子有了自己的小自行车一样。听我二哥魏珉说,当时是他陪父亲去办理的购房手续,父亲让他去一家银行取一个小包,并叮嘱拿到后什么

1961年魏鹤龄次女魏蓓来沪演出与三个女儿谈表演，左一长女魏薇、幼女魏芙、袁蓉、二女魏蓓

地方都不能去，马上回家。

二哥告诉我们，这是他第一次看到了上海人说的"小黄鱼"是什么样子。那时要买房，人家只认这种"硬通货"。

这个"启明新村"，原是一家私人银行给内部职工造的住房。新中国成立前夕，老板匆匆撤逃，去了台湾，工程方拿不到工程款，就低价出售了这些房子。我父亲才有能力提前圆了要让自己的家人有房住的梦想。

这栋父亲几乎花了一辈子辛苦钱买下的房子，在2001年动迁了。我非常留恋，因为我在这房子里也整整住了五十年，它给了我太多太多的记忆。后来，我买了一栋和它十分相像的住宅，并且把老宅的门牌"天钥桥路125弄47号"的铁牌子，放在了我家玄关的架子上，每次我一进门就能看见，就好像回到了老宅。

记得，去"47号"新房的那天，屋里的装修还没有完成，楼梯还是临时的木架子，是爸爸抱我上的三楼。他要让我们参观三楼的儿童房，让我们对自己的新房间怎么装潢提点要求。爸爸拿来了一本"墙花样本"。那时不像现在的选择很多，可以用壁纸，可以用各种新型材料、工艺来完成个性化的设计。那时是用一个滚筒往上面印图案。爸爸带我们去的目的，就是让我们自己选儿童房的"墙壁花样"。我和七岁的三哥魏建以及八岁的二姐魏蓓，不约而同地都选了"白雪公主与七个小矮人"的图案。我们希望天天能生活在这个美丽的童话里。

可是等我们正式入住没有一个月，却又被分别安置在其他的房间，我又和父母同寝了。因为爸爸说，有一个叔叔和两个阿姨要搬进来了。

当时我们有些不高兴，好不容易有了自己的小天地，又泡汤了。父亲告诉我们，他们都是刚到上海，没有工作，没有钱，没有房子住。我们不应该帮助他们吗？

反正我还是不乐意，小嘴撇了好几天。

我记得到上小学前，我一直是睡在父母卧房里搭的小床上。那间儿童房结果成了我家的客房，不断轮流有新的失业的朋友来住。父亲不仅管吃管住，只要口袋里有些钱也全掏出来接济他们，人家一定以为他是大发了。其实，他情愿自己省着用，也不让朋友为

《祝福》赴苏首演时定制的大衣

难。他自己有过囊中羞涩的体会，他也知道要开口向人借钱的尴尬滋味，他接济别人总还要照顾别人的面子，这就是他的为人。

父亲知道家里人口多、开销大，所以工资都是全数上交给母亲。母亲是懂得顾全丈夫面子的人，总给他留足了零花钱，可是父亲总是不够用。有时没到半个月，母亲就发现他身上没钱了，盘问他，他又支支吾吾地说不清楚。这不免引起了母亲的猜忌，父亲这时像个犯了错误的孩子，再问就死不开口了。

父亲在1956年4月1日的信中向母亲承认了错误："你一直说我在经济上瞒你骗你，其实我自己也并没有享受，也没有过分浪费，只是在情面难却时在经济上帮助别人一点。这也是多年来的性格。今后要纠正，起码应该和你共同商量，不应该使你对我有误会……"

母亲也是一个乐于帮助别人的热心人，她只是心疼父亲太不顾及自己了。有时给他钱要让他一个人在出外景时吃得好一些，有时也让他带一些土特产回来，结果经常是什么也没带回来，一问，他就说："忘了！"再问："那钱呐？"他依然是不吭声了。

记得在1974年的春节前，父亲又忧心忡忡地在那叹气了，母亲问了半天，他也不开口。一天他突然偷偷交给我一个布包，让我去旧货店，把他去苏联参加《祝福》首映式时定制的羊绒大衣卖掉。

我很纳闷，也很不愿意："卖掉了，你过年穿什么？"

因为，当时家里的确已经很困难了，母亲为了维持家用，把可以变钱的衣物、首饰、家具都卖掉了，但就是不肯卖掉这件大衣。她说，这是一个纪念品，是父亲第一次出国参加首映式穿的。

"我不是还有一件棉大衣嘛！反正放在那也不穿嘛！"父亲不讲究衣着，他只想着要救急。

"那妈妈万一发现了，怎么办？"我吓唬他说。

"你别说不就得了，卖也卖掉了，她要说就让她说吧。"

这么好的大衣当时只卖了70元。我回来交给他，他就去了邮局。我这才知道他愁了多日，就是为了快过年了，要给唐山的、北京的几个困难的亲戚和朋友寄点钱去。过去，他一发工资，首先就跑邮局寄钱。但是"文革"中，他每月只拿43元的生活费，哪来的钱

他的爱很久远，很温暖

1976年带家人重访故地时在北京故宫留影

啊？但是，这钱要是不寄，他会一直很难过的。

那头的心事终于摆平了，却又发生了一件让父亲更难过的事。这70元的获得，让父亲感觉一下子有底气了。别人要顾，自己的老婆和孩子也要过年呀！你说，人家杨白劳即便欠债，也总要给喜儿扯上三尺红头绳吧？他终于有钱可以拿得出手啦！

可是，那时的人都穷，穷了就坏了心眼。他去新华书店买书，被小偷盯上了，皮包被偷了。

父亲一下子又傻了，回到家，一直闷闷不乐的……

我知道了就安慰他："别想了！再想也找不回来的，是吧？"

他却说："这样也好！如果，我把这剩下的钱给你妈，她肯定要问我钱是哪来的。"父亲原来想交给妈妈过年用，但是，一下子没想出这钱的来历怎么交代？他也犯愁呀！

男人撒谎有时也是被女人逼出来的。因为，你说一万个理由，她总觉得你没有说实话，那男人就挑你爱听的说。这就是俺爹俺娘之间的博弈。其实，这就是夫妻之间才有的怪事，明明都是为了对方，可是常常又会闹点误会，哈哈！

父亲从来不在乎钱，也从来不会乱花钱，但是，一个大男人却被这区区"70元"困扰了。事后,我把实情告诉了妈妈,让她千万别去问这件大衣去哪儿了!妈妈只有苦笑了。

父亲是抽烟的,原来一直是抽"牡丹""前门"牌的,在拿生活费的阶段,他改抽"飞马"了,最后改抽8分钱一包的"海港"牌劣质烟。

别人问他:"老魏,这烟能抽吗?"

他嘿嘿笑着,冒出了一句你无论如何也想不到的解释:"我只要它冒烟就行了。"

我们都知道,他即便自己再穷,还是会想方设法地去帮助朋友,这是他一辈子也改不了的脾性。

我在我大嫂写的纪念我大哥魏坚的《普通艺兵》书中看到这么一段:"1972年'文革'还没有结束,仍然在进行斗、批、改。上海电影界是'文革'的'重灾区',父亲是三十年代的电影演员,更是在劫难逃。我们多少次为父亲担心,担心他心理崩溃,担心他不能忍受屈辱……一天,突然接到了父亲的来信,奇怪的是信里只有一张'全家福'照片,却没写一个字。那一夜,你通宵没有合眼。幸好春节临近,你利用假期去了上海,以陪他看病的理由说服父亲去一次北京,顺便再回一次天津老家,一定要让父亲宽宽心。父子俩终于登上了

1953年魏鹤龄夫妇与长子魏坚一同出席文代会与老七魏迪合影

他的爱很久远,很温暖

171

去北京的火车。有儿子在身边,老人有了安全感,可以暂时离开那些整人的环境,养一养几年来被折磨得十分衰弱的身体了。一次,你给父亲洗衣服时,发现他装了半口袋钢镚儿,几乎都是分币。想起父亲起初执意不肯来北京,涨红了脸说:'我没有钱,已经六年没有发工资了。'看着面前的这些分币,你的眼睛湿润了,待衣服晾干后,悄悄往口袋里放了40元钱⋯⋯"

看到这一段时,已经是1999年后,我亲爱的大哥也离开了我们,我的脑海里浮现出这令人伤感的一幕,还是禁不住流泪了⋯⋯父亲就是这么一个人,他不求人,不麻烦人,他从来都没有向我们子女为钱的事开过口,但是他总看不得别人有难,别人受苦⋯⋯

1979年父亲去世后,我为了让母亲排解内心的痛苦,凡是去外地巡回演出,总是带着她,去了北京、重庆、成都、西安、桂林、青岛等地。各地的朋友一得知信息,都一定要来请我们去做客,因为这些朋友都是父亲生前资助过的,一提起"老魏大哥",个个都激动不已,对他的思念都流露在一桩一件的故事里⋯⋯

长子魏坚戎装照

人们说到"老好人""老实人",总会有胆子比较小、为事中庸的感觉。父亲虽然不喜欢抛头露面,但是他绝不是明哲保身之人,他老实但不木讷,本分却非常仁义。北京电影学院陈山教授总结得很对:"老魏是南方上海都市里的那种大哥形象,他不是北方汉子那种两肋插刀为你大打出手的大哥,他是那种站在你身后默默为你担当和分忧的兄长。"

父亲有一个深交挚友邱玺(曾在上海戏剧学院任教务主任),他的女儿和我是同事。一次去她家玩,邱伯伯激动地说:"老魏好人啊!真是我患难之中见真情的大哥啊!"让他如此感慨的是"文革"中某一天,他和老魏在马路上不期而遇。邱伯伯知道老魏已经撤销了审查,而自己还在审查中,他本想就远远地看一眼老朋友,不想给他添麻烦。没想到,老魏竟穿过了马路拉着他的手紧紧不放:"还没有吃过吧!走,咱老哥俩去喝两盅。"

邱伯伯很犹豫:"我,我还没有……"

"吃个饭,喝个酒又犯哪条了?"老魏不管三七二十一拉着他就走。

写到此,我又想起了我大哥魏坚。大哥是我同父异母的长兄,足足大了我十七岁。1985年春节,我从深圳绕道去武汉看望两个哥哥(大哥在武汉军区文工团,二哥在武汉话剧院)。大哥已是军级首长了,但是他没有动用军区的车,而是骑了一辆"老坦克"来接我,我坐在他身后的书包架上,紧紧地抱着他的腰……我恍惚觉得驮着我的是爸爸……

"大哥,我下次要想爸爸了,我就来看你噢……"抱着大哥也依然感到了无比的温暖……

"好呀!要有什么事就找大哥噢。"大哥嘿嘿地笑道。

大哥是兄弟姐妹中最像父亲的,尤其是为人处事的风格,真是一脉相承的。

我大嫂在回忆录中是这样写的:"我们的战友——老张,是广东电视台的导演,原是中央戏剧学院的高才生,毕业后分配在武汉军区话剧团。可是无论她怎么拼死拼活地干,努力地工作,因为她父

上影厂先进工作者奖状

亲的问题，在'文革'中，首当其冲被打入了另册，受尽凌辱，备受折磨，后来发配去了工厂劳动。老张在魏坚去世时赶到武汉悼念，讲了一段往事：'我在工厂劳动时，有一天听说有位解放军找我，心想会是谁呢？是魏坚来了，他向我敬了一个军礼！当时我的眼泪再也忍不住了，像断了线的珠子落了下来……这是我下放以来第一次哭，是他的真诚感动了我，是战友的爱和关切支持我度过了那段难挨的日子。魏坚虽然言语不多，但是他的行为、做事都让人回味，那一个军礼包含了多少内容，使我相信，人间珍贵的感情并没有消失，这段往事也是我永远忘却不了的记忆。'"

大嫂关镇娴也特别像我的母亲袁蓉，她和魏坚的爱情在军区也传为佳话，她在回忆录中字字句句透露出对我大哥的崇拜和爱意：

《黄浦江的故事》剧照，前排左四魏鹤龄饰常信根

《黄浦江的故事》剧照，饰常信根

"在没有阳光朗照的岁月里，你对那些无中生有、颠倒黑白的诬陷，没有争辩，没有呼号叫屈。你襟怀坦荡、坚韧地面对厄运。当你的处境好一些了，你马上想到了你的亲人和战友还在遭难，在动不动就要划清界限、人人自危，多一事不如少一事的年代，你无私无畏地带给了他们温暖与安慰。我们不是经常说人格魅力吗？在你身上那种超凡脱俗的人格魅力，让我懂得了什么叫纯真？什么叫人性？什么叫崇高和卑微！"

我父亲和大哥就是这样一种人，他们不善表达，也没有留下哪怕一小篇为自己树碑立传的文字，但是他们却留在人们的心里，留在了不容忘却的记忆中。

从1957年起至1966年"文革"前，魏鹤龄一直担任"上影演员剧团"的副团长。他到底是怎么当上这个官的，我还真是不清楚，是选上的，还是被迫接受任命的？因为他是一个无党无派的人士，这应该说在当时是个例外了。但是我相信他一旦应下了，决不会只担个虚名，他会按自己的准则让自己更名副其实的，我也相信他是真正出自于想为大家办点实事而上任的。我也和他开过玩笑："你都管

1958年上影演员剧团合影（前排右三为魏鹤龄）

些什么事?你又不会作报告?"

"需要办什么事办好就是了,要作什么报告啊,光说有什么用?"父亲没有什么大道理,只有大实话。他能当好这个"绿豆"官,主要是他没有杂念,也不怕吃亏。

在他任职期间,发生过一件大事,从这件事来看他还真是有临危不乱的领导能力的。这是1959年拍摄电影《黄浦江故事》时发生的事。《黄浦江故事》说的是上海江南造船厂经历了从清朝到军阀时期,一直到抗战、内战时期的种种磨难。终于迎来解放,并且在1957年让中国第一艘"万吨轮"成功下水的故事。由艾明之、陈西禾编剧,黄佐临导演,魏鹤龄和张伐主演。

这中间有这一段戏是造船厂工人罢工,而染织厂的女工杨招弟,也是造船厂工人常信根(魏鹤龄饰)的儿媳妇,地下党员,她带领着一群女工来声援。

为了镇压罢工运动,反动政府调动了军警来威胁工人,企图用高压来逼迫工人复工。剧情里有这么一个镜头,船厂工人紧闭着工厂大门,不让军警进门,而女工们在大门外送来了食物,见警车开来了,就英勇地冲上去阻挡……这开警车的是上海警备区请来的专门开警车的司机,事先按镜头要求都排练了几遍,车开到规定线刹车,然后有一个缓冲的距离,群众演员也冲到警戒线,形成一种对峙的紧张场面……

一般人没有去过电影拍摄现场,总会以为拍电影很好玩,电影演员很风光,殊不知电影艺术是最为艰辛的、也是危险性最大的艺术。有时为达到真实效果,假戏竟然真做了,付出的代价是惨重的。

在拍摄这个镜头的时候,一场令人不堪目睹的惨剧发生了。当导演一声"开麦拉"令下,愤怒的女工英勇地冲向了警车……从来没有经历过这种场面的司机突然慌了,只有一秒的失意,让他乱了阵脚,他习惯性地用右手去抓刹车。没有?当他反应过来这是老式的警车,刹车是在左边,已经于事无补了。开足马力的警车从不知突发情况、依然拼命向前冲的人们身上碾过去了……

这个拍摄外景地,就在当时的海燕电影制片厂旁边的叫"三角地"的一个工厂大门口,按理父亲完成当日拍摄可以回家吃晚饭的,可是家里左等右等的,不见他的身影……

后来,住我家隔壁,也是电影演员的曾昌回来说:"厂里出事了!"

到了第二天的中午,父亲才骑着他那辆"老坦克"急匆匆地回来了。他一定是一夜未寝,人一下子憔悴了好多……

老保姆阿云都心疼地催促他:"魏先生,快点吃饭吧!"

他摆了摆手。

母亲体贴地说:"那去睡一会儿吧。"

"医院里躺着这么多人,能睡得着吗?"父亲的心情很沉重。

他匆匆赶回来不是为了好喘口气,而是来调动家人和邻居的。

一下子伤了这么多人,在医院里的看护、协调、安抚家属等大量工作,已经让领导层和同事们压力很大了,父亲就把要写大量的"慰问信"、给各方面协助单位的"感谢信"的任务带回来了。

他让保姆撤去饭桌上的碗筷,让家里和邻居会写毛笔字的人,都集聚起来,一张张的"慰问信"就在我家的饭桌上完成了……

因为整个突发事件的处理、安抚工作做得很到位,所以取得了受伤的群众演员本人和家属们的谅解。但是非常遗憾的是,当时从

他的爱很久远,很温暖

上海人艺借来扮演杨招弟的演员周谅量，事发时她带领女工们冲在了第一个，她的右脚都被碾断了，成了终身残疾（后在医院住了六年），当时还不满三十岁。

我们一直来受的教育是三百六十行，行行出状元，没有高低贵贱之分，为人民服务、为人类造福，尽心尽责是义务，是本分。但是，不会有人想到拍个电影也会有牺牲，也有像周谅量这样的付出。一个年轻演员的美丽和美好前景，也因为一部电影都受挫了。她的付出和贡献和一个战士的冲锋陷阵没有区别，同样是受人尊敬的。

而这种尊敬和时下对于明星的过度崇拜是截然不同的情感。时下有些所谓的明星，只不过拍了几部影视剧，就趾高气扬，甚至耀武扬威起来，处处以明星自居，触犯法规，无视社会公德，挺令人可悲、可憎的！

有一次，我受聘于交通银行总行，为"交通银行成立100周年庆典晚会"担任总导演，各地分行也邀请了一些专业文艺团体来助演。我就遇见了这么一个"目空一切"的明星。

在整个排练中，不配合、不协作就不说了，还口出狂言："我管你们是怎么安排……这是你们的事……我为什么要和你们沟通……"一副居高临下的气势，气得我的助手们咬牙切齿也无奈于她。

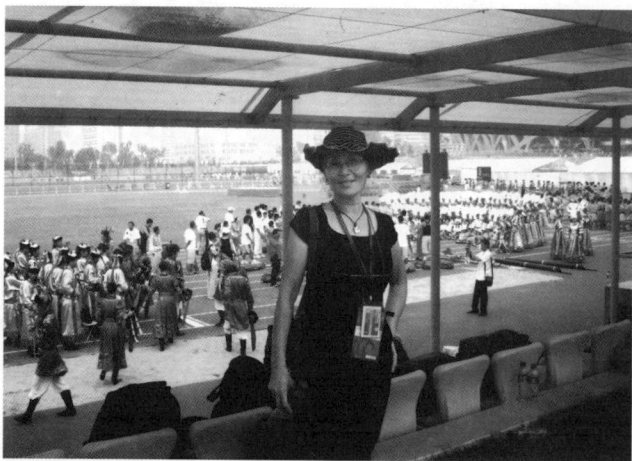

2008年参加北京奥运会开幕式前表演任上海代表队导演

当时，交通银行一位负责人介绍说，她是著名影视演员，还是某话剧团的副团长。

"你去和她说，我根本不知道她是谁，要说明星我见过，我家里就有一个，要论资历和名气，拿上海话来说，足足可以甩她几条马路了。她再不配合，就请她走，我们不伺候！"我从来不愿把明星爸爸抬出来炫耀，不过这次却起了作用，这个人一下子收敛了许多，真是何必作如此拙劣的表演呢！

我也崇拜明星，奥黛丽·赫本就是一个。漂亮的女星太多，但是她的耀眼夺目没有人能比肩，不仅仅是因为她有一双清澈见底的大眼睛，而是因为从这双眼中，我们看见的是一种纯真和善良。我们没有见过她本人，但是在她塑造的角色中，我们认识她，了解她，并信服她；我们不是因为她的演技，而是被她的人格魅力所征服。她把上天赋予她的美丽和智慧，普济于众生，通过电影给全世界的人带来了美好和温暖。她的高贵气质并不是体现在众星拱月的秀场，而是她身为世界级的巨星，却关心着人类的文明和进步，尽其所能地去拯救数百万生活在苦难中的儿童。和那些利用大众的崇拜心理而大肆炒作自己知名度的人相比，她就是人间的天使。

还有一个我崇拜的明星，当然是我父亲魏鹤龄了。在他身边长大，目睹他的一招一式、一言一行，才懂得要成为一个优秀的演员，首先必须做一个好人。你内心邪恶，心术不正，你在表演上就会露出马脚，就像戴上了一副假面具，心口不一的作为，是征服不了观众心的。

我觉得父亲这一辈子最值得骄傲的是，观众没有把他当大明星，而是把他当作一个"好人"而敬重他，永远记住了他。

奉贤是地处上海南部的一个通江达海的郊县，也许是临黄浦江濒东海，奉贤的"江海"这个名字在历史上留下了诸多的记忆。

早在1952年6月，经当时的苏南行政公署批准（当时的奉贤还属于江苏省管辖），奉贤的江海初级合作社正式命名。从此，"江海"两字作为官方正式名称在奉贤这块土地上流传至今，跨越了半个多世纪之久。

话说奉贤，是因为有一些割不断的情愫和忘不了的记忆。凡是从二十世纪60年代走过来的上海文艺界人士，也许都去过奉贤，住过那里的农舍；赤着脚在农田里插过秧，在打谷场的风尘中脱过粒……

而在这特地提起"江海"，还有另一个故事，和我、和父亲都有关系。这是一个我们一家和奉贤"江海公社"农民之间的美丽佳话。

吴亚仙，是我在参加"四清"工作队时，寄宿她家的女主人，也是奉贤江海公社江海大队砂北小队的妇女队长。"四清"运动结束后，我位于徐家汇的家就成为她每次带妇女来国际妇婴保健院就医的落脚点。

1976年的某日，她带了一对哭哭啼啼的年轻夫妇前来投宿。当时正值农忙双抢季节，大人们都紧张地在地里劳作，他们的一对幼儿在玩耍时不幸落在河塘里，同日夭折了。这对一个家庭来说简直是灭顶之灾啊！经过医生的检查，建议可以试试重新接通已结扎的女性输卵管，期待奇迹的发生。

亚仙和年轻的丈夫要回公社开"复育"证明，把这个叫阿菊的妇女一个人留在了医院。不料因为胆怯，阿菊又从医院里逃了出来，决然要回家，不肯做手术了。这天，我们都上班去了，家中只有养病的父亲在。至今我也不清楚，当时父亲是怎么说服了阿菊，把她又送回了医院。一个是只会说北方话的明星，一个是说奉贤土话的农民，他们之间是怎么沟通的？

阿菊表示一定要魏伯伯陪着她，不然，她坚决不做手术。父亲做到了自己的承诺，不管我们的劝阻，拖着自己的病体，自始至终陪在了医院。

奇迹真的发生了，第二年夏天，阿菊如愿以偿生了一个大胖儿子，喝满月酒这天，砂北小队像过年一样热闹，农民们都拥挤在村口来迎接父亲，大家都高兴地呼唤着："上海外公来了！"

饭桌上，村民们接二连三地来敬酒，父亲听不懂他们说的土话，只会憨憨地笑着……

"像格！跟电影里一样格诺……"农民们都拥挤在他面前，仔细地端详着，发表着自己的议论。

朴素的农民，他们的评论是反的。他们如此兴奋，不是因为看到了生活里的明星，而是看到了影片中的那一个他们熟悉的"好人"，真实地出现在他们面前，的确正是他们心目中认可的那一种好人。

他们中间有些人，甚至还叫不全"魏鹤龄"这三个字，但是他们记得影片里角色的名字，

晚年与妻子袁蓉合影

也更愿意亲切地称他为"上海外公"！

和奉贤的不解之缘，还延续到了我的两个弟弟，还有我的大姐。大姐当年去的"四清工作队"，也是在奉贤。在七十年代中国大地上又沸腾起一场轰轰烈烈的"上山下乡运动"。我们这样家庭成分的子女，要进工矿是想也不用想的。1972年我的八弟魏远分配去了奉贤的"燎原农场"，一直到1978年恢复高考后才进了上海交通大学。1977年我的九弟魏迦也去了奉贤的泰日公社光耀大队插队。一直到1979年父亲去世后，才顶替父亲进了上海市电影局系统工作，但是他们的人生磨炼都是从奉贤开始的……

也许是老天的安排，当我写着我们一家与奉贤的情愫时，认识了奉贤的"高小妹"。2016年初冬的一天，我应浙江省湖州市的"丝绸小镇"的邀请，前往"丝绸小镇"参观，并为小镇筹划一档驻场节目，而这个"牵线人"就是我的舞友和"高小妹"。"高小妹"是奉贤区的一名国企干部，也许是因为我们都有一副豪爽的性格，所以第一面见到她就有了称她为"高小妹"的想法。那天，我带了我的新作"秧歌女人"送给大家，她开心地要我签名，我不假思索地签下了"高小妹"惠存。我们聊了太多有关奉贤的话题，彼此有了一见如故的

亲切感，她诚恳地邀请我去"奉贤"探亲。

于是，2017年初春的上午，我受奉贤区文化广播影视管理局宗全林局长和"高小妹"的邀请，来到了奉贤南桥，真是又亲切又陌生啊！南桥，那个我们当年每个月从奉贤回上海市区坐长途汽车的地方啊！时过境迁，我站在奉贤文化广播影视管理局的办公楼上，放眼望去，高楼林立，四通八达的大马路，永远搞不清东南西北的我，就这样傻傻地不动了。南桥呢？我记忆中的南桥，那拥挤的小镇碎石路，那挑担卖菜裹着蓝印花布头巾的农妇，那卖奉贤红方乳腐的小店……眼前的此景，是我们当年每周去镇上洗澡的南桥吗？

正当我陷入沉思的时候，宗局长指着正在施工的工地说，要不了多久地铁5号线就要通到南桥了，真是感叹至极，这奉贤的变化日新月异啊！

一直听着"高小妹"说"东方美谷"，还以为和奉贤海边的"碧海金沙"一样，是一个新的旅游景点。在她的陪同下，我们驱车去了这个像谜一样的"神秘园"。听着"东方美谷"朱德才董事长的介绍，知道了，"东方美谷"是一个以奉贤区全域为载体，以"美丽健康"概念相关的产品轴、服务轴、产业轴三大坐标系，构成的"三维立体产业体系"。

"东方美谷"通过"跨界以至无界"的理念和方法把总部经济、文化创意、旅游休闲、电子商务、体育运动、金融服务、时尚产业、奢侈品等跨界产业整合形成一个以"美丽健康"产业为核心，多种产业共生共赢的"美丽健康产业联盟"，它通过全区域覆盖、全功能整合、全产业配套、全要素服务来实现"都市产业生态圈"。正当我们听得有滋有味时，朱董事长办公室里，来了一批来自华东师范大学搞生物科学研发的教授，准备入驻"东方美谷"，他们说考察了好多地方，只有"东方美谷"才适合我们。

这么多的新名词，这么宏伟的前景规划，和我当年的记忆实在是无法对接，我就知道咱们奉贤的万亩"锦绣黄桃"；穿越奉贤南北，宽阔的"金汇港"。还有那稻米，当年已经赫赫有名的"农垦58"和"老来青"，这种米煮的饭真是香，拿一勺猪油拌在饭里，根本不需要什么菜,一口气可以吃三大碗。

一个稻米之乡的奉贤,现在生产的是"美丽与健康"。拿宗局长的话来具体形容,他自豪地说:"一点不夸张地讲,现在全世界每四张面膜中,就有一张是我们奉贤出品的!"

那一天的参观,让我这个和奉贤有点搭边的人,也油然得意扬扬起来了。用他们奉贤经常说的一句话:"呐,奉贤强,奉贤美!"现在的奉贤,真的是又强又美啊!

这天,我还得到了一个好消息。有心的"高小妹"托了很多朋友,竟然帮我找到了我当年的"房东"——84岁的吴亚仙。据说,吴亚仙一听到我父亲的名字,竟老泪纵横了……她说,她记得这位电影明星,她说她是永远不会忘记的。

我期待着和这位能干的妇女队长见面,我想,她一定还是会这样说:"这个明星和人家不一样,这么有名的人,一点架子都没有!看见谁都是笑眯眯的,就是不讲话!"

他的爱很久远,很温暖

183

17 我们的家,我们亲爱的老爸

三岁前,我一直和家人住在北京,很多小时候的事儿都是听大人们说的,没有什么记忆。自从老爸买下了天钥桥路125弄47号这栋私宅,我的全部记忆都与其紧紧相连,永远都不会忘怀……

2001年,得知我们居住了五十年的老房子要动迁了,心里特别难过。动迁组和我们洽谈赔偿方案时,一脸做买卖的架势,就想让你们早点就范,我非常生气地驳斥了他们:"别以为我们是在争钱财,你们作任何的补偿都弥补不了我们的损失,在你们眼里,这只是一栋破房子,值不了几个钱,但是,在我们心里这是一个家。"

我们兄弟姐妹就是这么想的。父母相继而去,大部分子女都有了自己的住宿,这栋老房子基本是空关着的。很多人劝我们出租,或者卖掉,我们都没有理睬。虽然父母不在了,但是家还在,外地的哥哥姐姐还可以经常回来。家在，逢年过节大家还可以回家欢聚，回忆曾经有过的欢乐和温馨……

我们还有一个计划，等我们有了钱，把这栋老房子修复一新，把父亲的遗物和影像资料都收集全，建立一个"魏鹤龄故居纪念馆"，让父亲的精彩人生永远地记录下来。但随着动迁组摧枯拉朽的节奏，我们的计划也终成泡影。

虽然，这个老家已经没有了，但是我经常会想他们，也像母亲一样，在他们的生日或忌日，用母亲祭奠父亲的方式祭奠一下给予我生命的他们。思念是一种享受，在思念中和他们相遇，我永远还是一个被疼爱的小女孩。我也喜欢在夜深人静的时候，收看"电影频道"，看那些我几乎烂熟于心的老电影，因为我能看到活生生的老爸，听着他那特有的有些颤抖的声音，钻在被窝里的我觉得好温暖……迷迷糊糊的好像还在儿时，老爸还在摄影棚……我在听他开门的声音……我在等他回家……

等爸爸回家是我小时候最美好的记忆。在夏日里，爸爸下班回来，满头大汗地把他的"老坦克"骑得飞快……那时还没有冰箱，老爸总是用毛巾包着大把的棒冰回来，假如每人一根的话，我总能享受双份，而且要挑"赤豆"或"绿豆"最多的那根，老爸会微笑地看着我狼吞虎咽："慢点，没人抢你的。"那时，我下面的弟弟们都还没有出生，我最小嘛！总是被多宠些。大冬天，老爸下班回来，还没有进门就会叫着我的乳名："毛毛……"我一路飞跑，不用交代地把小手伸进他派克大衣的口袋里，那香喷喷的糖炒栗子还热乎乎

作者和父亲唯一合影

他的爱很久远，很温暖

的。老爸仍然微笑地看着我:"多抓点。"我另一只手又伸了进去狠抓了一把……

老爸很忙,一年大部分时间都在外景地拍电影,但是他很珍惜和家人团聚的日子,只要有一段空闲,他总会事先安排好节假日的活动。他经常留意报纸下一栏的通告,尤其是关心什么地方在举办花卉展览。当时的"复兴公园""中山公园"都是我们经常光顾的地方,看菊花展、看梅花展、看盆景展。然后去淮海路襄阳路口的"天津馆"吃饭。

我们一大家子,浩浩荡荡地出游,就像现在的明星露面一样,也会引起轰动效应。你到什么地方,尾巴后面都会跟着一大群人,跟着你进饭店……不过,那时没有什么助理、保安的来干涉、驱赶,饭店的服务员也都一起围了上来。老百姓对他的称呼总这么统一,老魏长老魏短的……然后,就开始唠起家常了……

"老魏,你身体还好吗?"

"老魏,你喜欢吃饺子啊?北方人吧?"

"这是老几啊?几岁啦?"

"老魏,你好福气啊!挺能生的!"

1947年老四魏蓓、老五魏建、老六魏芙等在北京合影

父亲最喜欢别人夸他孩子多,不是我母亲坚决抵抗,他希望再多生几个,因为,我家对门邻居家,有十二个孩子,还有一对是双胞胎,只要给他遇见了,他都会俯下身子去亲亲、抱抱的。

　　后来,我也许是大了,有些矫情了。一听见爸爸说去外面吃饭,我就发牢骚说:"不去!每次吃饭就像开大会一样,好烦人!"

　　"行!你是该减肥了!少吃一顿不打紧!"父亲带着弟弟们走了……我也只是嘴上说说而已,和大部队保持两米的距离,还是勉强地去了。

　　二十世纪六十年代,中国经历了自然灾害,老百姓过着缺衣少食的艰苦日子。什么都凭票限量供应,粮食都不够吃的,副食品如鸡鸭鱼肉一样稀少,一个月也只能吃上一两次。但是,我们家因为爸爸的缘故,还能经常吃上几顿好饭。当时的高级知识分子有优惠政策,每个人发了一个证,还有每个月十五张的就餐券,可以去文化俱乐部(现在的花园饭店)就餐。有中西餐之分,中餐是饭可以随便吃,一张券点一个菜,每人还能享受一杯葡萄酒。每个月还能平价购买四斤饼干,两斤糖果。

　　虽然,这是一般老百姓无法享受到的好日子,但是,对于我们这样人口多的家庭来说,一个月也只能去两次左右。所以,每次去前,妈妈总要给我做思想工作,动员我吃中餐。在固执这点上,我很像爸爸,不爱说话,但是爱吃;性格孤僻,但主意很大,认准的事,誓不回头的!

　　"你管她呢,她爱吃啥就吃啥嘛!"父亲总是帮我说话。"这西餐有什么好吃的?搞得像个小洋人似的!奶油、奶油,你就知道在奶油里打滚!"妈妈最怕父亲干预,父女联盟坚不可摧是真理啊!

　　"这不是随你吗?你年轻时不是就爱吃西餐吗?"老爸说。

　　"现在有得挑吗?一共就这几张券,大家一起吃中餐,就可以多点个菜呀!做什么事都要有全局观念!"妈妈总是讲全局的,可是爸爸总是维护个性发展。

　　我才不理会他俩的争辩,因为爸爸早就撕了一张券,拿了两块钱塞在我手里了。

我就是不爱吃中餐，也决不认同母亲的说法和劝说。什么红烧狮子头、古老肉、香酥鸭、清蒸鳜鱼……我一点不馋。

　　我就是喜欢西餐，无法抗拒地喜欢！当然后来的后来也改了口味。但是，当时的我就是喜欢各种口味的沙拉、奶油葡国鸡、奶油蘑菇汤、奶油焗明虾、奶油焗蛤蜊，还有白脱、草莓果酱……当然最心仪的是餐后的甜点，如柠檬派、苹果派、芝士蛋糕、杏仁布丁，然后再加上一份奶油冰淇淋或咖啡……

　　当时，西餐菜谱也有套餐选择的，分甲餐2元，乙餐1.5元，丙餐才1元。

　　这么便宜？对的！那时的工资标准都不高，一个普通家庭的每月伙食费也就二十元左右吧！拿我家老保姆的话来说："那时候，你妈给我一天一元钱的买菜钱，两荤两素一个汤，还能找几分钱回来呢！"

　　现在的小孩子，身上有个上百元零花钱，真的不足为奇！有人说过，一元钱只能上公共厕所吧？扔在马路上还不一定有人会拣的。当时两元一份的午餐已经很奢侈了。

　　也不知道从哪儿继承来的怪毛病，我从小就特别在乎感觉，特别喜欢西餐的用餐环境。围上白餐巾，拿着刀叉，一个人一份，安安静静地找一个窗口边的位置，坐在那里，看看风景，慢慢地享受，没有人烦你。哪像中餐，大家在一个碗里挑来拨去的，太不卫生了，也没有情调。

　　爸爸每次都会到西餐厅陪我坐一会儿，我也会很大方地分他一小口，一般他都不吃，总说："呵呵，等一会，我来喝你的咖啡吧！"

　　他一定是回去和大家汇报了他的探视情况："人家一个人吃得有滋有味的，挺好！"那一拨吃中餐的家伙们，还轮流地到西餐厅门口，偷偷地看我在那儿装模作样、装淑女……

　　爸爸喜欢文静的女孩，我们两人之间总有着一种默契，我和他交流不用多说话，点头Yes摇头No的，特简单！

　　当别人夸我说："老魏，这小女儿像你，好半天都没有听到她发一点声音啊！"

爸爸总是笑眯眯地看着我说："所以让她学舞蹈，不用开口！"其实，九个孩子大部分继承了他的基因，即便上面几个哥哥姐姐都当了话剧演员，平时也是不爱多开口的。

我家的"末末头"老九——魏迦更甚，可以说从来没有见过这么文静的男孩子，小小年纪特别懂事，特别能体贴人，这也是老爸的基因。

当然，后来小弟挺委屈地说："你们这么多哥哥姐姐压在我头上，哪有我说话的份儿？"也的确！因为他比我大姐的儿子还小半岁，两人在一起玩时，那小外甥管他叫"舅舅弟弟"的。有时有人还误认为他俩是双胞胎。

每年春节是老爸最看重的日子，小年夜他总会带着我们去城隍庙。这一天，他就像个"春节老人"，我们任何心愿都能满足。小哥哥喜欢买大刀、宝剑。我和小姐姐会买很多彩色的珠子和蝴蝶结。然后跟着老爸，走遍一家家的小吃店，吃饱了小肚子才肯回家。爸爸的主要任务是买鞭炮、红烛、春联和迎春花。其实，他是一个很遵循传统的人，他也有很多规矩是不容被打破的。

妈妈这时候，总是在家里指挥着保姆们烧年夜饭。这儿说的保姆们，也要顺便解释一下的。家里怎么用了这么多保姆？真的不是因为讲排场。有一段时间，我们家等于有三个保姆。一个是跟了我们家几十年的老保姆阿云（一直到2003年八十多岁才回到浙江老家去的）；一个是阿云的小姑子，她在上海工作的丈夫死了，没有地方去了，也住进了我家，工资不高，管吃管住的；还有一个是原来上海戏剧学院的毕业生刘冠雄（后来好像去了湖北一个话剧团）的老母亲，原来一直住学院宿舍，还带着刘和前妻生的儿子——小丹。刘冠雄后来再婚又去了外地，老太太和孙儿没落脚处了，也住进了我家；我们都叫她"刘姥姥"，把她当长辈的。所以，我们这个家人丁很兴旺。逢上过年，外地的哥哥姐姐们再拖儿带女地回上海过年，那吃一顿年夜饭，要摆上好几桌，大的西餐桌可以挤十四个人吧，大茶几就是儿童席了，有时还要把厨房的八仙桌也搬到客厅里，再加一桌，还要临时去邻居家借凳子。

到了大年夜晚上，老爸会高兴得像个孩子，陪着我们一起包饺子守岁。过年吃饺子是父亲保留了北方人的习惯。父亲也会使点坏，偷偷在饺子里面包一些其他的馅……然后，等着谁上当。

有一次，父亲夹了一个，刚咬了一口"嗯"的一声，不动了。大家一下子明白了，就拍着桌子大笑起来："哈哈！自食其果了吧？"因为，这个饺子里肯定是包了"盐"，一定咸得要命！然后，大家对着老爸高呼："盐！盐！盐！延年益寿！"万一吃到是一颗糖，那就是"甜甜蜜蜜"了。中国人讲究"讨口彩"，包饺子时每个人都会学着父亲的主意，包一些乱七八糟的东西进去，比如，话梅、花生米，或者里面再包一团面。所以，吃饺子就是一档余兴节目，吃已经不是目的了，为了开心而已。

还有一个节目是我家的"春晚"，每年是必不可少的，也从来不觉得重复。酒足饭饱后，我们都会起哄让老爸唱歌，他会很高兴地清清嗓子给我们唱，但是每年都是同一首歌——"老魏歌"。

"砰砰碰碰……呵！有人敲门，谁啊？我呀！你是谁？我姓魏，噢！魏大哥，门儿开开，请你进来，你好吗？"

这时，总会有谁抢一句："好！你好吗？"

父亲高兴地说："好！"

接着大家会跟着他一起唱："大家都好，快乐不少，嘻嘻哈哈呵呵嗨嗨哈哈嗨……"

客厅的案几上，蜡梅散发出清香，红烛跳动着欢乐……火炉里的柴炭烧得更旺，整个屋子里充满了我们和老爸的笑声……

整十二点，钟声响起的时刻，老爸叫着我们的乳名："蓓蓓、杰米、毛毛、小莉……"把一家人集合在院子里，看他把一个个的"高升"点响……这是全家最高兴的日子，我们觉得老爸真可爱，我们深切地感受到他对我们的爱，那渗进了儿女们心窝的温暖。

当然，还有一件最期待的事，就是第二天一早，醒来的第一件事是把小手伸进枕头下，摸出一个红包，看看里面到底有多少"压岁钱"。这个我们也是有经验了，每一年都会不一样的。如果多了，这就说明，这一年爸爸拍了很多电影。钱是多了，可是，我们也会体会到,这一年他的付出也是多了。

等爸爸起床后,我们会排着队一个个地去给他拜年,老爸会用他的"老魏式"的微笑,看着我们,不停地点头……

所以,我们都喜欢过年,喜欢看见爸爸像小孩子一样的开心,我们也都可以没大没小地放肆了……这时候,我就会想:"我为什么会这么幸福,为什么他会挑选了我,当他的女儿?"

孩子不懂得这没得选。但是,我觉得是爸爸妈妈选了我,像买东西那样。

老爸有六个儿子,三个女儿,我排行老六,但也是最小的女儿。哥哥姐姐有时会很羡慕地说,我在家最得宠。其实这不是真的,老爸喜欢孩子,凡是孩子他都喜欢。有时下班在弄堂里看见邻居的孩子还在疯玩,他都会牵着孩子的小手把他拎回家。我认为他对我们九个孩子没有偏心,只是爱的方式不一样而已。

我们家是严母慈父,妈妈有时会大声训斥孩子。但是父亲总是以晓之以理的批评为主,尤其对女孩子,批评时都是和风细雨的。他对母亲说:"女孩子自尊心强,别总是'哇啦哇啦'的,点到为止嘛!"

妈妈去世以后,我在整理母亲遗物时,才看到了母亲多年保留下来的父亲写的大量家书。父亲除了报平安,或介绍他的拍摄某部电影的进程外,几乎每一封信中都关心着孩子们学习生活的情况。几个小弟弟的入托问题让他担忧,大孩子的考试成绩单必须要寄给他过目。

他在一封来信中写道:"小迪进托儿所了,阿蓝(另一个保姆)要回乡下去了,单靠阿云一个人是否忙得过来,还要另请保姆照顾小远……我花了一元一毛钱,买了一个很漂亮的布娃娃给小远,胡导同志明后天回上海,我托他带给小莉,她星期天就可以带回家了……"

小迪是我七弟,当时才四岁,小远是才两岁的八弟,小莉是我大姐魏薇,正在上海戏剧学院表演系学习。

"小迪、小远的照片收到了,不但我看了喜爱,每个人看了也都喜欢。建的问题等我回去再决定吧！好在还有时间。不过现在要督促他温课，因为成绩的好坏，不完全在季考……邮票叫杰米剪下来。"

杰米是我的小哥哥——魏建，他从小就是个皮大王，也是最让父亲担忧的。可是父亲知道他在集邮，凡是得到纪念邮票，父亲总是帮他收集起来。

"至于小莉的工作分配问题，我只是提出我的看法供她参考，最后决定当然还是她自己做主，等决定后让她给我来信……"这年，大姐即将毕业了，父亲对她的分配问题有些想法，但是又不想作太多的干预。

"毛毛要的东西，小核桃已经买好了，橄榄和糖等走的时候再买，香榧子是没有办法弄到。儿童节我本想寄一点东西给孩子们，可是没有时间进城，我想你一定也会使他们玩得愉快和满意。新的保姆还好吗？小远远不会受委屈吧？电唱机和收音机要经常开开，不然会受潮失灵的……"

我是一个馋猫，这是老爸一直记住的。家里人一直拿我小时候的糗事开玩笑。他们告诉我，在北京时，我才一岁，就会开口说话了。但是第一句话，不是叫爸，也不是叫妈，而是叫了一句："李妈！三角！"李妈是我乳娘，那时，北京的胡同里天天有小贩叫卖"三角馒头"等吃食。李妈很宠我，要什么买什么的，在这种语境下，我学会的话都和吃的有关。

1957年9月27日的老爸来信，几乎把每一个孩子都关心到了："现在孩子们就业的就业，升学的升学，这使我放了心。昨天接到锡来和小莉的信，我看了很高兴，我已复信向他们祝贺。珉最近没来信，可是有一位陈钧钧（已故戏剧界前辈陈治策的女儿）常来看我，转述了一些珉的情况。当然，我这的消息她也会转告，至于他们之间是什么关系？我也不便深究。坚和镇娴都在沈阳，因为反右斗争和学习，所以没有外出演出。镇娴来信说，坚于8月初批准入党了……杰米这次能够得到这样的机会升学，真是幸运。自己应好好思考一下，改正自身的缺点，现在是大孩子了，一切应该懂些事了，不能再糊涂马虎了。毛毛被评为优秀生,我听了很高兴,替我向她祝贺。并希望勉励她能永远保持着这个光荣称号!蓓蓓没给我来过一封信,不知她的近况如何?"

信中提到的施锡来是我的大姐夫,他和我大姐魏薇,上戏毕业后都成了上海青年话剧团的演员,施锡来后来还任青年话剧团的团长。珉是二哥魏珉,在武汉话剧院,后来也当上了副院长。父亲的预感不错,陈钧钧不久真的成了我的二嫂。关镇娴是大嫂,和大哥魏坚一直是在部队的文工团。信中提到的蓓蓓是我的小姐姐魏蓓,从十六岁去了甘肃省话剧团,就一直在兰州生活工作。

父亲曾经在根据巴金名著《家》改编的戏里扮演一个封建专制大家庭中的家长,他刻画得入木三分。在现实生活中他也是一个大家庭的家长,但是,父亲从来没有给过我们任何的压力和限制,最多是给我们一些建议,一切决定权都下放了。他很民主,也很宽容,哪怕有时我们因为年少不懂事,犯了一点错误,他总是给我们时间,让我们自己去认识,去改正。

1950年魏鹤龄夫妇与次子魏珉、长女魏薇、次女魏蓓、三子魏建、幼女魏芙

1958年次子魏珉来沪演出合影,老八魏远、老六魏芙、老二魏珉、老七魏迪

我九弟回忆说:"爸爸只有一点是讲究规矩的,就是在家里,在他在家的时候,必须都讲普通话。不然,他会很生气地敲桌子……那个样子倒是和电影里的高老太爷很像。"

对的! 父亲在上海生活了几十年,就是不会讲上海话。我们如果用上海话说得很激动、语速很快的时候,他真的会着急,会敲桌子的。这说明他很注重和儿女之间的交流,生怕误听误解了。

正像老爸信中说的,孩子们一个个长大了,离开了,他很牵挂,但是也很满足。子女中大部分都继承了父业,这也许是他最感欣慰的。

每次哥哥姐姐的话剧团来上海演出,是老爸最开心的日子,家里的大西餐桌又坐得满满的;老爸一改平时简朴的生活方式,妈妈烧多少菜,他都没有意见了。

妈妈问他:"你的规定还有效吗?"

"够吃就可以了嘛!"老爸乐呵呵地回答。

这是哥哥姐姐不了解的"老爸的规定"。因为有一个阶段,老爸

1961 年长子魏坚与次女魏蓓蓓来沪演出全家福

他的爱很久远，很温暖

195

1972年全家福

嫌我妈太讲究,家里没有几个人吃饭,还总要烧满桌子的菜。他提出每顿只能烧一荤一素,加一个汤。而他自己就更简单了,夏天太热,他和保姆说,他每天只要一盆白糖番茄、一盆番茄肉片就可以了。

妈妈问:"你吃不厌吗?"

"我喜欢!"老爸坚持自己的追求。

到了大冬天,老爸的规定又升级了:"这么冷的天,烧一个冷一个,烦不烦? 就一个大砂锅,白菜、粉条加肉,多热乎!"

妈妈实在拧不过他,只是气呼呼地顶了他一句:"专制!"

当然,母亲说的这个"专制"和高老太爷的"专制"截然不同。

当看到了孙女、外孙从外地回沪探亲,叫着"爷爷""外公"时,老爸真是成了"老太爷"了。他已经全忘了自己的规定,挽起袖子亲自下厨房大显身手。老爸菜烧得不怎么样,但是他一个人可以不费吹灰之力,一转眼工夫就把十几个人要吃的"拉面"全完成。一大家子围在他身边看着他表演拉面的技艺……

他这时很得意,还沾沾自喜地说:"这是童子功啊! 年轻时,一上午就要拉个上百斤啊!"

当年在天津给人当小伙计,他的确学了不少手艺,老爸的刀工也拿手,也是当年切咸菜丝练的。还有他炸的酱特别好吃,他的打卤面更地道。

我更馋老爸做的烙饼。小时候,老爸也经常给我们做,炒上几盘"韭菜豆芽""韭菜鸡蛋""海带肉丝""京酱肉丝",卷进了刚刚出锅的烙饼,再熬上一锅小米粥,那真是人间美食啦!

"爸,给我们烙饼吃吧!"我恳求着。

"行! 明天做!"老爸满口答应了。

外地的哥哥姐姐回来,还有一件顶顶重要的事,也是老爸从来不会忘记的,那就是一定要去徐家汇的照相馆,拍一张"全家福"。如果这时候有谁,为了某些原因迟迟不到,那是决不允许的。

老爸会很生气地说:"等!"人不全,他情愿明天再来,也决不马马虎虎地将就了。这时候你又觉得他很像那个"高老太爷"了,他很

1957年庆贺大女儿魏薇（后排右二）上海戏剧学院表演系毕业，并与同班同学施锡来（后排中）结为伉俪。

爸爸想我们了，他又去拍外景了。老六毛毛（后排左）老八小远、老九小迦、老七小迪（前排左起）也想爸爸了。（摄于1959年秋）

1964年二女儿魏蓓（后排左二）从兰州赴上海巡演，并与上海青少体田径教练胡则恭（后排左三）成婚纪念。

1970年小女儿魏芙(后排中)有孕,外孙胡宁(前排左),外孙女施梅(前排右)满月,外公老魏幸福满满。

1971年庆祝胡宁,施梅周岁,小外孙女殷红半岁(前排左起)留影。

1977年魏家老五魏建喜得贵子(后排右二)魏鹤龄与长孙魏烨(前排左),和他唯一赐名的小外孙女殷红合影。

看重这个家,他也希望这个家永远是完完整整的,起码在照片上不要漏掉哪一个。

在1966年"文革"前,尽管很多子女都分布在全国各地,难得回家,但是这个"魏姓"大家庭永远是充满了幸福和欢乐的。我印象中的老爸,他每天陶醉在自己的艺术创作之中。每天工作回家,烫上二两"白干"小酌一下。然后烧上一壶咖啡或者红茶,躺在床上,听听音乐和评弹说书,不到半小时就"呼呼"地睡着了。

如果,他的新片还没有上马开拍,那星期天就是他的劳动日了。他喜欢养花、养盆景,趁着空闲,赶紧给院子里的花施肥、修枝。他对木工活儿也挺在行,一清早,他就会架起木工台,把家里的坏桌椅全找出来。还主动上邻居家揽活儿,给这家断了腿的椅子换个腿,给那家孩子的木头汽车补个新轮子。如果你看过电影《鲁班的传说》,你就会明白,他在电影中露的那几手,真不是临时抱佛脚才练的。

大冬天晚上,邻居急促地来敲门,他知道一定是人家的电路又出了什么毛病,他毫不犹豫地爬出热被窝去救急。如果是保险丝断了,也不用担心,他的工具箱里什么都有。

他还有一个嗜好,就是喜欢去旧货店,每次去必定会觅宝一样搬点东西回来。这点让老妈非常头疼,因为家里有一个叫"米"房间的,是专门为了储存米面、杂物的房间,但是后来全给他觅来的宝贝堆满了。

"这些东西有什么用啊?你全当宝贝搬回来!"妈妈已经忍无可忍了。

"你怎么知道没用?说不定什么时候就用上了。"

你管你叫,他管他搬,那个小房间终于堆得开不了门了:"你看你,简直像个收破烂的!"妈妈知道说也不顶用的,可不说就更没有节制了呀!

但是,父亲收藏的也不全是破烂,光是齐白石的画就有两幅,一幅是"富贵牡丹",是父亲淘宝淘来的。还有一幅是"虾",是白石老人特意为他画的。它和郭沫若先生赠予魏鹤龄的题字,几十年来,一直挂在客厅最显赫的位置上。

18 在他的抚爱中慢慢长大

我大姐曾说，我是这个家里最有福气的，因为我出生时，抗战已经胜利了，后来又全国解放了。我不需要过他们那种远离父母，或者跟着父母南北迁移动荡的生活了。而且，从小爸妈还花钱让我学芭蕾、学钢琴。把我的这些学费，都列入了每月的必要开支项目里。

父亲对我们每个子女都特别溺爱，但是，他又总是这么忙，想顾也顾不上来。有一件事说起来，好像是个笑话，他总搞不清我们的年龄。记忆力比较差是个原因吧？还有一个可以原谅的理由是孩子太多了呀！

新中国成立前生的，有六个。等老七、老八出生，老大、老二都当爹了。老九出生在1959年，我已经上初三了，我这个老六整整比他大十三岁。你说你记性再好，也未必能记住，起码要掰一下手指算一算的。

201

但是,在这点上,我是决不原谅他的。有好几次,他的同事们到家里做客,一问起我的年龄,他就胡说八道了:"她老六,十岁了!"

　　哎?我怎么是十岁?他一看我皱起了眉头,就一岁一岁地往上加……

　　"上几年级啦?"人家又问。

　　他又在那琢磨了:"是六年级吧?"不确定地又在猜……

　　"初二!哼!"我气呼呼地扭头就走了,嘴巴里还在咕噜:"什么记性?你怎么不说我还在幼儿园?"

　　爸爸这时的表情很尴尬:"我怎么记得……"

　　大家哈哈地笑道:"你倒是应该做一张表格,推算一下,不然,真记不住!"

　　你说他糊涂吧!可是有一件事上,他却一点不糊涂。那就是我们这些孩子未来职业的选择。

　　大哥因为从小就替代了父亲的身份,在天津老家照顾着爷爷奶奶和生母,一直不在父亲身边。北平一解放,他就参了军;1949年进

1976年带家人重访故地时在西安大雁塔留影

了华北军政大学，1952年又参加了抗美援朝，战功累累。大哥是最缺少父亲照顾的，也是父亲最不担心的；后来一直在部队文工团当话剧演员。

二哥年幼时也不在父亲身边，是1946年父亲回到北平后，才把他从天津接出来的，后来和全家来到上海。父亲让他进了当时在虹口区横浜桥地段的"上海剧专"（是上海戏剧学院的前身）。毕业后去了武汉话剧院，也是演话剧的。

上海戏剧学院正式成立时，我大姐在父亲的指令下，考进了表演系。和焦晃、娄际成、祝希娟是同学，后来是上海青年话剧团的演员。

我的小姐姐因为个子长得小，她自认为自己当演员，没有优势。中学毕业进了上海气象局工作。但是父亲不死心，他托了老朋友硬让她进了准备筹建的"甘肃省电影厂"，电影厂因故下马，她转入了甘肃省话剧团，也当上了话剧演员。

我的小哥其实是出道最早的，他在七岁时，就当上了上海译制片厂的特约配音演员。如印度电影《两亩地》《一个偷自行车的人》，还有电影《冰海沉船》(有关泰坦尼克号题材的最早的影片)中，都有他的配音。他小时候的声音特别好听，有一次，印度电影代表团来上海，要求见见这个配音的小演员，还带来了一份礼物。他们一直以为配音的是一个小女孩，所以送了一个景泰蓝的化妆盒和一串檀香的项链。但是，小哥天生也有个当演员的致命伤——高度近视，后来去了"新疆电影厂"。父亲希望他去学导演，但是没有如愿，他后来还是回了上海，学了人事管理专业。

我家的老七、老八是当年的童星，只要电影里需要小演员，父亲就把他们叫去了，如电影《万紫千红总是春》《今天我休息》等。等他们开始考虑就职问题时，已经由不了父亲了，他们都去了农村的广阔天地。后来，老七当上了采暖通风设计的工程师，老八"交大"毕业后自主创业，成了一名民营公司的合伙人。老九结果倒是进了上海电影局，但是，是在父亲去世后，把他从农场调回上海的。他天生腼腆，不喜欢当演员，这时也没有父亲逼他了。他离开电影局去了旅游局,当了一家分公司的老总。

其他的哥姐们都是毫无疑问地选择了吃开口饭的专业,唯独我却干了一个动手动脚的专业。对于我的专业定位,父亲自己都思想波动挺大的,开始他希望我学音乐。记得有一次,他不知道从什么地方,拿来了一份"上海音乐学院附中"的报名单,上面已经填上了我的姓名,在专业栏里填上了"小提琴"。我是学了几年钢琴,但是我从来没有打算当钢琴家呀!怎么又弄出个小提琴了呢?

"我又不会小提琴,怎么考啊?"

"不会才要学嘛!"

"我为什么要学?我根本不喜欢!"

"学了你就会喜欢的,小提琴多优美,多……"

"知道了。是你喜欢呀!"我知道我拧不过他,拿了报名单就走了。

我有对付他的办法,我在外面逛了一下午,回来把那张报名单又还给了他:"我没有找到那个地方。"

"怎么会找不到呢?这不是有地址吗?"

"那我明天再去找!"

"唉!行了!行了!算了!"父亲终于放弃了。

又有一次,是"上海戏曲学校"到我上学的"市四女中"来选人,把我给选中了,给了一张"准考证"去"戏校"复试。我回家交给了父亲。

他一看高兴得要命:"好!好!好!去戏校好!"这可是他求之不得的,他自己就是个"京剧迷"嘛!

"我不去!我不要唱戏!"我又和他唱反调了。

"人家看中了你,说明你有这方面的潜质啊!我们毛毛长了一双丹凤眼,将来扮相一点特别好看!"这次连妈妈也来帮腔了。

"就你瘌痢头女儿自家好!谁要唱戏!"我对着妈妈放高了声音在叫:"那谁叫你给了我一个破锣的嗓子呀?"

我是有自知之明的,我从来不在人前唱歌,我的声音很难听。

"那可以学武旦呀!"父亲仍在坚持。

"哼!"我扭头就走了,和爸爸我不多争辩,只要不搭理他基本上就没事的。

第二天,我还是去了,不是因为想通了,是因为怕学校的老师。万一老师追问起来,没法交代。可是到了戏校大门口,我就逃走了。因为第一关就是测视力,我有四百度的近视,这不是去撞枪口上吗? 当然也很高兴,我总算找到了不去的理由。

父亲真是煞费苦心地要给我选专业,但是他独独就是不让我去学话剧,或者拍电影。其实,我挺喜欢话剧的,小时候还客串过话剧《归来》中的小演员,演男主角的女儿,还跳了一段"采茶扑蝶"的舞蹈。我还在中学话剧队参加了话剧《灰姑娘》和《革命家庭》的演出。这次奇怪了,他就是不让我当话剧演员。也许,他觉得家里话剧演员太多了? 也许,还有另一个原因? 赵丹的女儿赵青是学舞蹈的,他也想有一个女儿学舞蹈? 和他的老弟一样?

1959年的暑期,北京舞蹈学校来上海招生,他又拿来了一张报名单,还特地写了封信给当时的校长戴爱莲先生。舞蹈我还是喜欢的,我更喜欢芭蕾。我们第四女中的初一(1)班,几乎有一半同学都是学过芭蕾的。我还给班级舞蹈队排过"五朵小红花",是我在少年宫舞蹈队学的。但是,我们班的版本是穿脚尖鞋的,比少年宫的版本水平更高。

可是,很遗憾! 虽然我这次是自愿去的,但是人家没有要我。什么原因? 因为我上学早,同样年龄,人家才小学毕业,我已经是初二了。考官说,你将来文化课怎么上?

1974年作者舞蹈《送粮路上》剧照

他的爱很久远,很温暖

我们没办法安排。其实，我知道，我条件是没问题的，主要是相貌平平，不出挑呗！

"不会吧？那信呢？"父亲见我又没落实，有些不相信了。

"人家说只招小学毕业的，不收我，还给信干什么？"我当时根本不懂这封信的作用，这是父亲难得去求人的举动，给我傻乎乎地浪费了。

就在同年夏天，上海舞蹈学校筹备建立，招收一个试点班。父亲不知道又从哪里得到了消息，他找到了当时负责这件事的许平先生，开口就说："我把女儿交给你啦！"

这次他是铁了心地一定要把我送进去的。

我的专业总算是定下来了，当然，我还是很中意的。不过我以为进了舞蹈学校，就是学芭蕾了，结果，还是学了一个和戏曲差不多的古典舞专业。

父亲在演话剧《关汉卿》时，认识了昆剧名家方传芸先生，他带我去了方先生家，三拜六叩地聘请方先生，收了我这个徒弟，教我戏曲身段。从此以后，我除了在学校学，每个星期天还要去方先生家，在他家的晒台上，一招一式地学戏。爸爸有空也会陪我去。从他笑眯眯的表情来看，他是十分满意我学了舞蹈，他子女的专业，也有一个新的品种了。他经常提醒我："学舞蹈挺苦的，不像以前那样，只是学着玩玩的。不下点苦功夫，是成不了气候的。"

其实，不用他多说，我是老师口中最用功的孩子。我是他生出来的，难道他还不清楚？我知道他内心还是很心疼我的，他很矛盾，他怕我坚持不了，但也担心我练狠了容易受伤。有一次，我脚崴了，只能回家养伤，他心里闷闷的，一脸的歉意，好像是他害了我一样……既然选了这一行，我苦，我累，是我的事呀！可他总是会瞎操心。

有一次，他好心办了件坏事，让我大哭了一场。我们学舞蹈是必须住校的，一个星期回家一次。父亲如果不拍戏，他星期天也不闲着，总要找点活儿干干。这天，他一大早起来，整整花了两个小时，给我补练功裤，把我练功裤的双膝部位，用缝纫机像纳鞋底一样，严严实实地贴上了两个大饼。

我一看，真的是急得双脚跳了："你干嘛呀？这让我怎么穿呀？"眼泪一下子就蹦出来了……

父亲理直气壮地说："这不是破了吗？"

"谁让你管了？就这么一个小洞，根本看不清楚的呀！"我越哭越伤心了。

"你也是，你不知道你宝贝女儿爱漂亮吗？"妈妈也责怪他瞎起劲。

1975年作者表演双人剑舞

"练功要什么漂亮？这不是结实耐磨吗？"

"可这鼓鼓囊囊的，我明明腿伸直了，可是老师还以为……"我的哭声越来越大了。

爸爸一脸无辜地看着我："那我帮你拆了还不行？你呀！真是没有吃过苦啊！过去那些老艺人，练功都是在泥地上练的，为了省衣服，都是光着膀子练，有这个穿已经挺满足了，台上好看，才是真正的好看！"我当时还是不服气，心里想，那是戏曲，我们练的是舞蹈。舞蹈就是比戏曲讲究。

慢慢的我懂了，父亲是一直在注意我的一点一滴，他知道我太娇生惯养了，也特别任性。他希望我在学舞的同时，学会吃苦耐劳，锻炼自己的意志力。他经常会通过各种途径了解我的学习情况。如果有考试或者实习演出，爸爸是一定要到场的。

妈妈觉得很奇怪："你爸爸看别的演出，基本是看到一半就睡着了。看女儿演出，他倒是从来不打瞌睡。"

的确我很幸运，我的成长每一步都是和父亲的关心、严格要求分不开的。他在我身上倾注的心血，真的是最多的。

大哥、二哥和大姐，他们的童年都不在父母身边度过，并且还有过寄人篱下的悲惨经历。小姐姐还是个花季少女，就一个人去了大

他的爱很久远，很温暖

207

1977年魏鹤龄与外孙女殷红、长孙魏烨

西北求职谋生。父亲的几个小儿子，虽然幼年是倍受宠爱的，但是后来也是羽毛未丰就单飞了。有的去了新疆，有的去了安徽，有的又去了上海近郊的农场。倒是我，从来也没有离开过父母，连结婚生子都和爸爸妈妈一直住在一起。正因为如此，我也许更了解父亲，更依赖于他。父亲晚年的凄惨，总让我历历在目，一旦想起，便痛彻心扉……

记得1970年那个严冬，我因为怀孕又引起了严重的急性肾炎，被从下放劳动的农村，送回上海抢救。

一个人孤零零地躺在当时的公费医院的病床上，我很无助，也很绝望……当时家里已空荡荡的，全被拆散了。因为那一年是处于"备战备荒"的形势下，不是医生出具证明，我这个"可以教育好的子女"，是处于工宣队的监控下的，是不能回沪治病的。是医生向工宣队提出了抗议："你们再不送她回上海，出了人命，我们是不负责任的！"

整整一个星期，我像个活尸体，天天望着天花板发呆……

一天，一个护士来说："有一个老人在门外询问，是不是找你的？"

突然，我见到老父亲颤颤巍巍地进来了……

我真的很吃惊，我不知道他也回来了，也没想到他竟然知道我住院了。

但是看见他的那一刻，我舒心了，踏实了，那一声轻轻地"爸"！眼泪"哗哗"地流个不停，但是，把我心中的一切苦痛也带走了。

父亲的眼圈也一直红红的，但是，他一直忍着，他也不敢多逗留，没有说什么话又悄悄地走了。

看着他的背影，我已经无法控制自己地颤抖起来……这种颤抖已经持续了多日，开始是因为抢救时的药物过敏，险些让我丧命，而这次是因为他。

后来我才发现，床上有一包他留下的纸口袋，打开一看，里面有一个个小三角包，都是我爱吃的话梅、橄榄……这时看见这些东西，我是心酸了……我想起父亲一个人孤零零地躺在那个老家里，他心里是什么感觉啊！我的脑海里出现了电影《家》的镜头，家道中落，四分五裂，大厦之将倾的恐怖、寂寞、凄惶……

1970年7月1日，我唯一的女儿出生了，代表全家来看我的，还是只有父亲一人。这天，老爸真的开心地笑了……抱着那粉嘟嘟的小婴儿，他似乎看见了希望。

"爸，你给起个名字吧！"我请求他。

"今天是多好的日子啊！就叫殷红吧！"老爸不假思索地说。7月1日是党的生日，父亲给这个刚刚降临人世的女孩起名"红"，是因为他相信正义终将战胜邪恶，阴霾也会散去……

也许因为这个外孙女是他给起的名字，殷红也成了外公特别宠爱的女孩。我童年的幸福在她的身上又延续了……

多少年来，我的书桌上，始终端放着父母的照片，一抬头就能看见。深夜伏案，又会跌进回忆中……怀念着那父母健在，一家人其乐融融的幸福日子，真希望时光能够倒流……我经常会做梦，梦到老家里一幕幕的往事。可庆幸的是，我从来都没有梦到那些苦难的日子，梦到老爸那忧愁的面容。梦里的父亲还是这么的年轻健壮，还是那么心满意足的样子，还是微笑着看着我一言不发……虽然醒来知道是梦，但是我已经是很快乐的了。

19 父亲留下的遗产

　　大明星给人的印象总和荣耀、身价、名望等挂钩,当然一想到你是明星,必然是住豪宅、开名车、资产上亿、保镖簇拥。现在听到某某名演员拍一集电视剧的片酬要上百万,真的不可思议。心想老爸要活在当下,该值多少钱啊!我记得父亲去世前的每月工资是460元,这也是从两百多、三百多一点点地爬上来的,几乎爬了半辈子,但是这已经是文艺二级的待遇了。当时电影系统,文艺一级的屈指可数,也就是白杨、张瑞芳、赵丹等几人。很多非常有名气、有作为的演员,每个月也只拿两百多。新中国成立后很长一阶段,不管你一年拍多少部电影,你每月该多少就拿多少,一分钱也不会多给你的。

　　在父亲1956年4月1日的来信中,传来了好消息:"10号发工资时，还是请曾昌在厂里代我领吧。互助金一定得扣，而且要扣两个月的40元，不必再拖延，迟早总得要还清的，详细的数目等我回上海再向厂里算清。有个好消息告诉你，听说1955年，我还可以领到一点工作酬金，多少我还没有确定，回去就可以领了。以后拍戏也都另有酬金，以今年厂里的任务来看，我可以有两部好拍，那么在经济方面就能够应付了，这你就可以宽一宽心了……"

如果现在要告诉你，那些曾经显赫一时的中国明星们还要借钱过日子，人家还以为你在哭穷，绝对没人相信的。但是我对这个事是有印象的。因为每到我们开学的日子，父母亲就为我们的学费发愁，这么多孩子的学费一下子要付掉，这个月的一大家子的日常开销就缺口很大了。这时母亲就要父亲去厂里的"互助金"借钱。这钱也不是人人可借的，你必须先加入"互助金"，有了底数，你才能一次性借款来救急。

自从有了"片酬"一说，我家的日子就宽裕多了。老爸回家时，若抱着厚厚的电影剧本回来，我们就知道老爸有新戏要拍了，我们就开始做美梦了，就可以提出自己的需求了。而且小小年纪就懂

1959年拍摄《探亲记》时

他的爱很久远，很温暖

211

青年时代的作者

得,演主角一定比演配角的片酬高,就是说,想买个洋娃娃,一定能买一个会眨眼睛的那种,所以我经常一个劲地问老爸:"你这次是演主角吗?"

妈妈也开始忙乎起来,戏还没有杀青,家里的客厅就变成"裁缝铺"了。上海人在五十年代时讲究请裁缝上门做衣服,料子自己买回来,让裁缝计算一下,做两件海虎绒大衣,还有两件丝棉袄,再加两条法兰绒西裤,需要几工? 然后再谈一下,包吃三顿饭一天的人工费是多少?

这就是让我记忆最深的一次妈妈计划完成的做衣工程。

当我也特别起劲让裁缝给我量尺寸时,却发现这么轰轰烈烈的排场中竟然没有我什么事。我和妈妈胡搅蛮缠了半天……

妈妈却说:"你这个年纪,穿什么海虎绒大衣,再说,等姐姐们穿不了了,你不是一下子就有两件了吗!"

我好伤心,一个人钻进了房间,开始绝食抗议……这时,也确信了一个事实:"我真的不是妈妈生的,是垃圾桶里拣来的。"我小时候长得很丑,单眼皮、塌鼻梁,和家里谁都不像。我大姐说我是她倒垃圾时拣来的,我二哥说我是他路上拣来的……

后来我的绝食斗争终于还是成功了。

"她们都有,为什么就不给毛毛做?哪个小孩子不喜欢穿新衣服?"爸爸严厉地批评了妈妈。

第二天,妈妈就带我上淮海路买衣料了,结果我的新衣服比姐姐们的更漂亮。

现在想想,做一件新衣服用得着这么拼死斗争吗? 还是魏鹤龄的女儿呢?可是明星又怎么样? 那时候的社会认识是,你的职业分工是拍电影,没有什么三六九等之分。

我是演员

212

秦怡老师也是我父亲的老搭档了。在电影《北国江南》里她饰演双目失明的银花嫂；在电影《摩雅傣》里，她同时扮演了两个角色，一个是被歹人诬陷的"琵琶鬼"，一个是傣家女医生。我父亲在戏里，既扮演了她的丈夫，后来又当了她的爸爸。

　　秦怡是一位令人尊敬的中国女明星。她高贵优雅的气质，不是展现在现代人过于追崇的，走红地毯时的那种珠光宝气，而是在她面对坎坷人生时，乐观豁达地一路走来。她达到了人生的一种最高境界，这让她美丽无比，犹如天仙。

　　在 2003 年 5 月，我担任了"全国残疾人技能大赛开幕式"总导演。我设计了一个节目，配乐诗朗诵《天使妈妈》，并请秦怡来担纲。因为我知道，秦怡老师几乎是倾注一生全部的爱，含辛茹苦抚养、照料着智障的儿子——小弟。我希望她以一个母亲的角度，用她那柔美的能抚平人间一切苦痛的嗓音，来传递这么一种博爱，来完成我们晚会的主题，音乐选用了《圣母颂》。

　　为了采访，我和另一位词作者来到了她位于吴兴路的家，也见

《摩雅傣》与秦怡剧照，魏鹤龄饰波依汗、秦怡饰波依汗之女傣族女医生依莱汗

他的爱很久远，很温暖

213

到了魁梧高大的、又有些懵懂的小弟。

秦怡老师特别平静地讲述了她和小弟之间发生的很多故事。小弟起初见陌生人造访,溜进了自己的房间,后来就不停地在门外溜达⋯⋯

"小弟,坐妈妈这儿来。"秦怡用对幼儿的口吻招呼着他。

"我不,我有事,我很忙。"小弟又溜进了自己房间。

秦怡笑了:"好,你忙你的,我们不打搅你噢。"

要养育这么一个儿子,秦怡真的什么都经历了,但是她从未放弃,也没有抱怨,亲眼目睹着她与小弟间这么温馨的母子情深。我们潜然泪下了⋯⋯

家中平时只有她和一个年近六十的老保姆照料着这个五大三粗的大孩子,小弟有时发病,还会打人。

"应该找一个年轻一点的保姆。"我们建议。

"找了,没有人愿意来啊!"秦怡无奈地说。

有一次,一个年轻的保姆经人介绍来应聘,一进门就说:"噢!我是不是敲错门了?"

秦怡老师的家的确很普通,甚至用现代人的眼光看还有些简陋。

"你们家洗衣机不是全自动的啊?"

"你们家的电视机这么小啊,还不换个大尺码的啊?"

"你们家的厨房这么小啊,怎么做饭啊?"

"你们家的保姆房在哪儿啊?"

这个保姆巡视了一番,一连串的问题问得秦怡老师有些恼火:"对不起,你要的这些,我都提供不了,你可以走了。"

"人家介绍时,不是说你是大明星吗? 你咋这么穷啊?"

这一段介绍让我们听了也很心酸。其实不仅是秦怡老师,老一辈的艺术家都很清贫,甚至都是经历了战乱、灾难和"文化大革命"的精神摧残,可是他(她)们从来就不会去计较什么待遇、回报,和当下的某些明星的漫天要价相比,真是天壤之别啊!

我从小在父亲这位大明星身边长大,有一个明星爸爸,让同学、同事很羡慕,在很多场合当介绍我时,总要加上一句:"她是魏鹤龄的女儿。"对于这样的补充,我并不乐意。因为我认为父亲的成就和我没有什么关联,我就是我,我不愿意因为这种特殊的身份人家才待见我。

等自己长大了,慢慢成熟了,才越来越明白,因为我是他的女儿,在他潜移默化的影响和熏陶下,才成就了今天的我。

1986年,我的处女作电视剧《导演的舞蹈病》在中央台和许多地方台播放了。这原来是一个电影文学剧本,父亲死不瞑目的眼神,很多年在我的心中总是萦绕,挥之不去,总想把这种感觉说出来。但是,我不知道我能做什么。在北京舞蹈学院上学时,有幸认识了北京电影制片厂文学部副主任霍庄。经常和他聊父亲的那些事。他毅然决定收我当学生,他说我这个人感觉很好,能学编剧。这个电影文学剧本,就是我在北京向他学习完成的作业。

这个剧本也得到了我姐夫施锡来的支持和帮助(电视剧中他扮演了男一号),他推荐给了"上影厂"文学部主任张建亚。这个剧本据说在电影厂里压了八个月,大家都很喜欢,但是因为题材有些局限。张主任的想法是抓到一个受众面比较大的题材后,同时开拍。我非常感谢大家,因为我知道我的剧本本身是很稚嫩的,但是,剧本中反映的那种精神很可贵。最后决定由"上影厂"电视制作中心和《大众电视》杂志社联合制作,先拍电视剧再拍电影。由宋崇导演执导,摄像是张元明,演员阵容也很强大,女主角是庞敏、薛淑杰,除了施锡来,还有黄达亮、翟乃社、马冠英、宋忆宁等。因为是反映芭蕾舞演员的故事,编舞是石钟琴。电视剧播放后反响很大。全国有三十多家报刊刊登了评论文章和剧照,有中国电影时报、上海文化艺术报,包括人民日报、中国妇女报海外版都有报道。北京电影学院和中国电视制作中心还举办了专题研讨会。大家认为,这是一部反映一个舞蹈编导在文艺改革的浪潮中沉浮、困惑、反思,仍坚持着自己艺术追求初衷主题的电视剧。很有现实意义。

电视剧播放后,《大众电视》编辑部约我写稿。我在题为《父亲留下的遗产》一文中这样写道:"有人问我,你是搞舞蹈的,怎么会想

他的爱很久远,很温暖

215

1984年作者回上海歌剧院任编导（前左二为魏芙）

起写剧本的？我说，这一创作冲动，是父亲留给我的……"

1984年，我刚从北京舞蹈学院编导系毕业，就面临当时的经济大潮对文艺改革的冲击，我们这些刚刚深造完毕，踌躇满怀的佼佼者却遭遇了前所未有的困惑和选择。有的想回原单位大显身手，可是剧团已经解散了。有的一回去就改行种蘑菇去了。这一刻，触发了我的创作冲动，一定要把父亲他们这一代人对艺术的执着精神写出来，电视剧由"上影厂"来拍摄，也是我特别高兴的事，我的电视剧也是为了替父亲了一个心愿。这么多父亲的同仁投入了大量的心血，也是敬重他执着追求的一生，更是一种深深的怀念。

1986年的一天清晨，我骑着自行车来到了当时父亲的安息之处——上海龙华烈士陵园，把女儿写的文章放在了他的身边。那一刻，我有许多许多的话想对他说，可是我哽咽了……我真的好想好想你——亲爱的老爸，如果能像你拍的影片一样，把和你在一起的时光，重放一遍，那有多好啊！

《父亲留下的遗产》这个题名，是不假思索地就跃入脑海的。父亲从没有和我们高谈阔论地谈人生、谈艺术，但是他献身艺术的精神已经成为我们子女的楷模。他的一举一动更是我们衡量自我行为的坐标。有成绩不敢骄傲，遇挫折不敢退缩，似乎总有一双眼睛看着你，让你把松了的弦再绷紧。

有很多次采访中都会提出这样的问题：你们一家子，几乎个个子女都子承父业地当了演员，父亲平时是怎么和你们谈艺术的？我搜肠刮肚地回想，正儿八经地谈表演还真没有。但是有一次父亲与我彻夜长谈，却让我终生难忘。

1964年，我刚步入演员生涯，却面临着一个舞蹈演员最致命的打击，十八岁的我突然像个皮球被充足气般发胖了。不要说导演用你有顾忌，自己在台上也一点自信没有了。进团时我拜了一位作曲家为师，向他学"和声学"，他说我音乐上很有悟性，并答应推荐我考音乐学院作曲系，于是我向领导提交了改行申请，却被退回了，批复上一句话："女孩子发胖是阶段性的，不予考虑。"但是，我很沮丧，并以不练功对抗。

父亲为此很生气，但是并没有责备我，他让我去看一部译制片《她在黑夜中》。影片是描述一个人老珠黄的妓女几经被骗、又终遭遗弃的悲惨命运。父亲说："影片刚一开始我很纳闷，导演怎么找了这么丑的女主角，但是看到后来我流泪了。尤其是最后近五分钟的长镜头，她那欲哭欲笑、欲痴欲狂的表情，对人物内心的感受拿捏得这么到位，这可不是一般靠漂亮脸蛋混事的人能达到的……当然你必须要减肥，只要干上演员这一行，你的身体就是你的工具，要保养，要维修，可不能任性，也不能像小时候那样贪吃了。"

知我者老爸也，爱吃甜食也是他的基因遗传。而且老爸也清楚，在言语不多心很

1976年的魏鹤龄

217

重、干什么事都一根筋的个性上，我真是也得了他的真传。他希望我，不要因为暂时的受挫而放弃自己追求的初衷。

这一夜父亲难得地和我讲了他很多的人生经历。他语重心长地说："对于一个演员来说，磨难和挫折是财富，因为你比别人又多了一份生活的体验。"

是父亲帮我走出了困境，日后每一次奋争都认证了他的教诲。每一次陷入事业的低谷，我相信只要不退缩，我将会有更大的超越和突破。

父亲更像是一个老师，让我明白了人生最快乐的事是在你从事的专业中，去追求那种尽善尽美的境界。不为名利、不图回报，也没有顶峰、没有终点。只要你还有能力，你必须前行。所以当别人都认为我已经功成名就了，已经可以不必再努力奋斗了，甚至认为我是为了挣更多的钱才这样搏命时，我只能笑笑。因为他们不懂，我的心里永远有一个老师，他天天在顶着我，他的遗言是一条无形的鞭子，抽着我不能怠懈。这不是什么雄心壮志，只因为喜欢，因为爱，爱自己心中的艺术！

我的大哥魏坚也是如此。在一次新民晚报对他的报道上，称他

长子魏坚1986年《春蚕》剧照，魏坚饰老通宝

为"小魏鹤龄"，我觉得他是当之无愧的。

1986年春天，浙江电视台准备拍摄茅盾名著——反映农村的三部曲《春蚕、秋收、残冬》，傅强导演在考虑由谁来扮演老通宝时，不无遗憾地说："如果魏鹤龄还在，他将是最佳人选。"

说者无意，听者有心。剧组有人告诉导演，魏鹤龄的长子魏坚，不但外形酷似父亲，就是言谈举止也和当年的魏鹤龄十分接近。于是，摄制组调来了湖北电视台录制的专题片《访魏鹤龄长子——魏坚》，片中有很多魏坚扮演的成功影片的片段。傅强导演看了非常兴奋，他大叫一声："这不就是魏鹤龄吗?哈哈！魏鹤龄复活了！"当即就拍板让魏坚主演老通宝一角。

我大哥听说，这是为了寻找魏鹤龄表演风格的演员，而找到了他，非常激动。父亲走了，带着遗憾、期待的心情走了。能替代父亲来演老通宝——这个中国文学史上占有重要地位的人物，也算是继承父亲的遗愿了。所以他决心一定要全力以赴塑造好这个角色。

摄制组在桐乡抢拍了一组外景后，全组人员都回杭州休整。魏坚却独自一人去了濮院体验生活。晴天，徒步到农村了解春蚕生养情况，体察江南农家独特的风土人情。因为不通晓方言，就请一些小学生来当翻译，认真地学习土话。雨天，则到镇上茶馆坐上一天，观察老人们的言谈举止，风雨兼程地待了二十几天。

历史有时就在某一刻、某一时、某一个地方会重现。老魏鹤龄和小魏鹤龄在不同的时空相遇了⋯⋯也许，这就是一脉相通，就是子承父志，不单纯是一个角色的完成，而是一种魏鹤龄精神，和魏鹤龄艺术风格的延续。我仿佛看见了两串不同年代的脚印重叠在同一条道上，两颗激情满怀的心交汇在春天清晨的霞光中，在江南的山山水水中留下了父子俩一路前行的背影⋯⋯

等大部队回到了拍摄基地，大家看到的是一个活生生的老通宝出现了。

1987年春，《春蚕、秋收、残冬》在中央台黄金时段热播，引起了巨大反响，老通宝这个人物塑造得很成功。《文艺报》在北京召开了座谈会，林默涵在谈到演员表演时说："老通宝很感人，自然、真挚、

长子魏坚998年《男人河》剧照,魏坚饰巴爷

深情。魏坚很称职。"

　　自然、真挚、深情就是魏鹤龄的表演风格。很多报刊都作了专题报道:"老通宝的扮演者是已故表演艺术家魏鹤龄的嫡系传人,无论是形象还是表演风格,都是子承父风,给观众捧出了一个活脱脱的老通宝。"

　　在大众电视金鹰奖的评选中,该剧获得了特别奖的殊荣,我的大哥魏坚用自己的勤奋努力再一次告慰了父亲的在天之灵。

　　我的大哥几乎是我父亲的翻版。也许他和我一样,永远忘不了父亲的遗愿,想以自己的努力去完成父亲未了的心愿。他在人生晚年又完成了一部传世佳作。

　　1997年深秋,他参加了北京电影学院青年电影制片厂《男人河》的拍摄。在剧中扮演一个配角老舵主巴爷,他的主要戏段是独臂勇闯鹰嘴岩。为了拍好这组镜头,他每天来回上下往返一千两百级台阶,去向老船工学习冲浪撑船。在开拍当天,他坚决不用替身,他说:"勇闯鹰嘴岩是影片的魂,也是巴爷的魂,是民族精神的象征。

怎么能用替身?"

拍摄现场,全组的同仁都为他捏着一把汗。大家目不转睛地注视着河道,制片主任、剧务、船工紧张地准备着,万一有险情要及时抢救。

巴爷在激流中驾着小船……桡杆飞动,船在激流和礁石间穿行……巴爷一声大吼!过鹰嘴岩、松桡……小船飞流直下……

导演兴奋地大叫:"过!"

场上半天没有声音。突然,所有的人都欢呼大叫起来:"老爷子真棒!真了不起!"

为了演好这个戏份不多的配角,他把全部生命都投入到这个艺术创作中了,当时我大哥已经是七十高龄了,我相信他的血液中流淌着父亲的追求和信仰,他和父亲一样,从不谈自己的表演,但是,他努力想成为魏鹤龄式的好演员。认认真真地在努力,一步步地在靠近……当《男人河》在中央电视台电影频道播映时,我亲爱的大哥已经于1999年7月4日去世了。

他用对电影艺术的无限忠诚,给自己的生命画上了圆满的句号。

他不愧是魏鹤龄的长子,一脉相承了父辈的宏远大志。

1995年,在替父亲领回"中国电影世纪之星"奖杯后,我回到了父亲的故乡——天津那个叫"赤土村"的小村庄。

我朝着村民指引的方向走去。那是父亲年轻时从这儿出发的地方,一条宽阔的公路上,大大小小的汽车在飞跑……已不见了牛车的踪影,也听不见悠悠的琴声了……突然一个年轻魁梧的小伙子在我身边擦肩而过……嘴里伊里哇啦地唱着曲儿……他像在飞,我追不上他。但是,我确定是他——那个魏家的老五,他一路直奔,毫不犹豫……这条路好长,似乎没有尽头……

夕阳慢慢落尽。远处的天边显出了淡淡的月牙,满天的星斗像银湖般波光粼粼……一个人影又掠过了我的身边。咦?是他!他怎么又回来了?我拼命地大喊着:"爸爸……"他回头了……向我微笑着……他离我太远了,他说什么?我还是没听清楚……但是我明白他想说什么。

我对着生育这个中国电影世纪之星的大地，深深地一鞠躬，感谢她哺育了一个年轻生命的根深叶茂。我对着父亲曾经　望的天空，大声地呼喊："魏家老五回来了，魏鹤龄回来了，他想告诉你们，我是……"

"我是演员……我是演员……"父亲的声音突然像回声一样荡漾在银湖星空……我真地听到了，也听清楚了，这的确是他的声音……

他在说："我是演员。"

魏鹤龄年谱

1907 年 1 月 14 日

出生于天津东郊赤碱滩（新中国成立后改名为赤土村），爷爷魏世奎的第五个孙子。生父——魏春浦，养父（二叔）——魏德浦。幼年跟在爷爷创办的私塾识字，帮养父田间劳动。

1913 年夏

魏鹤龄六岁时，生父春浦把魏鹤龄接到天津市区，在紫竹林一所教会小学上学，并在父亲的"万巨和"大杂货铺做杂务。经常去杂货铺边上的"劝业场"看戏班子演出，迷上了演戏的行当。

1915 年夏

生父病故,鹤龄和他的三哥吉龄,被四叔魏润浦接到北平。就读于"北平师大附小"。

1919 年——1925 年

就读于"北平师大附中"。

1926 年——1927 年

因为生活所迫,无法继续学业,就进了当时的北平兵署,在魏鹤龄的五叔魏镜浦(军医)手下当了一名司药。不久,因为不习惯旧兵署的非人生活,他就返回天津老家,务农了。

1928 年

在天津老家奉旨成亲,和第一任妻子因包办婚姻,性格差异很大,感情不和,婆媳经常口角不断。年轻的魏鹤龄离家出走,过起流浪打工的生活。挑过货郎担,当过小伙计,最后在天津码头干起了搬运夫。

1928 年 6 月

偶然的发现,毅然辗转山东,考入了山东实验剧院。开始了自己走入戏剧人生的第一步。该院院长是赵太侔,教导主任王泊生。还有名导演万籁天、丁子明、吴瑞燕等任教。同窗有崔嵬、田烈等。在剧院期间,魏鹤龄任"学长"(班长),实习作品有《苏州夜话》《江村小景》《获虎之夜》《一致》等。

1930 年 6 月——1931 年 3 月

山东实验剧院遭军阀迫害,被迫关闭。由继任院长王泊生成立了"晦鸣剧社"辗转至北平。公演了话剧《醉了》《东北之旅》等。因"九一八"事变爆发,战局混乱,民不聊生,"晦鸣剧社"解散。

1931年6月——1932年3月

在北平参加了"红十字救护队"奔赴上海,以一名司药的身份,参加了著名的"一·二八"淞沪抗战的伤员救助工作,并腿部中弹,光荣负伤。

1932年4月

反动政府签订"停战协定",迫使"淞沪抗战"结束。经好友刘郁民介绍参加了上海"集美剧社",赴杭州演出。

1932年5月

在杭州参加了中国左翼戏剧家联盟组织的"五月花剧社",进行着抗日进步话剧的宣传演出,如《乱神》《战友》《放下你的鞭子》《谁是朋友》等。后来,主要负责人刘保罗被捕,剧社解散。

1932年6月——1933年8月

在湖州吴兴民众教育馆负责"葡萄剧社"的辅导、排练、演出等工作,提高了很多业余爱好者的演技水平,普及和推动了话剧运动的新发展。排演了《湖上的悲剧》《江村小景》《苏州夜话》等话剧,还配合了当年全国的"爱国捐款献飞机"运动的宣传,举办了大型义演活动。

1933年——1935年1月

田汉主持的左翼剧联组织了"春秋剧社",聚集了上海的剧人,演出了《梅雨》《名优之死》等剧目。魏鹤龄成功扮演了《名优之死》中的男主角刘振声,在上海滩一夜走红。并在"上海戏剧协社""上海戏剧供应社"参加了话剧《怒吼吧!中国》等剧演出。

1935年2月

魏鹤龄成功出演了人生第一部电影《人之初》(名导演史东山作品),也开启了他电影事业的人之初。和"艺华影片公司"正式签约。受著名剧作家田汉、著名导演卜万苍邀请和提携,相继拍摄了电影《暴风雨》《凯歌》《桃李劫》。

1936 年 10 月——1937 年 4 月
受"上海明星影片公司"邀请,参加了二十世纪三十年代经典影片
《马路天使》的拍摄,出演了第二男主角卖报老王。
(著名导演袁牧之,与著名演员赵丹、周璇、赵慧琛等合作)

1937 年 5 月——1937 年 8 月
被"新华影片公司"(香港)邀请参加了电影《貂蝉》的拍摄,担任王允
一角。同时参加了"上海业余实验剧团"话剧《太平天国》(萧朝贵)、
《娜拉》(阮克医生)、《原野》(仇虎)、《武则天》(唐太宗)《大雷雨》等
剧目的演出。

1937 年 9 月——1938 年 4 月
参加了"抗日演剧四队",赴南京、武汉等地,开展抗日救亡运动。上
演了话剧《月亮上升》《梁上君子》《醉了》《谁是朋友》等剧目。
在中国电影制片厂前身——武汉行营电影股参加了抗战影片《保卫
我们的土地》拍摄。

1938 年 4 月——1939 年 4 月
随抗日演剧队赴重庆,参加了"上海业余剧人协会",参与了大量抗
战救亡话剧的演出,如《上海屋檐下》《国家至上》《民族万岁》《塞上
风云》《全民总动员》等。进入了中电摄影场,拍摄了抗战影片《中华
儿女》《长空万里》。后又转入中国电影制片厂拍摄了《青年中国》
《火的洗礼》。

1940 年 4 月 4 日
魏鹤龄和袁蓉在重庆喜结良缘,介绍人老舍,证婚人郭沫若。

1940年——1941年

加入中华剧艺社参加了话剧《忠王李秀成》《结婚进行曲》《重庆二十四小时》《群魔乱舞》《夜店》《金玉满堂》《花贱泪》等演出。

1942年——1944年

在中电剧团参加了话剧《重庆屋檐下》《天长地久》《喜相逢》等演出。

1945年——1946年

在中电剧团参加了话剧《雷雨》《两面人》《胜利号》等演出。

1946年5月——1948年

国民党中央宣传部的"中电"接管了日伪的"华北电影公司",成立了"北平中电三厂",魏鹤龄和沈浮、谢添、齐衡等分配进入"北平中电三厂"。

拍摄了电影《圣城记》《青梅竹马》《追》《白山黑水血溅红》《粉墨争琶》《郎才女貌》。

参加了"中电二厂"电影《喜迎春》拍摄。

同时,又参加了"长春电影制片厂"电影《哈尔滨之夜》的拍摄。

1948年7月

被"清华电影公司"聘用,一起迁址上海。

1948年

受聘于"上海昆仑电影公司",拍摄了电影《乌鸦与麻雀》(与著名电影人郑君里、赵丹、孙道临、上官云珠、黄宗英、吴茵、李天济等合作)。

1949年

受聘于"上海国泰电影公司"拍摄了电影《江南春晓》。

1950 年——1951 年

受聘于"上海文华电影公司"（原清华电影公司），拍摄了电影《我这一辈子》，同时参加了"昆仑电影公司"电影《人民的巨掌》的拍摄。

受聘于"上海中器公司"，拍摄了电影《无限的爱》《姐妹冤家》。

参加了"上海惠昌电影公司"的电影《婚姻大事》拍摄。

参加了"上海大同电影公司"的电影《彩凤双飞》拍摄。

1952 年 2 月——1952 年 12 月

受聘于"上海联营电影公司"，拍摄了电影《彩车曲》。

1953 年 1 月——1958 年 4 月

"上海电影制片厂"成立，为一线演员。

电影《乌鸦与麻雀》获中央文化部颁发的中国优秀影片奖（1949——1955），魏鹤龄获个人一等金质奖。

1954 年

出演电影《淮上人家》《不能走那条路》。

1955 年

拍摄了电影《宋景诗》。

1956 年

参加了著名文学家巴金小说改编的电影《家》的拍摄，和著名演员张瑞芳、孙道临、黄宗英、张辉合作。

1956 年——1958 年期间

作为"北京电影制片厂"特邀演员，参加了彩色故事片《祝福》和《探亲记》《生活的浪花》的拍摄。

1957 年 5 月

上海电影制片厂分为三个厂，演员编制分别从属于"天马电影厂"
"江南电影厂"和"海燕电影厂"，魏鹤龄分在了"海燕厂"。
同时又成立了"上海电影演员剧团"，演员可以统一使用，魏鹤龄担
任了副团长。

1957 年

电影《祝福》赴苏联举办了莫斯科电影周首映式。魏鹤龄和白杨是
电影代表团主要人员。
同年电影《祝福》获卡罗维·发利国际电影节特别奖。

1958 年

电影《祝福》获墨西哥国际电影节银帽奖。

1958 年

出演电影《常青树》(海燕厂出品)、《鲁班的传说》(江南厂出品)。

1959 年

出演电影《黄浦江的故事》(海燕厂出品)。

1960 年

在电影《摩雅傣》(海燕厂出品)中和著名演员秦怡合作。

1962 年

出演电影《燎原》(海燕厂出品)。

1963 年

出演电影《北国江南》《飞刀华》(海燕厂出品)

1965 年

出演电影《血碑》《柜台》(天马厂出品)。

电影《柜台》是在 1966 年"文化大革命"开始前,魏鹤龄一生拍摄的最后一部电影。

在 1959 年国庆献礼上,上海电影演员剧团和上海戏剧学院联合上演了田汉名著《关汉卿》,魏鹤龄主演了关汉卿一角,这也是他一生中最后一部话剧。

1966 年——1974 年

被关押审查。

1974 年

冤案昭雪,宣布平反,恢复一切职务。但是从此再没有登上银幕。

1979 年 10 月 2 日

魏鹤龄在上海龙华医院逝世,享年七十二岁。

1984 年 10 月

魏鹤龄逝世五周年,上海《电影艺术》召开了"著名电影表演艺术家魏鹤龄表演艺术研讨会"。

1992 年

"上海电影艺术研究所""电影艺术""上海电影公司"联合举办了"魏鹤龄表演艺术观摩研讨会"。

1995 年 11 月 28 日

魏鹤龄夫人——袁蓉在上海龙华医院逝世,享年七十六岁。

1995 年 12 月 28 日

纪念世界电影一百年、中国电影九十周年,文化部、电影局在北京人民大会堂举行了中国"电影世纪之星"颁奖大会。由朱镕基副总理颁奖。魏鹤龄获"世纪之星"光荣称号。

1995年12月
天津市东丽区政协刊物《天津东丽文史资料》刊登了介绍魏鹤龄艺术人生的多篇文章。

2005年11月
在三亚举办了纪念中国电影一百周年盛会，"中国电影表演艺术学会"表彰了对中国电影发展做出杰出贡献的表演艺术家，魏鹤龄获"中国电影百年百名优秀演员"称号。

2005年12月12日
上海文化广播影视管理局、上海电影集团公司、上海联合电影院线主办的"上海市纪念中国电影诞生一百周年庆典晚会"在上海大剧院举办，会后上海新闻晚报刊登了《梦回上海电影百年间》一文，回顾了魏鹤龄、郑君里、仲星火等电影人的艺术经典。

2008年4月
中央电视台《电影传奇》栏目拍摄了《电影人物——魏鹤龄》介绍专题片

2009年
为纪念魏鹤龄逝世三十周年，中央台电影频道再次拍摄了《光影人物——纪念魏鹤龄逝世三十周年》专题片

2009年
上海电视台纪实频道"往事"栏目拍摄了《魏鹤龄艺术人生》纪录片
上海东方电视台拍摄了魏鹤龄子女把魏鹤龄"世纪之星"奖杯、影片剧照和生前遗物捐赠给"上海历史博物馆"的史料片。

2015年9月

纪念中国人民抗日战争和世界反法西斯战争胜利七十周年,上海市对外文化交流协会、上海历史博物馆在朵云轩艺术中心举办了"铸刀剑——上海文艺抗战史料展",设立了"文艺界抗日老兵——魏鹤龄"专栏,展出了魏鹤龄抗战时期拍摄的《风云儿女》等电影剧照和部分获奖证书和奖杯。再一次肯定了他为中国电影事业发展作出的巨大贡献。

20世纪50年代魏鹤龄手书的个人简历

参演电影剧目

片名	时间	剧团
人之初	1935年	艺华公司
新婚大血案	1935年	艺华公司
暴风雨	1935年	艺华公司
凯歌	1935年	艺华公司
桃李劫	1935年	艺华公司
马路天使	1936年	明星公司
貂蝉	1937年	新华公司(香港)
保卫我们的土地	1938年	中制前身武汉行营电影股
中华儿女	1938年	中电
万里长空	1938年	中电摄影场
青年中国	1938年	中国电影制片厂
火的洗礼	1938年	中国电影制片厂
建国之路	1944年	中电
白山黑水血溅红	1946年-1948年	北京中电三厂
粉墨筝琶	1946年-1948年	北京中电三厂
郎才女貌	1946年-1948年	北京中电三厂
圣城记	1946年-1948年	北京电影三厂
青梅竹马	1946年-1948年	北京电影三厂
追	1946年-1948年	中电三厂
哈尔滨之夜	1946年-1948年	长春影片厂
喜迎春	1948年	上海中电二厂
乌鸦与麻雀	1948年	昆仑公司

片名	时间	剧团
乌鸦与麻雀	1948年	昆仑公司
江南春晓	1949年	国泰影片公司
人民的巨掌	1950年	昆仑公司
我这一辈子	1950年	文华影片公司
姐妹冤家	1950年	中企电影公司
婚姻大事	1950年	惠昌电影公司
无限的爱	1951年	中器公司
彩凤双飞	1951年	大同电影公司
彩车曲	1952年	联营公司
淮上人家	1954年	上海电影厂
祝福	1956年	北影
探亲记	1956年-1957年	北影
生活的浪花	1957年	北影
鲁班的传说	1958年	江南电影厂
家	1958年	上影演员剧团
常青树	1958年	海燕电影厂
黄浦江的故事	1959年	海燕电影厂
摩雅傣	1959年-1960年	海燕电影厂
燎原	1962年	海燕电影厂
北国江南	1963年	海燕电影厂
飞刀华	1963年	海燕电影厂
柜台	1965年	天马电影厂
血碑	1965年	天马电影厂

参演话剧剧名

片名	时间	剧团
苏州夜话	1928年	山东省实验剧院
荻虎之夜	1928年	山东省实验剧院
江村小景	1929年	山东省实验剧院
一致	1929年	山东省实验剧院
东北之旅	1931年	晦鸣剧社
乱神	1931年	晦鸣剧社
住在二楼的人	1932年	五月花剧社
谁是朋友	1932年	五月花剧社
街头人	1933年	五月花剧社
名优之死	1934年	春秋剧社
梅雨	1934年	春秋剧社
怒吼吧！中国	1935年	上海戏剧协社
雷峰塔	1936年	东方剧社
太平天国	1938年	左翼剧联抗日救亡演剧四队
回春大地	1938年	左翼剧联抗日救亡演剧四队
醉了	1938年	左翼剧联抗日救亡演剧四队
欲魔	1938年	左翼剧联抗日救亡演剧四队
大雷雨	1938年	左翼剧联抗日救亡演剧四队
复活	1938年	上海戏剧协社

片名	时间	剧团
梁上君子	1938年	上海戏剧协社
罗密欧与朱丽叶	1938年	上海戏剧协社
日出	1938年	上海戏剧协社
民族万岁	1938年	上海戏剧协社
塞上风云	1939年	中影剧社
故乡	1939年	中影剧社
夜光杯	1939年	中影剧社
国家至上	1940年	中国万岁剧团
忠王李秀成	1941年	中华剧社
重庆二十四小时	1942年	中华剧社
天长地久	1942年	中电剧团
正气歌	1942年	中电剧团
金玉满堂	1942年	中电剧团
重庆屋檐下	1943年	中电剧团
夜店	1943年	胜利剧社
雷雨	1945年	中电剧团
喜相逢	1945年	中电剧团
天网	1946年	中电剧团
屈原	1953年	第一次公演1942年重庆,1953年北京公演
家	1958年	上影演员剧团
幸福	1958年	上影演员剧团
关汉卿	1959年	上影演员剧团和上海戏剧学院

后 记

　　2016年岁末，我终于完成了这一生最有价值、也最艰难的一件事，代替了我母亲袁蓉，给我亲爱的父亲写了一部记载了他艺术人生的回忆录。

　　我不是专业作家，从来没有想过这件事会由我来完成。虽说是他的女儿，但是对父亲一生的经历实在知道得太少。

　　父亲是一个把自己内心藏得很深的人，他这一辈子似乎永远生活在他的电影里，只有在他塑造的人物中、角色里，他的灵魂才得到了复活。除了他留下的一些极其珍贵的"家书"外，他没有写过任何关于他自己的只言片语。这在一般人眼里是很难相信理解的，但是的的确确这就是他这个大明星和别人不一样的地方。

　　2004年的清明，我们在上海青浦"福寿园"老总的动员下，把父母的墓迁址上海。当时在考虑新墓设计方案时,我们所有子女都一致认为,我们不能违背父亲一生的处事风格,不能做雕塑,不能在墓碑上刻写任何的"歌功颂德"。太追求奢华,父亲如果九泉之下有知,一定会骂我们的。最后,我们只选用了一块黑色大理石铺盖在墓地上,四周用九块花岗岩小方石作陪衬,象征着九个子女永远地相随。这样,才能让父亲的灵魂可以安息。

我几位弟弟共同拟定的碑文,朴素地概括了父亲的一生:"因为平凡,所以质朴;因为正直,所以真实:一个平凡的人演绎了一群普通人的故事。"

关于写他传记的事,我也一直有点惶恐,父亲他允许我这样做吗? 我该怎么写? 我能写出不有悖于他一生清誉的回忆录吗?

2012年,《上海采风》杂志社主编刘巽达先生,希望完成一篇介绍魏鹤龄的文章,而且他给了我机会,鼓励我动笔写,不用记者采编。文章发表后,读者们反响很强烈。刘巽达先生当时的话给了我极大的鼓舞,他说:"因为是骨肉亲情,情感真切,所以才能有真情实意的感动。你这篇文章基础很好,再增加些内容就可以写传记了!"

因为有他的肯定,有很多朋友、影迷的期待,也让我坚定了完成这件事的信心。

2016年,我的处女作小说《秧歌·女人》由上海文汇出版社正式出版,由此在胡永其先生引荐下认识了桂社长和编辑熊勇先生,在他们的大力支持和倾情付出下,才有了这本书的诞生。他们认为这部回忆录是有价值的,也是对当代后世有传承意义的。

一个愿望的萌生,几经催发,终于有了行动,但是,真正开始做的那时,心里是一点底气都没有呀!

父亲这个人实在是太低调、太平淡,以至于我无从下笔……我费尽了心思,除了在他身后召开过两次"魏鹤龄电影表演艺术研讨会"上同事们的发言,几乎再没有任何可以让我去了解、借鉴、参考的文字记录了。很多有关他的经历、他艺术实践的情况,仅仅是从别人的文章中捕捉到一些踪影。随着父亲同时代的电影人、好朋友、好同事相继离去,对于他的一切也许永远只是记载在那些老电影里了。我经常不无感叹地对自己说："太晚了！再不做那会成了我的终身遗憾了！"

就是在这种急迫的心情下，我夜以继日地开始了一个世纪的穿越，回到历史的每一个瞬间，我总会有新的感悟和发现，我一次次被魏鹤龄的不为人知的点滴所感动……

我拜访了年事已高的电影界前辈陈清泉先生，恳请他为这本回忆录写序。陈老开口第一句话就说："魏鹤龄是好人，好演员啊！这个人我印象深刻，永远难忘啊！"他欣然就答应了。不到十天工夫，他已看完了我的书稿，马上给了我回复。在电话里他激动地说："你做了一件好事，你写出了真实的魏鹤龄，我有好几处看着就流泪了……"他表示他不仅要写"序"，他也想把他和魏鹤龄近距离接触的艺术实践合作写出来

我深切感受到，回忆录不是为了记录他曾经做了些什么，更重要的是记录他给我们留下些什么。魏鹤龄受人尊敬和喜爱，是他对电影事业情有独钟的热忱，是他对自己一生梦想的孜孜追求，才让人们一次次地被感动。

我的亲密合作伙伴黄亚新先生偕夫人陈二穗和全家，还有戴友仁先生，帮助我完成了书稿的书样校对、打印和老照片的修复工作。他们只有一个心愿："这是我们共同的期待，一定要努力完成！"

在此还要感谢我的母亲袁蓉，她曾经满怀深情，开始了对她心中魏鹤龄的追忆，留下了她曾经写的回忆文章，虽然篇幅有限，但字字珍贵！

还有本文中择选了徐昌霖、李天济、胡导、燕群、徐银轮等魏鹤龄生前同事、好友的评论、回忆的文章，能让这部回忆录更完整、全面一些。

回忆录终于有了，有人开玩笑说："你已经有了两本书，可以参加作家协会了。"

曾记得，在医院陪伴父亲的日子里，我不止一次地对父亲的主治医生说："我必须时时告诫自己，千万不要像他那样，人已老，心却不死，这太痛苦了！何苦要这样折磨自己？"

后记

239

可是，当这部回忆录完成，我的心灵得到了一次净化。作为他的后代、他的晚辈，我没有任何选择和迟疑，必须要像他那样去成就自己的一生，不是为了那些留不住的功名利禄，是要以自己有限的生命，去努力做好自己力所能及的事，带不走什么，也不能留下任何的遗憾！

人的一生，既定了自己的方向，就坚定地走下去，不管能走多远，至死不渝！

感谢我三生有幸能在这样一位父亲身边长大！

感谢中国电影曾经有这么忠诚的儿子——魏鹤龄！

也感谢所有喜欢他、了解他的朋友和观众！

魏芙
2017.春于上海樱园

图书在版编目（CIP）数据

我是演员 / 魏芙著. -- 上海：文汇出版社,2017.5

ISBN 978-7-5496-2104-0

Ⅰ.①我… Ⅱ.①魏… Ⅲ.①魏鹤龄（1907-1979）

－生平事迹 Ⅳ.①K825.78

中国版本图书馆CIP数据核字(2017)第100625号

我 是 演 员

作 者 / 魏 芙

责任编辑 / 熊　勇

封面设计 / 张　晋

出版发行 / **文匯**出版社（上海市威海路755号　邮编200041）

印刷装订 / 江苏省启东市人民印刷有限公司

版次 / 2017年10月第1版

印次 / 2017年10月第1次印刷

开本 / 720×1000　1/16

字数 / 150千

印张 / 15.75

ISBN 978-7-5496-2104-0

定价 / 30.00元